KB146169

팀장부터 CEO까지 알아야 할
기업 정보보안 가이드

팀장부터 CEO까지 알아야 할
기업 정보보안 가이드

초판 발행 2022년 1월 3일

지은이 강은성 / **펴낸이** 김태헌
펴낸곳 한빛미디어(주) / **주소** 서울시 서대문구 연희로2길 62 한빛미디어(주) IT출판부
전화 02-325-5544 / **팩스** 02-336-7124
등록 1999년 6월 24일 제25100-2017-000058호 / **ISBN** 979-11-6224-506-4 93000

총괄 전정아 / **책임편집** 홍성신 / **기획** 홍성신 / **편집** 홍현정
디자인 표지 윤혜원 내지 박정화 / **전산편집** 다인
영업 김형진, 김진불, 조유미 / **마케팅** 박상용, 송경석, 한종진, 이행은, 고광일, 성화정 / **제작** 박성우, 김정우

이 책에 대한 의견이나 오탈자 및 잘못된 내용에 대한 수정 정보는 한빛미디어(주)의 홈페이지나 아래 이메일로
알려주십시오. 잘못된 책은 구입하신 서점에서 교환해드립니다. 책값은 뒤표지에 표시되어 있습니다.
한빛미디어 홈페이지 www.hanbit.co.kr / 이메일 ask@hanbit.co.kr

지금 하지 않으면 할 수 없는 일이 있습니다.
책으로 펴내고 싶은 아이디어나 원고를 메일(writer@hanbit.co.kr)로 보내주세요.
한빛미디어(주)는 여러분의 소중한 경험과 지식을 기다리고 있습니다.

팀장 부터
CEO 까지
알아야 할

기업
정보보안
가이드

강은성 지음

HB 한빛미디어
Hanbit Media, Inc.

『CxO가 알아야 할 정보보안』을 출간하고 7년 동안 많은 변화가 있었다. 모바일의 시대가 활짝 열렸고, 4차 산업혁명 시대가 성큼 다가왔으며, 코로나19가 전 세계를 휩쓸고 있다. 정보보안의 환경에도 큰 변화를 가져온 요인들이다.

법적 환경에도 많은 변화가 있다. 2018년 5월 유럽연합 개인정보보호법(GDPR)이 발효되고, 2020년 1월 미국 캘리포니아주 소비자 프라이버시법(CCPA)이 시행되어 글로벌 사업을 하는 기업뿐 아니라 국내 법규에도 직접 영향을 미치고 있다. 국내에서는 2020년 2월 '데이터 3법'이 개정되면서, 1999년 '정보통신망 이용 촉진 등에 관한 법률' 시절부터 '제4장'을 차지했던 '개인정보의 보호' 조문이 모두 개인정보보호법으로 옮겨간 '사건'이 발생했다. 2011년 개인정보보호법 제정 때 조정되길 기대했던 일이어서 늦긴 했지만 바람직하다.

2010년대 중반부터 간헐적으로 발생하던 랜섬웨어 공격이 2019년부터는 전 세계를 휩쓸고 있다. 도둑이 훔친 장물을 암시장에 파는 것이 아니라 당당하게 피해자에게 돈 내고 사 가라는 이 파렴치한 범죄가 비즈니스 모델로 자리 잡으면서 하나의 산업이 된 듯하다. 악성 행위자의 공격과 내부 직원의 고의나 실수로 인한 개인정보, 산업기밀의 유출도 꾸준히 발생한다. 서비스형 보안 위협, 지능형 표적 공격(APT) 등 악성 행위의 인프라 역시 계속 확충되고 있다.

적은 우리의 약점을 연구하지만 우리는 누가 우리를 노리는지 알기 어려운 이 기울어진 운동장에서, 법규의 요구나 기업의 필요에 의해 조직에서 정보보안의 (일부) 책임을 맡게 되면 당장 무슨 일을 어떻게 해야 할지 고민이 많아진다. 필자가 2015년에 『CxO가 알아야 할 정보보안』을 펴낸 이유다. 이후 절판된 책을 끄집어내어 7년간의 변화를 담은 개정판을 준비하다가 보안 실무 책임자와 고참 실무자의 필요를 보강하여 『팀장부터 CEO까지 알아야 할 기업 정보보안 가이드』를 출간하게 되었다.

필자는 정보보호책임자가 '보안 기술자'를 넘어서서 '비즈니스 리더'가 되어야 한다고 주장한다. 정보보호책임자의 핵심 임무가 "기밀성·무결성·가용성 보호"라는 보안의 기술적 목표를 넘어 "회사의 경영목표 달성을 위한 전사 정보보호 위험의 관리"를 통해 "조직과 사업의 지속적 성장에 기여"하는 것이라고 보기 때문이다. 그래야 조직·예산·인력을 확보하고, 전사 협업을 해내면서 정보보호책임자의 업무를 수행할 수 있다. 이는 이 책의 1장인 '정보보호책임자'에서 다뤘다.

2장은 '정보보호 거버넌스'에 관한 내용이다. 필자가 지난 몇 년간 기업에 적용할 수 있는 '정보보호 거버넌스-정보보호 조직 체계-정보보호 협업 체계'를 제시했는데, 이는 '금융보안 표준'에도 반영되었다. 이제는 많은 정보보호책임자가 거버넌스의 중요성을 이해하고 현업에서 구현하려고 노력하는 모습을 보며 보람을 느낀다.

정보보호 거버넌스가 기반이 된다고 하면 보안 위험 관리는 뼈대가 된다. 그래서 보안 위험 관리와 중요 자산 보호를 위한 핵심 관리 포인트를 중심으로 3장 '관리 체계와 중요 자산 보호'를 거의 새로 쓰다시피 했다.

아마도 이 책이 정보보호 및 개인정보보호 관리체계 인증(ISMS-P)이나 정보보안 사고 관리 국제 표준(ISO 27015)에도 없는 정보보안 '위기관리(4장)'를 제시하고 구체적인 사례를 들어 설명하는 유일한 책일 것이다. 정보보안 사고 관리 역시 정보보안 위기관리 관점에서 바라봐야 제대로 수행할 수 있다. '자잘한' 사고도 경험해 보지 못한 분들은 간접 경험의 의미로 읽어 보시기 바란다. '남 얘기'일 때 준비해야 '자신의 일'이 되지 않을 수 있고, 설사 '자기 일'이 되더라도 당황하지 않고 처리할 수 있다.

5장 '규제 대응'은 이번에 책을 쓰면서 고민이 많았던 부분이다. '데이터 3법' 개정으로 써야 할 내용은 많은데, 2021년 9월 국회에 제출된 개정안이 통과되면 정보통신서비스 제공자가 개인정보처리자로 일원화되어 개인정보보호법에 상당한 변화가 예상되기 때문이다. 다만 개정안을 검토해 본 결과 기존 법규를 잘 알면 개정안을 이해하는 데에도 큰 무리가 없다고 판단하여 2021년 12월 기준으로 개인정보보호법을 설명했다. 특히 스마트폰 관련 위치정보 기반의 사업자를 위해 위치정보법을 상세히 다뤘다. 법을 재미없어하는 분들도 그리 지루하지 않게 읽을 수 있으리라 생각한다.

6장 '핵심 역량과 생활의 지혜'는 정보보호책임자의 업무를 수행하는 데 필요한 역량에 관한 내용이다. 주요 컨설팅 업체의 단골 주제이기도 하다. 자신이 맡은 업무를 명확히 규정해야 필요한 역량도 보인다. 필자가 강조하는 '전략적 사고'와 '커뮤니케이션 역량' 또한 업무에서 나온 것이다. 연습하면 증가한다는 점도 강조하고 싶다.

이 책은 정보보호 조직의 팀장이나 파트장, 선임 실무자부터 CISO, CPO, 정보보호에 관심이 있는 최고경영진에 이르기까지 편하게 읽을 수 있도록 썼다. 독자가 굳이 첫 장부터 펴지 않더라도 관심 있는 주제의 장(章)을 선택하면 원하는 지식과 경험을 얻을 수 있을 것이다.

대학 강단에 서게 된 후로 (코로나19로 인해) 조용한 교정을 산책하는 재미도 얻고, 조금만 도와주면 자신 있게 자신의 앞날을 개척하며 발전하는 학생들을 만나는 보람도 크다. 정보보호책임자와 기업을 위한 교육에 좀 더 시간을 내고, 이렇게 책을 쓸 수 있는 마음의 여유가 생긴 것은 더욱 감사한 일이다. 앞으로 대학에 있으면서 정보보안을 알아야 할 많은 분에게 필요한 글과 책으로 함께하는 즐거움을 꾸준히 누려볼 작정이다.

이화여자대학교 아산공학관에서
강은성

민간과 공공을 막론하고 개인정보 및 정보보호의 중요성이 그 어느 때보다 강조되고 있다. 법령에 따라 많은 분이 CISO, CPO로 지정되고, 정보통신망법의 개정으로 팀장급 CISO도 많이 생길 전망이다. 웬만한 기업에서는 IT 인프라, 개인정보, 산업기밀, 영업비밀 등을 보호하기 위해 정보보호 조직의 팀장이나 파트장이 선임된다.

때마침 이러한 기업의 정보보호책임자에게 필요한 좋은 책이 나왔다. 이 책은 강은성 교수의 오랜 업계 경험과 연구, 10년 가까이 해 온 정보보호책임자 교육의 결정판이다. 정보보호 거버넌스부터 사고 대응, 규제 대응, 보안 솔루션에 이르기까지 정보보호책임자가 알아야 할 기업 정보보안의 모든 것이 담겨 있다고 해도 과언이 아니다. 정보보호책임자의 '가이드'로 손색이 없다. 일독을 권한다.

류재철
충남대학교 컴퓨터융합학부 교수, 한국정보보호학회 회장

강은성 교수의 말은 곰곰이 새겨들을 만한 가치가 있다. 언제나 중심을 잘 잡아서 객관적으로 말하고, 자기의 이익을 위해 사실을 왜곡하지 않는다. 최대한 간결하게 말하되, 어디서나 들을 수 있는 내용으로 채우지 않는다. 20년 동안 강은성 교수와 인연을 맺으면서 느낀 신뢰다. 보안을 담당하는 모든 분께 일독을 권한다. 저도 100권 구매해서 지인과 함께 읽을 생각이다.

김대환
소만사 대표이사

정보보안팀의 조직장이나 담당자로 발령이 나서 맡은 업무 영역을 잘 챙기고자 노력하다 보면 보안팀이 기술적으로 모니터링하여 공격을 잘 찾아내는 것 외에도 다양한 업무가 있다는 것을 점차 알게 된다. 실제 외부 대응과 개인정보에 관한 대응 등 여러 업무가 발생한다.

COBIT나 ISMS에도 정보보안 업무에 관해 언급되어 있긴 하지만 내용이 딱딱하고, CISO와 CPO가 수행해야 하는 업무가 무엇인지 모르다 보니 기업 보안 담당자로서 '어떤 영역까지 해야 하지? 어디까지 우리가 하면 되지?'라는 의문이 계속 들었다. 이 책의 시초인 강은성 님의 『CxO가 알아야 할 정보보안』은 저자의 경험을 토대로 정보보안과 관련된 업무 영역과 실제 수행 방안을 읽기 쉽게 풀어 놓아서 실제로 많은 도움이 되었다.

저자가 후속으로 펴낸 『팀장부터 CEO까지 알아야 할 기업 정보보안 가이드』는 기업 정보보안 실무에 대한 내용을 보강하여 정보보호 부서의 조직장에게 더욱 도움이 되는 책이 되었다. 특히 정보보안 사고가 발생하였을 때 사고 대응을 위한 이해관계자, 그중에서도 내부 유관 부서와의 관계와 업무 영역, 대외 이해관계자와의 협업 등에 관해서 설명한 부분은 다른 곳에서 찾아보기 어려운 정보보안 사고대응 지침서이다.

개인적으로는 조직장뿐만 아니라 기업 보안을 담당하고 있거나 보안과 연결성이 있는 업무를 하는 많은 보안 담당자에게 이 책을 추천하고 싶다.

김형기
야놀자 침해위협대응팀 팀장

정보보안은 기업에 가장 큰 경영리스크가 되었다. 이에 따라 정보보호최고책임자(CISO)와 정보보안 담당자의 책임도 커졌다. 이 막중한 역할을 수행하는 일은 절대 쉽지 않다. 더구나, 그 역할을 잘 수행하기란 더욱 어렵다. 능력과 지혜가 요구된다. 필요한 능력을 키우기 위해서 우선 이 책을 읽는 것을 추천한다.

이 책은 강은성 교수가 CISO와 정보보안전문가로서의 현장 경험을 바탕으로 하고 있기에 생생하다. CISO 역할을 잘 수행하기 위한 필수적인 지식이 잘 정리되어 있다. 2015년에 낸 『CxO가 알아야 할 정보보안』은 몇 년 동안 저를 포함하여 많은 후배에게 큰 도움이 되었다. 이번에 낸 『팀장부터 CEO까지 알아야 할 기업 정보보안 가이드』는 팀장급에 필요한 실무적인 내용을 포함해 한층 숙성된 지혜와 통찰력을 담아내고 있다.

이 책은 정보보안 분야에서 일하고 있는 전문가에게, 그리고 이 분야로 진출하려는 학생에게 필독서일 뿐만 아니라, 훌륭한 정보보안전문가를 채용하기 위해서 노력하는 기업의 인사부서 담당자와 최고경영자에게도 좋은 안내서가 되어 줄 것이라고 믿는다.

신용석
비바리퍼블리카 CISO/이사

3장 공격 관점에서 방어 관점으로

4장 연습은 실전처럼 – 실전은 없는 게 좋다

기술리더?
비즈니스 리더!

정보보호책임자

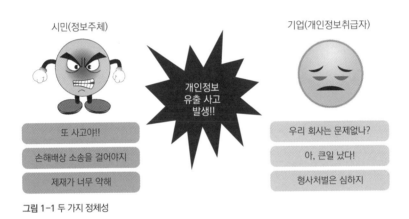

필자가 운영하는 '주간 개인정보 뉴스레터'를 작성하기 위해 주말 두세 시간은 개인정보보호위원회 등 주요 기관 사이트를 살펴보거나 보안 관련 뉴스를 찾아본다. 개인정보가 우리 사회의 화두가 된 지 오래됐지만, 개인정보에 관한 규제, 보호조치, 사회적 공감대, 새로운 기술에 대한 대응 등을 하나씩 대처하기도 전에 인공지능, 사물인터넷, 자율주행 등 기술적·사회적 변화에 따른 개인정보 이슈가 또 생긴다. 그런 와중에 여러 곳에 개인정보 유출 사고가 발생했다는 소식도 들린다.

시민(정보주체)

기업(개인정보취급자)

개인정보
유출 사고
발생!!

또 사고야!!

손해배상 소송을 걸어야지

제재가 너무 약해

우리 회사는 문제없나?

아, 큰일 났다!

형사처벌은 심하지

그림 1-1 두 가지 정체성

기업에서 개인정보 유출 사고가 발생할 때 시민(정보주체)의 입장과 기업(개인정보취급자)의 입장이 다를 수 있다. 이 책의 독자 중 많은 분도 역시 두 가지 정체성과 두 가지 입장을 가질 것이다. 두 가지 생각이 혼재할 수도 있다. 필자 역시 한 사람의 시민이자 정보주체로서 입장도 있지만, 기업에서 최고보안책임자CSO, Chief Security Officer 겸 개인정보보호책임자CPO, Chief Privacy Officer로 일했고, 업계와 대학에서 기업의 정보보안 수준을 높이기 위해 노력하는 사람으로서 보안 사고 기사를 접할 때마다 마음이 편하지 않다. 기사를 읽고 분노하기보다는 자료를 찾아 원인을 분석함으로써 기업이 보안 사고를 예방하고 위기 발생 시 올바로 대응하여 피해를 최소화하는 방안을 연구하곤 한다.

이러한 문제의식에서 1장에서는 이 책의 내용을 관통하는 핵심 틀을 정립하고자 한다. 기업 밖에서 들려 오는 많은 주장과 논리가 있지만 기업 관점에서, 그리고 정보보호최고책임자CISO, Chief Information Security Officer나 개인정보보호책임자, 관련 실무 책임을 맡은 팀장 등 기업의 정보보호책임자 관점에서 그것들을 재해석하고 대처 방향과 전략을 잡아 나가는 게 중요하리라 생각된다.

정보보호의 목적

기업에서 정보보호를 왜 하는가? 상투적인 질문이지만 한 번쯤은 짚고 넘어가야 할 질문이다. 정보보호책임자 자신이나 산하 구성원에게도 정보보호 목적에 대한 명쾌한 논리가 필요하며 회사 내 다른 부서의 임원, 직책자, 구성원들과 커뮤니케이션할 때 쓸 수 있다. 전통적으로 정보보호의 목적은 (비즈니스) 정보를 보호하기 위한 것이고, 이를 위한 세 가지 목표(또는 원칙)로 기밀성Confidentiality 보호, 무결성Integrity 보호, 가용성Availability 보호를 제시해 왔다.

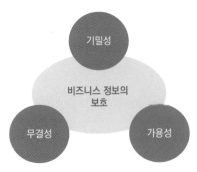

그림 1-2 정보보호의 목적과 목표 – 기술적 측면

단순하게 말하면, 기밀성은 권한 있는 자만이 데이터를 열람할 수 있도록 하는 것이고, 무결성은 권한 있는 자만이 데이터를 변경할 수 있도록 하는 것이며, 가용성은 권한 있는 자가 제품과 서비스를 언제든지 사용할 수 있도록 하는 것이다.

하지만 이러한 정보보호의 목적과 목표에 관한 설명은 기술적인 면에 치중해 있어서 경영진이나 다른 부서와 소통할 때 어려움이 있다. 기업에서 정보보호 조직의 역할과 목적을 경영진과 다른 부서에 이해시키기 위해서는 정보보호를 사업적·경영적 측면에서 설명할 필요가 있다. 이를 위해 정보보호의 목적을 한마디로 정리하면 "조직과 사업의 지속적 성장에 기여"하는 것이고, 이를 위해 다음 세 가지를 목표로 한다.

첫째, 조직과 사업의 보안 위험을 완화한다.
보안을 소홀히 해서 고객정보가 대량 유출되거나 산업기술, 영업비밀이 경쟁자에게 유출되면 사업이 어려워질 수 있고, 그에 따라 회사가 큰 영향을 받을 수 있다. 2018년 9월 개인정보 유출 사고가 발생한 영국항공에 영국 정보위원회(ICO)는 2,000만 파운드(약 290억 원)의 과징금을 부과했고, 2018년 11월에 드러난 메리어트호텔 개인정보 유출 사고에는 1,840만 파운드(약 270억 원)의 과징금을 부과했다.[01] 국내에서도 방송통신위원회가 2016년 해킹으로 개인정보가 유출된 A사에 44억 8천만 원의 과징금을, 2019년에는 적은 수지만 2년 연속 개인정보 유출이 일어난 B사에 18억 5천만 원의 과징금을 부과했다. 적지 않은 금액이다. 뿐만 아니라 개인정보 유출 사건은 고객의 이탈, 브랜드 이미지 훼손, 사회적 비난 등으로 기업의 사업 환경을 악화시킨다.

웹툰, 영화, 교육, 음악 등 세계로 시장을 넓혀가는 콘텐츠 산업이나 자동차, 반도체, 조선 등 세계적 경쟁력을 갖춘 제조업에서 보안이 취약하여 콘텐츠나 핵심 기술이 유출된다면 사업에 중대한 위협이 된다. 사업이 지속적으로 성장하기 위해서는 이러한 내·외부의 보안 위험을 예방하고, 사고 발생 시 신속하고 정확한 대응을 통해 기업의 손실을 최소화해야 한다.

그림 1-3 정보보호의 목적과 목표 – 사업적 측면

---

01 2019년 7월에 ICO가 영국항공과 메리어트호텔에 각각 약 1억 8,300만 파운드(약 2,700억 원), 9,920만 파운드(약 1,460억 원)의 과징금을 부과할 예정이라는 보도가 나왔으나 1년 3달 뒤인 2020년 10월에 ICO 발표문에서는 이들 기업에 실제 부과한 과징금은 각각 2,000만 파운드와 1,840만 파운드로 크게 줄어들었다.

둘째, 나와 동료의 보안 위험을 줄인다.

회사 임직원이 고객의 주민등록번호를 자신의 PC에 암호화하지 않은 채로 저장한 것이 적발되면, 사업자가 개인정보보호법을 위반하여 과태료를 부과받을 수 있다. 만일 실제로 회사가 과태료 처분을 받는다면 개인에게도 불이익이 돌아갈 것이다. 더욱이 전·현직 개인정보취급자가 퇴사하면서 (의도적으로) 자신의 PC를 백업 받아 개인정보를 갖고 나간다면, 심하게 말하면 형사처벌을 받을 수 있는 개인정보 유출 사건이 될 수 있다. 이런 결과를 초래하지 않기 위해서 개별 임직원이 자신의 PC에 암호화하지 않은 개인정보를 저장하지 않도록 노력하고, 회사의 모든 PC에 개인정보 탐지 및 암호화 솔루션을 적용하는 것이 바람직하다. 회사에서 이 솔루션을 구매하여 제공하는 것은 회사를 위한 일이기도 하지만 동시에 임직원이 법규를 위반할 수 있는 위험을 줄이는 일이다.

자신의 이익이나 기업의 피해를 목적으로 '영업비밀'을 유출하면 '부정경쟁 방지 및 영업비밀 보호에 관한 법률(부정경쟁방지법)'로 형사처벌을 받을 수 있다. 법규로 지정된 '산업기술'을 유출하면 '산업기술의 유출방지 및 보호에 관한 법률(산업기술보호법)'에 따라 형사처벌을 받을 수 있다. 영업비밀이나 산업기술의 유출을 방지하기 위해 정보보호솔루션을 도입하는 것은 회사를 위한 일이기도 하지만 동시에 임직원이 법규를 위반할 수 있는 위험을 줄이는 일이기도 하다. 이러한 상황은 내 동료에게도 발생할 수 있다. 이를 예방하기 위해 정보보호 조직이 하는 활동은 나와 동료, 모든 임직원을 위한 활동이다.

그림 1-4 보안을 고객가치로 한 휴대폰 광고 (출처: 아이폰 광고, 갤럭시 광고)

셋째, 고객 가치를 창출한다.[02]

보안 제품이 아니면서 보안 기능이 고객 가치를 창출하는 경우는 거의 없었다. 보안에 대한 고객의 욕구가 증가하면서 스마트폰에 지문 인식 등 생체 인증 기능이 추가되었고, 팬택의 베가 스마트폰에 들어간 시크릿 기능은 일반 제품에서 보안 기능이 고객 가치를 창출하는 새로운 장을 열었다. 이제 일반화된 스마트폰의 생체 인증 기능은 보안을 위한 것일 뿐 아니라 결제의 편의성을 위하게 되면서 고객 가치의 일부가 되었다. 개인정보의 중요성이 강조되면서 2019년 애플은 개인정보 보호를 주제로 아이폰 광고를 하기 시작했다. 위험 관리의 일부로 여겨졌던 개인정보보호를 고객 가치로 내세울 수 있다고 본 것이다. 보안이 강하기 때문에 아이폰이나 맥Mac을 구매하는 사람들이 있는 것을 보면 비보안 제품에서도 정보보호가 주요 고객 가치가 되는 날도 머지않았으리라 생각한다.

---

02 고객가치는 고객이 어떤 제품이나 서비스를 가격을 지불하고 구매할 가치로서 CV(Customer Value) = B(Benefits) – C(Cost)로 계산한다.

정보보호 업무를 하다 보면 "정책과 지침에 위반된다.", "관련 법규에 위반된다.", "그렇게 하면 안 된다."는 등 부정적이고 조직 구성원이 불편한 이야기를 해야 할 경우가 많다. 하지만 정보보호 인력이 정보보호 업무가 나 자신과 내가 소속된 부서를 위할 뿐만 아니라 회사와 임직원, 고객을 위한 것이라는 인식과 자부심이 있으면 좋겠다. 그래야 일이 재미있고, 어려운 일이 있어도 헤쳐나갈 수 있다. 또한 이런 관점을 가지면 정보보호 업무의 주체는 정보보호 조직만이 아닌 모든 구성원이 되고, 정보보호 활동은 모든 구성원이 자기 자신을 위해 하는 활동이 된다. 정보보호 업무를 하는 데 반드시 필요한 관점이다.

Security Insight

정보보안 vs. 정보보호

정보보호 분야에 발을 들이고 나면 헷갈리는 용어가 '정보보호'와 '정보보안'이다. 둘 다 Information security의 한국어 번역으로 사용된다. Security는 '보안'으로 번역하고, Physical security는 '물리보안', Industrial security는 '산업보안', Cyber security는 '사이버보안'인데 유독 Information security를 '정보보호'로 번역하면서 혼선이 생겼다. 반대로 '정보보호'를 영어로 번역하면 Information protection, '개인정보보호'는 Personal information (data) protection인데 말이다.

다른 예도 있다. 매년 한국정보보호산업협회에서 펴내는 '정보보호산업 실태조사'에서는 '정보보호'산업을 '정보보안'산업과 '물리보안'산업으로 구성된다고 정의한다. 이 관점에서 보면 '정보보호'는 '정보보안'과 '물리보안'을 포괄하는 개념이다. 그런데 이 조사보고서의 영문명은 'Survey for Information Security Industry'이다. 'Information protection industry'라는 건 존재하지 않으니 어쩔 수 없었을 것이다. 정보보호산업의 구성요소는 영문으로 'Cyber security industry'와 'Physical security industry'다. 이 보고서의 영문 요약판을 읽는 해외 독자는 Information security에 Cyber security, 심지어 Physical security까지 포함된 것에 혼란스러워할 것이다.

정보보호와 정보보안을 구분하여 설명하려는 시도도 있다.[03] 주장의 요점은 정보보호는 목적이고 정보보안은 방법이라는 것이다. 정보보안의 목적이 (비즈니스) 정보를 보호하는 것이니 틀린 말은

---

03 백제현, "CISSP CBK로 살펴본 정보보호와 정보보안", 보안뉴스, 2016.4.1.

아니다. 다만 그 주장에서도 정보보호는 Information protection으로, 정보보안은 Information security로 구별한다. 결국 문제는 정보보호를 Information security의 의미로 사용하는 것에 있다.

하지만 이미 정보통신망법, 전자금융거래법 등에 CISO^{Chief Information Security Officer}를 정보보호최고책임자로 규정하고 있어서 이를 적용받는 기업, 공공, 법조계 등 수많은 곳에서 '정보보호'를 Information security의 의미로 사용하고 있다. CSO^{Chief Security Officer}를 '최고보안책임자'로 번역하는 것과 다르다. 또한 오랫동안 사용해 왔기 때문에 쓰는 사람도 많다.

2018년 발표한 유럽연합 개인정보보호법^{GDPR, General Data Protection Regulation}에서 사용된 것과 같이 Data protection이 개인정보보호의 의미로 많이 쓰인다. 예를 들어 유럽연합의 개인정보보호 감독기구는 Data Protection Authority이고 유럽연합 각국의 개인정보보호법을 보통 Data Protection Act 라고 부른다. 우리나라 개인정보보호법의 소관 부처인 개인정보보호위원회의 영문 명칭은 Personal Information Protection Commission(PIPC)이다. 결국 '정보보호'는 Information security보다는 Information protection 또는 Data protection의 의미로 사용하는 것이 적절해 보인다.

이런 내력과 상황을 종합하면, Information security를 의미하는 우리말로 '정보보안'을 사용하되, 이미 많이 사용하는 정보보호는 정보보안^{Information security}의 의미로 이해하는 것이 합리적이다. 다만 GDPR처럼 정보보호를 개인정보를 포함한 중요 정보보호의 의미로 사용하는 것을 열어놓을 필요도 있다.

이 책에서는 '정보보호'와 '정보보안'을 혼용하면서 둘 다 주로 정보보안^{Information security}의 의미로 사용하고 가끔 개인정보보호를 포함한 의미로도 사용한다. 첫 단추인 용어 정의가 잘못되니 혼란스럽다. 용어 정의의 중요성을 새삼스럽게 느낀다.

개인정보보호와 정보보호

앞에서 눈치챈 분도 있을지 모르겠다. 사업적·경영적 측면에서 정보보호의 목적이라고 쓴 내용은 개인정보보호의 목적이라고 바꿔 불러도 별 무리가 없다. 정보보호의 목적을 설명하는 일부 내용에 그 예로 개인정보보호를 넣기도 했다.

전통적으로 정보보호에서 보호하려는 대상은 정보 자산^{Information Asset}이다. 정보 자산에는 크게 정보(콘텐츠)와 그것을 처리하는 정보처리시스템이 포함된다. 대표적인 정보로는 금융정보, 신용정보, 산업기밀, 마케팅정보, 의료정보, 군사기밀, 영업비밀, 개인정보가 있다. 따라서 개인정보는 정보보호 대상의 하나인 셈이다.

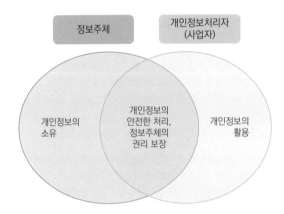

그림 1-5 개인정보처리자와 개인정보

하지만 개인정보는 기업에서 관리하는 다른 정보와 차이가 있다. 개인정보는 개인정보처리자(사업자)[04]가 정보주체[05]의 동의를 받아서 수집·이용하는[06], 정보주체에 관한, 정보주체 소유의 정보다. 특히 고객 개인정보 기반의 사업이 많다 보니 개인정보처리자가 정보주체의 동의 없이 개인정보를 자신의 이익을 위해 활용하여 고객에게 피해를 줄 수 있다. 즉 산업기밀이나 금융정보 등 정보보호

---

04 개인정보처리자는 업무를 목적으로 개인정보를 처리하는 개인, 단체, 법인, 공공기관이다. 이 책에서는 개인이나 단체보다는 법인과 공공기관 등 사업자를 주로 지칭한다.

05 정보주체는 고객(이용자)과 비고객(임직원, 주주, 협력 업체 임직원, 기자 등)을 모두 포함하여 개인정보의 주체가 되는 사람을 말한다.

06 개인정보의 수집·이용의 법적 근거가 되는 개인정보보호법 제15조 제1항은 제1호에 정보주체의 동의를 받는 경우를, 제2호~제6호는 법률에 의거한 개인정보 수집 등 정보주체의 동의 없이 개인정보를 수집할 수 있는 경우를 나열한다.

의 다른 대상과는 달리 개인정보는 사업자와 정보주체의 이해관계가 상충할 수 있다. 그래서 개인정보 관련 법규들은 수집·보관·이용·제공·파기 등 개인정보 생명주기에서 사업자의 의무를 세부적으로 규정한다.

예를 들어 개인정보를 수집·이용하거나 제3자에게 제공할 때 정보주체의 동의를 받아야 하고 동의받은 목적 안에서만 그것을 활용해야 하며, 정보주체가 자신의 개인정보에 대해 열람·정정 등의 요구를 하거나 개인정보 사고 등이 발생했을 때 정보주체와 책임 있게 소통해야 한다. 개인정보보호에 관한 사항을 일반법으로 집대성한 개인정보보호법이나 '신용정보의 이용 및 보호에 관한 법률(신용정보법)'의 개인신용정보보호에 관한 조항이 바로 그것이다. 정보보호에서 다루는 다른 정보와 개인정보 사이의 가장 큰 차이점이다.

또한 개인정보보호 관련 법규에서는 사업자가 수집하여 이용하고 있는 개인정보를 안전하게 관리할 것을 규정한다. 이 법들의 소관 부처에서 제정한 하위 고시에는 개인정보를 보호하기 위한 관리적·기술적·물리적 보호조치가 상세하게 기술되어 있다. 개인정보보호법 하위 고시인 '개인정보의 기술적·관리적 보호조치 기준'과 '개인정보의 안전성 확보조치 기준(이상 개인정보보호위원회 고시)', 신용정보법의 '신용정보업 감독규정(금융위원회 고시)' 중 '기술적·물리적·관리적 보안대책 마련 기준(제20조 별표3)'이 바로 그것이다. 이 세 고시는 개인(신용)정보를 보호하기 위해 접근 권한 관리, 접근 통제, 비밀번호 관리, 암호화, 접속 기록 보관 및 점검, 악성 프로그램 방지 같은 대부분의 공통적인 내용과 물리적 안전조치, 신용정보관리·보호인의 업무 등 법 적용 부문의 특성을 반영한 조항으로 이뤄져 있다.

전체적으로 이러한 개인정보 안전성 확보 대책은 DB 보안, 서버 보안 등 IT 인프라 보안과 서비스 및 애플리케이션 보안, 콘텐츠 보안, 개발 보안 등 전통적으로 정보보호에서 다뤄온 주제와 별반 다르지 않다. 종합하면 개인정보보호와 정보보호는 중요 자산을 안전히게 보호하기 위한 많은 공통점과 개인정보 생명주기에서 정보주체의 권리를 보호하기 위한 사업자의 의무라는 개인정보 특성에서 오는 일부 차이점이 있다.

그림 1-6 개인정보 활용 사업

많은 기업에서 개인정보는 보호해야 할 여러 정보 중 가장 중요한 정보이다. 은행·카드·보험 등 금융권뿐 아니라 건설, 통신, 게임, 쇼핑, 숙박, 온라인 플랫폼, 병원 등 개인 고객을 상대로 사업을 하는 B2C 서비스 기업에서 고객의 개인정보는 사업을 위한 핵심 자산이다. 개인정보의 종류나 양에서 약간의 차이가 있을 뿐이다. 휴대폰이나 자동차 등 과거에는 개인 고객에게 물건만 팔았던 제조업체도 이제는 사후 서비스나 정보 제공, 기술 지원을 온라인으로 제공함으로써 고객과의 커뮤니케이션을 유지하는 것이 사업에 중요함을 인식하고 있다. 제조 업체에서도 산업기밀뿐 아니라 수집한 개인정보의 보호 역시 중요한 과제가 되었다.

B2B 사업자는 개인정보 수집의 필요성이 상대적으로 덜하다. 철강, 반도체, 조선 등 기업고객 대상의 사업자는 대부분 설계도와 같은 산업기밀의 보호가 정보보호의 핵심 과제로 여겨 왔다. 하지만 개인정보보호법이 시행된 이후로 임직원과 협력 업체, 대리점, 투자자 등 비고객의 개인정보 역시 개인정보 보호의 대상이 되어서 개인정보 보호도 소홀히 할 수 없는 업무가 되었다. B2C, B2B 사업자를 막론하고 대다수 기업에서 개인정보가 정보보호의 핵심 대상이 된 것이다.

기업의 정보보안팀이 참여하는 한국침해사고대응팀협의회(CONCERT)에 약 300개의 회원사가 있다. 우리나라에 적어도 300개 이상의 회사에 팀이나 파트 수준의 정보보호 조직이 있다는 뜻이다. 이 조직들이 기업 중요 자산의 관리적·기술적·물리적 보안을 담당하고 있다. 개인정보 보호와 정보보호의 공통 부분이다. 개인정보 생명주기에서 정보주체의 동의 수집과 같이 개인정보보호에 특수한 부분은 개인정보 담당자가 담당하는 것이 보통이다. 별도 개인정보 보호조직에 속해 있는 인력은 많지 않지만 말이다.

표 1-1 정보보호와 개인정보보호 비교

구분	정보보호	개인정보보호
대상 정보	금융정보, 산업기밀, 영업비밀, 의료정보, 마케팅 정보, 군사기밀	개인(신용)정보
보호 대책	기술적·관리적·물리적 보안	기술적·관리적·물리적 보안
법규 준수	정보통신망법, 정보통신기반보호법, 클라우드컴퓨팅법	개인정보보호법, 신용정보법 – 개인(신용)정보 생명주기에 따른 개인(신용)정보 보호 – (신용)정보주체의 권리 보장

업무 측면에서는 개인정보 담당자가 법과 규제를 준수하는 개인정보보호 정책과 지침을 수립하여 전사적으로 추진하는 업무를 담당한다. 개인정보 담당자

중 법 전공자를 종종 만나게 되는 이유다. 이들은 서비스 기획 부서나 법무 부서, 고객대응 부서와의 협업도 필수고, 개인정보 영향평가나 개인정보 수탁사 관리 업무도 다룬다. 정보보호 담당자는 전사 정보보호 정책과 지침을 수립하고, 회사의 중요 자산을 보호하기 위한 관리적·기술적·물리적 보호 대책을 수립하며 협업 부서와 함께 구현한다. 개인정보 담당자보다 보안이나 IT 출신 인력이 많이 포진해 있다.

정보보호 관련 법규는 주로 사업자가 보유한 IT 인프라와 서비스를 보호하는 것에 관한 것으로서 '정보통신망 이용 촉진과 정보보호 등에 관한 법률(정보통신망법)', '정보통신기반보호법[07]', '클라우드컴퓨팅 발전 및 이용자 보호에 관한 법률(클라우드컴퓨팅법[08])'이 있다.

정보의 특성, 조직, 업무, 관련 법규 등 여러 측면에서 볼 때 개인정보보호와 정보보호를 통합적으로 이해하고 관리해야 한다고 여겨 이 책에서는 별도로 표시하지 않으면 개인정보보호 업무를 포함하는 의미로 정보보호 업무를 설명하였다. CPO도 법률뿐 아니라 기술적·관리적 보안 대책을 이해하길 바라고, CISO도 개인정보보호법을 포함하여 전반적인 정보보호 관련 법규에 익숙해지기를 바란다. 그래야 어떤 직무를 맡은 정보보호책임자든지 개인정보를 비롯한 기업의 중요 자산을 지킬 수 있다.

---

07 각 행정부처의 장은 소관 분야에서 고시를 통해 '주요 정보통신기반시설'을 지정할 수 있고, 지정된 사업자는 취약점 분석·평가 등 보호조치를 수행하여야 하므로, 그에 해당하는 사업자의 CISO가 알고 있어야 하는 법률이다.

08 클라우드컴퓨팅법은 주로 IaaS(Infrastructure as a Service) 사업자에게 적용되는 조문이 많지만, SaaS (Software as a Service) 사업자도 알아둬야 할 내용도 있으므로, SaaS 개발사의 CISO도 살펴봐야 할 법률이다.

정보보호최고책임자

정보보호 분야에서 법이 미치는 영향이 갈수록 커지고 있다. 여섯 달도 안 되는 짧은 기간이었지만 필자가 처음 CSO를 맡았던 2008년에만 해도 법적인 이슈가 크지 않았다. 법에서 정한 정보보호 관련 내용을 들여다보기는 했지만 '밑줄 쫙쫙 치면서' 상세하게 읽을 필요를 느끼지 못했다. 그보다 정보보호 업무를 잘 해내는 것이 훨씬 중요했다. 하지만 시대가 확실히 바뀌었다. CISO의 중요한 역량 중의 하나가 정보보호 관련 법 규정을 정책과 기술 관점에서 풀어내는 것이 되었다. 이것이 CISO의 임무와 업무를 얘기하면서 법 얘기부터 꺼내는 이유다.

CISO 지정을 처음 규정한 법은 전자금융거래법이다. 2011년에 3.4 디도스 공격, 은행 전산망 해킹, 대규모 개인정보 유출 등 여러 사건이 발생하자 같은 해 11월 "금융회사 또는 전자금융업자는 전자금융업무 및 그 기반이 되는 정보기술부문 보안을 총괄하여 책임질 정보보호최고책임자를 지정하여야 한다."고 하여 CISO 도입을 의무화하였다.[09] 일부 은행과 언론사의 전산망 마비로 사회적 물의가 빚어졌던 2013년 3.20 사태 이후 일정 규모 이상의 금융회사와 전자금융업자는 CISO를 임원으로 지정하도록 하였고[10], 2014년 1월 일부 카드사의 대규모 개인정보 유출사건을 거치면서 CIO가 CISO를 겸직하는 금융회사의 관행으로는 금융 보안을 강화하기 어렵다는 판단에 따라 CISO가 정보기술부문 업무(CIO 업무)를 겸직할 수 없도록 전자금융거래법이 개정되었다.[11]

---

09 전자금융거래법 제21조의2(정보보호최고책임자 지정) 제1항

10 직전 사업연도 말을 기준으로 총자산이 2조 원 이상이고, 상시 종업원 수가 300명 이상인 금융회사 또는 전자금융업자는 CISO를 임원으로 지정해야 한다(전자금융거래법 제21조의2 제2항, 시행령 제11조의3 제1항).

11 직전 사업연도 말을 기준으로 총자산이 10조 원 이상이고, 상시 종업원 수가 1,000명 이상인 금융회사는 CISO가 CIO를 겸직하지 못한다(전자금융거래법 제21조의2 제3항, 시행령 제11조의3 제2항). 이 조항은 전자금융업자에 해당하지는 않는다.

정보통신망법에서 CISO 제도를 도입한 것은 2012년의 일이다. "정보통신시스템 등에 대한 보안 및 정보의 안전한 관리를 위하여" 정보통신서비스 제공자[12]가 임원급 CISO를 지정할 수 있도록 하였고[13], 2014년 1월 금융권 개인정보 유출사건이 발생한 뒤 같은 해 5월 일정 규모 이상의 정보통신서비스 제공자에 CISO 지정을 의무화하고, '중앙전파관리소'에 신고하도록 하였다.[14] 정보통신망법 2018년 6월 개정(2019년 6월 시행)에서는 모든 정보통신서비스 제공자에 임원급 CISO의 지정, 신고를 의무화하고, 일정 규모에 못 미치는 이하의 사업자에 예외를 허용해 주는 방식으로 CISO 지정 제도에 근본적인 변화가 있었다. 더욱이 일정 규모 이상의 정보통신서비스 제공자의 CISO는 이 법에서 정한 CISO 업무 외에 다른 업무를 금지하는 조항이 들어갔는데, 정보기술부문 업무만 겸직하지 못하도록 한 전자금융거래법보다 훨씬 더 강력한 겸직 금지 조치인데다 현실과도 동떨어져 상당한 논란이 일었다.[15] 2021년 6월 개정(2021년 12월 시행)에서는 CISO의 겸직 가능 업무를 명시하여 겸직 금지 관련 논란은 일단락되었고, CISO 제도 도입 당시부터 임원급을 지정하도록 한 것과 달리 직원을 지정할 수 있도록 개정하여 CISO 제도에 상당한 변화를 가져왔다.

---

12 정보통신서비스 제공자는 "전기통신사업자와 영리를 목적으로 전기통신사업자의 전기통신역무를 이용하여 정보를 제공하거나 정보의 제공을 매개하는 자"(정보통신망법 제2조 제1항)인데, 한마디로 하면 통신사업자(기간통신사업자와 부가통신사업자)와 통신사업자의 망을 이용하여 서비스를 제공하는 영리사업자이다. 인터넷을 이용하지만 비영리 서비스 제공자인 정부나 학교, 시민단체 등은 여기에 포함되지 않는다.

13 정보통신망법 제45조의3(정보보호최고책임자의 지정 등) 제1항(2012.2.17. 개정, 2013.2.18. 시행)

14 정보통신망법 시행령 제70조(권한의 위임·위탁) 제2항

15 직전 사업연도 말 자산 총액 5조 원 이상 또는 정보보호 관리체계(ISMS) 인증 의무 대상자 중 직전 사업연도 말 자산 총액이 5천억 원 이상인 정보통신서비스 제공자의 CISO는 정보통신망법에서 정한 CISO의 업무 외에 다른 모든 업무를 겸직하지 못하도록 한 조항(제45조의3 제3항)은 비현실적이라는 많은 비판을 받고, 과학기술정보통신부에서 개인정보의 암호화 등 일부 기술적인 개인정보보호 업무는 겸직할 수 있도록 유권 해석을 내놓았다. 이 조항에 관한 세부적인 비판은 필자의 다음 칼럼을 참고하기 바란다. "CISO의 CPO 겸직 금지", CIO-KR, 강은성의 보안 아키텍트, 2019.10.10.

정보통신망법의 CISO 직급에 관한 사항을 요약하면 다음과 같다.

표 1-2 정보통신서비스 제공자 분류에 따른 CISO의 직급

정보통신서비스 제공자 분류	CISO 직급
1. 직전 사업연도 말 기준 자산총액이 5조 원 이상 또는 정보보호 관리체계 인증을 받아야 하는 자 중 직전 사업연도 말 기준 자산총액 5천억 원 이상인 자	이사(집행임원 포함)[16]
2. 이 법에서 CISO 의무 지정 대상이 아닌 정보통신 서비스 제공자(제45조의3 제1항 단서에 해당)	사업주 또는 대표이사
3. 1, 2에 해당하지 않는 정보통신서비스 제공자	사업주 또는 대표이사, 이사(집행임원 포함), 사업주 또는 정보보호 관련 업무를 총괄하는 부서의 장

(출처: 정보통신망법 제45조의3(정보보호최고책임자의 지정 등) 제1항, 시행령 제36조의7(정보보호최고책임자의 지정 및 겸직금지 등) 제1항)

1번은 CISO 업무 겸직 금지 요건에 해당하는 정보통신서비스 제공자로 CISO는 반드시 임원으로 지정, 신고하여야 한다. 2번은 CISO 의무 지정 대상이 아닌 정보통신서비스 제공자로서 ▲자본금이 1억 원 이하 ▲소기업 ▲중기업 중 전기통신사업자, ISMS 의무 대상, 개인정보 처리방침 수립·변경 시 인터넷 홈페이지에 공개하여야 하는 개인정보처리자[17], 통신판매업자[18]를 제외한 자가 해당한다. 여기에 해당하는 정보통신서비스 제공자는 CISO를 지정, 신고하지

---

16 상법 제401조의2(업무집행지시자 등의 책임) 제1항 제3호에 따른 자와 같은 제408조의2(업무집행지시자 등의 책임)에 따른 집행임원을 포함한다. 특히 제401조의2 제1항 제3호는 "이사가 아니면서 명예회장·회장·사장·부사장·전무·상무·이사 기타 회사의 업무를 집행할 권한이 있는 것으로 인정될 만한 명칭을 사용하여 회사의 업무를 집행한 자"로 되어 있어서 실질적으로 임원의 권한을 행사하는 사람도 가능하도록 열어 놓았다. 그러한 권한이 있는 직책인지는 사업자에 입증 책임이 있다.

17 개인정보보호법 제30조(개인정보 처리방침의 수립 및 공개) 제2항, 시행령 제31조(개인정보 처리방침의 내용 및 공개방법 등) 제2항

18 전자상거래법 제12조(통신판매업자의 신고 등)에 따른 통신판매업자 중 공정거래위에서 제시한 소규모 사업자를 제외한 자

않아도 되며, 이때 사업주 또는 대표이사가 CISO로 간주된다. 1번과 2번에 해당하지 않는 정보통신서비스 제공자는 3번에 해당하는데, CISO를 지정할 때 세 가지 선택지가 있다. 즉 ▲사업주 또는 대표이사 ▲이사(집행임원 포함) ▲정보보호 총괄 부서장이다. 즉 3번에 해당하는 ISMS 의무 대상이 아니면서 자산총액 5조 원 미만인 기업과 자산총액 5천억 원 미만인 기업은 이제 임원이 아니더라도 정보보호 부서장을 CISO로 선임할 수 있게 되었다.[19] 또한 2번을 규정한 법령이 그동안 종종 바뀌어 2번과 3번의 범주가 모두 영향을 받을 수 있어서 향후 법령이 바뀔 때에 이를 유의하여 살펴볼 필요가 있다.

정보통신기반보호법에서는 '정보보호책임자'를 지정하도록 한다. 이 법은 "국가안전보장·행정·국방·치안·금융·통신·운송·에너지 등 주요 정보통신기반시설 보호에 관한 대책을 수립·시행함으로써 국가의 안전과 국민생활의 안정을 보장하는 것을 목적"으로 하는데, 이러한 시설의 보호 업무를 총괄하는 자로 정보보호책임자를 지정하도록 하였다(제5조 4항). '최고'책임자나 임원급으로 명시하지 않았지만, 기업의 필요에 따라 총괄하는 자를 임원급으로 지정하는 것은 자연스럽다. 이러한 법에 따라 CISO를 지정하는 기업이 지속적으로 늘고 있다.

---

19 CISO가 임원이라 하더라도 C레벨인 경우와 아닌 경우가 권한과 업무의 차이가 있는데, 임원이 아닌 인력이 CISO 업무를 제대로 할 수 있을지 우려가 된다. 상세한 내용은 필자의 다음 칼럼을 참고하기 바란다. "9년 만에 바뀐 정보통신망법의 CISO 업무와 직급", CIO-KR, 강은성의 보안 아키텍트, 2021.7.22.

법에 나타난 CISO의 업무 ——

지금부터 CISO의 업무를 좀 더 세부적으로 살펴보자. 정보통신망법에서 규정한 CISO의 업무는 다음과 같다.

표 1-3 정보통신망법에서 규정한 CISO의 업무

제45조의3 제4항 제1호	분류
1. 정보보호 계획의 수립·시행 및 개선	정보보호 관리체계 수립·운영
2. 정보보호 실태와 관행의 정기적인 감사 및 개선	정보보호 감사
3. 정보보호 위험의 식별·평가 및 정보보호 대책 마련	정보보호 대책 수립·이행
4. 정보보호 교육과 모의 훈련 계획의 수립 및 시행	정보보호 관리체계 수립·운영

2021년 6월 정보통신망법 개정에서 CISO의 업무가 완전히 바뀌었다. 업무의 구조가 개인정보보호법의 CPO 업무 구조와 유사하게 바뀌면서 업무의 수가 많이 줄었다. 실제 회사에서 CISO의 업무는 여기에 한정되지 않는다. 정보통신망법 기준으로도 CISO가 규정된 제6장 '정보통신망의 안정성 확보 등'의 규정 중 상당 부분을 CISO 업무에 포함한다고 보는 것이 타당하다. 이 법에서 나열한 CISO의 업무는 ▲정보보호 관리체계의 수립·운영(1. 4) ▲정보보호 감사(2) ▲정보보호 대책 수립·이행(3)으로 분류할 수 있다.

또한 CISO가 겸직할 수 있는 업무는 다음과 같다.

표 1-4 정보통신망법에 나타난 CISO의 겸직 가능 업무

제45조의3 제4항 제2호	관련 법령
1. 정보보호 공시에 관한 업무	정보보호산업법 제13조
2. 정보보호책임자의 업무	정보통신기반보호법 제5조 제5항
3. 정보보호최고책임자의 업무	전자금융거래법 제21조의2 제4항

| 4. 개인정보보호책임자의 업무 | 개인정보보호법 제31조 제2항 |
| 5. 그 밖에 이 법 또는 관계 법령에 따라 정보보호를 위하여 필요한 조치의 이행 | |

[표 1-4]의 겸직 가능 업무는 [표 1-2]에서 CISO의 겸직 금지 요건에 해당하는 1번 사업자의 CISO도 겸직할 수 있도록 법적으로 허용된 업무다.

전자금융거래법과 그 시행령을 종합하면 CISO는 다음과 같은 업무를 수행한다(법 제21조의2 제3항, 시행령 제11조의3 제2항).

표 1-5 전자금융거래법과 그 시행령에 나타난 CISO의 업무

법 제21조의2 제4항과 시행령 제11조의3 제3항	분류
1. 전자금융거래의 안정성 확보 및 이용자 보호를 위한 전략 및 계획의 수립	정보보호 관리체계 수립·운영
2. 정보기술부문의 보호	정보보호 대책 수립·이행
3. 정보기술부문의 보안에 필요한 인력 관리 및 예산 편성	정보보호 관리체계의 수립·운영
4. 전자금융거래의 사고 예방 및 조치	정보보호 대책 수립·이행, 보안 이슈 대응
5. 전자금융업무 및 그 기반이 되는 정보기술부문 보안을 위한 자체 심의에 관한 사항	정보보호 대책 수립·이행
6. 정보기술부문 보안에 관한 임직원 교육에 관한 사항	정보보호 관리체계의 수립·운영

위 법령에서 나열한 CISO의 업무는 ▲정보보호 관리체계 수립·운영(1, 3, 6) ▲정보보호 대책 수립·이행(2, 4, 5) ▲보안 이슈 대응(4)으로 분류할 수 있다. 규제가 많은 금융부문의 CISO 업무에서 오히려 규제 대응으로 할 만한 업무가 보이지 않는 점이 특이하지만 실제로는 규제 당국에 보고, 검사 대응 등 규제 대응 업무가 대부분의 업무에 녹아 있다.

전자금융거래 보안에 관한 사항은 금융위원회 고시인 전자금융감독규정 제3장 '전자금융거래의 안전성 확보 및 이용자 보호'와 연결된다. 정보보호 조직의 장으로서 CISO의 업무에 관해서는 금융위원회와 금융감독원이 펴낸 '금융회사 정보기술부문 보호업무 이행지침(2014)'도 참고할 만하다.[20]

정보통신기반보호법과 그 시행령을 종합하면 정보보호책임자의 업무는 다음과 같다.

표 1-6 정보통신기반보호법과 그 시행령에 나타난 정보보호책임자의 업무

법 제5조 5항과 시행령 제9조 2항	분류
1. 주요 정보통신기반시설을 안전하게 보호하기 위한 물리적·기술적 대책을 포함한 관리대책의 수립·시행	정보보호 대책 수립·이행
2. 주요 정보통신기반시설보호대책의 수립, 침해사고 예방 및 복구에 필요한 기술적 지원의 요청	정보보호 대책 수립·이행, 보안 이슈 대응
3. 주요 정보통신기반시설의 취약점 분석·평가 및 이를 수행하는 전담반 구성	보안 취약점 관리

---

20 '금융회사 정보기술부문 보호업무 이행지침(2014)' 별첨1 '정보기술부문의 주요 업무 예시'에서 'IT 정보보호'에 다음 12가지를 꼽고 있다. 정보보호 조직 업무 작성 시 참고할 만하다.
- 취약점 분석·평가 및 그 이행 계획 수립 및 시행
- 내부 정보보호 정책 수립 및 정보보호 관련 규정·지침 제·개정
- 정보보호 아키텍처 유지 관리
- 정보보호 교육 계획 수립 및 교육 실시
- 전자금융 및 정보기술 부문 관련 보안성 검토
- 전자금융 관련 정보보호 대책 수립 및 시행
- 모의해킹, 디도스 대응 훈련 등 비상 대응 훈련 계획 수립 및 실시
- IT 내부 통제(법규준수 포함) 관리
- 침해 시도에 대한 실시간 보안관제 및 통합보안관제시스템 운영
- 외부 직원 출입 통제 및 노트북, USB 등 반출·입 통제
- 침해 방지·대응 시스템 구축·운영
- 시스템 접근 통제, 권한 관리 및 사용자 인증 관련 시스템 구축·운영

4. 주요 정보통신기반시설의 보호에 필요한 조치 명령 또는 권고의 이행			규제 대응	
5. 주요 정보통신기반시설이 교란·마비 또는 파괴된 사실을 인지한 때에 관계기관에 그 사실을 통지			보안 이슈 대응	
6. 침해사고가 발생한 주요 성보통신기반시설의 복구 및 보호에 필요한 조치			보안 이슈 대응	
7. 기타 다른 법령에 규정된 주요 정보통신기반시설의 보호 업무에 관한 사항			규제 대응	

위 법령에서 나열한 정보보호책임자의 업무는 ▲정보보호 대책 수립·이행(1, 2) ▲보안 취약점 관리(3) ▲보안 이슈 대응(2, 5, 6) ▲규제 대응(4, 7)으로 분류할 수 있다.

CISO(또는 정보보호책임자)의 지정을 규정한 세 법을 종합하여 업무를 분류하면 다음 표와 같다. 표의 각 칸은 [표 1-3], [표 1-5], [표 1-6]에서 해당 분류에 포함된 항목 번호다. 한 항목이 여러 분류에 포함될 수 있게 하였다.

표 1-7 관련 법에 나타난 CISO의 주요 업무 분류

법 분류	정보통신망법	전자금융거래법	정보통신기반보호법	항목 수
정보보호 관리체계 수립·운영	1, 4	1, 3, 6	–	5
보안 취약점 관리 및 정보보호 대책 수립·이행	3	2, 4, 5	1, 2, 3	7
보안 이슈 대응	–	4	2, 5, 6	4
규제 대응	–	–	4, 7	2
정보보호 감사	2	–	–	1

이 세 법을 살펴보면 결국 CISO의 업무는 크게 ▲정보보호 관리체계 수립·운영 ▲보안 취약점 관리 및 정보보호 대책 수립·이행 ▲보안 이슈 대응 ▲규제

대응 ▲정보보호 감사로 분류할 수 있다. 업무에 포함된 항목 수를 보면 법에서 규정한 CISO의 업무는 '보안 취약점 관리 및 정보보호 대책 수립·이행'에 관한 것이 많음을 알 수 있다.

표준에 나타난 CISO의 업무 ——

CSO 관련 미국 표준 문서 중의 하나인 「Chief Security Officer(CSO) Organizational Standard」 (2008)에는 CSO의 핵심 책임을 다음 여섯 가지로 정의하였다.

표 1-8 CSO의 핵심 책임

핵심 책임	세부 내용
전략 개발	사업환경의 모든 위험에 대해 고위 임원들과 전략적 대응
정보 수집과 위험 평가	인력, 수익, 조직의 평판에 영향을 주는 보안 이벤트와 위협 정보를 체계적으로 수집, 평가
조직의 준비성 확보	(물리적 또는 사이버) 공격과 재난, 보안 사고와 같이 사업의 지속성을 방해할 수 있는 사건이나 환경에 기업이 대비하도록 보증
사고 예방	사업 환경에서 보안 위험뿐 아니라 그것을 완화할 수 있는 재무적, 관리적 대책의 적용하는 일도 식별하고 이해해야 함. 또한 사고와 재난을 예방·완화하기 위해 정보를 분석하고, 조직 안팎의 사람들과 협업
인적 자본과 핵심 사업, 정보, 평판의 보호	회사의 무결성, 인적 자본, 프로세스, 정보, 자산이 훼손되거나 손실되지 않도록 보호
사고의 대응, 관리, 복구	공격이나 재난이 닥쳤을 경우 사고 대응과 관리, 복구 노력을 통해 핵심 시스템을 복원하고, 조직이 작동하는 데 필요한 시설을 제공

핵심 책임 중에 전략 개발과 조직의 준비성 확보는 우리나라 법에는 없는 내용이다. 또한, 정보보안을 주로 다루는 CISO와 달리 물리적 보안, 인력의 안전, 재난 대비와 같이 기업 전체의 보안과 안전을 다루고 있는 것도 눈에 띈다. 우리나라에서도 CISO의 업무가 정보 자산의 도난 방지와 같은 물리적 보안 영역

까지 업무가 차츰 넓어지고 있다. 이 외에도 가트너[21]나 포레스터[22]에서도 CISO 의 책임(업무)을 정의한 자료들이 있으니 관심 있는 분들은 참고하기 바란다.

Security Insight

CISO? CSO?

정보보호최고책임자는 CISO 즉 Chief Information Security Officer를 우리말로 번역한 것으로, 이와 비슷한 용어로 최고보안책임자인 CSO[Chief Security Officer]가 있다. CISO가 정보 자산의 보호 또는 IT 보안을 강조하고 있다면, CSO는 IT 보안 이외에도 사옥의 물리적 보호, 기업 임직원의 안전 등 좀 더 포괄적인 보안 업무를 담당하는 직책이다. 국내 문헌을 살펴보면 2006년에 고려대 정보보호 대학원 논문[23]에서 처음 CSO라는 표현이 나온다. 초기에는 CISO와 CSO 역할의 차이점이 부각되 었으나 정보 자산의 보호를 위해 CISO의 업무가 물리적 보안으로 차츰 넓어지면서 최근에는 CISO 와 CSO를 크게 구분하지 않는 추세다. 미국에서는 일찍부터 CSO가 생겼고, 9.11과 같은 대규모 보안 사고의 영향으로 보안책임자의 역할이 최고위험관리책임자[CRO, Chief Risk Officer]로 확대되는 경향이 있다.[24]

국내법에서는 주로 CISO라고 쓰는데, 이것은 한국인터넷진흥원(KISA)의 위탁과제로 수행된 'CISO 제도 도입 연구(2009.8.)'라는 보고서에 기초한다. 한국사회학회는 이 보고서에서 정보보호최고책 임자의 명칭과 관련하여 CSO의 'S'가 Security 이외에도 Strategy, Sales, Satisfaction으로 더 많 이 쓰이고, 특히 인터넷업계에서 CSO가 Chief Strategy Officer의 의미로 지칭되는 경우가 많아서 CISO라고 하는 것이 바람직하다고 기술하였다. 이 보고서가 발간되기 두 달 전에 '한국CSO협회'가 창립되어 공식적으로 CSO를 사용하는 단체가 있었으나 이 단체가 2013년 12월에 정보통신망법상 의 단체인 '정보보호최고책임자협의회'로 재출범하면서[25] 국내에서는 법이나 관련 단체, 언론 매체 등에서 CSO를 공식적으로 사용하는 곳은 찾아보기 어렵게 되었다.

---

21 "Gartner for IT Leaders Overview: The Chief Information Security Officer", Gartner, 2013.7.29.

22 "Role Job Description: Chief Information Security Officer", Forrester Research, 2012.3.5.

23 신진우, "최고보안책임관(CSO) 제도의 도입 방향에 관한 고찰: 정부기관 CSO 직제의 효과적 도입 검토", 고 려대학교 정보보호대학원, 2006.2.

24 Lauren Gibbons Paul, "Will CSOs become CROs in the future?", CSO 2013.7.22.

25 "정보통신서비스 제공자는 침해사고에 대한 공동 예방 및 대응, 필요한 정보의 교류, 그 밖에 대통령령으로 정 하는 공동의 사업을 수행하기 위하여 제1항에 따른 정보보호최고책임자를 구성원으로 하는 정보보호최고책임 자 협의회를 구성·운영할 수 있다."(정보통신망법 제45조의3 제5항)

기업 현장에서 그리 중요할 것 같지 않은 직책 이름에 주목하는 것은 최근 논의되는 최고정보기술책임자인 CIO와 CISO 사이의 위상 및 역할과 관련이 있다고 보기 때문이다. 국내에서 기업보안책임자가 정보보안뿐 아니라 기업 전체의 보안을 담당하는 CSO에서 출발했다면 정보보호 조직이 IT 조직과 분리하는 것이 굳이 쟁점이 되지 않았을 텐데 하는 아쉬움이 있다. 도리어 CIO 산하에 CSO가 있는 것이 이상하게 보였을 것이다.

지금과 같이 CISO가 정보보안에 그 역할이 한정된다 하더라도 물리적 보안이 정보 자산을 보호하는 데 중요한 역할을 하므로 물리보안 조직이 자체 보안정책을 수립할 때도 CISO와 긴밀히 협의하도록 해야 보안 업무가 전사 차원의 고려와 일관성을 갖고 추진될 수 있다.

개인정보보호책임자

법에 나타난 CPO의 업무 ──

개인정보보호책임자(CPO)나 그와 비슷한 직책을 규정한 법에는 개인정보보호법과 신용정보법이 있다. 개인정보보호법에서는 민간기업의 CPO는 임원이나 사업주, 대표자로 지정하라고 못 박는다. 임원이 없는 회사에서만 "개인정보 처리 담당 부서장"이 할 수 있다(제32조 제2항). CPO의 업무를 수행하기 위해서는 그만큼 권한과 책임이 있어야 한다는 의미다.

개인정보보호법에서는 CPO의 임무를 "개인정보의 처리에 관한 업무를 총괄해서 책임"(제31조 제1항)지는 것으로 정의한다.

개인정보보호법과 그 시행령의 내용을 종합해 보면 CPO의 업무는 다음과 같다.

표 1-9 개인정보보호법과 그 시행령에 나타난 개인정보보호책임자의 업무

법 제31조 제2항, 제4항과 시행령 제32조	분류
1. 개인정보 보호 계획의 수립 및 시행	개인정보보호 관리체계 수립·운영
2. 개인정보 처리 실태 및 관행의 정기적인 조사 및 개선	개인징보 처리 실태 조사 및 감사
3. 개인정보 처리와 관련한 불만의 처리 및 피해 구제	개인정보 주체의 고충 처리
4. 개인정보 유출 및 오용·남용 방지를 위한 내부통제시스템의 구축	개인정보 안전 조치
5. 개인정보 보호 교육 계획의 수립 및 시행	개인정보보호 관리체계 수립·운영
6. 개인정보파일의 보호 및 관리·감독	개인정보 안전 조치
7. 법 제30조에 따른 개인정보 처리방침의 수립·변경 및 시행	개인정보보호 관리체계 수립·운영
8. 개인정보 보호 관련 자료의 관리	개인정보 보호 관리체계 수립·운영
9. 처리 목적이 달성되거나 보유기간이 지난 개인정보의 파기	개인정보 안전 조치
10. 개인정보 보호와 관련하여 이 법 및 다른 관계 법령의 위반 사실을 알게 된 경우에는 즉시 개선조치 시행	규제 대응

CPO의 업무는 ▲개인정보보호 관리체계 수립·운영(1, 5, 7, 8) ▲개인정보 처리 실태 조사 및 감사(2) ▲개인정보 주체의 고충 처리(3) ▲개인정보 안전 조치(4, 6, 9) ▲규제 대응(10)으로 분류할 수 있다. CISO의 업무와 비교해 보면, '개인정보 처리 실태 조사 및 감사'나 '개인정보 주체의 고충 처리'와 같이 CISO에게는 해당하지 않는 업무가 있다. 유사 업무 중에서도 구체적으로 들어가면 다른 점도 있지만, '개인정보보호 관리체계 수립·운영', '개인정보 안전 조치', '규제 대응' 등 유사한 점 역시 적지 않다는 것을 알 수 있다. 특히 개인정보의 안전 조치는 CISO가 많이 하는 업무인데, 개인정보보호법에는 CISO가 정의되어 있지 않으므로 개인정보 보호와 관련된 모든 조치의 책임은 CPO에게 있다.

신용정보법에서는 개인신용정보와 기업신용정보의 관리 및 보호 업무를 수행

할 신용정보관리·보호인을 임원이나 "신용정보의 관리·보호 등을 총괄하는 지위에 있는 사람"으로 지정하도록 한다(제20조 제3항).

신용정보법과 그 시행령의 내용을 종합해 보면 신용정보관리·보호인의 업무는 다음과 같다.[26]

표 1-10 신용정보법과 그 시행령에 나타난 신용정보관리·보호인의 업무

법 제20조 제4항과 시행령 제17조 제2항(개인신용정보의 경우[27])	분류
1. 개인신용정보 보호 계획의 수립 및 시행	개인신용정보 보호 관리체계 수립·운영
2. 개인신용정보 처리 실태 및 관행의 정기적인 조사 및 개선	개인신용정보 처리 실태 조사 및 감사
3. 개인신용정보 처리와 관련한 불만의 처리 및 피해 구제	개인신용정보 주체의 고충 처리
4. 개인신용정보 유출 및 오용·남용 방지를 위한 내부통제시스템의 구축	개인신용정보 안전 조치
5. 개인신용정보 보호 교육 계획의 수립 및 시행	개인신용정보 보호 관리체계 수립·운영
6. 그 밖에 신용정보의 관리 및 보호를 위하여 대통령령으로 정하는 업무[28]	–

---

26 2015년 3월 개정된 신용정보법에서 개인정보 보호에 관하여 개인정보보호법보다 신용정보법을 먼저 적용하겠다고 명시하고(제3조의2 제2항), 2020년 2월 '데이터 3법' 개정 당시 신용정보의 범위를 성명, 주소, 전화번호, 고유식별정보를 포함하여 "특정 신용정보주체를 식별할 수 있는 정보"로 규정(제2조)하면서, 신용정보관리·보호인의 업무에 개인정보보호법의 CPO의 업무를 포함(제20조 제4항)함으로써 신용정보관리·보호인이 CPO의 역할을 수행하는 것이 명확해졌다.

27 2020년 3월 개정에서 신용정보관리·보호인의 업무를 '개인신용정보'와 '기업신용정보'로 구분하여 명시하였다. 또한 그 이전 신용정보법에는 '개인신용정보'라는 용어가 60여 회 나오지만, 2020년 3월 개정판에서는 160여 회가 나타나 빈도가 약 2.5배 증가하여 데이터 3법 개정 시 신용정보법의 개정 방향을 알 수 있다. 다른 한편 일반법인 개인정보보호법과 소관 부처가 있는데도 금융·신용분야의 독자적인 개인정보보호법을 만든다는 비판이 제기되기도 하였다.

28 시행령에 위임되어 있으나 해당 시행령에는 관련 조문이 없다.

7. 임직원 및 전속 모집인 등의 신용정보보호 관련 법령 및 규정 준수 여부 점검	개인신용정보 처리 실태 조사 및 감사
8. 위 1~7까지의 업무에 대해 연 1회 이상 점검하여 대표자 및 이사회에 보고, 금융위원회에 제출	개인신용정보 처리 실태 조사 및 감사, 규제 대응

개인신용정보에 관한 신용정보관리·보호인의 업무 중 가장 많은 비중을 차지하는 내용은 개인정보보호법에서 그대로 가져왔다. [표 1-10] 1~5까지의 업무는 개인정보보호법에서 CPO의 업무로 정의한 것이다.[29] 신용정보관리·보호인의 업무는 ▲개인신용정보 보호 관리체계 수립·운영(1, 5) ▲개인신용정보 처리실태 조사 및 감사(2, 7, 8) ▲개인신용정보 주체의 고충 처리(3) ▲개인신용정보 안전 조치(4) ▲규제 대응(8)으로 분류할 수 있다. 신용정보관리·보호인의 업무 분류에 '규제 대응'이 한 번밖에 나오지 않지만, 강력한 규제가 있는 금융부문의 특성상 모든 업무에 규제가 포함되어 있다고 보는 것이 합리적이다. 특히 '마이데이터' 사업으로 알려진 '본인신용정보관리업'이 2021년부터 본격 시작되면서 '본인신용정보 관리회사'에서는 개인(신용)정보의 처리가 핵심 업무이다. CPO 또는 신용정보관리·보호인의 책임이 막중하다.

CPO(또는 신용정보관리·보호인)의 지정을 규정한 두 법을 종합하여 개인(신용)정보보호 업무를 분류하면 다음 표와 같다. 표의 각 칸은 [표 1-9], [표 1-10]에서 해당 분류에 포함된 항목 번호다. 한 항목이 여러 분류에 포함될 수 있게 하였다.

---

29 신용정보법 원문에는 "개인정보보호법 제31조 제2항 제1호부터 제5호까지의 업무"라고 되어 있다. [표 1-9]의 해당 개인정보보호법 조문에서 '개인정보' 대신에 신용정보법의 보호 대상인 '개인신용정보'로 바꿨다.

표 1-11 관련 법에 나타난 CPO의 주요 업무 분류

법 분류	개인정보보호법	신용정보법	항목 수
개인(신용)정보 보호 관리체계 수립·운영	1, 5, 7, 8	1, 5	6
개인정보 처리 실태 조사 및 감사	2	2, 7, 8	4
개인(신용)정보 주체의 고충 처리	3	3	2
개인(신용)정보 안전 조치	4, 6, 9	4	4
규제 대응	10	8	2

개인정보보호법에서 규정한 개인정보보호책임자의 업무는 개인정보보호책임자의 지위와 맞지 않는 면이 있다. 개인정보보호법에서는 CPO의 지위와 역할을 다음과 같이 규정한다.

> 개인정보처리자는 개인정보의 처리에 관한 업무를 총괄해서 책임질 개인정보보호책임자를 지정하여야 한다.
>
> 개인정보보호법 제34조(개인정보보호책임자의 지정) 제1항

이 법에서 개인정보의 '처리'는 개인정보의 "수집, 생성, 기록, 저장, 보유, 가공, 편집, 검색, 출력, 정정(訂正), 복구, 이용, 제공, 공개, 파기(破棄), 그 밖에 이와 유사한 행위"(제2조 2호)라고 하여 인터넷 서비스 제공자ISP, Internet Service Provider와 같이 개인정보를 단순 전달하는 행위를 제외하고는 개인정보에 관한 거의 모든 행위를 포괄하고 있다. 즉 CPO가 개인정보 관련 모든 사항을 총괄하고 책임지는 직책으로 정의한 것이다. 하지만 CPO의 업무를 나열한 조문이나 이 법의 다른 조문에서 유추할 수 있는 CPO의 업무는 개인정보의 처리과정에서의 개인정보 보호 업무로 한정되어 있어서 CPO의 지위를 규정한 위 조항은 과도한 것으로 보인다. CPO의 지위를 개인정보보호에 한정된 것으로 개정해야 하지 않을까 싶다.

신용정보관리·보호인의 업무는 직책 이름에서 보는 것과 같이 개인신용정보의 '보호' 이외에도 기업신용정보의 관리 등 신용정보법과 그 시행령, 하위 고시에서 많은 업무를 부여하는데, 이 책의 범위를 넘어서기 때문에 다루지 않는다.

CPO의 겸직 ──

「2020 정보보호 실태조사」(과학기술정보통신부, 한국정보보호산업협회, 2021.2.)에 따르면 국내 1인 이상, 컴퓨터 보유/네트워크 구축 사업체 총 약 151만 개 중 CPO를 지정한 비율은 15.6%, CPO를 전담으로 임명한 사업체 비율은 1.9%에 이른다. 250인 이상 사업체는 전담자 비율이 52.4%까지 올라간다.

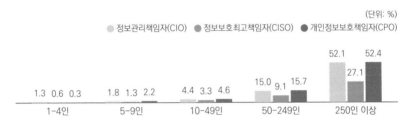

그림 1-7 규모별 정보보호 관련 책임자 전담 비율(복수 응답)

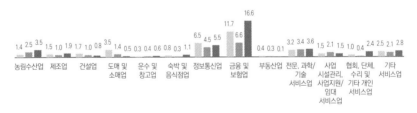

그림 1-8 업종별 정보보호 관련 책임자 전담 비율(복수 응답)
(출처: 「2020 정보보호 실태조사」, 과학기술정보통신부, 한국정보보호산업협회, 2021.2.)

하지만 2019년 6월 일정 규모 이상의 기업에 CISO의 다른 업무 겸직을 금지하는 정보통신망법이 시행된 이후 CPO의 수가 일부 늘어난 것을 감안하더라도 CPO 전담 비율은 업계의 현실과는 거리가 있어 보인다.

대부분의 회사에서 CPO를 누군가가 겸임한다고 보면 어느 부서의 책임자, 어떤 사람이 CPO직을 맡는지가 중요하다. 개인정보보호법에서는 공공기관 CPO의 자격 요건을 공공기관의 종류에 따라 '고위 공무원', 3급 이상 공무원 등 직급을 구체적으로 명시한다. 또한 민간기업 등 공공기관 이외의 개인정보 처리자는 임원이 있으면 반드시 임원을 CPO로 임명해야 한다. 물론 CEO가 맡을 수도 있다. 즉 직급만 규정한다. 따라서 어떤 사람이 CPO를 겸임해야 할지는 기업에서 판단하면 된다.

CISO의 활동이 활발한 온라인 기업이나 금융회사, 전자금융업자에서는 CISO가 CPO를 겸하는 곳이 많지만, 그렇지 않은 기업에서는 홍보, 경영지원, CFO, HR, 법무, 고객지원, 준법감시인, CIO, 마케팅 등 다양한 부서의 장이 CPO를 겸직한다. 개인의 역량을 차치하고 소속 부서 관점에서만 본다면 대부분 법에서 정의한 CPO 업무의 일부만 할 수 있는 부서에서 CPO를 맡고 있다. 특히 최고경영진 입장에서는 개인정보의 활용과 보호를 한 부서에서 처리하는 것이 지시하는 데 편리한 측면이 있다. 하지만 사업 부서나 마케팅 부서 등 개인정보를 활용해 사업을 하는 임원이 CPO를 맡는 것은 바람직하지 않다. 매출 목표를 달성하기 위해 자나 깨나 고민하는 분들은 개인정보를 보호하고 그로 인한 리스크를 관리하기 위해 쓸 만한 시간적, 심리적 여유가 부족하다. 또한 개인정보의 활용과 보호의 두 가치가 충돌할 때 활용의 손을 들어 줄 가능성이 높다. 부끄럽지만 경험담에서 나온 얘기다.

CPO를 어떤 직책자가 겸직하면 좋을지 검토하는 방법을 한 가지 제시하면 다음과 같다.

표 1-12 CPO 겸직 직책을 찾는 방법

직책	거버넌스	관리체계	중요 자산 보호	위기(사고) 관리	규제 대응
CISO	중	**상**	**상**	**상**	중
CFO	**상**	**상**	하	중	**상**
CCO[30]	중	중	하	**상**	**상**
CIO	중	중	중	**상**	하
고객지원	하	중	하	**상**	중
마케팅/사업	제외				

[표 1-12]는 정보보호책임자의 업무 영역으로 제시한 5가지 영역을 상단에 표시하고, 첫 번째 열에 회사 내부의 CPO 후보 직책을 표기했다. 각 회사 관점에서 직책 또는 직책자가 업무 영역별로 얼마나 적합한지 상, 중, 하(또는 1, 3, 5)로 평가하여 최종 합계가 가장 높은 직책을 CPO로 선정하는 방법이다. 업무 영역이 회사마다 다를 수 있고 업무 영역의 가중치가 있을 수도 있으므로, 영역을 충분히 이해하는 것 또한 중요하다. 이 예시에서는 CISO가 가장 높은 점수를, 그 뒤로 CFO, CCO 순으로 점수가 높다.

끝으로 CPO와 관련해서 한 가지 강조하고 싶은 게 있다. 법적으로 개인정보 보호의 책임은 CPO에게 있다는 점이다. 개인정보 보호조치의 핵심 내용인 관리적·기술적·물리적 보안대책을 CISO가 관할하고 있는 회사에서 그것이 미흡하여 개인정보 사고가 발생했다 하더라도 법적 책임은 CPO에게 있다는 얘기다. 개인정보 사고가 터진 정보통신서비스 기업에서 임원이 입건되거나 형사 기소된 사례가 몇 번 있는데, 모두 사고 당시 (실질적) CPO였다.

---

30 CCO: Chief Compliance Officer의 약자로서 준법감시인, 법무 부서장, 감사 등 내부 통제의 임원급 인력을 가리킨다.

CPO vs. DPO[31]

2018년 5월 유럽연합에서 일반 개인정보보호법GDPR, General Data Protection Regulation이 시행된 뒤 정부 안팎의 개인정보보호 관련 회의 자리에 가면 GDPR이 자주 거론된다. 인권과 개인정보 보호에 관한 풍부한 역사를 가진 유럽연합의 법규와 경험은 참고할 만하다. 하지만 DPOData Protection Officer에 이르면 이야기가 달라진다. CPO와 DPO는 위상과 역할, 업무가 전혀 다르기 때문이다. 이제 국내에도 알려지긴 했지만, CPO와 DPO는 개인정보보호 법규에 나오는 개인정보보호 관련 직책이라는 것 이외에 비슷한 점이 별로 없다.

GDPR에서 규정한 DPO의 업무는 다음과 같다(제39조).

  (1) GDPR 등 개인정보보호 법규의 의무 수행에 관하여 개인정보 처리 사업자와 직원에게 고지와 조언
  (2) GDPR 등 개인정보보호 법규, 회사 정책을 잘 준수하는지 모니터링
  (3) 요청이 있으면 개인정보 영향평가에 관해 조언하고 잘 수행하는지 모니터링
  (4) 감독기구와의 협력
  (5) 사업자 내에서 감독기구와의 창구 역할

회사에서 급여를 받으면서 수행 책임은 전혀 없고, '고작' 고지와 조언, 잘하는지 모니터링, 심지어 감독당국과의 창구 역할과 협력을 하는 것이 주 업무라니! DPO는 국내 법령과 기업 환경에 전혀 맞지 않는 직책이다. DPO를 도입하려면 국내에 개인정보보호법 대신에 GDPR을 적용해야 한다.

DPO는 전문성이 있는데, CPO는 전문성이 부족하다는 주장 또한 맥락을 살펴야 한다. GDPR에서 규정한 DPO의 자격요건은 DPO의 업무를 수행하기 위한 것으로, CPO의 자격요건 역시 개인정보보호법에서 정한 업무를 수행하기 위한 것이다. 즉 CPO는 개인정보보호에 관한 법규와 정책, 보안 기술, 기획과 관리, 조사, 고객 대응이라는 광범위한 분야의 전문성을 갖춰야 하는데, 그런 인력이 한 기업에 (아니 우리나라에) 얼마나 있는지 모르겠다. 더욱이 대다수 CPO는 다른 업무를 주 업무로, 개인정보보호 업무를 부 업무로 겸한다. 개인정보보호법에서 CPO의 자격요건을 임원으로 한 것은 그래서 적절하다. 아무리 법적 전문성이 있다 하더라도 기업 내 위상과 권한이 없다면 CPO 업무를 제대로 수행하기 어렵다.

하지만 임원 요건만으로는 충분하지 않다. CPO와 개인정보보호 조직의 기업 내 위상과 권한을 높이고, CPO의 역량과 경험을 강화하는 데 정부는 좋은 역할을 할 수 있다. 인터넷 게시판에 올린 교육 자료를 활용하거나 실무자만 모인 교육은 효용성이 떨어진다. 일면 비슷해 보이는 교육도 누구의 관점에서 하느냐에 따라 결과가 다르다. 공급자가 아닌 수요자(개인정보처리자), 실무자가 아닌 임원급

---

31 "CPO, DPO, K-DPO?··· CPO에 대한 체계적인 교육과 지원이 필요하다.", CIO-KR, 강은성의 보안 아키텍트, 2020.8.18.

책임자, 기술 역량이 부족한 개인정보 안전조치의 책임자, 다른 업무보다 적은 시간을 배정하고 있는 겸직자, 개인정보보호 거버넌스의 수립과 운용 책임자 관점의 교육이 효과가 있다. 개인정보보호위원회에서 이러한 내용을 포함해 CPO 지원을 위한 종합적인 계획을 세워 몇 년에 걸쳐 추진하면 좋겠다.

CPO에 대한 사회적 인식의 변화도 필요하다. 기업에서 CPO는 적은 시간과 권한을 가지고 개인정보 보호를 위해 일한다. 개인정보를 활용하는 영업이나 마케팅, 사업 부서에서 CPO를 겸하는 경우는 그리 많지도 않고, 바람직하지도 않다. 따라서 다수 CPO에게 개인정보의 활용이 아니라 보호가 핵심 과제다. 개인정보보호위원회가 개인정보(데이터)의 활용과 보호를 함께 하겠다고 밝혔지만, 활용은 법적 틀만 잘 갖추면 기업에서 알아서 열심히 할 분야이므로, 더 적극적으로 힘을 쏟아야 할 부분은 개인정보의 보호이다. 갓 출범한 개인정보보호위원회에 꼭 전하고 싶은 말이다.

정보보호책임자의 업무

이 책은 정보보호책임자를 위한 책이다. 이들은 기업에서 개인정보보호책임자(CPO), 신용정보관리·보호인, 최고보안책임자(CSO), 정보보호최고책임자(CISO), 정보보호책임자 등 여러 직책을 맡고 있다. 앞에서 설명한 대로 기업에서 개인정보, 신용정보, 금융정보, 산업기밀, 의료정보, 마케팅정보, 군사정보 등을 보호하는 임무를 담당한다. 어떤 정보를 보호하든 실질적으로 기업의 중요 정보를 보호하는 책임을 진다. 말 그대로 정보보호책임자다. 이 책에서 정보보호책임자라는 용어를 선택한 첫 번째 이유다.

또한, CISO, CSO, CPO의 앞에 붙는 C는 Chief의 약자지만, C레벨C-suite 임원을 임명하는 회사는 거의 없다고 해도 과언이 아니다. 필자도 회사에서 CEO 직속의 CSO로 일했던 1년 정도의 기간을 제외하고는 정보보호최고책임자였지만 C레벨 임원은 아니었다. C레벨 임원일 때와 아닐 때의 권한이나 정보보호 조직의 위상, 그에 따른 업무 추진에서 상당한 차이가 있다. CISO나 CPO

의 'C'를 강조하면 이 직책의 권한을 과도하게 이해하여 현실과 유리된 정책이나 주장을 펴기에 십상이다. 이것이 정보보호책임자라는 용어를 선택한 두 번째 이유다.

기업에는 임원이나 본부장급은 아니지만, 명목상 CISO나 CPO가 있든 없든 팀장이나 차·부장급 중에서 실질적인 정보보호 '책임자' 역할을 하는 사람이 상당수 있다. 임직원이 수천 명이 넘는 대기업에서도 그런 경우를 본다. 이들 역시 이 책에서 말하는 정보보호책임자다.

앞에서 살펴본 정보보호 업무 또는 정보보호 조직의 업무는 정보보호책임자가 책임지고 진행하는 일이다. 정보보호 대책 구현같이 정보보호책임자가 최종 책임을 지는 업무도 있지만, 정보보호 조직의 구성과 예산 확보같이 정보보호책임자가 수행 책임을 지고, 최종 책임은 CEO나 CFO 등 최고경영진에게 있는 업무도 있다.

이 책에서는 정보보호책임자의 임무를 "회사의 경영목표 달성을 위한 전사 정보보호 위험의 관리"라고 정의한다. 경영목표에 연계된 정보보호 사업계획을 수립·추진하고, 회사와 조직의 보안 위험을 줄이는 게 핵심적인 업무다. 정보보호책임자가 사업의 성격과 전사적인 목표를 모두 꿰고 그것에 영향을 미치는 보안 위험 요인과 그에 대한 대책을 세워야 한다. 그래야 CEO를 비롯한 최고경영진이 정보보호책임자가 자신과 동떨어진 업무를 수행하는 사람이 아니라 자신들의 목표를 위해 꼭 필요하고 최선을 다하는 사람으로 인식하게 된다.

그러기 위해 정보보호책임자가 해야 할 일을 5가지 영역, 25가지 업무로 정리하였다. 앞에서 살펴본 법과 국제 표준을 고려하고, 정보보호의 국제적인 흐름과 국내 기업의 정보보호책임자가 실제로 고민하는 사항을 담았다.

표 1-13 정보보호책임자의 업무[32]

영역	업무	세부 내용
1. 거버넌스	1. 최고경영진 주도 체계 구축	– 이사회와 CEO를 비롯한 최고경영진이 보안 위험을 책임지고 주도해 나가는 체계 구축과 전사적인 커뮤니케이션 시행 – 임원급 (전담) 징보보호책임자 선임과 권한 부여
	2. 경영진 및 타 임원 협업 체계 구축	– 임원들이 정보보안 정책 등 정보보호 관련 의사결정, 전략 및 정책 공유, 전사적인 추진과 협업을 할 수 있는 체계 구축 – 임원 회의와 정보보호 경영위원회에서의 주요 정보보호 의제 처리, 소통과 협업
	3. 정보보호 조직·인력·예산 확보	– 정보보호 조직의 구축과 권한 부여 – 적절한 규모의 보안 인력 및 보안전문가 확보 – 정보보호 예산 확보
	4. 정보보호 사업계획의 수립·추진	– 회사의 경영목표와 연계된 정보보호 전략 및 사업계획 수립, 관련 조직의 사업계획에 정보보호 활동이 포함되도록 협업 – 회사 경영목표 달성에 잠재한 정보보안 위험의 최소화
	5. 정보보호 경영 지원	– CEO의 정보보호 의제 지원 – 정보보호책임자의 정보보호 의제 수립과 추진 – 타 임원의 정보보호 업무 및 활동 지원
2. 관리 체계	1. 관리 체계 수립·운영	보안 위험의 분석·평가·관리, 보안 대책의 수립·이행, 보안 위협의 탐지·대응 등이 체계적·지속적으로 작동하는 전사 정보보호 관리 체계의 수립과 운영
	2. 보안 위험 관리	– 정보 자산의 식별 및 보안 위험 식별 – 보안 위험 평가 – 보안 대책의 수립과 이행 관리 – 보안 아키텍처 설계 및 관리
	3. 협업 관리	– 전사 소통과 협업 관리 – 부서 사이의 협업 관리: IT 조직과의 협업, 개인정보 협업
	4. 보안 감사	– 자체 감사 – 감사 조직과의 협업 – 보안 점검

---

32 CPO의 업무 중 정보주체의 고충 처리 업무는 여기에서 제외하였다. 이 업무의 법적 책임은 CPO에게 있으나 대부분의 기업에서는 고객센터에서 이 업무를 처리한다.

	5. 정보보호 교육 및 인식 제고	– 정보보호 교육 – 정보보호 인식 제고
	6. 보안 문화 형성	– 기업 보안에서 보안 문화의 역할 검토 – 기업 문화에 따른 보안 문화의 형성 방안 수립과 이행
	7. 정보보호 조직 관리	– 정보보호 실무 조직의 상태 이해 – 동기 부여 – 육성
3. 중요 자산 보호	1. 핵심 보안 대책의 구축	– 정보 자산별 핵심 보안 대책의 선정과 구축 – 구축 PM 및 관련 부서 협업 관리
	2. 정보보호 시스템 운영과 개선	– 5원칙에 입각한 예외 관리 – 내부 IT 환경 변화에 따른 변화 관리 – 보안 운영 분석과 개선
	3. 모니터링, 탐지, 대응	– 모니터링 및 이슈 분석 체계 수립: 보안관제, 솔루션 도입, 자체 로그 분석 – 로그 분석을 통한 탐지 및 대응
	4. IT 개발 보안 관리	– 개발자 계정 및 권한 관리, 개발 서버 보안 관리 – 개발 보안 프로세스 수립, 운영 – 개발 단계별 보안 활동 수행: 모의해킹, 위협 모델링 등
	5. 전반적 정보보호 수준의 향상	보안 수준이 가장 낮은 부서, 서비스, 분야 파악과 보완
4. 위기관리	1. 정보보안 위기관리 체계 수립·관리	정보보안 사건·사고·위기에 대한 대응 정책 및 조직, 프로세스의 수립과 관리
	2. 업무 연속성 계획 수립·운영	– 업무 연속성 계획 수립 – 필요 인력 및 시설 확보, 운영
	3. 위기 대응 모의 훈련	– 보안 위협 대응 훈련 – 정보보안 위기 대응 훈련 – 업무 연속성 비상 대응 훈련
	4. 정보보안 사건·사고·위기 대응	– 정보보안 사건·사고 대응 – 일상적 위기 대응 – 정보보안 위기 대응
	5. 외부 협력 구축과 운영	정보보안 단체 참여, 정보보안 자문위원회 운영 등을 통해 위기 대비

5. 규제 대응	1. 대내외 규제 분석 및 준수 점검	- 적용 법규(법, 시행령, 시행규칙, 고시) 및 안내서, 해설서 등의 파악
		- 그룹 또는 모회사 정책, 관련 외부 계약서 파악
		- 규제 준수 점검
		- 관련 규제의 변화 관리
	2. 대내외 규제기관 대응	- 규제기관 및 수사기관 대응
		- 그룹 또는 모기업의 요구 및 보안 점검 대응
		- 내부 통제 및 외부 감사 대응
	3. 정보보호 인증 획득 및 유지 관리	정보보호 관련 인증 획득 및 유지 관리

[표 1-13]을 보면 앞에서 살펴본 법이나 표준과 달리 거버넌스 영역의 업무가 많다. 앞에서 분석한 법과 표준들도 세부적으로 들어가면 거버넌스 영역의 업무를 포함하긴 하지만, 여기서는 거버넌스 업무를 정보보호책임자가 수행해야 할 핵심 업무 영역의 하나로 분류했다. 최근 보안 위험이 회사 전체의 위험이 되면서 결국 재무 위험이나 법규 위험같이 최고경영진이 다뤄야 할 위험이 되었다고 보기 때문이다. 정보보호의 국제적인 흐름에서도 거버넌스의 중요성이 강조되고 있다. 정보보호 거버넌스는 정보보호 활동이 전사적으로 영향을 미치기 위한 기반이 된다. 거버넌스 업무는 정보보호책임자가 수행해야 할 중요한 업무이긴 하지만, 정보보호책임자가 책임지고 추진하기에는 한계가 있는 업무이기도 하다. 세부 업무를 살펴보면 '정보보호 경영지원(1-5)' 업무를 제외하고는 최고경영진이 주도적으로 추진하거나 최종 승인하여 정보보호책임자에게 힘을 실어 줄 때 가능한 업무들이다.

관리 체계 영역은 기업의 보안 관리를 위한 체계를 갖추고 운영하는 업무다. 이 체계가 잘 갖춰져 있으면 실무적인 정보보호 업무는 무리 없이 돌아간다. 정보보호책임자는 관리 체계 영역 업무의 최종책임자로서 관리 포인트를 갖고 들여

다보고 관리 및 개선해 나가면 된다. 특히 보안 위험 관리(2-2) 업무는 사업과 사업목표 달성에 위험이 되는 보안 위험을 찾아내고 줄여나가기 위한 출발점이 되는 업무이다. 개인정보 유출, 서비스 중단, 시스템 파괴뿐 아니라 매출 감소, 법적 위험 등을 종합적으로 고려할 필요가 있다. 또한, 협업 관리(2-3) 업무는 전사의 각 부서가 수행해야 할 정보보호 업무를 관리하기 위해 필수적인 업무다. 겉으로 잘 드러나지는 않지만, 정보보호책임자가 반드시 해야 할 일이어서 별도 업무로 뽑았다.

중요 자산 보호 영역은 한마디로 정의하면 정보보호 사고가 발생하지 않게 하는 업무들로 구성된다. 전통적으로 정보보호 조직의 업무인 관리적·기술적·물리적 보안대책을 세우고 그것을 구현·운영·개선함으로써 보안 공격을 예방하거나 신속하게 탐지·대응하여 보안 사고를 예방한다. 정보보호 조직의 일상적인 업무 대부분이 여기에 속한다. 앞에서 식별한 보안 위험 및 보안 사고와 직접 연결되는 취약점을 찾아 없애는 게 관건이다.

이제까지 많은 중요 자산의 업무가 IT 영역에 집중되어 있는데, IT 부서 외에서 수행하는 정보보호 업무를 잘 들여다보고 관리해 나갈 수 있어야 한다. 최근 문제가 된 외주관리 보안이나 출입통제 같은 물리보안도 역시 정보보호책임자가 잘 챙겨야 보안 위험을 줄일 수 있다. 정보보호책임자가 세부적인 내용을 알기는 어렵다 하더라도 각 업무의 핵심적인 관리 포인트를 이해하면 업무를 보고받고 질문하면서 목적에 부합하게 수행되고 있는지를 점검할 수 있다.

위기관리 영역은 개인정보 유출 사고와 같은 큰 사고뿐 아니라 기업 내에서 소소하게 발생하는 정보보안 사건·사고가 정보보안 위기로 번져 나가지 않도록 신속하게 대응하고, 정보보안 위기가 발생했을 때를 대비해 사전에 준비하며,

실제 위기가 발생하면 전사적인 위기 대응 활동으로 회사의 손실을 최소화할 수 있도록 하는 업무다. 그러기 위해 모의훈련 등 사전에 준비해야 할 일들이 있다.

규세 대응 영역은 정보보호 관련 법규와 행정 규제, 기업의 정보보호 정책이나 지침과 같은 자체 규제, 여론과 시민단체 등에 의한 사회적 규제에 대응하는 업무다. 당장 별도로 분리할 만큼 정보보호책임자가 담당할 업무가 많지 않을 수도 있다. 하지만 2014년을 기점으로 예방적 규제가 강화되었을 뿐 아니라 결과의 책임을 묻는 규제까지 추가되면서 정보보호 규제로 인한 기업의 위험은 매우 커졌다. 정보보호책임자가 반드시 관리해야 할 영역이다.

이 책에서는 25가지 업무를 각각 다루기보다는 영역별로 핵심이나 유의해야 할 사항을 중심으로 포괄적으로 기술한다. 25가지 업무에는 정보보호책임자가 직접 실행해야 하는 업무도 있지만, 정보보호 조직이나 IT 조직이 실무적으로 처리해야 할 업무도 상당히 포함되어 있다. 후자의 업무는 정보보호책임자가 그것의 수행 책임이나 최종 책임을 갖게 되므로 그 업무의 스토리를 이해하고 통찰을 갖고 관리 포인트를 짚는다면 큰 무리 없이 업무를 소화할 것으로 판단된다. 2장부터 기술된 내용을 이런 관점에서 읽어 주기 바란다.

2장

지금 우리에게 필요한 것은?

정보보호 거버넌스

정보보호 거버넌스

기업은 수익을 내고 영속하고자 하는 속성이 있다. 사실 모든 조직은 지속하고자 한다. 조직의 지속을 위한 방법에 차이가 있을 뿐이다. 이를 위해 점점 더 중요해진 것이 위험Risk 관리다. 일취월장 성장하던 우리나라의 많은 기업이 1997년 IMF 외환위기와 2008~2009년 세계 금융위기로 무너졌다. 과도한 부채 증가, 문어발 확장 등 위험 관리 없이 외형을 늘리는 데 집중한 것이 주요 원인이다. 이후 수익성이나 부채 비율은 기업을 평가할 때 기본적으로 살펴보는 기준이 되었다.

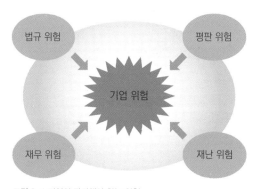

그림 2-1 기업이 관리해야 하는 위험

이러한 재무 위험 외에도 기업이 관리해야 하는 위험은 많다. 수출입이 많은 기업은 외환 위험을 관리해야 하고, 농수산물을 거래하거나 원료로 사용하는 기업과 재생에너지 기업은 태풍이나 홍수 등 재난 위험에 대비해야 한다.

법규를 위반할 경우 기업에 상당한 영향을 끼치기 때문에 법규 위험 관리도 필수다. 또한 SNS의 발달로 기업의 평판 관리는 기업 경영에 매우 중요한 요소가 되었다. 과거에는 드러나지 않았을 면접장이나 전화상으로 이뤄진 기업의 '갑질'이 사회적 평판에 큰 영향을 미친다. 이는 관련 법규 위반에 대한 수사로 법규 위험, 대중의 불매운동과 같은 재무 위험으로 이어진다. 위험 요인이 '오너'인 경우에 '오너 위험'으로 더 큰 문제를 야기한다. 기업이 관리해야 하는 위험은 예방도 중요하지만, 발생했을 때 신속하고 책임 있는 대응이 더더욱 중요하다.

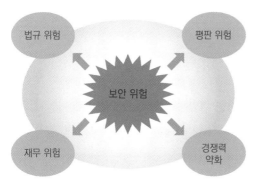

그림 2-2 기업 위험의 원인이 된 보안 위험

그런데 이제 '보안'이 이러한 '기업 위험'의 원인이 되는 추세다. 개인정보보호법을 위반하여 개인정보를 불법으로 처리한 기업은 대규모 과징금을 부과 받거나 민사소송을 당하는 법규 위험이 발생한다. 기업 평판이 나빠지면서 영업 활동에 지장을 받고, 신규 사업을 추진하는 데 어려움을 겪기도 한다. 사업이 잘될 때는 대응하는 과정에서 어려움을 겪더라도 극복하지만, 그렇지 않을 때에는 상당 기간 심각한 영향을 받는다. 이제는 기업의 모든 활동에서 보안 위험을 검토하고 관리하여야 할 필요가 있다. 기업 차원에서 보안 위험을 관리하기 위해 필요한 것이 바로 '정보보호 거버넌스'다.

그림 2-3 기업의 정보보호 거버넌스(GRC)

기업에서 거버넌스^{Governance}는 "조직이 기업과 사업의 목표를 향해 나아가도록 이사회와 경영진이 지휘, 통제하는 것"으로 정의할 수 있다.[01] 목표를 달성하려면 기업 거버넌스의 지휘 아래 [그림 2-3]의 끊어진 다리와 같은 위험을 관리$^{Risk\ management}$하면서 목표를 향해 나아가야 한다. 또한 기업의 활동은 법규와 규제의 큰 틀 안에서 이뤄져야 한다^{Compliance}. 여기에서 보안 위험을 관리하기 위한 기업 거버넌스가 바로 '정보보호 거버넌스(또는 기업 보안 거버넌스)'이다.

---

01 거버넌스(Governance)가 보안 분야에서 자주 쓰는 용어가 아니어서 우리말로 바꾸기 위해 많이 찾아봤으나 직관적으로 이해되면서 사용처에 적합한 말을 찾지 못했다. 기업 거버넌스에서는 지배구조라는 말을 많이 쓰고, 행정적으로는 협치의 뜻으로 쓰이는데, 모두 보안 분야에는 맞지 않는다. 할 수 없이 거버넌스를 그대로 쓰기로 했다. 어떻게 보면 직관적으로 이해하기 쉽고 일반적인 용어는 '경영적 의사결정 구조'가 아닐까 싶다. 딱 들어맞지는 않지만 이해가 잘 되지 않는 분들은 그 정도로 생각하며 읽으면 큰 무리는 없으리라 생각한다.

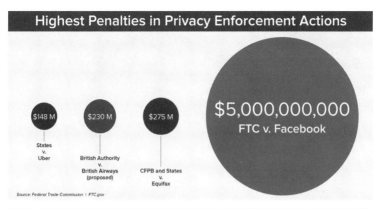

그림 2-4 미국 연방거래위원회가 밝힌 개인정보 규제 역사상 최대의 벌금(출처: 미국 연방거래위원회[02])

2019년 7월, 미국 연방거래위원회(FTC)는 2018년 3월에 드러난 '페이스북-케임브리지 애널리티카 개인정보 유출사건'을 비롯해 그 이전부터 발생한 페이스북[03]의 개인정보 침해와 FTC와의 계약 위반을 해결하는 조건으로 50억 달러(약 5조 9,000억 원)의 벌금을 부과하기로 하였다.

이는 그때까지 개인정보보호 문제에 대한 제재로서 세계 최고액일 뿐 아니라 2018년 페이스북 매출액의 약 9%에 해당할 정도로 엄청난 금액이었다.

FTC도 이 금액과 다른 사건의 과징금을 비교한 그림을 홈페이지에 올려 놓을 정도로 그 의미를 부여하였다.

---

02 "FTC Imposes $5 Billion Penalty and Sweeping New Privacy Restrictions on Facebook", Federal Trade Commission, July 24, 2019.

03 2021년 10월에 페이스북은 회사명을 '메타(Meta)'로 바꿨다.

그림 2-5 FTC가 페이스북과 합의한 개인정보보호 거버넌스 구조(출처: 미국 연방거래위원회)

그동안 페이스북이 개인정보보호 약속을 어긴 핵심 요인이 오너이자 CEO인 마크 저커버그에게 있다고 본 FTC는 책임성과 투명성, FTC의 감독을 강화하는 다층적인 개인정보보호 거버넌스 구조를 만들도록 하였다. [그림 2-5]와 같이 독립적인 위원회에서 지명한 위원들로 구성된 개인정보보호위원회를 만들어 CEO가 개인정보보호 활동을 통제하지 못하도록 한 것이다. 또한 개인정보보호위원회가 준법감시인을 선임하고, 준법감시인과 CEO는 독립적으로 FTC가 명령한 개인정보보호 프로그램을 준수한다는 분기별 증명과 연간 증명을 FTC에 제출하도록 하였다. 이 증명이 거짓으로 판명되면 민·형사상 처벌을 받게 된다. 국내 경영 환경이나 기업 거버넌스 구조상 똑같이 하기는 어렵더라도 참고할 만한 거버넌스 구조이다.

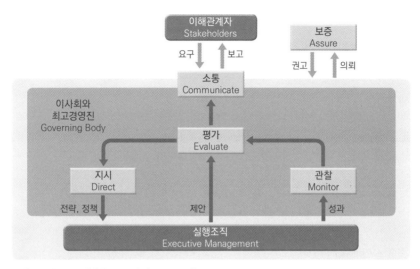

그림 2-6 정보보호 거버넌스 프로세스(ISO 27014)

정보보호 거버넌스 국제 표준인 ISO 27014^{Governance of Information Security}에서는 정보보호 거버넌스의 중심에 이사회와 최고경영진^{Governing Body}이 있다.[04] 최고 경영진은 실행조직에서 제출한 '제안'을 '평가'하여 실행조직에게 목표와 전략을 '지시'하고, 그 성과를 '관찰'한다. 주주나 정부를 비롯한 이해관계자와 '소통'하며 독립적이고 전문적인 기관에 '보증'을 '의뢰'하고 그 결과를 처리한다. 실행조직은 최고경영진이 지시한 전략과 정책을 기반으로 정보보호 관리체계를 구축하고 실행한다. [그림 2-6]의 핵심 메시지는 이사회와 최고경영진이 기업의 정보보안 위험에 대응하는 주체라는 것이다.

---

04 ISO 27014에서 Governing Body는 이사회를 뜻한다. 하지만 CEO가 이사회 의장을 겸하거나 이사회의 활동이 활발하지 못한 국내 환경에서는 이것을 이사회뿐 아니라 CEO, C레벨 임원을 포함한 최고경영진이라고 보는 게 타당하다. 그에 따라 Executive Management는 임원을 포함한 실행조직으로 보는 것이 우리나라 현실에 적절하다.

정보보호 거버넌스와 정보보호 관리체계Information Security Management System는 어떤 관계에 있는지 살펴보자. 이에 관해 명쾌하게 정리한 자료가 있어서 소개한다. [표 2-1]을 보면 정보보호 거버넌스와 정보보호 관리체계의 차이가 좀 더 명확해진다.

표 2-1 정보보호 거버넌스와 정보보호 관리체계의 비교[05]

정보보호 거버넌스	정보보호 관리체계
정보보호의 감독(Oversight)	정보보호의 구현(Implementation)
결정 권한을 부여함 (Authorizes decision rights)	(위험을 줄이기 위한) 결정 권한을 부여받음 (Authorized to make decisions)
정책 수립(Enact policy)	정책 적용(Enforce policy)
최종 책임(Accountability)[06]	수행 책임(Responsibility)
전략 계획(Strategic planning)	실행 계획(Project planning)
자원 배정(Resource allocation)	자원 활용(Resource utilization)

정보보호 관리체계에서도 정보보호 거버넌스 내용을 강화하는 추세다. 한국인터넷진흥원(KISA)에서 운영하는 '정보보호 및 개인정보보호 관리체계(ISMS-P) 인증'에서도 정보보호 거버넌스를 강조한다.

---

05 HEISC, Information Security Governance, 2014.4.4.

06 Responsibility는 어떤 일을 성실하게 수행할 책임을 지고 있음을 뜻하는 반면에 Accountability는 Responsibility와 함께 그 결과나 행동에 대해 설명할 책임을 지고 있다는 의미이다. Responsibility는 위임하거나 공유할 수 있으나, Accountability는 최종책임자가 가진다. 그래서 여기에서는 Responsibility는 수행 책임, Accountability는 최종 책임이라고 표현했다.

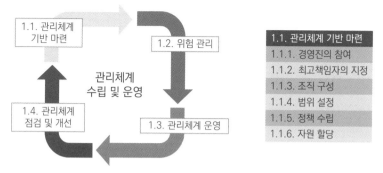

그림 2-7 ISMS-P 인증 기준의 정보보호 거버넌스(출처: 한국인터넷진흥원 등, 「정보보호 및 개인정보보호 관리체계 인증제도 안내서」, 2019.1.

ISMS-P에서 '관리체계 수립 및 운영' 영역은 "관리체계를 운영하는 동안 Plan-Do-Check-Act의 사이클에 따라 지속적이고 반복적으로 실행"되어야 하는데, 그 시작이 바로 '관리체계 기반 마련'이고, 세부 내용은 [그림 2-7]의 표에서 보는 것과 같이 경영진의 참여, 최고책임자의 지정 등 정보보호 거버넌스의 구성과 운영에 초점이 맞춰져 있다. 이러한 내용을 바탕으로 거버넌스 업무를 구체적으로 살펴보자.

주요 거버넌스 업무

표 2-2 정보보호 거버넌스 영역의 업무

업무 영역	세부 업무	세부 내용
1. 거버넌스	1. 최고경영진 주도 체계 구축	– 이사회와 CEO를 비롯한 최고경영진이 보안 위험을 책임지고 주도해나가는 체계 구축과 전사적인 커뮤니케이션 시행 – 임원급 (전담)정보보호책임자 선임과 권한 부여

1. 거버넌스	2. 경영진 및 타 임원 협업 체계 구축	– 임원들이 정보보안 정책 등 정보보호 관련 의사결정, 전략 및 정책 공유, 전사적인 추진과 협업을 할 수 있는 체계 구축 – 임원 회의와 정보보호 경영위원회에서 주요 정보보호 의제 처 리, 소통과 협업
	3. 정보보호 조직·인력· 예산 확보	– 정보보호 조직의 구축과 권한 부여 – 적절한 규모의 보안 인력 및 보안전문가 확보 – 정보보호 예산 확보
	4. 정보보호 사업계 획의 수립·추진	– 회사의 경영목표와 연계된 정보보호 전략 및 사업계획 수립. 관련 조직의 사업계획에 정보보호 활동이 포함되도록 협업 – 회사 경영목표 달성에 잠재한 정보보안 위험의 최소화
	5. 정보보호 경영 지원	– CEO의 정보보호 의제 지원 – 정보보호책임자의 정보보호 의제 수립과 추진 – 타 임원의 정보보호 업무 및 활동 지원

[표 2-2]의 정보보호 거버넌스 영역의 업무는 임원급 정보보호책임자라면 생각해 봤거나 실제로 하고 있는 내용이다. 당연히 해야 할 일인데, CEO가 밀어주지 않아서 못하는 일도 있을 것이다.

이 업무 영역은 정보보호책임자의 권한과 책임 측면에서 몇 가지로 나뉜다. '최고경영진 주도 체계 구축' 업무는 절대적으로 CEO를 비롯한 최고경영진이 직접 움직여야 할 사안이다. 정보보호책임자가 건의할 수는 있지만, 그 이상의 노력을 하기는 어렵다. 특히 CEO가 주도하여 임직원의 정보보호 활동 참여가 많이 늘어난 사례들이 있다. 보안 위험이 CEO 직책 위험으로 번진 상황에서 이사회와 최고경영진이 좀 더 적극성을 띠어야 한다. 정보보호최고책임자(CISO), 개인정보보호책임자(CPO), 최고보안책임자(CSO) 등 정보보호책임자를 선임할 때 경영진의 힘을 실을 수 있는 조직 구조와 직급을 갖춤으로써 사내에서 적절한 위상을 높이는 것 역시 거버넌스에서 최고경영진이 담당해야 할 중요한 역할이다.

거버넌스 영역에서 강조하고 싶은 것은 '정보보호 사업계획의 수립·추진'과 '정보보호 경영지원' 업무다. 회사에서 정보보호 관련 계획을 세울 때 회사의 사업 목표와 연계하는 것이 좋다. 회사에서 모바일 사업을 확장한다면 정보보호 조직의 사업계획에 모바일 보안을 넣고, 클라우드 서비스를 진행할 때 클라우드 보안을 넣는 것이다. 사업의 보안 위험을 줄여나가야 할 정보보호책임자의 임무에도 부합하고, CEO의 눈에도 잘 들어 오는 사업계획이 된다. 정보보호 솔루션 도입 역시 회사와 사업의 보안 위험을 줄여나가는 측면을 염두에 두면 계획을 승인하는 경영진에게 호소력이 있다. 특히 이러한 계획을 수립할 때 정보보호 전략을 몇 개의 키워드로 설명할 수 있으면 더욱 좋다.

사업계획과 직접 연계되지 않거나 미처 넣지 못한 일들이 발생할 수 있다. 연중에 발생하는 중요한 보안 이슈들은 CEO 보고나 전사 임원 회의 등 적절한 경로를 통해 전사 의제로 만든다. 정보보호 이슈는 수시로 발생하고, 종종 있는 일이다. 모든 걸 전사 의제로 만들 필요는 없지만, 정보보호책임자가 끙끙 앓는다고 정보보호 이슈를 해결할 수 있는 건 아니다. 최소한 보고라도 해야 한다. 전사 의제로 올리지 못했지만 중요한 보안 이슈는 정보보호책임자의 의제로 갖고 가면서 꾸준하게 타 부서 임원들과 협의하여 협조를 요청한다.

기업의 정보보호 업무에 힘을 싣는 가장 좋은 방법은 CEO가 자신의 연간 의제에 보안을 넣는 것이다. 매년 넣기는 어렵더라도 요즘 같은 사회 환경에서 경영계획의 위험 관리 면에서 한 번 정도는 할 수 있다. 다른 위험과 달리 전체 임직원의 참여가 필수이므로 CEO가 전사에 공표하고 관리할 의제로 적합하다. 정보보호책임자가 월별 또는 분기별로 지난 기간의 성과와 다음 기간의 핵심 의제를 보고하는 등 계속 CEO를 보좌해야 가능한 일이다.

정보보호에 대한 최고경영진의 의지가 회사 차원에서 관철되기 위해서는 경영진을 포함하여 임원, 직책자, 일반 구성원에 이르기까지 모든 임직원이 정보보호를 잘 이해하고, 각자 맡은 활동을 제대로 수행하게 하는 다양한 기제가 필요하다. 그냥 말 한마디로 전사가 단숨에 움직이지는 않는다. 이미 기업 안에는 조직을 움직이게 하는 다양한 기제가 있다. 정보보호 활동도 그 기제를 활용하면 좀 더 효율적이고 효과적으로 업무를 수행할 수 있다. 또한, 정보보호책임자는 CEO에게 적절한 보고와 소통을 하여 전반적인 정보보호 기제가 잘 작동할 수 있도록 노력해야 한다. 다음은 정보보호책임자가 참고할 수 있는 몇 가지 방안이다.

1. 정기 임원 회의에서 주요 정보보호 활동 및 결과를 보고한다.

CEO가 주재하는 임원 회의에서 정보보호책임자가 월별 또는 분기별로 보안 이슈를 보고하고 CEO가 임원들에게 보안 문제를 강조하면, 각 임원이 자신이 맡은 조직에 이를 전달함으로써 각 조직이 맡은 정보보호 활동이 잘 이뤄질 수 있다. 개인 PC에 있는 고객정보를 삭제하는 활동과 같이 각 조직이 해야 할 정보보호 활동이 있다면 수행 결과를 임원 회의에서 보고하는 것도 강력한 작동 기제가 된다.

2. 정보보호 업무 비중이 큰 부서는 주례보고와 같이 정기 업무 보고 양식에 정보보호 활동 항목을 포함한다.

IT 운영 부서처럼 정보보호 업무가 많은 부서는 정기 업무 보고 양식에 정보보호 관련 항목을 넣고 이를 주기적으로 보고하여 부서 평가에 반영하는 구조가 바람직하다. 해당 부서 구성원 입장에서는 어차피 해야 할 정보보호 업무가 허드렛일이 아니라 업무 보고서에 쓸 수 있는 항목이 되므로 정보보호 업무를 좀 더 적극적으로 진행할 수 있다.

3. 정보보호 업무 수행 결과를 핵심성과지표^{KPI, Key Performance Indicator}에 반영한다.

정보보호 인증같이 여러 부서의 협업이 필요한 업무가 있을 때 해당 부서의 KPI에 반영하면 협업하기가 좋다. 대다수 부서와 협업이 필요한 경우에는 정보보호 업무 수행 결과를 각 부서의 KPI에 가점이나 감점하는 방식으로 전사 공통 KPI를 만드는 것도 한 방법이다. 하지만 초기 KPI를 수립할 때 노력도 많이 들고 주기적으로 평가하고 유지할 때 만만치 않은 공수가 든다. CEO가 강력한 의지를 갖지 않는 한 자주 할 수 있는 일은 아니므로 한번 세게 밀어야 할 때 시도하는 게 좋다.

4. 이사회에 정보보호 의제를 올린다.

반기별 또는 주요한 이슈가 있을 때 이사회에 정보보호 전략과 예산, 주요 이슈와 대책, 계획과 결과 등을 이사회 의제로 올리고 보고한다. 이사회에 정보보호 이슈를 보고함으로써 경영진의 정보보호 중요성에 대한 인식을 높일 수 있다. 이사회의 위상과 활동, 경영진의 의지에 따라 다를 수 있지만, 충분히 시도해 볼 만하다.

5. 주요한 정보보호 관련 프로세스에 정보보호 부서의 협조나 승인을 넣는다.

L3 스위치나 라우터에 접근 제어 목록^{ACL, Access Control List}은 네트워크 보안에서 매우 중요하지만, 이것은 IT 운영 부서가 관리한다. 외주 개발 업체와의 계약, 출입 보안을 위한 CCTV 설치 역시 정보보호 조직의 업무가 아니다. 정보보호와 직접 연관이 있는 업무는 정보보호 조직과 긴밀한 협력 속에서 이뤄져야 한다. 그러려면 정보보호와 관련된 업무 프로세스나 품의 절차에 정보보호 조직이 승인·협조·참조로 들어가 정보보호 측면에서 충분히 검토되도록 해야 한다. 이러한 여러 가지 장치를 통해 이사회-CEO-임원-직책자-전사 구성원으로 이어지는 회사 전체의 정보보호 기제가 작동하게 한다.

정보보호 조직 체계

"너 조직의 쓴맛 좀 볼래?"

친구들의 행동에 함께하지 않는 친구에게 농담으로 던지는 말이다. 정보보호 조직을 잘못 구성하면 또 다른 의미에서 '조직의 쓴맛'을 볼 수 있다. 정보보호 조직은 보안 공격을 막고, IT 인프라와 전사의 각종 프로젝트와 업무 프로세스, 일상의 회사 생활에서 보안 취약점을 찾고 보완하며, 이를 위해 임원이나 상위 직책자에게 보고, 각 부서와의 소통, 협력을 통해 전사 통제를 해 나가는 조직이다. 정보보호의 관리적·기술적·물리적 보안에 대한 전문성, 다른 부서 업무에 대한 이해와 리더십, 회사 제품과 서비스에 대한 이해, 용어와 배경이 다른 각 부서 인력과 소통하고 협업할 수 있는 역량이 필요한 일이다. 30년이 넘는 직장생활을 통해 어떤 조직보다도 정보보호 조직이 한 사람 한 사람의 역량과 성과가 중요한 조직이라는 것을 실감했다. 정보보호 조직은 성격상 인력을 많이 늘리기 어려우므로 더더욱 정예 멤버로 구성해야 한다.

한 조직 안에서 일이 잘 추진되기 위해서는 그 일을 해 나가는 주체의 뛰어난 역량뿐 아니라 그 주체가 일할 수 있는 환경이 마련되어야 한다. 업무 환경 면에서 본다면 가장 중요한 것은 정보보호 조직의 위상이다. 정보보호 조직의 위상을 세우는 데 필요한 점을 살펴보자.

정보보호책임자의 직급과 정보보호 조직의 위상 ——

기업에서 조직의 위상은 CEO가 얼마나 힘을 실어 주느냐에 달려 있다. 정기 회의에서 해당 부서의 중요성을 역설하고 다른 부서가 잘 지원해 줄 것을 지시하면 힘이 실린다. 하지만 CEO가 매번 모든 일을 챙길 수는 없다. 그래서 중요한 것이 해당 조직의 위상이다. 기업은 직급과 권한에 따라 작동하는 계층 조직이기 때문에 조직의 위상은 조직의 역할과 권한, 조직장의 직급에 따라 결정된다.

정보보호책임자를 지정하도록 한 각 법령에서 그들을 임원(급)으로 명시한 것은 바로 조직의 이러한 속성을 반영한 것이다. 실제로 관련 법령에서 규정한 역할과 업무를 제대로 수행하려면 임원이 하는 것이 적절하다.

전자금융거래법에서는 정보보호최고책임자(CISO)를 임원으로 지정할 것을 명시하고 있는 데 비해 정보통신망법에서는 '임원급'으로 되어 있던 규정을 '임직원'으로 바꾸고 시행령에서 CISO 겸직 금지 요건에 해당하지 않는 기업에서는 직원이라 하더라도 정보보호 부서를 총괄하면 CISO가 될 수 있도록 허용하였다.[07] 어느 정도 유연성이 필요하다 하더라도 일정 규모 이상의 정보통신서비스 제공자라면 CISO를 임원으로 선임해야 CISO가 법적으로 부여된 임무를 수행할 수 있다.

개인정보보호법에서는 개인정보보호책임자(CPO)의 직급을 임원으로 할 것을 명시했다. "필요한 경우 개인정보의 처리 현황, 처리 체계 등에 대하여 수시로 조사하거나 관계 당사자로부터 보고를 받을 수 있다."(제31조 제3항)고 하는 등 임원이어야 할 수 있는 업무를 부여한 만큼 적절한 자격 요건이라 할 수 있다.

하지만 기업 현장으로 가면 상황은 많이 다르다. 임원이 아닌 정보보호책임자가 많다. 이는 첫째, 무엇보다 임원을 선임할 만큼 중요한 자리로 여기지 않아

---

07 정보통신망법 2021.6.8. 개정, 2021.12.9. 시행(법률 제18201호). 법률 개정 취지에서 그동안 '임원급'이라는 용어가 임원인지 직원인지 혼선을 빚은 문제가 있었으나, 여력이 있을 만한 중견기업에서도 직원 CISO를 선임할 수 있도록 허용한 것은 적절하지 않은 것으로 보인다.

서다. 이사회와 최고경영진의 인식 문제이기도 하다. 둘째, 임원이 맡을 만큼 정보보호 조직 규모가 되지 않기 때문이다. 임원에게 조직을 맡기려면 일정 규모 이상의 조직을 만들어 주는 게 임원에 대한 예우라는 인식이 있는데, 대다수 회사의 정보보호 조직은 그만한 규모가 되지 않는다. 셋째, 정보보호 업무에 적합한 전문성과 리더십을 갖춘 임원을 찾기 어렵다는 이유다. 임원급은 외부에서 영입하는 것보다는 내부에서 승진시키는 것이 경영진의 업무추진 면이나 조직운용 측면에서 편한데, 내부에 그럴 만한 인재가 없다는 거다.

정보보호책임자가 임원이 아닐 때 정보보호 업무를 수행하는 데 고충이 적지 않다. 회사에서 보안 정책을 가장 잘 따르지 않는 임원 그룹에 문제를 제기하려면 CEO나 소속 부서장에게 보고해서 그들을 통제해야 하는데, 보고의 단계 단계를 거쳐 최종 승인을 받아 정책을 시행하는 건 시간과 노력을 많이 소비하는 일이다. 평소에 만나는 임원들이 "너희는 왜 그리 빡빡하냐, 너희 때문에 사업하기 힘들다."고 한마디씩 하면 보안 정책을 강력하게 밀고 나가기도 어렵다. 임원이 아닌 정보보호책임자가 전사를 아우르며 일하기는 쉽지 않다. 보안을 상당히 중시하는 회사에서 일하면서 업계에서도 전문성을 인정받은 부장급 CISO에게 보안 정책을 따르지 않는 임원들 때문에 고생한다는 얘길 듣고 '비결'을 전수해 준 적이 있다. 다른 회사들의 상황도 이에 못지않을 것이다.

보안 위험이 전사 위험인 동시에 CEO의 주요 위험이 된 요즘 사업 환경에서 CEO가 정보보호 업무를 직접 챙길 수도 있다. 매우 드문 경우지만 국내 최대의 SNS 회사 CEO가 실제로 그렇게 한 적이 있다. 그러나 그렇게 하기 어려운 대다수 대기업 규모의 회사에서는 보안 위험을 제대로 대응할 수 있는 임원급 CISO를 선임하는 것이 바람직하다. 담당 조직 규모가 작더라도 전문성이나 리더십이 중요한 직책에 임원을 임명하는 기업의 사례는 적지 않다.[08] 정보보호책임자의 직급과 직책은 그 자체가 전사 구성원에게 회사가 정보보호를 중시한다는 점을 알리는 메시지가 될 뿐 아니라 정보보호 조직이 전사적인 소통과 협업, 통제 업무를 진행하는 힘의 원천이 된다. 따라서 CEO가 기업 보안에 힘을 실어 줄 의지가 있다면 반드시 정보보호 조직장의 직급과 직책을 전사적으로 힘을 발휘할 수 있는 수준으로 만들어야 한다. 조직이 마음껏 일할 수 있는 환경을 만들어 주고 일을 시켜야 일이 제대로 돌아간다.

정보보호 조직의 소속 ——

CISO가 C레벨 임원인 조직에서는 정보보호 조직이 어디에 소속되는지 고민할 필요가 없지만, 대부분의 기업에서는 그렇지 않다. 현실적으로 기업의 조직을 살펴보면 정보보호 조직은 대체로 ▲CEO 직속 ▲CIO·CTO 등 IT 임원 소속 ▲CFO·경영지원 등 경영스태프 소속 ▲감사·준법감시 등 내부통제 조직 소속으로 두고 있다.

2020년 IDG의 조사에 따르면 CISO의 보고 체계 비율은 다음과 같다.

---

08 삼성그룹은 조직 규모가 작지만 전문성이 탁월한 임원을 '전문임원'으로 임명한 지가 이미 20년이 지났다. 일반 임원은 '경영임원', R&D그룹의 임원은 '연구임원'으로 분류된다.

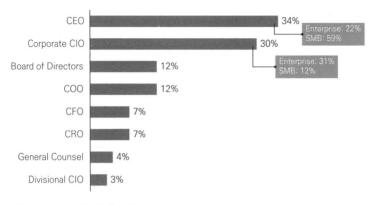

그림 2-8 CISO의 보고 체계[09] (출처: IDG)

CISO가 CEO와 이사회[Board of Directors]에 보고하는 비율이 46%로 가장 많았고, 전사[Corporate] CIO에게 보고하는 비율이 30%, COO에게 보고하는 비율이 12%, CFO와 CRO[Chief Risk Officer]에게 보고하는 비율이 각각 7%였다.

2014년에 가트너의 조사에 따르면 CISO의 보고 체계 비율은 다음과 같다.

표 2-3 정보보안을 전담하는 최고책임자의 보고 체계[10] (출처: 가트너)

보고체계	이사회, CEO, 사장	CIO, IT 임원	IT 중간관리	내부감사	전사 위험 관리	사업조직장
비율	20.5%	58.6%	5.9%	5.5%	7.2%	2.3%

2020년 IDG의 조사와 2014년 가트너의 조사를 비교하면, CIO나 IT 임원에게 보고하는 경우가 58.6%에 이르렀던 것이 30%로 줄고, 20.5%에 불과했던 이사회 및 CEO에게 보고하는 비율이 46%로 크게 늘어난 것이 가장 눈에 띈

---

09 "2020 IDG Security Priorities Study", IDG, November 2020. 이것은 "당신 조직의 CISO나 CSO, 이와 동등한 직책을 가진 사람이 누구에게 보고합니까?"에 대한 답변이다.

10 "Determining Whether the CISO Should Report Outside of IT", Gartner, 17 June 2014

다. 조사 기관이나 대상, 질문이 달라서 직접 비교하기에는 무리가 있지만, 이것이 큰 흐름이라는 점은 분명하다.

정보보호책임자가 누구에게 보고하고, 어떤 조직 산하에 있는지에 따라 업무 환경에 상당한 영향을 미치므로 그 특징과 장단점을 살펴볼 필요가 있다. 특히 어떤 구조가 이상적인지 판단하는 것보다 현재 우리 회사와 정보보호 조직의 역량에 적합한 구조가 어느 것인지 그리고 향후 어떤 구조로 발전하는 것이 좋을지 구체적으로 살펴보는 것이 좋겠다.

1. CEO 직속

그림 2-9 CEO 직속 정보보호 조직

[그림 2-9]는 정보보호책임자와 정보보안 부서가 CEO 직속으로 있는 조직 구조이다. 이러한 구조가 가장 바람직하다고 하는 전문가가 많다. CEO가 직속으로 있는 정보보호 조직을 통해 정보보호 이슈에 이해와 관심을 가지고 직접 챙기면 정보보호 거버넌스가 가장 잘 작동할 수 있고, 전사적으로는 회사의 모든 구성원에게 보안이 CEO 의제임을 명확하게 전달할 수 있다. 조직 구조가 곧 메시지인 셈이다. 또한 업무 면에서도 정보보호책임자가 CEO와 직접 소통하면서 CEO의 지원을 받아 정보보호 예산의 확보, 전사 정보보호 정책 수립과

집행, 전사 정보보호 협업 등 신속한 의사결정과 집행을 해 나갈 수 있다. 특히 같이 협업도 해야 하지만, 적절한 보안 통제도 필요한 IT 조직에 대해 보안 정책을 수행하는 데 적합한 구조다. 정보보호 조직을 강화, 독립시키고 임원급 정보보호책임자를 선임한 회사가 이런 구조를 채택하는 것은 바람직한 일이다.

다만 이러한 조직 구조가 제대로 작동하려면 CEO가 정보보호 전문성을 갖춘 고위 임원을 정보보호책임자로 선임하고 여러 임원 사이에서도 적절하게 힘을 실어줘야 한다. C레벨 임원으로 선임하면 가장 좋다. 그래야 정보보호책임자가 CEO의 정보보호 의제를 살피면서 전사적으로 직접 보안 업무를 추진할 수 있다. 업무 목표와 속성상 일정한 갈등이 있을 수밖에 없는 IT 조직과의 관계에서 특히 중요한 부분이다. 정보보호책임자가 임원이 아니면 CEO가 자주 보안 업무를 챙겨야 하는데, 일반적으로 그러기 쉽지 않다. 잘못하면 다른 임원의 불만과 견제가 은근히 표출되면서 정보보호 조직에 힘을 실어 주겠다고 했다가 오히려 타격을 받을 수 있다. 이런 조직 체계를 만든 CEO가 잘 관리해야 한다.

2. 경영지원 조직 임원 산하

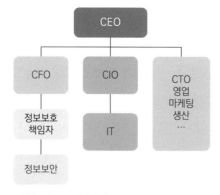

그림 2-10 CFO 산하의 정보보호 조직

이것은 정보보호책임자와 정보보안 부서가 CFO나 경영지원, 경영전략, HR 등 CEO와 매우 가까운 경영스태프 산하에 있는 조직 구조이다. 이러한 구조의 강점은 무엇보다도 전사적으로 힘이 있고 CEO와 일상적으로 소통하는 고위 임원이 정보보호 조직을 관할하기 때문에 해당 임원의 역할에 따라 CEO 직속 못지않게 정보보호 조직에 힘이 실릴 수 있다는 점이다. 정보보호 예산의 확보, 전사 정보보호 정책 수립과 집행, 전사 정보보호 협업, IT 보안 통제 등 CEO 직속의 장점을 취할 수 있다. 또한 경영스태프 임원은 전사의 사업 목표와 사업 전략을 잘 꿰고 있어서 정보보호 조직의 사업 목표가 전사 사업 목표와 연계하고 그에 기여하도록 지원할 수 있다. 전사적인 업무 연속성 계획 수립을 경영스태프가 주도할 수 있으므로 정보보안 위기를 대응하는 데에도 도움이 된다. 정보보호 업무를 기업의 위험 관리 업무로 볼 수 있어서 내부 관리 업무를 하는 경영스태프 임원이 정보보안 업무를 이해하고 전사 정보보호 정책을 주도해 나가는 데 큰 무리가 없다.

약점도 있다. 경영지원 임원의 주요한 특징은 법규 준수에 초점을 맞춘다는 점이다. 법규 준수를 넘어서 좀 더 적극적으로 보안 수준을 높이기 위해 예산을 쓰려면 담당 임원을 설득하는 데에 상당한 노력을 기울여야 한다. 정보보호책임자가 임원이 아니라면 IT 조직을 비롯해 전사가 협업하는 데도 어려움이 있다. 정보보호책임자가 담당 임원이 적극적인 역할을 할 수 있도록 긴밀하게 소통하고 늘 관심을 기울여야 작동할 수 있는 구조이다. 보안 기술 업무는 정보보호책임자와 정보보안 부서에서 전적으로 책임져야 한다.

이러한 조직구조의 회사가 꽤 있다. 한 그룹 계열사에서는 CEO가 경영지원 임원 산하에 있는 임원급 전담 CISO에게 수년간 매달 보고받으며 정보보호를 위한 투자나 제도를 전사 구성원의 피부에 와닿게 시행하여 CISO 사이에서는 모범적인 사례로 회자된 적이 있다. 정보보호 조직을 고위 임원 산하에 둬서 CEO의 관리 부담을 줄이면서도 실질적으로 CEO가 힘을 실어주는 방식을 택한 것이다.

3. IT 조직 임원 산하

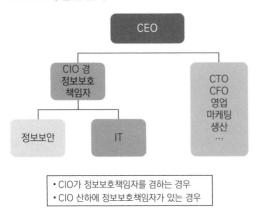

그림 2-11 CIO 산하의 정보보호 조직

[그림 2-11]은 CIO 등 IT 임원이 정보보호책임자를 겸하거나 산하에 두는 조직 구조다. SW개발회사에서는 CTO가 그러한 역할을 하기도 한다. 상당수의 금융회사에서 CIO가 CISO를 겸하고 있다가 2014년 전자금융거래법에서 일정 규모 이상의 금융회사 CISO가 정보기술부문의 업무를 겸직하지 못하도록 하면서 대형 금융회사에서는 CIO가 CISO를 겸하는 사례가 많이 없어졌다. 다만 요건에 해당하지 않는 금융회사에서는 아직 남아 있고, 심지어 CIO 산하에 CISO를 두어 겸직 금지 규정을 빠져나가는 대형 금융회사도 있다. 겸직 금지 규정의 취지를 완전히 부정하는 일이다.

이러한 구조의 강점은 IT 임원이 정보보호 조직과 IT 조직을 총괄하므로 두 조직이 협업하기가 좋다는 점이다. 많은 회사에서 정보보호 업무의 상당 부분이

IT 보안이므로, IT 인프라에 대한 보안 정책이나 정보보호 시스템의 구축과 운영, 개인정보 보호정책의 구현 등 정보보호 조직과 IT 조직이 협업할 일은 매우 많다. 두 조직의 협업이 잘 이뤄지면 회사의 보안 위험을 줄이는 데 큰 효과를 거둘 수 있다. 특히 정보보호 조직이 아예 없거나 역량이 약한 시기에는 정보보호 조직이 IT 임원 산하에 있는 것이 회사 보안 차원에서 유리할 수 있다.

단 IT 임원의 보안 의식이 높다는 전제가 있어야 한다. "큰 보안 이슈가 발생하면 서비스를 중단시키는 권한을 정보보안 팀장에게 위임하고 있다."고 하는 대형 인터넷서비스 회사 CIO를 만난 적이 있다. 그는 정보보안이 잘 되어 있는 것으로 평가받고 있는 회사에서 CISO를 겸하고 있었는데, CIO가 CISO를 겸임하려면 이 정도 보안에 대한 확고한 인식을 갖고 있어야 가능하지 않을까 싶다.

하지만 정보보호 조직과 IT 조직 사이에는 근본적인 차이가 있다. IT 조직의 미션이 IT를 이용해 효율적이고 효과적으로 사업을 지원하는 것이라면, 정보보호 조직의 미션은 사업의 보안 위험을 줄이기 위해 IT를 통제하는 것이다. 미션의 차이는 업무 성격의 차이로 이어진다. IT 조직은 사업을 지원하기 위해 효율성과 편의성을 중시하는 데 비해 정보보호 조직은 회사와 사업의 보안 위험을 예방하기 위해 일정 수준까지는 비효율과 불편을 감수해야 한다. 예를 들어 IT 시스템 운영자는 자신이 관리하는 여러 서버에 빠르게 접속하기 위해 각 서버의 패스워드를 PC에 저장하거나 기억하기 좋게 비슷한 패스워드를 만들곤 한다. 정보보안 사고에서 많이 등장하는 문제다. 이처럼 IT 임원의 업무와 정보보호책임자의 업무는 근본적으로 지향점이 다른 부분이 있다. 이것이 전자금융거래법에서 CISO를 CIO와 분리하도록 한 이유다.

그래서 대부분의 회사에서는 정보보호 조직의 틀이 잡히면, 다양한 정보보안 이슈가 제기되면서 정책, 기술, 예산 등 여러 방면에서 IT 이슈와 충돌하는 경우가 발생한다. 보안 위험에 이해가 있는 IT 임원이라면 이를 심도 있게 검토하여 우선순위를 설정하겠지만, 그렇지 않은 IT 임원이 더 많은 게 현실이다. 최소한 양쪽이 갈등할 때 본인이 결정하기 힘들면 상위 직책자의 의사결정을 받아야 하는데, 맡겨진 권한에 따라 IT 임원 자신이 처리하기도 하고, 상위 직책자에게 의사결정을 요청하면서 IT의 관점에서 의견을 달곤 한다. 전사 위험인 보안 위험이 충분히 논의되기 어려운 구조다.[11]

정보보호 조직이 IT 임원 산하에 있을 때 갖는 또 다른 한계는 일반적인 회사 조직의 역관계상 사업 부서나 경영스태프 조직을 통제하기 어렵다는 점이다. 전사 보안 위험을 관리하기 위해서는 IT 인프라의 보안 이외에도 문서 보안, 인적 보안, 구성원 개인정보보호, 외주 관리 보안, 출입 보안 등 비IT 조직이 담당하는 업무에서도 보안 통제가 이뤄져야 하는데, CIO 등 IT 임원은 다른 부서를 지원하는 미션이 커서 비IT 조직을 통제하는 데 어려움을 겪는 것이 대부분 기업의 현실이다.

---

11 Antone Gonsalves, "사고 이후 CISO 선임한 타깃(Target)⋯ 'CIO에게 보고한다고?'", CIO, 2014.6.18. 2013년 추수감사절 시즌에 대규모 개인정보 유출 사고가 난 미국 회사에서 CISO를 선임하고 CIO에게 보고하는 체계를 수립했다는 기사다. 세계적으로 비슷한 문제가 있음을 알 수 있다.

4. 기타

그림 2-12 내부 통제 조직 임원 산하의 정보보호 조직

많지는 않지만 [그림 2-12]와 같이 법무, 준법감시인, 감사 등 내부 통제 조직 임원 산하에 정보보호책임자와 정보보안 부서를 두는 회사도 있다. 개인정보보호법상 CPO는 임원이어야 하고, 업무도 법적인 내용을 많이 다루므로 준법감시인이나 법무 담당 임원이 CPO를 겸하는 것은 낯설지 않다. 개인정보보호 부서와 법무 부서의 원활한 협업을 기대할 수 있다. 정보보호 업무에서도 법규 위험 관리와 전사 정보보호 정책을 수립·집행하고, 보안 감사나 보안 점검, 그에 따른 인사 조치를 수행하는 데에도 강점이 있다. 다만 내부 통제 조직은 기본적으로 법규 준수를 목표로 하므로 법규 준수 이상의 정보보호 업무를 수행하는 데 어려움이 있고, 보안 기술 업무나 IT 부서와의 협업은 정보보호책임자와 정보보안 부서에서 주도한다는 점에 유의하여야 한다.

그 밖에도 회사의 환경과 형편에 따라 다양한 조직 구조가 있을 수 있으나 여기서 다룬 구조를 이해하고 장단점을 파악하면 향후 회사의 보안 위험 관리에 적합한 정보보호 조직 체계를 구성하는 데 큰 어려움은 없을 것이다.

이제까지 논의를 표로 요약하면 다음과 같다.

표 2-4 정보보호 조직의 소속에 따른 비교

조직 구조	강점	고려사항
CEO 직속	- CEO와 원활한 소통 - 예산 확보, 전사 보안 통제와 협업에 유리	역량 있는 고위 인원급 정보보호책임자와 정보보안 부서 필요
경영지원 조직 임원 산하	- 사업 목표와 정보보호 목표의 연계 - 예산 확보, 전사 보안 통제와 협업에 유리	- 정보보호책임자가 임원이 아닐 때 담당 임원의 역할에 따라 CEO 직속의 강점을 일정하게 살릴 수 있음 - 보안 기술은 정보보안 부서에서 주도
IT 조직 임원 산하	IT 부서와 협업하여 효율적인 IT 보안 가능	- 정보보호 인력과 조직이 작을 때 고려 - CIO의 보안 인식이 중요 - IT 통제나 전사 보안 위험 관리에 약점
내부 통제 조직 임원 산하	법규 준수, 전사 정보보호 정책, 보안 감사에 강점	보안 기술과 IT 부서와 협업은 정보보안 부서에서 주도

한 가지 간과하지 말아야 할 점은 어떤 종류의 정보보호 조직 구조에서도 긴급한 상황에서 정보보호책임자가 CEO에게 보고할 수 있는 통로를 반드시 마련해야 한다는 것이다. 그래야 일상적 수준에서 관리하는 정보보호 사건·사고가 회사 위기로 전환되는 것을 막을 수 있다.

사실 소속보다 더 중요한 것은 앞서 기술한 '정보보호 거버넌스'를 확고히 갖추는 것이다. 이사회와 CEO의 의지가 확고하고, 다양한 기제를 통해 정보보호 거버넌스가 작동한다면 전사적 경영목표 달성을 위한 정보보호 조직의 전략적 역할은 차질 없이 수행될 것이다.

필자는 CSO로 지내면서 CEO 직속의 C레벨 임원일 때와 그렇지 않을 때의 권한과 역할, 일하는 환경의 차이가 있음을 경험했다. 회사에서 개발과 사업, 경영스태프 조직을 두루 거친 고참 임원이었기 때문에 상대 부서의 입장이나 개별 부서장들을 잘 알고 있어서 협업하는 데 큰 무리가 없었음에도 그 차이를 느꼈으니 그렇지 않은 환경에 놓인 정보보호책임자의 상황은 짐작하기가 어렵지 않다. 최고경영진이 전사적인 보안 위험의 중요성을 인정한다면 그에 걸맞은 조직 구조와 환경을 만드는 것이 매우 중요하다는 점은 아무리 강조해도 절대 지나치지 않다.

정보보호 조직의 구성 ──

사회적으로 정보보호 이슈가 크게 떠올라도 국내 굴지의 회사 중에서 아직 정보보호팀이 없는 곳이 있다. 최고경영진의 인식 부재 탓이다. IT 부서에 한두 명의 정보보호 전담자가 있기도 하고, IT 업무 담당자가 정보보호 업무를 겸하기도 한다. 기업 보안의 첫걸음은 정보보호 전담자를 두는 데서 시작하고, 정보보호의 실질적인 효과는 전담조직이 생기면서 발휘된다.

정보보호 인력이 두세 명만 되더라도 정보보호 조직의 전문성과 독자성을 확보하고 자율적으로 활동할 수 있게 팀을 만드는 것이 좋다. 정보보호 업무는 전사 정책이나 여러 부서의 업무와 관련이 있어서 실무 책임을 지는 단위인 팀 수준 정도의 조직은 있어야 한다. 다른 팀에 소속되어 있으면 보안 실무자의 의견이 반영되기 어렵고, 보안 전문성이 떨어지는 팀장이 전사적으로 정보보호 업무를 주도하기도 쉽지 않다.

만일 팀으로 만들기 어려운 환경이라면 정보보호책임자와의 직보 통로를 만드는 것이 좋다. 그래야 정보보호책임자가 왜곡되지 않은 정보를 바탕으로 전사 보안 위험 관리를 해 나갈 수 있다. 대내외 긴급한 보안 이슈가 발생할 때도 직보 통로가 활용될 수 있다.

정보보호 인력 얘기로 들어가 보자. 가난하게 살던 시절에 '빨간 약'이란 게 있었다. 몸에 상처가 나면 '빨간 약'을 발랐다. 말 그대로 만병통치약이었다. 필자를 포함해 그걸 바르고 상처가 나은 많은 사람은 약의 효능이 아닌 심리적 효과(플라시보) 덕분이었을 것이다. 너무나 당연한 얘기지만 만병통치약은 없다. 주로 해킹방어대회에서 우승한 경험이 있거나 모의해킹을 통해 보안 취약점을 발견한 인력이 언론에 나와서 그런지 보안전문가라고 하면 흔히 '화이트 해커'로 불리는 인력을 많이 떠올린다. 하지만 기업의 정보보호 업무는 종류가 많은데 그 중 '화이트 해커'가 잘 할 수 있는 일은 애플리케이션 보안에 한정된다. 좀 더 넓힌다고 해도 IT 인프라 기술 취약점 점검 역할 정도다. 만병통치약이라고 믿고 약을 복용하면 어쩌다 플라시보 효과로 나을 가능성이 있지만, 보안의 현실은 전혀 그렇지 않다. 고객정보나 산업기밀 도둑은 내 마음 따라 되는 것이 아니기 때문이다.

정보보안팀을 처음 구성한다면 일단 기초부터 쌓아야 하므로 정보보호 관리체계 수립이나 보안 기술 역량이 있는 인력을 확보하는 것이 필요하다. 또한 한두 명은 회사 내에서 시스템이나 네트워크, DB, PC 관리 등 IT 운영 경험이 있는 인력을 데려오면 좋다. 그들이 IT 인프라와 운영 프로세스를 잘 알고 있어서 정보보호의 원칙과 정책을 잘 이해하면 IT 보안 정책을 정교하게 수립하고 담당 부서와 협업하는 데 유리하다. 개발 역량이 있는 구성원이 있다면 간단한 개발을 통해 보안을 강화할 수 있는 방법이 많다. 조직이 커질수록 팀 구성의 기초를 탄탄히 하면서 정보보호 업무의 다양성에 걸맞게 다양한 경험과 역량을 갖춘 인력을 확보하는 것이 바람직하다.

한 가지 조언하고 싶은 사항이 있다. 나이에 관한 문제다. 국내 기업에서는 팀장보다 나이가 많은 팀원을 선호하지 않는다. 하지만 정보보호 인력은 좀 다르게 볼 필요가 있다. 팀원이 보안 의제를 갖고 전사적으로 조정하고 추진해야 할 때가 종종 있는데, 전문성을 갖추고 40대 이상의 나이에 경험이 있는 인력이 있으면 매우 유용하다. 경험이 풍부하여 다른 부서의 업무와 프로세스를 잘 이해할 수 있어서 타 부서 협업에 큰 도움이 된다. 전문 분야이므로 팀장보다 나이가 많다고 해서 부담을 가질 필요도 없다. 실제로 정보보안 팀장보다 팀원이 나이가 많거나 담당 임원보다 팀장이 나이가 많은 회사가 많다. 정보보안팀 정원이 많지도 않은데, 나이를 인력 확보의 주요 기준으로 삼지 않는 게 좋은 정보보호 인력을 확보하는 데 도움이 된다.

정보보호 조직의 규모 ——

참 어려운 주제다. 한 언론에서 여러 보안전문가에게 정보보안 인력의 규모에 대한 질문을 던졌는데, 정보보안을 잘 갖춘 어느 인터넷 기업이 직원 수가 1천 명인데, 20명 정도의 정보보안 인력이 있다는 답변이 있었다.[12] 중견 기업에 대해서는 최소 3명 이상으로 구성된 정보보안팀을 구성하라는 권고도 해 줬다. 우선 임직원이 많으면 사람과 PC 등 보안 취약점이 늘어나고, 그에 따른 정보보호 대책 수립과 커뮤니케이션 등 정보보호 업무가 늘어나므로 전체 임직원 수 대비 정보보호 인력의 비율은 의미가 있다. 직원 수가 많아지면 전사 보안 정책에 관한 문의에 대응하다가도 하루가 다 갈 수 있다. 하지만 대규모 공장이 있는 제조 업체나 지점이 많은 금융회사는 전체 임직원 대비 정보보호 인력의 비율을 적용하기에는 무리가 있다.

임직원 규모 대비 정보보호 인력 규모에 참고할 수 있는 자료에 이제는 시효가

---

12 "[시큐리티 Q&A] 보안조직 구성방안", 보안뉴스, 2014.5.6.

지났지만, 전자금융감독규정(금융위원회 고시)의 5-5-7 규정이 있다.[13] 금융회사와 전자금융업자에 적용되는 이 규정은 회사 전체 임직원 수의 5% 이상을 IT 부문 인력으로, IT 부문 임직원 수의 5% 이상을 정보보호 인력을 확보하라고 되어 있어서 대체적으로 전체 임직원 수의 0.25% 이상의 정보보호 인력을 확보하라는 의미가 된다. 이 기준대로 하면 직원 수 1천 명인 금융회사는 50명 이상의 IT 인력, 3명 이상의 정보보호 인력을 확보하면 된다. 기존 금융회사는 IT 자회사나 IT 외주 회사를 쓰고 있어서 내부 IT 인력이 그리 많지도 않고, 세부적으로 들어가면 자회사나 외주 회사의 상주 인력을 포함하도록 허용하여 인력을 융통성 있게 조정할 수 있어서 문제가 그리 심각하지 않다. 반면에 IT 기반의 사업을 펼치는 인터넷 전문은행이나 핀테크 기업은 IT 인력이 많아서 정보보호 인력을 IT 인력의 5% 이상을 확보하라는 이 규정이 상당한 부담이다.

임직원 수 이외에도 유무선 인터넷으로 제공하는 고객 대상 서비스의 규모나 정보보호 시스템의 규모, 제휴 업체나 외주 인력 규모 등 회사 사업과 조직 특성, 보안 정책에 따라 정보보호 인력 규모는 달라질 수 있다. 예를 들어 임직원 수가 1천 명 이상이고 인터넷 기반 서비스를 하는 업체라면 최소한 전체 임직원 대비 1% 정도의 정보보호 조직을 갖출 것을 권고한다. 참고로 전담 CISO가 있는 주요 정보통신서비스 기업 몇 곳을 조사한 결과 2011~2013년 전체 인력 대비 정보보호 인력 비율이 1~2.2%였고, 평균은 1.7%였다.[14]

정보보호 인력 규모를 산출하는 가장 바람직한 방법은 회사의 정보보호 업무를

---

13 전자금융감독규정(금융위원회 고시) 제8조 제2항에서 규정했는데, 이 조항은 2020년 1월 1일까지만 효력이 있는 '일몰 규정(제75조)'이고 후속 조치가 없어서 지금은 폐기된 상태다.

14 회사 임직원 수는 수백 명에서 수천 명 사이이고, 그동안 정보보호에 어느 정도 투자한다고 알려진 기업들이다. 정보보호 인력에는 해당 회사의 정규 인력과 정보보호 자회사의 정규직 상주 인력만 포함하였다.

기술하고 이에 필요한 인력을 산정하는 것이다. 하지만 어떤 정보보호 업무가 있는지, 그것이 우리 회사에 꼭 필요한지, 해당 업무에 어떤 인력이 몇 명 필요한지 처음부터 알기가 어려울 수 있다. 참고할 수 있도록 회사에 필요한 정보보호 업무 예시를 [표 2-5]에 작성하였다.

표 2-5 정보보호 업무의 예시

분류	항목
정보보호 경영지원	- 사업계획 수립 및 추진 - 정보보호 인력, 조직, 예산 관리 - 정보보호 정책 수립, 시행: 정책, 지침, 프로세스, 가이드 - 정보보호위원회 운영 지원 - CEO 및 CISO의 정보보호 의제 지원
정보보호 감사	- 내부 보안감사 및 점검 수행: 정책, 지침, 프로세스 - 외부 보안감사 및 검사 대응 - 협력 업체 점검
규제 대응	- 대내외 규제기관 대응 - 대내외 규제 분석 및 준수 점검: IT 인프라, 서비스 등 - 정보보호 인증 획득
정보보호 교육 및 인식 제고	- 정보보호 교육 기획 및 시행 - 생활보안 점검, 보안 캠페인, 보안 관련 뉴스 제공
개인정보보호	- 개인정보 정책 수립 및 시행, 점검 - 개인정보 처리 방침 및 내부 계획 관리, 개인정보 영향평가 - 개인정보 생명주기 관리
정보보호 시스템 구축 및 운영	- 정보보호 아키텍처 수립 및 관리 - 정보보호 시스템 도입, 구축 및 IT 부서와의 협업 - 정보보호 시스템 운영, 모니터링, 분석 - 정보보호 시스템 관련 정보보호 이슈 대응

보안 위험 관리 및 대책 구현	– 중요 자산에 대한 정보보안 위험 식별 및 관리 – IT 인프라 취약점 점검: DB, 서버, 네트워크 등 – 개발 단계 및 운영 단계 애플리케이션 보안 취약점 점검 – 정보보호 대책 수립 및 시행: DB, 서버, 네트워크, PC, 개인정보, 내부정보 등
정보보호 위기관리	– 정보보호 위기 대응 프로세스 수립, 일상적인 징보보호 이슈 대응 – 비상 대응 모의 훈련: 피싱 메일, 디도스 공격, 침해사고
정보보호 서비스 제공	– 고객용 정보보호 서비스 제공: 키보드보안, 안티바이러스 등 – 내부 정보보호 서비스 제공: 정보보호 포털 – 커뮤니케이션 채널 운영: 블로그, SNS

※ 항목별 소요인력(M/M)은 업무의 정의나 대상 규모에 따라 편차가 크기 때문에 작성하지 않음

[표 2-5]에서 기술한 업무 중 다른 부서에서 수행하는 업무를 제외하고, 각 회사의 필요에 따라 업무를 더하거나 빼서 M/M을 산정하면 필요 인력의 규모가 나올 것이다. 필요 인력만큼 한꺼번에 정원을 늘릴 수는 없으므로, 현 인원에 배분할 수 있는 업무와 현재 인원으로는 못하지만 꼭 해야 하는 업무의 우선순위를 매겨 증원 요청을 하는 게 좋다.

정보보호 협업 체계

정보보호 거버넌스를 토대로 정보보호 조직 체계가 구성되면 1차적인 회사 정보보호 업무 수행을 위한 골격은 완성되었다. 하지만 정보보호 조직 체계에서도 설명했듯 정보보호 업무는 정보보호 조직만으로 완수될 수 없다.

정보보호 업무는 정보보호 조직의 업무? ——

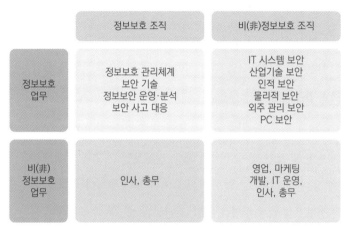

	정보보호 조직	비(非)정보보호 조직
정보보호 업무	정보보호 관리체계 보안 기술 정보보안 운영·분석 보안 사고 대응	IT 시스템 보안 산업기술 보안 인적 보안 물리적 보안 외주 관리 보안 PC 보안
비(非) 정보보호 업무	인사, 총무	영업, 마케팅 개발, IT 운영, 인사, 총무

그림 2-13 정보보호 업무 vs. 정보보호 조직의 업무

예를 들어 IT 시스템의 계정 및 권한 관리, DB 서버의 계정 및 권한 관리는 회사 정보보호의 기반이 되는 정보보호 업무이다. 아무리 좋은 보안시스템을 갖추더라도 서버와 DB에 합법적으로 최고관리자(admin 또는 root) 권한으로 로그인한 사용자를 통제하기는 매우 어렵다. 그래서 대부분의 사이버 공격이 최고관리자 권한을 노린다. IT 운영 부서의 고유 업무이면서 IT 시스템에 매우 중요한 정보보호 업무이다.

임직원의 입사와 퇴사 절차, 정보보호 서약서 징구, 정보보호 규정의 심각한 위반 발생 시 인사 조치 등 인적 보안은 주로 HR 부서에서 관리하는 정보보호 업무이고, 외주 용역 요구사항에 보안 요구사항을 포함하고, 외주 인력에 대한 정보보호 서약서 징구, 보안 프로세스 적용 등 보안 관리는 외주 용역을 담당한 부서에서 주도하고 필요시 정보보안 부서의 지원을 받는다.

반도체 장비나 선박의 설계 도면 같은 핵심 산업 기술에 대한 보호는 해당 기술을 연구개발하는 조직에서 수행한다. 정보보호 부서에서 해당 서버에 대한 접근 권한조차 부여하지 않는 경우가 많은데, 계정 및 권한 관리부터 DRM 적용 및 예외 관리, 네트워크 보안에서의 예외 처리 등 연구개발 부서에서 책임지고 해야 할 정보보호 업무가 많다.

당연히 정보보호 부서에서는 전사적인 정보보호 관리체계를 수립한다. 또한, 전사 보안 기술 표준화 및 보안 및 솔루션의 확보, 정보보안 운영 및 분석, 보안 사고 발생 시 대응 등 전사 정보보호의 기반이 되거나 보안에 특화된 역할을 하면서 관련 부서의 정보보호 업무 수행을 지원, 점검하는 협업을 수행하여야 한다.

이렇게 정보보호 업무는 정보보호 부서가 수행해야 할 업무와 비정보보호 조직이 수행할 업무로 구성되어 있어서, 각자 자신이 맡은 정보보호 업무를 수행하면서 동시에 협업이 이뤄져야 전사적인 정보보호 목적을 달성할 수 있다. 따라서 정보보호책임자와 조직은 자신이 수행할 정보보호 업무를 제대로 수행함은 물론 전사 정보보호 협업이 잘 이뤄질 수 있도록 늘 관심을 기울여야 한다. (이 내용은 3장의 '협업 관리'에서 다룬다.)

다음과 같이 하나의 정보보호 업무에 여러 조직이 참여, 협업하는 상황도 많이 발생한다.

표 2-6 정보보호 세부 업무별 관련 조직의 역할과 책임[15]

분야	업무	CISO	CEO	CIO	CPO	내부 통제	경영 지원	현업
정보보호 정책	정보보호 정책 수립	R	A			C	C	
	정보보호 정책 유지·관리	A/R				C		
인적 보안	정보보호 교육 및 훈련	A/R	R/I				C	
	비밀유지서약서 관리	R				R	A/R	R
	퇴직 및 직무변경 관리	R					A/R	·
외부주문 보안	외부주문 보호대책 수립 및 운영	C						A/R

RACI
- R: Responsible 수행 책임
- A: Accountable 최종 책임
- C: Consulted 협의, 협업
- I: Informed 공유, 보고

[표 2-6]은 필자가 참여한 '금융보안 조직 체계' 표준화에서 금융회사의 정보보호 업무에 대하여 각 조직의 역할과 책임을 C레벨 임원급에서 정의한 것이다. 여기에서 사용한 RACI 차트는 각 주체의 역할과 책임을 최종 책임(A), 수행 책임(R), 협의(C), 보고(I)로 구분하는데, 이것은 각 주체 사이의 협업 관계를 알아볼 수 있는 장점이 있다.

예를 들어 '정보보호 정책 수립' 업무는 정보보호책임자가 실무 책임을 갖고 내부통제 조직(법무 부서 또는 준법감시인), 경영지원 조직(인사 부서)과 협업하여 수행하고, CEO의 최종 승인을 받는 방식으로 수행된다. 관련 법령 개정 등 회사 외부 환경의 변화로 정보보호 정책을 변경하여야 한다면('정보보호 정책 유지·관리' 업

---

15 강은성, 김건우, "효과적인 거버넌스를 위한 금융보안 조직 체계", 금융보안표준화협의회-2018-기술·정책참조표준, 2018.12.

무), 정보보호책임자가 실무 책임과 최종 책임을 갖되, 내부 통제 조직의 협조를 받는다.

이렇듯 정보보호 업무는 정보보호 조직과 비정보보호 조직의 업무로 나눌 수 있고, 각 업무 내에서 다시 정보보호 조직과 비정보보호 조직의 업무로 나눌 수 있다. 따라서 여러 조직이 관여하는 정보보호 업무는 업무 프로세스를 잘 정의하여 정보보호 목적을 달성하고 가능하면 효율적으로 이뤄질 수 있도록 정보보호책임자와 정보보호 부서가 심도 있게 살펴봐야 한다.

정보보호 협업 체계의 근간이 되는 정보보호 경영위원회 ——

하지만 회사 경험이 조금만 있어도 회사에서 협업하는 것이 쉽지 않음을 안다. 각 부서는 회사에서 부여한 각기 다른 목적과 목표, 프로세스를 갖고 자신의 역할을 다하기 위해 업무를 수행하기 때문이다. 따라서 서로 다른 부서가 협업하기 위해서는 각 부서의 목표가 전사 목표에 잘 연계되어야 할 뿐 아니라 협업이 잘 될 수 있는 토대를 갖춰야 한다. 일반적으로 임원 회의, 부서장 회의, 영업 회의 등이 바로 그것이다.

전자금융감독규정과 정보보호 관리체계 및 개인정보보호 관리체계 인증(ISMS-P)에서는 이러한 협업을 위해 '정보보호위원회'를 규정하였다.

먼저 전자금융감독규정 제8조의2에서 규정한 정보보호위원회의 구성, 역할, 업무는 다음과 같다.

표 2-7 전자금융감독규정에서 규정한 정보보호위원회

구성	– 위원장: 정보보호최고책임자(CISO) – 위원: 정보보호 업무 관련 부서장, 전산운영 및 개발 관련 부서장, 준법 업무 관련 부서의 장
역할	중요 정보보호에 관한 사항을 심의·의결
업무	– 정보기술부문 계획서에 관한 사항 – 전자금융거래의 안정성 확보 및 이용자 보호를 위한 전략 및 계획의 수립 – 취약점 분석·평가 결과 및 보완 조치의 이행계획에 관한 사항 – 전산보안 사고 및 전산보안 관련 규정 위반자의 처리에 관한 사항 – 기타 정보보호위원회의 장이 정보보안 업무 수행에 필요하다고 정한 사항

ISMS-P에서는 정보보호위원회의 구성에 대한 별도 규정을 담고 있지 않지만 "1.1 관리체계 기반 마련-1.1.3 조직 구성"의 '세부 설명'에서 기술한 정보보호위원회 내용을 정리하면 다음과 같다.

표 2-8 ISMS-P에서 기술한 정보보호위원회

구성	위원: 경영진, 임원, 정보보호최고책임자, 개인정보보호책임자
역할	조직 전반에 걸친 중요한 정보보호 관련 사항을 검토, 승인 및 의사결정
업무	– 정보보호 및 개인정보보호 정책·지침의 제·개정 – 위험평가 결과 – 정보보호 및 개인정보보호 예산 및 자원 할당 – 내부 보안 사고 및 주요 위반사항에 대한 조치 – 내부감사 결과 등

전자금융감독규정과 ISMS-P에서 규정한 정보보호위원회의 가장 큰 차이는 위원회의 구성에 있다. 전자금융감독규정의 정보보호위원회는 위원장을 CISO로 하고, 위원은 정보보호 관련 부서장으로 되어 있다. 즉 참여하는 위원이 임원이 아니다. 위원장보다 한두 직급 낮게 위원을 구성하는 것이 우리 사회의 관례이니 별로 이상하지 않다. 하지만 회의에 참석하여 의사결정 하는 사람들이

임원이 아니면 의사결정의 결과에 그만큼 무게가 실리지 않고, 전사에 영향을 미치는 주요 사안이라면 CEO가 달리 결정할 수도 있다.

그래서 전자금융감독규정에서는 CISO가 CEO에게 보고하여야 하고(제4항), CEO는 특별한 사정이 없는 한 이를 준수하여야 한다(제5항)고까지 명시하였다. 법규에서 기업 내 직책뿐 아니라 의사결정과 집행까지 법규에서 정하는 흔하지 않은 풍경이 나타난 것이다.[16] 따라서 CISO는 정보보호위원회의 주요 의사결정 사항을 사전에 CEO에게 보고할 것이고, 그렇게 하지 못한 주요 의사결정 사안은 아예 회의에 올리지 않게 된다. 정보보호위원회가 유명무실하게 될 가능성이 높다.

ISMS-P에서는 위원회 구성원에 경영진, 임원이 들어가 있다. 또한 "정보보호 및 개인정보보호 위원회를 구성하였으나, 임원 등 경영진이 포함되어 있지 않고 실무 부서의 장으로 구성되어 있어 조직의 중요 정보 및 개인정보보호에 관한 사항을 결정할 수 없는 경우"라고 결함의 사례를 명시하여 임원의 참여를 중시하였다. 전자금융감독규정보다 진일보한 것으로 볼 수 있다.

이러한 규제를 준수하면서도 실제 제대로 작동하는 정보보호 협업 체계를 소개한다. 정보보호 협업 체계는 정보보호 경영위원회와 정보보호 실무협의체, 그리고 이를 운영하는 정보보호책임자와 정보보안팀으로 구성된다. 여기서 가장 중요한 조직이 바로 정보보호 '경영위원회'다.

---

16 나름 CISO에게 힘을 실어주기 위한 규정인데, 현실과 맞지 않게 CISO를 말 그대로 C 레벨 임원이라고 가정하다 보니 안타깝게도 현실에 맞지 않는 규정이 되었다.

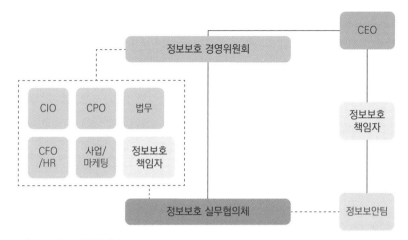

그림 2-14 정보보호 협업 체계

일반적으로 기업에서 중요한 의사결정은 CEO까지 올라가는 결재 절차나 CEO가 참석하는 임원 회의에서 이뤄진다. 위원회를 전사적인 의사결정 구조로 만들려면 CEO가 위원장을 맡는 것이 바람직하다. CEO가 할 일도 많은데 이러한 '위원회', 그것도 어려운 기술 용어가 오가는 보안 관련 위원회를 주관하고 싶어 하지 않는다면, 별도로 위원회를 만들지 않고 임원 회의를 분기에 한 번 정도 정보보호 경영위원회 회의로 갈음할 수 있다. 중요한 건 CEO와 C레벨 임원 등 고위 임원들이 회의에 참석하여 전사적으로 중요한 주요 정보보호 의제를 경영적 관점에서 논의하여 의사결정 하는 것이다. 위원회 이름에 군이 '경영'을 넣은 이유다. CEO가 주관하여 내린 의사결정이므로 확실히 힘이 실리고, 논의에 참여한 주요 임원의 관심과 이해가 높아서 산하 부서에서도 잘 실행될 수 있는 환경이 된다.

CEO를 비롯한 고위 임원들이 참여하므로 의제에서 기술적인 내용이나 개별적인 사안은 가능하면 제외하는 것이 좋다. 회사와 관련된 정보보호 법규의 변경, 사내 또는 동종 업계의 주요 개인정보 및 정보보안 사고, 전사적인 주요 보안 정책의 변화, 회사 사업과 관련하여 사회적 또는 세계적으로 이슈가 된 보안 문제 등 고위 임원들이 토론하고 의사결정에 참여할 수 있는 의제를 선택해야 한다. 또한 전시 보안 위험 관리에 필요한 관련 부서의 협업, 정보보호 업무 수행과정에서 발생한 부서 간 갈등 문제도 회의에서 처리할 수 있다. 이렇게 하면 정보보호 경영위원회가 전사 정보보호 협업의 근간으로 작동하게 된다.

정보보호 경영위원회의 구성, 역할, 업무를 정리하면 다음과 같다.

표 2-9 정보보호 경영위원회

구성	– 위원장: CEO – 위원: 전사 정보보호 정책 수립, 집행에 관련된 주요 임원
역할	전사 주요 정보보호 의제를 경영적 측면에서 심의하고 결정
업무	– 전사 주요 정보보호 의제 심의 및 의사결정 – 전사 정보보호 협업 및 갈등 사안 처리

정보보호 실무협의체가 제대로 작동하려면 ──

정보보호 경영위원회를 운영하려면 이를 실무적으로 뒷받침하는 실무 조직이 필요하다. 이것이 바로 정보보호 실무협의체이다.

실무협의체는 관련 부서의 실무 책임자급이 참여하여 정보보호 경영위원회의 의제를 협의하고, 경영위원회 회의에서 결정한 사안의 후속조치가 어떻게 진행되었는지 점검하여 회의 자료를 작성한다. 경영위원회가 끝난 뒤에는 회의의 결정사항을 관련 조직이 수행할 수 있도록 구체화하여 전달하고 후속조치를 관리하는 업무를 수행한다. 전사 정보보호 정책 수립이나 개인정보 문제 같이 여러 부서가 공동으로 대응해야 할 보안 이슈가 발생했을 때, 신속하고 정확한 대책을 수립하고 시행하는 데에도 상당한 역할을 할 수 있다.

그러려면 IT 운영 부서나 제품 개발 부서, 연구·개발 부서와 같이 일상 업무에서 보안이 중요한 부서뿐만 아니라 제품 및 서비스 기획, 마케팅, 영업 등 사업의 중요 정보를 다루는 부서, 채용 지원자, 협력 업체 직원, 이벤트 참여자, 주주, 광고주, 기자 등 개인정보를 관리하는 부서, 홍보팀, 법무팀, 총무팀 등 보안 위험 관리에 관련된 부서 등이 참여하는 것이 바람직하다.

이 실무협의체의 성공 요인은 무엇보다도 실무협의체를 어떻게 구성하느냐에 달렸다. 정보보호책임자가 위원장을 맡고, 위원으로는 실무 역량을 갖추고 실무적인 의사결정에 기여할 수 있는 관련 부서 팀장이나 선임 팀원이 참여하도록 만들어야 한다. 흔히 회사에서 실무협의체를 만들면 '막내'를 보내곤 하는데, 그러면 이 협의체가 전혀 작동하지 않게 된다.

또한 정보보호책임자는 실무협의체의 운영에도 관심을 가져야 한다. 정보보호책임자의 업무 중에 '전사 소통과 협업 관리'를 넣은 이유다. (이 내용은 3장의 '협업 관리'에서 다룬다.)

정보보호 실무협의체의 구성, 역할, 업무를 정리하면 다음과 같다.

표 2-10 정보보호 실무협의체

구성	– 위원장: 정보보호책임자 – 위원: 전사 정보보호 업무 또는 보안 이슈 대응에 관련된 팀의 리더(팀장 또는 시니어 실무자)
역할	정보보호 경영위원회를 보좌하고 전사 보안 이슈에 대응
업무	– 정보보호 경영위원회의 의제 검토, 결정사항의 후속 조치 등 실무 처리 – 정보보호 정책 및 주요 현안에 관한 실무 책임자급의 협업 및 갈등 사안 처리 – 대내외 주요 보안 이슈에 대한 협의, 대응

이렇게 정보보호 거버넌스를 토대로 정보보호 조직 체계와 협업 체계가 구성되고, 제대로 작동해야 전사적 보안 위험 관리를 위한 정보보호 활동이 원활하게 이뤄진다.

정보보호 투자의 규모 산정

집 안에 보석과 같은 귀중품이 많은 가정은 아무리 더워도 문을 활짝 열어 놓고 살지는 않는다. 최소한 담을 쌓고 물리보안 업체의 경비를 받거나 정 걱정이 되면 은행 금고를 대여해서 가져다 놓기도 한다. 즉, 귀중한 만큼 투자를 한다. 정보보호 투자 역시 마찬가지다. 개인정보나 산업기술과 같은 중요한 자산을 갖고 있다면 그것의 도난이나 훼손, 서비스의 중단 등 사고가 발생했을 때 손실을 고려하여 보안 투자를 해야 한다.

보안 투자 시 현존하는 보안 위협에 대한 대응, 새로운 보안 위협의 등장과 개인정보보호 법규의 개정 등 외부 보안 환경이 변화하고, 신규 사업 기획과 신규 서비스의 출시, 조직과 IT 인프라의 변화 등 조직 내부에서 변화가 발생한다. 이과 같은 다양한 보안 투자처에 대해 정보보호책임자는 회사의 사업 목표와 연계하여 보안 위험을 최소화할 수 있는 방향으로 보안 투자 순위를 포함한 보안 투자 전략을 수립한다. 매년 사업계획을 잡을 때가 되면 정보보호책임자는 이러한 투자 전략을 재검토하고 개별 또는 전체의 보안 투자를 고려하여 정보보호 예산을 어느 정도 잡을지 늘 고민한다. 이럴 때 경영진을 설득할 수 있는 정보보호 투자 근거가 있으면 좋다. 이 책을 기획하면서 현직 정보보호책임자에게서 들은 요청이다. 이 절은 여러 연구 결과 중 현실에서 활용 가능한 것과 필자를 포함하여 여러 정보보호책임자가 실제 사용한 사례를 종합하여 작성하였다.

정보보안 사고로 인한 손실 고려 ──

1. 보호 대상의 손실로 인한 사업적 피해

먼저, 산업 기술이 기업 경쟁력에서 중요한 기업은 핵심 산업 기술의 유출로 인한 피해를 산정할 수 있다. 반도체, 전자, 자동차, 조선 등 제조 업체에서는 핵심 설계도의 유출이나 훼손이 발생하면 사업 경쟁력에 심각한 문제가 발생하므로, 이미 수십 년 전부터 산업 기술 보호에 많은 투자와 노력을 기울여 왔다. 개발 단계에 있는 제품의 중간 산출물이나 부품의 유출도 중요한 보안 사고다. 따라서 과정이 아주 단순하지 않더라도 계산이 가능하고 경영진이 충분히 승인할 수 있다. 대기업뿐 아니라 상당히 많은 중견기업, 중소기업이 여기에 해당한다.

온라인 시대에 온라인 쇼핑몰, 게임, 배달, 플랫폼 업체들은 서비스가 중단되면 치명적이다. 일정한 규모 이상의 온라인 업체는 정보보안에 관심이 많고 투자에 인색하지 않다. 하루 매출이 숫자로 나오므로 서비스 중단에 따른 피해액을 산정하는 것도 어렵지 않다. 일일 사용자, 페이지 뷰, 보안 사고로 인한 이탈자 등 다양한 숫자를 확인할 수 있어서 추가적인 손실도 어느 정도 계산할 수 있다. 대형 인터넷 업체부터 1인 쇼핑몰에 이르기까지 많은 온라인 기업이 여기에 해당한다.

최근 랜섬웨어의 공격으로 피해가 크게 늘었는데, 피해액 산정에 참고할 만하다. 대표적인 사건으로 2021년 5월에 발생하여 세계적인 뉴스가 된 미국 '콜로니얼 파이프라인'의 랜섬웨어 사태를 들 수 있다.

그림 2-15 미국 동부지역 콜로니얼 파이프라인의 송유관

동유럽에 근거를 둔 사이버 범죄집단 다크사이드^{DarkSide}의 랜섬웨어 공격으로
가솔린, 디젤 등 미국 동부지역에서 소비되는 연료의 약 45%를 나르는 이 회사
의 송유관이 마비되면서 주유소에 휘발유 공급이 원활하지 않아 운전자들이 큰
불편을 겪고, 일부 지역에서는 휘발유 가격이 폭등하여 미국 바이든 대통령이
나설 정도로 사회적 혼란이 컸다. 이 회사는 사건 발생 바로 다음 날 범인들에
게 약 440만 달러(약 50억 원) 상당의 비트코인을 지급하고 시스템을 복구하였
다.[17] 완전히 복구하는 데에는 기간이 더 필요하고, 사회적 혼란과 그에 따른 브
랜드 가치 훼손, 고객들의 반응을 생각하면 지급한 금액 이상을 보안에 투자해
야 하는 것은 명백해 보인다.

이 사건보다 앞선 2021년 3월에 미국의 대형 보험사 CNA가 랜섬웨어 공격을
받아 회사 네트워크에 연결된 15,000개 이상의 기기가 암호화된 사건이 일어
났다. VPN으로 회사 내부 네트워크에 접속한 원격 근무자의 기기도 마찬가지

---

17 사건이 발생하고 한 달 뒤인 6월에 미국 FBI가 콜로니얼 파이프라인이 범인에게 제공한 비트코인 중 약 230만
　　달러(약 26억 원) 상당의 비트코인을 되찾았다고 발표하였다. FBI가 어떤 방법으로 범인으로부터 비트코인을
　　회수했는지는 알려지지 않았다.

였다. CNA는 초기에 범인과 협상하지 않고 독자적으로 파일을 복구하고자 시도했으나 결국 범인들과 협상 끝에 3월 말에 4천만 달러(454억 원)를 지급하고 네트워크에 대한 통제권을 되찾았다.

국내에서도 랜섬웨어 피해가 컸다. 2017년 6월 중소 호스팅 기업인 I사가 랜섬웨어 공격을 받아 리눅스 서버 153대가 암호화되면서 호스팅 서비스가 마비되었다가 13억 원 상당의 비트코인을 지급하고 복구한 사건, 2020년 11월 랜섬웨어 공격으로 유통 대기업 E그룹의 백화점과 아울렛 점포 20여 개가 며칠 동안 정상적인 영업을 못한 사건, 2021년 5월 국내 10대 배달 대행 업체 중 하나인 S사가 랜섬웨어 공격을 받아 약 35,000곳의 점포와 15,000명의 라이더가 피해를 당해 범인들에게 비트코인을 송금하고 35시간 만에 복구한 사건 등 랜섬웨어 공격으로 인한 피해가 발생했다.

랜섬웨어 공격의 가장 큰 피해는 비즈니스가 중단되는 것이어서 범인들이 요구한 대로 금액을 지급하는 데까지 시간이 오래 걸리지 않았다. 기업 측에서는 기업이 파산하는 최악의 상황은 막으려고 했을 것이다. 보안 투자와 지속적 운용을 통해 비즈니스를 보호해야 함을 뚜렷이 보여주는 사례라 할 수 있다.

2. 법규 위반으로 인한 손실

정보보호 관련 법규를 위반할 때 발생하는 손실을 참고하여 정보보호 투자의 근거를 삼을 수 있다. 대표 사례는 법규 위반 시 부과되는 과징금과 과태료이다. 개인정보 유출 사고가 발생하여 관련 법규 위반으로 부과된 과징금 규모 상위 10대 사건은 다음과 같다.

표 2-11 개인정보 유출에 따른 과징금 규모 상위 10대 사건 목록[18]

번호	기업	사고 (발표) 시기	행정처분 시기	과징금(만 원)
1	A사	2016년 7월	2016년 12월	448,000
2	B사	2017~2018년	2019년 11월	185,200
3	C사	2019년 6월	2020년 6월	95,400
4	D사	2012년 7월	2012년 12월	75,300
5	E사	2019년 5월	2020년 6월	49,400
6	F사	2017년 10월	2018년 2월	32,725
7	G사	2017년 3월	2017년 9월	30,100
8	C사	2017년 7월	2018년 7월	21,900
9	H사	2017년 9월	2018년 3월	12,000
10	I사	2015년 9월	2015년 11월	10,200

[표 2-11]을 보면, 상위 10대 과징금 금액이 최소 1억 200만 원에서 최대 44억 8,000만 원까지 이른다. 2015년은 과징금 규모에서 상당한 의미가 있는 해다. 그 해에 I사에 대한 과징금은 1억 200만 원으로 다른 사건에서 부과된 과징금에 비해 상대적으로 적어 보이지만, 이 회사의 당시 직전 3개년 평균 매출액이 47억 원 정도여서 매출액 대비 과징금 비율은 무려 2.15%에 이른다. 개인정보보호법에서 '위반 행위 관련 매출액'의 최대 3%까지 과징금을 부과할 수 있고, 경감 규정이 있음을 고려하면 거의 최대 금액을 부과한 것이다. 이러한 기조가 이후에도 이어져 개인정보 유출 사고가 발생한 A사에 44억 8,000만 원, B사에 18억 5,200만 원 등으로 과징금 규모가 급격하게 커졌다. C사는 2017년과 2019년 두 번의 개인정보 유출 사고가 발생하였고, 각 사고에 과징

---

18 B사는 과징금(행정처분) 취소 소송이 진행되고 있어서 2021년 7월 기준으로 최종 확정된 금액이 아니다. 다른 건은 검색을 통해 찾아본 결과 취소 소송이 완료됐거나 소송 진행 현황이 나타나지 않았다.

금이 부과되어 과징금 합계는 11억 7,300만 원에 이른다.

이러한 최대 3%의 과징금은 개인정보가 분실·도난·유출·위조·변조·훼손(이하 유출 또는 훼손)되었을 때 개인정보 안전조치(제29조)를 위반한 것이 밝혀지거나 개인정보 처리 업무 위탁자가 개인정보 처리 업무 수탁자에 대한 관리·감독·교육을 소홀히 하여 수탁자가 개인정보보호법의 규정을 위반하였을 때 정보통신 서비스 제공자에 부과될 수 있다. 또한 주민등록번호가 유출 또는 훼손되는 사고가 발생한 개인정보처리자에 5억 원 이하의 과징금이 부과될 수 있다(정보보호책임자가 알아야 할 법규에 관한 상세한 내용은 5장에서 다룬다).

기업에 과징금·과태료가 부과될 경우 회사 부담은 단지 부과된 금액만큼의 경제적 손실로 그치지 않는다. 이용자가 낸 분쟁조정 신청이나 민사소송에서 기업이 불리한 판결을 받을 가능성이 커지고, 법 위반 행위가 공론화될 경우에 사회적 비판이 커짐으로써 기업의 브랜드가 손상되며 고객이 이탈하거나 기업의 경쟁력이 훼손될 수 있다. 게다가 징역이나 벌금과 같이 위반 행위자 개인과 법인에 대한 형사처벌 조항까지 있어서 법 위반에 따른 회사의 부담은 결코 적지 않다. 따라서 무엇보다도 정보보호 관련 법규를 준수하기 위한 투자는 반드시 시행할 수 있도록 우선순위를 높여야 한다. 실제로 '개인정보의 안전성 확보조치 기준'과 같은 법규를 위반하면서까지 정보보호 투자를 하지 않겠다고 하는 회사 경영진은 드물다. 회사에 개인정보처리 수탁자가 많다면 그들을 관리·감독하기 위해 외부 보안컨설팅 업체를 선정하여 시행하는 것도 법규 준수를 위해 필요한 일이다.

좀 더 적극적으로 한다면 정보보호 및 개인정보보호 관리체계(ISMS-P) 인증, 정보보안 경영시스템(ISO 27001) 인증 등 정보보호 인증을 획득하거나, 인증을 받지 않더라도 해당 인증에서 제공하는 세부 점검 항목을 가지고 회사의 정보보호 수준을 점검하여 부족한 부분에 대해 선제적으로 투자하는 것도 고려해 볼 수 있다.

개인정보보호위원회가 2021년 9월 국회에 제출한 개인정보보호법 개정안에서 과징금을 크게 늘렸다는 점도 유의해야 할 대목이다. 과징금 부과 대상을 정보통신서비스 제공자에서 개인정보처리자로 확대하고, 과징금의 부과 기준도 위반 행위 관련 매출액의 최대 3%로 되어 있는 상한액을 전체(글로벌) 매출액의 3%로 개정하겠다는 것이다. GDPR과 비슷한 체계로 바꾸려는 것으로 보여 산업계의 반대에도 불구하고 국회를 통과할 가능성이 높아 보인다.

Security Insight

벌금, 과태료, 과징금

아직 법과 친숙하지 않은 정보보호책임자라면 일단 법을 읽을 때 용어부터 걸리기 십상이다. 필자가 바로 그랬다. 특히 벌금, 과태료, 과징금은 매우 헷갈리는 용어다.

기업에게 부과되는 벌금과 과태료, 과징금은 모두 사업자가 비용을 지출한다는 공통점이 있지만, 벌금은 법원의 판결로 최종 결정되는 유죄 판결이고 과태료와 과징금은 해당 법령의 소관 행정부처가 부과하는 행정처분이어서 범법자가 되는 것은 아니다.

과태료는 법적 의무 위반에 대한 제재로서, 행정상의 질서에 장애를 줄 우려가 있는 의무 위반자에게 부과함으로써 의무이행을 강제하는 효과가 있다. 과징금은 주로 법적 의무를 위반한 자가 위반행위를 함으로써 경제적 이익을 얻을 것이 예정되어 있을 때 부과한다. 이것은 법 위반행위로 인한 불법적인 경제적 이익을 회수하거나 한발 더 나아가 경제적 불이익이 생기게 하려는 것이다.[19] 따라서 이익 금액에 따라 부과하기 때문에 일반적으로 그 금액이 과태료보다 훨씬 커서 의무이행을 강제하는 효과를 갖게 된다.

개인정보 유출 사고에서 개인정보 보호조치의 위반을 이유로 과징금을 부과하는 것은 그 위반행위로 인한 부당이익을 어떻게 산정하는지가 관건이다. 특히 2014년 초대형 개인정보 유출 사고가 발생한 뒤 기업에 대한 제재를 강화해야 한다는 사회적 분위기에서, 개인정보의 안전 조치 의무(개인정보보호법 제29조, 시행령 제30조, 내부 관리계획 수립에 관한 사항은 제외)를 위반한 사항과 개인정보의 유출 및 훼손 사고가 인과관계가 있지 않더라도 이 두 개가 동시에 발생하면 과징금을 부과할 수 있

---

19 네이버 지식백과, 과태료[過怠料] (시사상식사전, 박문각)

도록 되어 있다.

일부 특수한 규제 산업을 제외하고는 대다수의 산업에서 행정처분은 회사의 브랜드를 손상시키고 이용자에게 나쁜 인식을 심어줘 시장에서의 경쟁력을 떨어뜨릴 뿐 아니라, 규제기관과 신뢰 관계를 훼손시켜 이후 정보보호 이슈가 발생할 때 나쁜 영향을 미칠 수 있다. 민사소송에도 매우 불리하게 작용할 수 있다. 특히 한국 사회에서는 규제기관이 갖고 있는 권한이 크고 권한 행사의 시기와 방식을 예측하기 어렵기 때문에 행정처분에 지나치게 민감하게 반응할 필요도 없지만, 가능한 한 정보보호 이슈로 행정처분을 받지 않도록 법규를 잘 준수해야 한다.

3. 개인정보 유출 사고로 인한 손실

대통령 직속 조직인 개인정보보호위원회의 용역을 받아 개인정보보호협회 (OPA)가 수행한 '개인정보의 가치와 개인정보 침해에 따른 사회적 비용 분석' 보고서에 따르면 2011~2012년에 개인정보 유출 사고가 발생한 기업의 손실은 다음과 같다.[20]

표 2-12 2011~2012년 개인정보 유출 사고에 따른 기업 손실 추정

기업	유출규모(건)	손실액(원)
K사	873만	1,691억
H사	175만	1,410억
N사	1,320만	418억
H사	16만	255억
S사	3,500만	140억
E사	35만	113억
E사	420만	93억
L사	2만 6천	62억

---

20 개인정보보호협회, 「개인정보의 가치와 개인정보 침해에 따른 사회적 비용 분석」, 2013.11.28.

이 자료에서는 기업의 손실을 대응 인건비, IR$^{Investor\ Relations}$ 대응비, 매출 손실로 정의하였는데, 수사와 민사소송에 대응하기 위한 법무비, 2차 피해방지 대책을 위한 비용 등 사고 대응과 수습을 위해 들어가는 적지 않은 비용을 추기하면 좀 더 기업 현실에 가까운 경제적 손실액이 도출될 수 있다.

정보보안 사고로 인한 기업의 손실액을 추정하는 것은 예방을 위한 투자의 근거가 될 수 있다는 점에서 기업에 큰 도움이 된다. 특히 개인정보보호위원회의 이 보고서는 개인정보 유출 사고로 인한 기업 손실액을 정부기관에서 공식적으로 추정한 첫 보고서라는 데 의의가 있다. 기업 손실을 추정하는 각 항목과 항목별 데이터의 적정성, 추정 논리의 근거 등에 관해 연구와 토론이 심도 있게 진행되어 사회적 합의를 끌어낸다면 기업의 정보보호 투자에 매우 긍정적인 영향을 미칠 것으로 판단된다.

2014년 5월 금융감독원에서는 같은 해 1월에 발생한 개인정보 유출사태로 인해 카드 3사가 입은 손실 금액을 발표했다. 기사를 토대로 각 사의 손실액을 추정하면 다음과 같다.[21]

표 2-13 개인정보 유출로 인한 카드 3사 추정 손실 (단위: 원)

구분	K사	N사	L사
사고대응 비용(카드재발급 비용 등)	217억	174억	142억
매출감소 추정액(3개월 영업정지)	445.7억	338억	289.6억
합계	**663억**	**512억**	**432억**

이 비용에는 카드재발급비, 정보유출 고지비, 무료문자 알림서비스비, 상담원

---

21 "'정보유출' 카드사, 최대 1천 200억 원 배상 직면", 연합뉴스, 2014.5.19. 기사 내용 중에 카드사별로 분류하고 있지 않은 항목들은 '정보유출을 알린 고객 수'를 기반으로 추정하여 각 사별 전체 손실을 계산하였다.

증원 및 연장근무, 홈페이지 서버 증설비 등이 포함되었다. 창구에서 대응 비용, 수사와 민사소송에 대응하기 위한 법무비, 홍보와 IR 비용 등을 포함하면 실제 손실은 그보다 크게 늘어날 것으로 예상된다. 특히 민사소송 패소 시 배상 금액을 세 업체를 합쳐 최대 1,200억 원(금융감독원)에서 약 1,700억 원(한성대 김상봉 교수)으로 추정하였다.[22]

기업의 경영 손실은 단지 사고 대응을 위한 비용이나 매출에 한정된 것이 아니다. 브랜드 가치의 훼손이나 고객 신뢰의 저하 등 무형의 손실도 이에 못지않게 크다. 계획한 사업이 있는데, 사고로 인해 제때 추진하지 못했다면 그 기회비용 또한 크다. 하지만 경영진이 볼 때 가장 큰 손실은 카드사 사태로 인해 카드사 CEO가 갑작스럽게 사임했다는 사실이 아닐까 싶다. 그동안 개인정보 유출 사고가 터진 기업들 중 밖으로 드러나진 않았지만 암암리에 CEO가 교체된 기업도 있었다. 하지만 이번 카드사 사태는 감독 당국에 회사 임직원의 징계권이 있는 금융부문의 특수성을 고려한다 하더라도 개인정보 유출 사고 때문에 CEO가 물러날 수 있다는 점을 공중파 방송을 통해 생생하게 전달함으로써 정보보안 사고가 CEO의 직책에 위험이 되었음을 알게 해 줬다. 2017년 3월에 개인정보가 유출된 기업에 대해 규제 당국에서 개인정보보호법을 근거로 CEO의 징계를 요구한 적도 있다.

---

22 "카드 3사 정보 유출…손실발생 규모 4,892억 추정", 한국경제, 2014.5.27. 이후 실제 민사소송 결과를 살펴보면, 2018년 12월 K사에 대한 민사소송에서 원고에게 10만 원을 지급하라는 대법원 판결과 L사에 대해서는 7만 원을 지급하라는 하급심 판결, 2017년 2분기 기준으로 진행한 카드 3사에 대한 민사소송 현황에서 소송 인원이 약 17만 명이라는 통계가 있어서 이를 종합하면 카드 3사의 민사소송 손해배상액은 160억 원에 못 미칠 것으로 추정된다. (소송 인원은 "카드 3사 고객정보 유출사건 3년의 기록", 더스쿠프, 2017.11.15. 참고)

타사의 정보보호 투자 비교 ——

정보보호책임자가 경영진에게 보고할 때 다른 회사는 어떻게 하느냐는 질문을 많이 받는다. 경영진뿐 아니라 정보보호책임자도 궁금한 사항이어서 부하 직원에게 하는 질문이기도 하다. 협회나 인맥, 보안 기업 등 여러 경로로 타사 사례를 파악해 놓으면 정보보호 투자를 승인받을 때 도움 된다. 여기서 다른 회사는 동종업계의 선진 업체여야 설득력이 있다. 선진 업체라면 동종 업계의 글로벌 업체 사례를 조사하는 것이 좋다. 정보보안 사고와 관련된 민사소송에서 판사들의 주요 판결 기준도 바로 동종업계의 보안 수준에 비해 이 회사의 보안 투자와 대책이 어느 정도 수준인지를 비교하는 것이다. 늘 관심을 가져야 할 지표다.

자체 우선순위에 따른 투자 규모 산정 ——

하지만 무엇보다도 중요한 것은 정보보호 조직 자체 판단에 의한 정보보호 투자이다. 회사의 보안 문제를 가장 잘 알고 있고, 그에 대한 대책과 투자 규모, 우선순위도 가장 정확하게 판단할 수 있기 때문이다. 이때 다른 회사 정보보안 사고의 원인과 대책을 포함하면 경영진이 이해하기 쉽다.

개인정보보호법이나 전자금융거래법 등 정보보호 관련 법규 준수를 위한 보안 투자를 우선적으로 고려해야 하나, 그것에만 머물러 있으면 적극적인 보안 투자를 끌어내기 어렵다. 보안 위험 관리를 통해 보안 투자의 목록과 우선순위를 늘 유지할 필요가 있다.

내년에 투자할 항목이 10개인데 예산의 한계가 있어서 3개만 투자한다고 하는 CFO 조직의 의견이 있으면 일단 10개를 다 올려서 경영진에게 그것들이 필요함을 설명하고, 예산 문제로 올해에는 3개만 하겠다는 의견을 내는 것도 방법이다. 그러면 보안 이슈가 발생했을 때 연중에라도 나머지 7개 중 일부를 처리할 수도 있고, 다음 해에 투자 결정을 할 때도 좀 더 쉬워진다.

신규 사업에서 정보보호 투자 ──

새로운 사업이나 서비스를 시작하면 사업을 하는 데 보안 위험이 있는지 반드시 검토해야 한다. 사업을 시작해놓고 미처 검토하지 못한 보안 문제가 발생하면 큰 사고가 터져서 사업을 지속하기 어려울 수 있다. 새로운 사업의 1년 또는 3년 정도 투자수익률ROI, Return On Investment을 계산할 때 투자의 한 항목으로 정보보호를 잡고, 그것을 포함해 사업 이익을 예측한다.

보안 위험 관리가 사업의 위험 관리에 필요하다는 공감만 있으면 일정 규모의 정보보호 예산을 잡는 것이 수월하므로 정보보호책임자가 신규 사업이나 서비스, 기존 서비스를 업그레이드할 시기에 정보보호 예산을 검토하고 제안할 수 있도록 회사의 경영진과 커뮤니케이션 할 필요가 있다.

정보보호 투자가 있어야만 사업을 시작하는 경우도 있다. 예를 들어 인터넷 기반 사업을 시작하면서 개인 인증을 위해 이메일 주소나 휴대전화 번호 등 개인정보를 수집한다면 개인정보보호법과 '개인정보의 기술적·관리적 보호조치 기준'을 준수하기 위한 최소한의 보안 투자가 필요하고, 결제대행업 같은 전자금융업 사업을 한다면 전자금융거래법과 전자금융감독규정의 해당 조문을 준수할 정도의 보안 투자가 있어야 법 테두리 안에서 사업을 할 수 있다.

기타 ──

전체적인 정보보호 예산 규모에 참고할 만한 자료는 다음 몇 가지가 있다. 앞에서 소개한 전자금융감독규정의 5-5-7 규정에 따르면 IT 부문 예산의 7% 이상을 정보보호 예산으로 사용하라고 되어 있다. 경영진에게 이 규정을 참조 사례로 제출하면 자금이 많은 금융회사와 비교하기는 어렵다는 답변이 금방 되돌아온다.

개인적으로 전담 CISO가 있는 주요 정보통신서비스 기업 몇 곳을 조사한 결과 2011~2013년 IT 예산 대비 12~20%의 정보보호 예산을 사용하였고, 평균은 약 15%였다. 참고하기 바란다.

여기까지 이론과 경험, 여러 CISO가 해왔던 방법을 종합해 정보보호 투자의 근거와 논리를 정리하였다. 이 책을 읽는 독자들도 나름 노하우가 있다면 공유해주면 좋겠다. 문제는 이러한 다양한 방법을 써도 경영진이 보안 투자 품의서를 승인하지 않은 채 시간을 끄는 답답한 상황을 맞을 때다. 한 세미나에 참석해서 금융권에서 CIO 출신으로 CEO를 한 이강태 님의 강연을 들은 적이 있다. CEO가 임원을 바라보는 관점을 제공하는 훌륭한 강의였다.[23]

적정한 근거와 논리적 설득을 통해서 경영진이 설득되지 않는다면 ▲경영진의 보안 위험 인식 부족 ▲경영진의 정보보호 의지 부족일 수 있고, 객관적으로 볼 때 ▲실제 당면한 다른 위험에 비해 보안 위험이 크지 않아 투자 우선순위가 밀릴 수도 있다. 어쩌면 CEO나 CFO 입장에서는 보안 위험을 잘 이해하지 못하는데다 그렇다고 해서 정보보호책임자를 무조건 믿고 가기도 어렵겠다고 생각할 수 있다. 정보보호 투자를 위해서도 기존 정보보호 투자의 성과를 경영진에게 보여 주고, 평소 경영진과 긴밀한 커뮤니케이션을 할 필요가 있다.

---

23 이강태, "CIO를 위한 세 가지 조언", CIO Perspectives 2014, 한국IDG, 2014.6.12. 이 강의에서 이강태 님은 "배트를 짧게 잡고 끊어쳐라!"는 비유를 통해 CIO가 두세 달 동안의 작은 성공사례를 CEO에게 보여 줌으로써 신뢰를 쌓으라고 조언했다. 'CEO가 신뢰하는 임원을 통해 나에 관한 좋은 평판이 들어갈 수 있도록 하라', '내가 맡고 있는 분야에서 CEO가 자주 찾는 사람이 있다면 그를 찾아가 협의하라' 등 CEO의 관점을 알 수 있는 조언을 해 줬다. 정보보호책임자의 업무 추진방식에도 적용 가능하다.

정보보호 투자의 성과 측정

"측정할 수 없으면 관리할 수 없다."는 경영학자 피터 드러커의 말은 모든 관리자에게 격언처럼 받아들여진다. 영업, 마케팅, 프로젝트 진행 현황 등 모든 것을 숫자로 말하는 기업 세계에서 어찌 보면 당연한 말일 수 있다. 정보보호 투자 성과 역시 정량화해서 관리하려는 시도가 끊임없이 있었다. 여러 연구와 이론이 있지만 아직 정답을 찾지 못한 상태다. 기존 연구에 바탕을 둔 방법[24]과 정보보호책임자의 사례를 함께 소개한다.

정보보호 투자수익 산정 ——

정보보호 투자의 총수익은 투자로 얻은 수익과 효율화에 따른 운영 비용 감소, 위험 감소로 인한 예상 손실 비용의 감소로 구성된다. 이것을 식으로 표현하면 다음과 같다.

$$\text{정보보호 투자수익률} = \frac{\text{정보보호 투자수익 + 감소한 유지비 + 감소한 예상 손실}}{\text{정보보호 투자비}}$$

1. 정보보호 투자수익

일반적인 투자수익은 투자 대비 수익을 계산한다. 즉, 투자가 수익과 직접 연관되어야 한다. 보안 기업에서 판매하는 보안 제품은 수익을 창출하므로 투자수익을 계산할 수 있지만 일반적으로 네트워크 방화벽 구매 등 기업의 보안 위험 관리를 위한 보안 투자는 투자수익을 계산하기 어렵다.

---

24 다양한 선행 연구나 이론에 관심이 있는 분은 「정보보호 사전점검의 경제적 효과 분석 및 활성화 방안 연구 보고서」(김병초 등, 2012.12.)의 2장 1절과 4장 2절을 읽어 보기 바란다. 내용이 그리 어렵지 않아서 시간이 될 때 읽어볼 만하다.

그림 2-16 보안 기능을 고객가치로 내세운 팬택과 애플의 스마트폰

보안 제품 이외에 보안 기능을 고객가치로 내세운 제품은 2014년 지문인식 기능을 차별점으로 내세운 팬택의 베가 스마트폰과 2019년부터 개인정보보호를 고객가치로 내세운 애플의 아이폰을 들 수 있다. 이렇게 고객가치로서 매출에 기여하는 보안 기능은 간단하지는 않지만 투자수익을 계산할 수 있다.

2. 감소한 유지비

계정 관리를 수동으로 하다가 계정 및 권한 관리 시스템을 구축한 경우를 예로 들 수 있다. 자동화를 통해 수동으로 운영하면서 발생할 수 있는 취약점을 최소화함으로써 정보보호 수준을 높이는 효과도 얻을 수 있지만, 입·퇴사자나 부서 이동, 역할의 변화, 조직 개편 등이 개인정보취급자 관리나 접근 권한 관리의 요인이 있을 때 수동으로 해왔던 업무를 줄임으로써 감축되는 비용을 계산할 수 있다.

3. 감소한 예상 손실

감소한 예상 손실을 수식으로 표현하면 다음과 같다.

감소한 예상 손실 = (특정 위험으로 인해 발생할 예상 손실액) × (정보보호 투자로 막을 수 있는 위험 비율) × (위험이 발생할 확률)

실제로 손실이 발생한 적이 없어서 '예상'이라는 말을 붙였다. 같은 산업이나 업종의 사례가 있으면 좋다. 보안 제품을 도입하여 개인정보 유출에 따른 과징금을 100% 막을 수 있다면 감소한 예상 손실은 다음과 같이 계산할 수 있다.

감소한 예상 손실 = 과징금 × 100% × 과징금 부과 위험 발생 확률

이 식에 [표 2-11], [표 2-12], [표 2-13]의 금액을 활용할 수 있다.

4. 정보보호 투자비

개인정보 유출 위험을 막기 위해 보안 제품을 여럿 구매했다면 그 비용을 투자비 산정 시 모두 포함한다. 초기 투자비뿐 아니라 유지보수비 등 운영 단계의 모든 비용TCO, Total Cost of Ownership을 포함할 수 있다.

앞의 식에 값을 넣어서 실제로 계산하면 보안 위험으로 인한 예상 손실액이나 비율, 확률을 정하는 게 간단하지 않다. 당연히 경영진에게 설명하기도 쉽지 않다. 전체적인 논리를 이해함으로써 필요한 곳에 활용해야 한다.

실질적 정보보호 수준의 향상 측정 ——

정보보호 컨설팅 보고서의 요약 장표에 보통 회사의 '보안 지수'가 포함되어 있다. 정보보호 정책, 조직, 자산 관리, 인적 보안, 외부자 보안, 정보시스템 보안 등 여러 영역의 수준을 '측정'한 뒤 평균을 구한 값으로, 이것을 지속적으로 관리하여 향상하게 하는 것이 목적이다. 이것은 회사의 정보보호 수준을 하나의 숫자로 만들었다는 데 의의가 있지만, 그 숫자가 실질적인 회사의 보안 위험 수준과 이에 대응하기 위한 정보보호 조직의 주요 활동에 직접 연계되지 않기 때문에 정보보호책임자가 이용하는 데 한계가 있다. 또한 1~2년 뒤에 컨설팅 업체가 바뀌기라도 하면 평가 기준이 달라져서 처음부터 다시 시작해야 할 수도 있다.

정보보호 정책, 조직, 자산 관리 등 정보보호 관리체계는 제대로 수립하여 관리해야 하지만 어느 정도 관리체계가 잡힌 회사는 실질적 보안 수준을 높이는 데 관심의 초점이 옮겨간다. 기존 '보안 지수'에서 나타나지 않는 지표다. 회사의 보안 위험의 원인이 되는 보안 취약점을 찾아내어 그 수준을 점수화하고, 이를 없앨 때 점수가 올라갈 수 있도록 하는 자체 보안 지수를 만들 수 있다. 그렇게 한 뒤 특정한 보안 취약점을 보완하는 정보보호 투자가 있다면 그로 인해 전체 점수가 올라가는 방식으로 표를 구성한다.

표 2-14 기업 보안 수준 평가의 예

구분	AS-IS		TO-BE	
보안 항목	현 정보보호 대책	정보보호 수준 (상, 중, 하)	추가 정보보호 대책	올해 목표 수준 (상, 중, 하)
개인정보 DB 보호	A	하	B, C	상
애플리케이션 보안	D, E, F	중	G, H	상
내부정보 유출방지	L, M, N	중	R	상
PC 보안	O, P, Q	상	S	상
협력 업체 보안	T	하	U, V, W	중
서버 보안	X, Y	중	Z	상

정보보호 항목은 20~30개 정도 나올 수 있다. 보안 항목당 여러 개의 정보보호 대책이 나온다. 한 대책이 여러 보안 항목에 중복될 수 있다. 대책이 많다고 보안이 잘 되는 것은 아니므로 핵심적인 대책을 선별하여 진행하는 것이 좋다. 보안 대책 중 시스템 구축이 많으면 대책이 유명무실해질 수 있다. 시간과 예산, 인력이 많이 드는 대책은 어느 회사든지 진도가 잘 나가지 않기 때문이다. 시행할 대책으로 선정된 것은 정보보호책임자가 세부적인 사항까지 챙겨서 한 가지 대책이라도 실질적 정보보호 수준의 향상 효과를 낼 수 있도록 수행하자.

이렇게 하면 '추가 정보보호 대책'이 필요한 부분에 투자하는 것은 우리 회사의 보안 수준을 어느 정도 올릴 수 있을지 정보보호책임자 입장에서 정리할 수 있고, 일관성이 있어서 지속적으로 추진할 수 있다.

참고로 회사의 보안 취약점은 정보보호 인력이 가장 잘 알고 있다. 여기에 IT 보안의 최전선에 있는 IT 인력이 파악하고 있는 것을 취합하고, 개발 효율성을 위해 보안 대책의 한계와 허점을 뚫고 살아가는 개발자의 '고백'까지 포함하면 취약점의 90%는 알 수 있다. 잘 활용하기 바란다.

정보보호 투자 실적 보고 ——

"나는 밑에서 보안 투자 요청한 건 다 승인해 줬는데, 어떻게 진행되고 있는지 모르겠습니다."

정보보호의 중요성을 인식하고 보안 투자에 상당히 관심을 둔 CEO나 고위임원이 종종 정보보호 조직에 가지는 불만이다. 사실 많은 정보보호책임자가 일은 매우 열심히 하면서도 회사의 예산을 쓴 보안 투자 성과에 대해 경영진에게 보고하는 데 서툴다. 관리체계 분야에서는 이것을 정보보호 성과 측정이라는 항목으로 정의하고 다양한 방안을 강구해왔지만 아직 보안 현업에서는 적당한 방법을 찾지 못했다.

곰곰이 생각해 보면 회사의 매출과 영업이익을 산출하는 것 외에 회사의 라인 조직에서도 개별적인 투자 성과를 정량적으로 평가하는 곳은 그리 많지 않다. 관리회계를 통해 제품이나 부서의 비용을 분배하는 수준이다. 비용은 명확하지만 성과를 정확하게 숫자로 만들기가 쉽지 않기 때문이다. 정보보호 분야도 마찬가지다. 투자했는데 그 효과를 알 수 없는 게 문제이지 효과를 정량적으로 평가하지 못하는 게 문제는 아닐 수 있다. 특히 전사 위험 관리의 최종책임자인 경영진 입장에서는 정보보호 투자를 통해 보안 위험이 줄었고, 이를 지속적으로 관리하고 있다는 보고가 정보보호 투자의 성과 중 하나가 될 수 있다.

이러한 위험 관리 관점에서 본 정보보호 투자 성과의 사례를 몇 가지 들어 보면 다음과 같다.

- 내부정보 유출방지DLP, Data Loss Prevention 솔루션 도입: 월별 개인정보 유출 메일 적발 현황 및 주요 내역 보고
- DB 암호화 솔루션 도입: 총 암호화 대상 항목 수와 건수, 실제 암호화 한 항목 수와 건수, 그 비율, 월별 암호화 대상 중 암호화되지 않은 항목 발견 건수, 감소 비율
- 문서 보안DRM, Digital Right Management 솔루션 도입: DRM 예외 적용 건수, 월별 DRM 해제 건수 및 주요 내역, 근무 외 시간 DRM 해제 건수

이러한 내용이 월별 또는 분기별로 임원 회의에서 보고되면 해당 보안 솔루션 도입 효과를 CEO를 비롯한 경영진이 실감할 수 있고, 실제 사례를 통해 경영진의 정보보호 인식이 높아질 수 있어서 이후 정보보호 투자에도 긍정적인 효과를 얻을 수 있다. 보고서에 부서별 위반 현황을 정리하여 각 부서장이 회사 정보보호의 책임자임을 강조하는 것도 필요하다.

3장

공격 관점에서
방어 관점으로

관리 체계와 중요 자산 보호

관리 체계 수립·운영

보안 위험 관리

협업 관리

보안 감사

정보보호 교육 및 인식 제고

보안 문화 형성

정보보호 조직 관리

중요 자산 보호

주요 정보보호 시스템의 핵심 관리 포인트

중소기업과 스타트업을 위한 보안 솔루션

교육비가 전액 정부에서 지원되는 5일짜리 CISO 교육과정을 수강한 적이 있다. 강사로 가야 할 사람이 정말 무료로 교육을 받아야 할 사람들의 자리를 빼앗는다는 주위의 핀잔을 무릅쓰고, 그래도 일말의 양심(?)은 있어서 자리가 비었다는 소식을 들은 마지막 차에야 비로소 강의를 들었다. 체계적으로 구성된 커리큘럼과 실력 있는 강사들의 강의를 들으면서 그동안 몰랐던 부분을 배우는 좋은 시간이었고, 다른 한편으로는 정보보호책임자나 기업 보안 담당자를 위한 교육이 공격자 관점보다 방어자 관점에, 공급자 입장보다 수요자 입장에 좀 더 방점을 찍으면 좋겠다는 생각도 하였다. 이것이 이 책을 쓰게 된 동기이기도 하다.

예를 들어 보안관제 과목은 보안 공격의 기술과 보안 위협 트렌드, 보안관제 기술이 이 과목의 주요 내용이다. 사실 이런 내용을 교육해 주는 것도 고맙지만, 한발 더 나아가 ▲보안관제 업체의 전략적 활용 방안 ▲보안관제 업체와 협업 프로세스 ▲보안관제 업체에 대한 관리 포인트 ▲파견관제·원격관제·자체관제의 선택 기준 등을 포함하면 더욱 좋겠다. 기업의 정보보호책임자가 고민하는 부분이기 때문이다.

이 장에서 다룰 관리 체계 영역과 중요 자산 보호 영역은 매우 광범위한 주제다. 정보보호 조직 업무의 대부분이 여기에 속하고, 정보보호책임자 역시 본인 시간의 반 이상은 여기에 사용할 것이다. 정보보호책임자가 주도적으로 어젠더를 제시하는 부분도 있겠지만, 상당 부분은 정보보호 조직의 보고를 받고, 토론 과정을 거친 뒤 전사적·경영적 관점을 가지고 의사결정을 한다. 세부 기술이나 지침, 프로세스를 다 파악하지 않더라도 수행해야 하는 일이다. 그래서 이 장에서는 관리 체계 영역과 중요 자산 보호 영역의 핵심 업무, 정보보호책임자가 가지면 좋을 관점과 관리 포인트를 중심으로 기술하려고 한다.

먼저 1장에서 본 정보보호책임자의 업무 중 관리 체계 영역과 중요 자산 보호 영역에 해당하는 주요 업무를 살펴보자.

표 3-1 관리 체계 영역의 업무

업무 영역	세부 업무	세부 내용
2. 관리 체계	1. 관리 체계 수립·운영	보안 위험의 분석·평가·관리, 보안 대책의 수립·이행, 보안 위협의 탐지·대응 등이 체계적·지속적으로 작동하는 전사 정보보호 관리 체계의 수립과 운영
	2. 보안 위험 관리	- 정보 자산의 식별 및 보안 위험 식별 - 보안 위험 평가 - 보안 대책의 수립과 이행 관리 - 보안 아키텍처 설계 및 관리
	3. 협업 관리	- 전사 소통과 협업 관리 - 부서 사이의 협업 관리: IT 조직과의 협업, 개인정보 협업
	4. 보안 감사	- 자체 감사 - 감사 조직과의 협업 - 보안 점검
	5. 정보보호 교육 및 인식 제고	- 정보보호 교육 - 정보보호 인식 제고
	6. 보안 문화 형성	- 기업 보안에서 보안 문화의 역할 검토 - 기업 문화에 따른 보안 문화의 형성 방안 수립과 이행
	7. 정보보호 조직 관리	- 정보보호 실무 조직의 상태 이해 - 동기 부여 - 육성

표 3-2 중요 자산 보호 영역의 업무

업무 영역	세부 업무	세부 내용
3. 중요 자산 보호	1. 핵심 보안 대책 구축	– 정보 자산별 핵심 보안 대책의 선정과 구축 – 구축 PM 및 관련 부서 협업 관리
	2. 성보보호 시스템 운영과 개선	– 5원칙에 입각한 예외 관리 – 내부 IT 환경 변화에 따른 변화 관리 – 보안 운영 분석과 개선
	3. 모니터링, 탐지, 대응	– 모니터링 및 이슈 분석 체계 수립: 보안관제, 솔루션 도입, 자체 로그 분석 – 로그 분석을 통한 탐지 및 대응
	4. IT 개발 보안 관리	– 개발자 계정 및 권한 관리, 개발 서버 보안 관리 – 개발 보안 프로세스 수립·운영 – 개발 단계별 보안 활동 수행: 모의해킹, 위협 모델링 등
	5. 전반적 정보보호 수준의 향상	보안 수준이 가장 낮은 부서, 서비스, 분야 파악과 보완

관리 체계 수립·운영

과학기술정보방송통신위원회의 한국인터넷진흥원(KISA) 국감에서 ISMS 실효성 논란이 거셌다. 박홍근 민주당 의원은 "ISMS 인증을 받고 침해 사고를 겪는 곳이 많다."면서 "한 번 ISMS 인증을 받으면 사고가 발생해도 인증이 취소되지 않는다."고 지적했다. 박홍근 의원은 "이런 기업이 아무런 제재 없이 또 인증이 나온다."면서 ISMS 인증 실효성을 비판했다. 박정호 KISA 부원장은 "ISMS는 기업이나 기관이 정보보호를 제대로 하는지 역량을 인증 받는 것"이라면서 "건강검진과 같은 기능"이라고 해명했다.

(전자신문 2017.10.17.)

국회에서 나올 만한 질문과 답변이다. 회사에서도 나올 만한 내용이다. 당시 KISA에서 의원실에 제출한 자료는 다음과 같다.

표 3-3 개인정보유출 신고 접수된 기관 중 ISMS 인증 받은 기관 목록

사업자명	신고일	인증기간
A사	2016.4.14.	2013.12.16.~2019.12.15.
B사	2016.7.19.	2013.12.16.~2019.12.15.
C사	2016.7.19.	2014.12.30.~2017.12.29.
D사	2016.7.26.	2015.4.30.~2018.4.29.
E사	2017.5.9.	2016.12.5.~2019.12.4.
F사	2017.6.15.	2014.12.30.~2017.12.29.
G사	2017.7.7.	2013.11.15.~2019.11.14.

'관리 체계'는 말 그대로 '관리를 위한' 그리고 '관리하는' 체계이다. 이름이 다를 뿐 대다수 기업과 공공기관에는 조직, 예산, 업무에 대한 '관리 체계'가 있다. 회사에서 사고가 터지지 않는다고, 예산의 수립과 운용에 아무런 문제가 없으리라고 생각하는 사람은 없다. 문제가 생기면 신속하게 대응하여 문제를 최소화하고, 큰 문제가 터지면 위기관리 체계로 전환하여 대응한다.

'정보보호 관리 체계'도 대상이 다를 뿐 다른 관리 체계와 마찬가지다. 조직과 사업에 있는 보안 위험을 분석·평가·관리하고, 이를 완화할 수 있는 보안 대책을 수립·이행하며, 보안 위협을 모니터링·탐지·대응하여 사고를 예방하거나 피해를 최소화하는 회사의 보안 활동을 종합적·체계적·지속적으로 운영하기 위한 체계이다.

그림 3-1 ISMS-P 인증 기준

정보보호 및 개인정보보호 관리체계(ISMS-P)나 정보보안 경영시스템(ISO 27001)이 대표적인 관리 체계이다. 정보보호 인증의 형식을 띠고 있지만, 인증 기준을 충족하는 관리 체계를 갖추고 운용하도록 하는 것이 이들 인증의 목적 이다. 이것을 모두 따르지 못한다고 해서 관리 체계가 없는 것은 아니다. 스스로, 체계적·종합적, 지속적으로 보안 활동을 해 나가는 체계라면 얼마든지 정보 보호 관리 체계라고 말할 수 있다. 기업에서 정보보호 관리 체계를 수립·운영하 면서 고려할 사항은 다음과 같다.

첫째, 관리 체계는 회사 내부의 지식과 경험, 관점이 충분히 반영되어 수립 되고, 조직이 자체적으로 운영할 수 있어야 한다. 특히 관리 체계에서 보안 정책 이 매우 중요한데, 회사의 조직과 사업, 정책을 지속적으로 반영해야 하기 때문 에 처음 수립할 때는 외부 전문 업체의 도움을 받을 수 있으나 정보보호 조직에 서 명확하게 중심을 잡아야 한다. 관리 체계에서 '스스로'를 강조하는 이유다.

둘째, '체계적·종합적' 보안 활동은 (일정한 원리에 따라) 각 기업 보안에 필요한 요소를 빠짐없이 조직하여 전체 보안 관리 체계를 이루는 것을 의미한다. 기본적으로 정보보호 거버넌스, 정보보호 정책, 기술적·관리적·물리적 보안 대책을 기준으로 수립하면 큰 무리는 없다. 이미 나와 있는 ISMS-P나 ISO 27001의 체계를 활용하고, 이 책에서 제시한 정보보호책임자에 대한 업무 분류를 활용하는 것도 방법이다. 실무 측면에서 관리 체계의 모든 것을 다루기보다 하지 못하거나 해당되지 않는 범위를 정의할 필요가 있다.

셋째, 관리 체계는 수립도 중요하지만 운용 또한 못지않게 중요하다. 보안 위협과 공격, 법규와 기술, 협력 업체 등 회사의 외부 환경이 계속 변화하는 동시에 사업, 서비스 및 제품, 조직, 인력, IT 및 보안 아키텍처 등 회사 내부의 변화도 계속 일어난다. 이러한 변화에 대응하려면 정보보호 관리체계 역시 '지속적'으로 운영되면서 개선되어야 한다.

보안 위험 관리

보안 위협, 보안 취약점, 보안 위험 ——

코로나19나 독감은 바이러스를 통해 전파되는 감염병이다. 악성코드를 컴퓨터 바이러스라고 부르기도 하므로 바이러스 전파에 빗대어 보안 위협 관련 용어를 다음과 같이 설명할 수 있다.

백신을 맞았어요
(보안 취약점 없음)
마스크를 썼어요
(보안 대책 마련)

바이러스
(보안 위협)

바이러스 전파
(보안 공격)

면역력이 약해요
(보안 취약점 존재)

쉼, 치료
(보안 대책)

그림 3-2 바이러스와 보안 위협

전통적으로 보안 분야에서는 보안 위협과 보안 취약점, 보안 위험에 대해 다음과 같이 설명한다.

악성코드와 같은 보안 위협Security Threat이 있고, 그 보안 위협에 대한 보안 취약점Vulnerability이 있는 정보 자산이 이것에 노출되면(즉, 보안 공격 또는 사이버 공격을 받으면), 정보 자산은 악성코드 감염이나 해킹에 따른 침해 사고가 발생할 수 있는 보안 위험Security Risk이 생긴다. 우리 몸에 비유한다면 백신 접종(보안 취약점의 제거 또는 보완)을 하지 않거나 면역력이 약한(보안 취약점 존재) 사람이 비말 전파를 통해 코로나 바이러스(보안 위협)에 노출(보안 공격)되면 코로나 바이러스에 감염될 가능성(보안 위험)이 있고, 실제 그러한 일이 발생하면 바이러스에 감염(침해사고 발생)될 수 있다. KF94 마스크(보안 대책 마련)를 잘 쓰고 있다면 비말이 코나 입을 통해 몸에 침입하는 것을 차단할 수 있다(보안 공격 방어). 보안 약점Security Weakness은 소프트웨어나 하드웨어의 결함, 오류 등으로 보안 공격을 당할 가능성이 있는 '잠재적' 보안 취약점으로 보안 취약점과 구별된다. 몸에 비유한다면 과로하여 몸이 피곤한 상태를 보안 약점으로 볼 수 있다.

위험 식별 ──

'보안 위험 관리' 업무는 수립한 '정보보호 관리 체계'의 뼈대가 되는 업무이다. 정보보호책임자는 민감하게 조직과 사업의 보안 위험을 찾아내 이를 최소화하기 위한 정책, 투자, 기술적·관리적 보안 대책의 수립과 시행 활동을 지속적으로 해야 한다. 일반적으로 보안 위험을 관리하는 절차는 다음과 같다.[01]

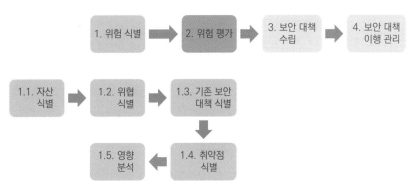

그림 3-3 보안 위험 관리 절차

위험 관리는 위험 식별, 위험 평가, 보안 대책 수립, 보안 대책 이행 관리의 사이클을 반복한다.

위험 관리는 위험을 식별하는 일에서 시작하고, 위험 식별의 첫걸음은 보호할 자산을 식별하는 일이다. 자산 식별 단계에서 중요한 점은 사업부 책임자나 최고경영진 등 그에 대해 결정하고 책임질 수 있는 사람이 보호할 자산을 선정하도록 해야 한다. 예를 들어 반도체 장비의 설계도는 CTO나 CEO, 또는 반도체 장비 사업 부서에서 보호 대상임을 판단해야 한다. 법적으로 개인정보보호 책

---

01 국제 표준인 ISO 27005(정보보안 위험 관리)를 기반으로 하되 다른 위험 평가 방법론을 포함하여 실무에서 적용해 보면서 작성한 것이니, 실무에 적용하는 데 큰 무리가 없을 것으로 생각한다.

임은 CPO에게 있지만, 중요 자산임을 선정하는 일은 해당 자산을 활용하여 사업하는 서비스나 마케팅, 영업을 총괄하는 임원이 해야 한다. 정보보호책임자는 정보보호 조직이 관리하는 정보 자산에 대해서만 보호 대상 여부를 판단하면 된다. 그래야 보안 위험 관리가 회사와 사업의 목표와 연계되고, 보안 대책에 대한 예산도 해당 사업부 예산과 명확히 연계되어 확보할 수 있다.

위협 식별(또는 분석) 단계에서는 각 자산에 어떠한 보안 위협이 있는지 식별하고 분석한다. 위협을 식별하려면 자산이 생성-이용-제공-관리-파기의 각 단계에서 어떻게 활용되며 어떤 위협이 있는지 분석할 필요가 있다. 개인정보나 장비 설계도를 협력 업체에 제공한다면 어떤 보안 위협이 있는지 분석하는 식이다. 이때 IT 보안 측면뿐 아니라 물리적 측면, 사람의 실수나 고의로 인한 가능성, 자연재해 등을 두루 검토해야 자산에 대한 위협을 온전히 분석할 수 있다.

기존 보안 대책(보안 통제) 식별 단계에서는 식별된 위협의 실제 위험(잔존 위험)을 분석하기 위해 기존 보안 대책 또는 계획한 보안 대책이 있는지 검토한다. 보안 대책이 해당 위협의 일부만을 대응할 수도 있고, 계획한 보안 대책이 빨리 구현될 수도 있으므로 관련 사항을 꼼꼼히 따져 본다.

취약점 식별(또는 분석) 단계는 자산이나 자산 운용 환경에 어떤 보안 취약점이 있는지 분석하는 단계다. 보안 위협과 보안 취약점은 동전의 양면 같은 관계이므로, 위협 식별 단계에서 같이 할 수도 있다.

영향 분석은 위협이 사업·조직·제품·서비스에 어떤 영향을 미치는지 검토하는 단계다. 각 위협 별로 위험 시나리오를 두세 개 작성하여 어떤 결과를 초래하는지 분석한다. 이러한 시나리오는 각 자산의 책임자가 자산에 대한 보안 위험을 구체적·직관적으로 이해하는 데에도 도움이 되므로 작성하는 것이 좋다. 위험 시나리오는 이후 위험의 규모를 산정할 때도 활용된다.

위험 평가 ──

위험 평가 단계에서는 식별된 위험의 수준(심각도)을 평가한다. 예를 들어 가장 많이 악용된 10대 웹 보안 취약점인 OWASP Top 10을 발표하는 것으로 잘 알려진 OWASP[Open Web Application Security Project]에는 보안 위험 평가 방법론으로 OWASP Risk Rating Methodology가 있다. 이 방법론에서는 '위험 수준 = 발생 가능성 × 영향도'로 계산하는데, 각 요인에 세부 요소의 값을 산정하여 보안 위험의 심각도를 계산한다.[02]

표 3-4 OWASP 위험 평가 방법론의 위험 요인 계산[03]

발생 가능성(Likelihood) 요인		영향도(Impact) 요인	
공격자 요인	취약점 요인	기술적 영향도 요인	사업적 영향도 요인
공격에 필요한 기술 수준	취약점 발견의 용이성	기밀성 손실	재무적 피해
공격 동기	취약점 공격의 용이성	무결성 손실	평판 피해
공격하는 데 필요한 권한/자원	취약점의 노출 정도	가용성 손실	규제 위반
공격자의 규모	취약점 악용의 탐지 가능성	책임 추적성 손실	개인정보 위반

발생 가능성 요인과 영향도 요인은 그에 해당하는 각 요소 점수의 평균으로 계산되고, 평균 점수에 따라 '상'(6~9), '중'(3~5), '하'(0~2)로 등급을 매긴 뒤에 다음 표에 따라 최종 위험도를 산정한다.

---

02 OWASP 위험 평가(Risk Assessment) 방법론에는 위험 식별 단계가 포함되어 있으나, 이 단계는 ISO 27005의 방식을 적용하기에 적합하여 위험도 산정 방법만 따로 설명하였다.

03 OWASP Risk Rating Calculator, https://owasp-risk-rating.com/ 온라인으로 각 요인을 입력하여 위험도를 계산해 볼 수 있다.

표 3-5 OWASP 위험 평가 방법론에서의 최종 위험도(심각도) 산정

영향도

상	중	하	최상
중	하	중	상
하	경미	하	중
	하	중	상

발생 가능성

즉, 영향도와 발생 가능성이 모두 '상'이면 심각도는 '최상'이고, 각각 '중', '상'이면 심각도는 '상'으로 산정한다. 이러한 결과는 앞에서 분석한 위험 시나리오와 연계, 검토하여 보안 위험 관리의 우선순위를 정할 수 있다.

사업 측면에서는 보안 위험 평가 결과가 금액으로 나오는 것이 좋다.

표 3-6 사업적 피해(영향도)가 중요한 보안 위험

중요 자산	보안 위험
– 설계도면, 유료 서비스콘텐츠, SW개발 소스, 개인정보 – 데이터베이스, 서버 등 IT 인프라	중요 자산 훼손·파기
공장 생산라인	생산 중단 및 지연
온라인 쇼핑몰, 게임, 금융거래 서비스	서비스 중단 및 지연
– 쇼핑몰 가격 – 공무원 시험 결과	정보 변조
– 설계도면, 연구보고서, 부품 – 제품 디자인, 신규 사업계획서, 영업 정보, 마케팅 정보 – SW개발 소스 – 유료 서비스 콘텐츠	중요 자산 유출

예를 들어 랜섬웨어는 중요 자산(파일)을 훼손(암호화)함으로써 사업이 중단되는 위험이 있는데, 이러한 위험의 사업적 영향도(재무적 피해)는 어렵지 않게 계산이 가능하다. 디도스 공격으로 온라인 쇼핑몰이나 온라인 게임이 며칠 동안 중단된다면 이것 역시 영업 손실 측면에서 위험을 계산할 수 있다. 온라인 유료 콘텐츠, 게임, 유료 콘텐츠 설계도가 유출된다면 자산에 따라 다소 복잡할 수는 있으나 계산할 수 있다.

발생 가능성을 산정하기 위해서는 국내 해당 업종이나 기업 규모, 서비스에서 보안 위험의 발생 확률이 있어야 하는데, 국내에서는 객관적인 데이터가 없다. 다만 국내외 사이버 보험에서 산정한 보험료와 보험금을 참고할 수 있다. 랜섬웨어와 같이 사업의 연속성Business Continuity에 치명적인 보안 위험은 발생 가능성이 다소 떨어진다 하더라도, 해당 보안 위험에 대응할 수 있는 적절한 보안 투자액을 산정하는 것이 바람직하다.

보안 위험 평가 역시 변화 관리가 필요하다. 새로운 랜섬웨어 사고의 발생, 사용 중인 제품의 취약점과 패치 발표, 회사 내부의 업무 프로세스 변경, 협력 업체의 변경 등 보안 위험에 상당한 영향을 주는 내·외부의 변화가 있을 때는 보안 위험 관리 절차를 시행하여 해당 보안 위험을 평가한다. 관리 절차를 충분히 이해하면 시간이 오래 걸리지 않는다.

기업의 보안 위험 관리를 잘해야 한다는 말은 많으나 실제로는 방법론을 적용할 수 있는 수준으로 정리한 게 없어서 위험 평가 방법론을 상세하게 설명하였다. ISMS-P의 일부 항목이나 '개인정보 안전성 확보 조치 기준'을 점검 목록으로 만들어 활용하는데, 이런 방식은 기업의 사업 목표와 연계한 보안 위험 관리나 보안 위험의 우선순위를 선정하는 데 근본적인 한계가 있다.

이밖에도 보안 취약점 발표 시 많이 활용하는 FIRST의 CVSS^{Common Vulnerability} Scoring System04, 카네기멜론대학 소프트웨어공학연구소에서 공동 개발한 OCTAVE^{Operationally Critical Threat, Asset, and Vulnerability Evaluation} 등 위험 평가 방법론이 많이 있으므로, 각 회사에 적합한 것을 선택하여 사용할 수 있다.

이제까지의 내용을 간단한 예를 들어 설명하면 [표 3-7]과 같다.

표 3-7 보안 위험 식별의 예

정보 자산	보안 위협/공격	보안 취약점	보안 위험
PC	악성코드	- 웹브라우저 취약점 - 운영체제 취약점 - 사용자 실수	- 비밀번호 유출 - 개인정보 유출 - PC 오작동 또는 작동 중단
고객 DB	- 접근 권한 보유자 - 화재	- 잘못 설정된 DB 접근 권한 - 대량 복호화 기능 - USB 사용이 가능한 - 화재 예방 및 대응책 미비	- 대규모 개인정보 유출 - 고객 DB 사용 불가(DoS)
온라인 쇼핑몰	디도스 공격	TCP/IP 프로토콜의 취약점	온라인 서비스 중단
결제 서버	악성코드 원격 실행	원격 실행 취약점	- 결제 정보 유출 - 랜섬웨어의 서비스용 파일 암호화로 인한 비즈니스 중단

이러한 방식은 보안 취약점을 분석해 보안 대책을 수립하는 데 도움이 되지만, 회사와 사업에서 발생할 수 있는 보안 위험을 찾아내는 데 한계가 있고, 기술적인 보안 취약점을 중심으로 업무가 진행되어 최고경영진이나 다른 사업 부서와 소통하는 데 어려움이 있다. PC가 수백 수천 대씩 있는 회사에는 기초가 되는 자산 수가 변경되면 이후 프로세스에 영향을 받을 수 있다.

---

04 CVSS Calculator, https://www.first.org/cvss/calculator/

전사적인 보안 위험 파악과 대응이 강조되면서 이제는 보안 위험 중심으로 문제를 풀어가는 것이 큰 흐름이다. [표 3-7]을 보안 위험 관점에서 그려보면 [표 3-8]과 같다.

표 3-8 보안 위험, 보안 위협/취약점, 보안 대책

보안 위험	보안 위협/취약점	보안 대책
사용자 비밀번호 유출	- 브라우저 취약점 존재 - 운영체제 취약점 존재 - 유추하기 쉬운 비밀번호 설정	- 취약점 패치, 백신 설치 - 비밀번호 강제 규칙 설정 - 2단계 비밀번호 설정
개인정보 유출	- DB 접근 권한 관리 미흡 - DB 대량 복호화 통제 미흡 - USB 쓰기 가능 - 메신저, 메일 등 온라인 유출 경로 존재 - PC에 개인정보 평문 저장 - 저장매체 유출, 도난 - 개인정보 이용 서비스의 웹 취약점	- DB 보안 강화 - PC 보안정책 강화 - 내부정보유출 방지 솔루션 구축 - 개인정보 검색 솔루션 구축 - 물리적 보안 강화 - 보안 취약점 점검 후 서비스 오픈
온라인 서비스 중단	- 디도스 공격 - TCP/IP 프로토콜 취약점	- 디도스 대응 장비 구축 - UDP 차단
홈페이지 변조	홈페이지에 웹 취약점 존재	보안 취약점 점검 후 오픈
장비 설계도 유출	- 온라인을 통한 유출 - 오프라인을 통한 유출	- 서약서 작성, 중요 인력 관리 - 설계도 서버 계정 및 권한 관리 - DRM 적용 - 협력 업체 관리

[표 3-8]과 같이 정보보호 활동을 보안 위험 중심으로 전개할 때 여러 장점이 있다. 보안 위험을 고객과 회사의 피해를 중심으로 설명하면 사업의 위험을 파악하고 경영진이나 사업 부서와 소통하는 데 도움이 되고, 정보보호 활동이 실질적인 보안 위험을 줄이는 활동으로 직결될 수 있다. 또한, 회사에서는 재무 위험, 법규 위험, 평판 위험 등 회사의 위험을 관리하는 활동을 이미 하

고 있으므로, 경영진이 볼 때 보안 위험을 이해하고 관리하는 것이 낯설지 않다. 기술적인 보안 취약점을 찾아내고 그것을 보완함으로써 보안 위험을 줄이는 일은 여전히 중요하지만, 회사의 사업 목표 달성을 위해 회사와 사업에 발생할 수 있는 보안 위험을 찾아내고 죄소화해야 하는 정보보호책임자의 임무를 달성하는 데에도 적합한 방식이다. 이렇게 순서나 프로세스를 바꾸더라도 [그림 3-3]의 보안 위험 관리 절차에 큰 변화가 필요하지는 않다.

정보보호책임자는 회사와 사업, 경영 목표에 문제가 될 만한 보안 위험을 나열하는 일부터 시작해 보면 좋지 않을까 싶다.

보안 대책 수립과 이행 관리 ──

보안 위험을 식별하고 각 보안 위험의 평가를 마치면 해당 위험에 대한 보안 대책을 세우고 시행한다. 여기에는 보안 대책의 큰 그림과 개별 보안 위험에 대한 대책 또한 포함한다. 보안 대책은 워낙 많으므로, 여기에서는 대책 수립 시 유의해야 할 주요 사항을 살펴본다.

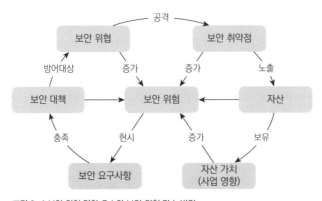

그림 3-4 보안 위험 영향 요소와 보안 위험 감소 방안

[그림 3-4]는 보안 위험에 영향을 미치는 요소의 상호 관계를 나타낸다.[05] 그림에서 보면 보안 위험을 줄일 수 있는 요소로, 보안 위협의 감소, 보안 취약점의 감소, 보안 대책의 적용을 통한 보안 위협의 방어, 자산의 감소 또는 자산 가치의 감소가 있음을 알 수 있다.

악성코드와 같은 대부분의 보안 위협은 우리 마음대로 줄일 수 있는 요소가 아니지만, 일부 가능한 분야도 있다. 예를 들어 임원의 PC를 관리하는 인력이 아르바이트 인력이어서 보안 관점에서 위협이 된다고 판단하면, 그 업무를 정규직 업무로 바꿀 수 있다. 비용 측면과 보안 측면을 비교해 볼 일이다. 필자가 보안 기업에 근무하면서 24시간 365일 글로벌 보안 위협을 대응하는 인력이 비정규직이라는 것을 알고, 야간이나 긴 명절 기간에 회사의 명운을 가를 수 있는 업무를 비정규직 인력이 책임지고 하는 것이 적절하지 않다고 판단하여 정규직 업무로 바꾼 적이 있다. 수익이 나는 회사이기도 했지만, 보안 위험이 크다는 점을 CEO가 인정했기 때문에 가능한 정책이었다.

보안 취약점을 줄이는 방법은 보안 취약점이 발표될 때 함께 출시되는 보안 취약점 패치를 적용하는 것이다. 대표적인 것이 웹브라우저나 운영체제의 보안 패치다. Java나 SSL 라이브러리, 네트워크의 보안 패치도 심심치 않게 나온다. 가능하면 신속하게 적용하는 것이 좋다. 하지만 일하다 보면 보안 취약점이 있는 걸 뻔히 알면서도 패치하지 못할 때가 있다. 24시간 안정적으로 돌아가야 하는 DB 서버의 운영체제나 서비스 종료를 한두 달 앞둔 서비스에 취약점이 있는 경우다. 원칙대로 하면 서비스를 중단하는 한이 있더라도 보안 취약점을 패치해야 하나 회사마다 상황이 똑같지는 않다. 이렇게 보안 취약점을 제거

---

05 한국정보시스템감사통제협회, 「정보보호 위험 관리 가이드」, 2004.11.

하기 어려울 때는 보안 취약점이 보안 위협에 가능하면 노출되지 않도록 조치를 취한다. 예를 들어 DB 서버는 패치될 때까지는 반드시 필요한 서비스 외에 접근을 차단하고, 접근할 수 있는 PC를 담당 DB 관리자 IP로만 고정하는 방식으로 노출을 최소화할 수 있다. 그럼에도 보안 취약점의 심각도를 고려하여 패치가 필요하다고 판단되면 가장 이른 시간에 필요한 인력을 총동원하여 패치를 수행해야 한다. 보안은 효율보다 효과가 중요한 분야다.

보안 위험을 줄이기 위해 가장 많이 쓰는 방법은 역시 정보보호 시스템을 구축하거나 서비스를 이용하는 것이다. 과학기술정보통신부가 공고한 '정보보호 공시 가이드라인(2019.1.4.)'에 열거된 정보보호 시스템과 서비스가 60개 정도 되는데, 실제 시장에 나와 있는 것은 이보다 더 많을 것이다. 요즘 웬만큼 보안에 투자하는 회사에서는 10~20가지 정보보호 시스템을 구축하거나 관련 서비스를 이용한다.

회사에서 필요한 때마다 정보보호 시스템을 도입하다 보면 정보보호 시스템 사이에 기능이 중복되기도 하고 시스템을 많이 구축했음에도 아직 대응하지 못하는 보안 위험이 존재한다. 몇 년이 지나면 여러 기능을 포함하는 새로운 정보보호 시스템이 출시되기도 한다. 따라서 계획적으로 정보보호 시스템을 구축할 필요가 있다. 많은 회사에서 IT 아키텍처는 작성하지만, 보안 아키텍처를 그리는 경우는 많지 않은 것 같다. 정보보호 조직이 회사의 IT 아키텍처를 다 파악하지 못하는 경우도 많으니 그것을 기반으로 수립해야 할 보안 아키텍처를 설계하지 못하는 것이 어쩌면 당연한 일인지도 모른다.

하지만 보안 아키텍처를 작성해 놓으면 전체 보안 위험 중 정보보호 시스템으로 대응하는 보안 위험의 발생 위치와 관련 기술, 영향을 구체적으로 알 수 있고, 여러 정보보호 시스템으로 중복 대응하거나 아예 빠뜨린 보안 위험을 파악하기가 쉽다. 새로운 정보보호 시스템을 도입할 때도 기존 정보보호 시스템에서 대체할 것과 중복되는 것 등을 검토하기가 좋다.

보안 대책에는 정보보호 시스템 구축만이 있는 것이 아니다. 서버와 네트워크, 데이터베이스, 응용시스템의 계정 및 권한 관리, 로그 수집 및 분석, 접근 제어 목록Access Control List 관리, 각종 보안 관련 설정 등 IT 시스템에서 수행해야 할 보안 대책이 매우 많다. IT 운영 부서가 기업 보안에서 차지하는 비중이 막대하다. 정보보안 부서와 IT 운영 부서의 협업이 중요한 이유다. 또한 정보보호 활동에 따른 상벌 제도 역시 주요 보안 대책으로 이용된다. 이러한 총체적 보안 대책을 통해 보안 위험을 줄여나가야 한다.

'이행 관리'를 별도의 업무로 잡아 놓은 것은, 그만큼 제대로 이행하는 것이 쉽지 않은 탓이다. 모든 일이 계획대로 되면 얼마나 좋겠는가? 특히 정보보안 부서 내부적으로 수행할 보안 대책은 예산 확보, 시스템 도입, 지침 개정 등 관련 부서의 도움을 받아 꾸준히 진행하면 되지만, 다른 부서가 수행해 줘야 할 보안 대책은 내 마음처럼 되지 않는다. 보안 대책을 수립할 때부터 협업이 잘 된 경우는 그나마 낫지만 이견이 있음에도 보안 대책으로 채택된 경우에는 시행하기가 더 어려워진다. 따라서 보안 대책의 이행 관리 핵심은 IT 부서, 인사 부서, 감사 부서 등 다른 부서가 책임지고 수행해야 할 보안 대책을 챙기는 일이다. 지속적인 업무 협의도 중요하지만 주요 이슈는 정보보호 경영위원회에 올려서 처리하고, 정보보호 실무협의체를 통해 적절한 주기로 챙기는 것이 좋다. 시간이 지남에 따라 보안 대책이 바뀔 수도 있으므로, 변화 관리는 이행 관리에서도 중요하다.

정보보호 시스템 도입 - 첫 차를 살 때처럼

처음 자가용을 살 때 돈이 많이 들기도 하고, 차에 대한 설렘도 있어서 고민을 많이 한다. 시내에서 주로 타는지, 장거리 운전을 많이 하는지, 가족과 함께 놀러 갈 때 많이 타는지, 초기 비용은 어느 정도로 잡을지, 유지비는 얼마나 들어가는지 꼼꼼하게 따진다. 시간을 내서 자동차 판매장을 몇 군데 들러 염두에 두지 않은 다른 차도 구경한다.

멋진 스포츠카가 있으면 운전석에 앉아 보기도 한다. 경험자의 추천도 받고, 소개 받은 영업사원을 불러서(사실 살 수 있는 예산 범위는 뻔하지만) 소형차부터 대형차까지 두루 얘기도 듣는다. 그렇더라도 처음에 잡은 '요건'을 벗어나지 않으려고 노력한다.

다소 길게 소개한 자동차를 구매할 때의 고민과 절차는 정보보호 시스템을 구축할 때도 참고가 될 만하다. 정보보호 시스템 구축 시 가장 중요하고 먼저 해야 할 일은 우리의 요구사항을 '요구명세서'로 정리하는 것이다. 왜 시스템을 구축하려고 하는지(구축 배경, 취지, 목적), 어떤 기능을 필요로 하는지 그리고 운영 환경이나 주요 고려사항도 적는다.

보통 정보보호 시스템 구축의 목적은 ▲법적 규제 준수 ▲주요 보안 위험 대응 ▲회사나 그룹의 정책 준수 등이 될 수 있다. 이것을 잘 정리해 놓으면 경영진에 보고할 때나 다른 부서와 소통할 때 쓸모 있을 뿐 아니라 향후 시스템을 구축하고 유지, 관리할 때도 핵심 기준이 된다.

기능은 많이 쓰면 좋지만, 자동차만큼 정보보호 시스템을 잘 알지 못한다면 회사 관점에서 필요한 기능을 10~20개 정도 적는다. 이를 가지고 내부에서 토론하다 보면 처음보다 훨씬 더 좋은 '요구명세서'가 된다. 시스템 구축의 취지나 목적은 명확한데 기능을 잘 모르겠다면 보안 업체에 기본적인 설명을 요청한다. 업체는 사전 영업 단계로 기꺼이 지원한다. 발표, 질의응답을 통해 정보를 얻은 뒤 다시 요구명세서를 보완한다. 요구명세서에 특정 업체의 용어나 특수한 기능이 그대로 들어가지 않도록 조심한다.

'요구명세서'에 ▲네트워크에서 위치 ▲연동할 시스템 ▲사용자와 관리자의 접근 경로 등 시스템 운영 환경과 ▲성능과 안정성 ▲확장성 ▲보안성 등 비기능 요구사항을 추가한다. 예를 들어 24시간 365일 작동 여부나 최대 대역폭, 응답 속도 같은 사항이다. 구체적인 문구를 쓰기 힘든 부분은 빈칸으로 놓고 나중에 채워도 좋다. 여기에 꼭 고려해야 할 계약 조건이나 유지보수 관련 사항을 추가하면 훌륭한 '요구명세서'가 된다.

요구명세서가 없는 상태에서 보안 업체의 설명에만 의존하면 도입 목적을 달성하기 힘들다(보안 업체도 고객사가 뭘 원하는지 알지 못하니 괴롭다.). 계정 관리 시스템과 같은 공용 계정 삭제, 개인 계정 사용과 같은 계정 관리 정책을 수요자가 제대로 세우지 못하면 아예 무용지물인 시스템도 있다. 요구명세서가 있으면 보안 제품이 핵심 요구사항을 만족하지 못할 때 어렵지 않게 다른 제품으로 바꿀 수 있다. 여러 제품 분류에서 원하는 제품을 찾아볼 수 있고, 뛰어난 보안 업체나 제품을 찾았을 때 검증하기도 쉽다. 그리고 이번에 충족하지 못한 일부 기능은 다른 해결책을 모색할 수도 있다.

그 다음에는 이러한 '요구명세서'에 적합한 정보보호 시스템의 구축 방안을 수립한다. 크게 보면 상용 제품의 도입을 통한 구축과 개발에 의한 구축이 있고, 개발에는 자체 개발, 외주 개발, 오픈소스 활용 방법 등이 있다. 각 방안의 장단점이 있고, 각 회사의 역량과 환경, 구축하려는 정보보호 시스템의 규모와 복잡성에 따라 다르므로 어떤 방안을 선택할지, 몇 개 방안을 혼용할지 검토한다.

도입 방식을 선택한 다음 특정 업체의 정보보호 시스템을 도입하여 구축한다. 제안요청서를 보내기 전에 요구명세서에 적합한 보안 제품 분류를 찾아보는 게 먼저다. 예를 들어 내부정보유출방지를 위한 시스템에서 개인정보 보호(개인정보 검색 및 암호화), 문서 보안(DRM, 사전에 정한 종류의 문서 암호화), 문서 중앙화, 내부정보 유출방지(DLP, 정해진 패턴의 문서 콘텐츠 모니터링과 로깅) 시스템은 서로 다른 목적이 있지만, 기능상 겹치는 부분이 있다. PC 보안 제품 역시 PC 매체제어, 패치관리시스템(PMS), AD^{Active Directory}, 네트워크 접근 제어(NAC), IP 스캐너 등의 제품에 유사 기능이 있다. PC에 에이전트가 많이 설치되면 PC 성능 저하에 따른 구성원 불만이 크므로 목적에 딱 맞는 제품 분류와 제품을 선정해야 한다.

모든 요구사항을 충족하는 보안 제품을 찾기는 어렵다. 충족하지 않는 부분은 정책의 조정, 기존 솔루션을 통한 보완, 담당자의 수동 관리, 임직원의 참여 등의 방법으로 대응해 나가야 한다. 그래도 보완할 수 없는 보안 위험이 남아 있다면 그것이 있다는 것을 알고 모니터링하면서 추후 해결방안을 찾을 때까지 감수하는 수밖에 없다.

"이제 보안 문제는 해결되는 거예요?"

정보보호 시스템 예산을 승인받을 때 정보보호책임자가 많이 받는 질문이다. 정보보호 시스템을 구축한 만큼만이라도 보안 사고가 터지지 않는다면 얼마나 좋겠는가! 하지만 현실은 그렇지 않다는 점을 경영진에 솔직히 답하라. 정보보호 시스템 도입의 목표는 사고 가능성을 최소화하고, 사고가 났을 때 법적 책임을 덜며, 신속한 대응으로 위기관리를 하는 것이다. 조선 숙종 때 나온 순오지(旬五志)에 "十人守之 不得察一賊"(십인수지 부득찰일적)이라는 구절이 있는데, "열 사람이 지켜도 한 도둑을 살피지 못한다."는 뜻이다. 이는 IT 범죄에도 동일하게 적용되는 말이다.

(강은성의 CISO 스토리, 아이뉴스24, 2014.4.11.)

협업 관리

많은 분야에서 협업이 강조되지만, 보안처럼 협업이 절박한 곳도 흔하지 않다. 보안은 정보보호 조직이 중심이 된 통제도 필요하지만, 다른 부서의 적극적인 협업 없이는 이뤄질 수 없다. 따라서 협업이 단지 해도 되고 하지 않아도 되는 그 무엇이 아니라 반드시 해야 하는 업무다. 정보보호책임자의 업무로 명시하고 계획적으로 다룰 필요가 있다. 출발점은 협업이 원래 쉽지 않다는 점을 이해하는 것이다.

협업은 원래 힘들다 ——

의외로 협업을 쉽게 생각하는 관리자가 많다. 하지만 따지고 들어가면 협업은 원래 하기 힘들다. 아무리 사업 목표 달성 같은 공동의 목표가 있다 하더라도 서로 다른 부서가 협업하기는 쉽지 않다. 알고 보면 같은 관리자 산하의 한 부서 내에서도 협업이 잘 이뤄지지 않는 상황도 종종 발생한다.

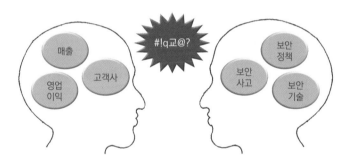

그림 3-5 협업은 원래 힘들다

정보보안 담당자가 영업 부서 인력을 만나서 회사의 정보보호 정책을 설명하고, 영업 자료 반출 시 보안 정책에 관해 협의한다고 해 보자. 보안 담당자는 대량 데이터를 외부로 반출할 때는 회사 보안 정책에 따라 적절한 승인 절차를 거치고, 웹하드같이 악성코드가 많이 배포되는 사이트는 사용하지 말아야 한다고 할 것이고, 영업 담당자는 고객사에 수십 MB에 이르는 제안서를 이메일이나 웹하드를 통해 신속하게 제공해야 한다고 주장할 것이다. 업무가 다르기 때문에 발생하는 일이다. 하지만 좀 더 근본적인 것이 있다.

- 개인의 차이: 개인의 성격, 성장 환경, 취향, 강점
- 전공의 차이: 문과, 이과
- 업무의 차이: 영업, 마케팅, 개발, IT 운영, 법무, 인사, IR, 홍보, 개인정보, 정보보안
- 조직의 차이: 조직의 미션, 핵심성과지표(KPI), 상사의 요구사항, 분기·월·주·오늘 할 일

가만히 생각해 보면 협업이 잘 되는 것이 오히려 자연스럽지 않다고 볼 수도 있다. 이것이 '협업 관리' 업무를 별도로 정의한 이유다. 협업이 원활하게 되기 위해서는 2장에서 설명한 '정보보호 협업 체계'가 필요하지만, 그것만으로 충분하지는 않다. 협업은 정보보호책임자가 계획을 가지고 추진해야 할 업무가 되어야 한다.

협업에는 특정 부서와의 협업과 전사 협업이 있다. 여기에서는 두 경우에서 단순하지만 효과가 좋았던 방법을 소개하려고 한다.

사례 1 부서 사이의 협업 관리

실제 기업 현장에서 보안 업무를 하다 보면 협업할 일이 매우 많다. PC 보안 정책과 같이 전사 구성원에게 직접 영향을 미치는 일도 있고, 임직원 개인정보 보호와 같이 HR 조직과 협업할 일도 있다. IT 부문과 비IT 부문을 망라해 전사의 많은 조직과 협업해야 회사의 정보보호 수준을 높일 수 있다. 실제 협업은 대부분 팀장이나 선임 실무자 사이에 이뤄진다. 정보보호 실무조직에서 협업하기에

좋은 여건을 만들어 주는 일이 바로 정보보호책임자가 수행할 '부서 사이의 협업 관리' 업무다. 여러 조직의 담당 임원이나 부서장과 좋은 관계를 유지하면서 해당 부서에서 수행해야 할 정보보호 업무를 설명하고 협조를 요청한다. 이럴 때 필자가 애용하던 방법은 협업 대상의 임원이나 부서장, 팀장과 같이 밥을 먹는 것이다. 일이 생겼을 때만 먹는 것이 아니라 아예 일주일에 한두 번 정도는 타 조직의 임원이나 부서장, 팀장들과 밥을 먹으면 더 좋다. 식사 장소도 나름 맛집을 찾아가는 것이 바람직하다. 그만큼 상대방에게 신경을 쓰는 것이기도 하고 맛있는 음식을 먹으면 대화하기가 수월하다. 예전에 개인정보보호 자문을 했던 W그룹의 감사님은 음식에 탁월한 식견을 가지셔서 따라가는 곳마다 맛있는 음식과 특별한 대우를 받았다. 기간이 두 달밖에 되지 않았지만, 마치 필자가 그 회사 소속인 것처럼 열심히 일한 것에는 식사를 통해 형성된 편안함과 친근감도 한몫 하지 않았나 싶다.

'밥 먹는 관계'는 실제로 친밀한 관계가 되는 좋은 수단이기도 하지만 다른 사람에게 친밀도를 보여줌으로써 부서 간 협업 분위기 조성용으로도 효과가 탁월하다. 협업 부서 입장에서는 자신들의 주 업무가 아니고 당장 해야 하는 일이 있기 때문에 부서장 핑계를 대는 실무자도 종종 있다. 그러나 부서장과 사이가 친밀해 보이면 최소한 실무자가 핑계를 대서 협업을 못 하게 되지는 않는다.

타 부서와 협업을 추진하다 보면 타 부서에서 정보보호 정책을 의도적으로 무시하거나 지연시킨다는 실무자의 보고를 받기도 한다. 화를 내기 전에 해당 부서를 불러 사실관계를 확인해 보자. 관점의 차이, 우선순위의 차이, 알지 못한 애로사항이 있는 경우가 있다. 필자도 상당히 역량 있는 정보보호 실무팀이 산하에 있었지만 가끔 협업 부서와 함께 회의하다 보면 우리 쪽의 문제를 발견한 때도 가끔 있었다. 사실관계를 확인하고 대안을 연구해야 협업이 추진된다.

보안 정책을 따르지 않아서 발생한 보안 취약점이 발견되면 담당 부서가 그것을 덮거나 방어하려는 경우가 종종 있다. 이는 발생한 문제가 부서 책임으로 돌아간다고 보기 때문이다. 물론 그럴 수도 있다. 그러나 보안 문제를 숨겼다가 이 때문에 보안 사고가 터지면 온전히 해당 부서(장)의 책임이지만, 정보보호책임자에게 알리고 해결하기 위한 대책을 함께 세우면 그때부터 책임은 나눠 가진다는 점을 알려주면 태도가 바뀐다. 정보보호책임자와 CEO의 관계와 마찬가지다.

사례 2 　전사 소통과 협업 관리

몇 년 전 무더운 여름에 지하철을 탔는데, 지하철에서 안내 방송이 나왔다. 정부 시책으로 온도를 26도 이하로 내릴 수는 없으니 너무 덥거나 추우신 분들은 옆에 있는 강냉방칸이나 약냉방칸으로 옮기시라는 내용이었다. 방송을 듣고 주위를 살펴보니 움직이는 사람은 아무도 없었다. 이미 자리에 앉은 승객은 물론이고 서 있는 사람들도 그랬다. 안정적으로 자리를 잡았으니 옮기기 귀찮기도 하고 옆으로 가봤자 얼마나 더 시원하겠냐는 생각도 했을 것이다.

서울교통공사의 발표에 따르면, 2021년 서울 지하철의 냉난방에 관한 민원이 37만 3,450여 건으로 전체 '불편 민원'의 52.6%라고 한다.[06]

---

06 "지난해 서울 지하철 민원 92만 3천여 건…냉난방·마스크 대다수", TBS, 2021.2.19.

그림 3-6 서울교통공사 냉난방 관련 민원

서울교통공사는 자체 블로그에서 냉난방 문제를 해결하기 위해 노력하고 있지만, 에너지 절약을 위한 정부의 규제로 실내 온도를 26~28도 사이로 맞춰야 하고, 이용구간이 지상인지 지하인지, 환승역과 같은 혼잡구간 또는 혼잡시간대와 자주 여닫는 문, 남녀노소 이용자 개인에 따라 체감 온도의 차이 등으로 어려운 점이 있다는 것을 상세하게 설명하고 있다.[07] 물론 강냉방칸과 약냉방칸이라는 대안 제시 등 할 수 있는 최선을 다했다. 많지 않더라도 이용하는 사람도 있을 것이다. 그래서 그런지 서울교통공사의 댓글에는 불만도 있지만 긍정적인 내용도 달려 있다. 이것이 '지하철 커뮤니케이션'의 효과다.

전사 정보보호 정책을 시행하기 위해 정보보호 조직은 전사적 소통과 협업을 하는 상황이 자주 생긴다. 전사 협업은 전사 공지와 강력한 드라이브로 이뤄진다. 사실 중요 자산을 보호하고 법규에 대응하기 위해서는 전사 구성원이 조금 불편하더라도 정보보호 조치의 기조를 바꿀 수는 없다. 이미 CEO의 승인도 받

---

07 "지하철이 너무 덥거나 너무 추울 때, 아래를 기억하세요!", 서울교통공사 블로그, 2021.7.19.

앉고 어차피 욕먹을 건데 익숙하지도 않은 양방향 소통을 하는 것보다 발표하고 그냥 밀어 붙이자고 생각하는 정보보호 조직도 적지 않다. 그럴 때 구성원의 반응은 어차피 냉난방을 조절할 수 없다는 생각으로 지하철 방송을 하지 않았을 때 나타날 승객의 반응과 비슷하다. 이러면서 정보보호 조직에 대한 불만과 불신은 쌓여 간다.

하지만 왜 그런 조치를 하는지, 정책을 정교하게 하려고 어떤 노력을 기울였는지, 구성원 입장에서 불편을 최소화하기 위해 어떤 대책을 마련했는지, 구성원의 질문, 불만, 제안을 받을 창구를 마련하고 얼마나 성의 있게 대응하는지에 따라 구성원의 반응은 달라질 수 있다. 상당수 구성원이 회사의 정보보호 정책을 수긍하고 정보보호 조직의 적극적인 노력에 긍정적인 반응을 보이는 경우도 다수 생긴다. ▲기조를 바꾸지 못하더라도 ▲과정과 이유를 설명하고 ▲낼 수 있는 최선의 대책을 내는 것이 정보보호 조직이 지하철 커뮤니케이션에서 배울 부분이다.

한 가지 더 추가하면, 전사 공지문을 띄우기 전에 고객대응 부서의 검토를 받아볼 것을 권한다. 정보보호 인력에게 보안 취약점을 막기 위해 보안 조치를 하는 것은 너무나 당연하기 때문에 구성원의 궁금함이나 불편함을 미처 생각하지 못해 공지 메시지도 딱딱하고 명령조로 나가기 쉽다. 고객 입장에서 메시지를 작성하고 대응해 온 고객대응 부서에서는 구성원이 궁금해하거나 요청할 만한 사항을 검토하여 내용을 보완하고, 문장도 훨씬 부드럽고 정교하게 다듬어 준다. 공지문에 구성원이 질문할 수 있는 사람과 연락처를 적는 것은 기본이다. 처음에는 질문과 불만이 쏟아져 들어올 수 있지만 조금 지나면 많이 줄어든다. 염려말고 정면으로 부딪쳐 보자. 실제로 해보면 생각보다 많이 들어오지 않는다. 질문할 곳이 있다는 것만으로도 구성원의 마음이 풀어진다.

전사 협업을 할 때는 전사 구성원이 실험대상이 되지 않도록 노력해야 한다. 큰 방향만 정하고 정교하게 다듬지 않은 채 정책을 공표하면 비록 CEO의 승인을 받았다고는 하나 구성원의 불만이 커서 추진할 때 부작용이 클 수 있고, 정보보호 조직에 불신이 생긴다. 화살이 경영진에게 갈 수도 있다. 전사 정보보호 정책을 수립할 때는 반드시 ▲정보보호 조직 내의 치열한 토론 ▲관련 부서의 세밀한 검토 ▲적용대상 그룹의 의견 수렴 등을 통해 정교한 정책이 될 수 있도록 챙겨야 한다.

IT 조직과 협업 ——

2014년 전자금융거래법의 개정으로 금융권에서 CIO와 CISO가 분리되기 시작하고, 개인정보 유출 사고 등 정보보안 이슈가 많은 인터넷 기업을 중심으로 CIO 조직과 별도로 CISO 조직이 구성됐다. 2018년 정보통신망법에서 일정 규모 이상의 정보통신서비스 제공자에게 CISO 겸직 금지 규정이 시행되면서 상당히 많은 기업에서 CIO와 CISO의 분리가 이뤄졌다. 2장에서 설명한 바와 같이 바람직한 흐름이다.

하지만 변화는 늘 부작용을 동반한다. 같은 임원 산하에 있었을 때 어렵지 않게 이뤄졌던 협업에 이제는 갈등이 발생한다. 사실 정보보호 조직과 IT 조직이 업무상 대립하는 문제는 어느 회사에나 있다. IT 조직은 기본적으로 최대한의 성과를 내기 위해 효율성과 편의성을 추구하는데, IT 부문에 적용되는 각종 정보보호 정책은 업무의 효율성을 떨어뜨리고, 운영자와 개발자에게 불편함을 강요한다. 정보보안 사고가 빈번해지고 회사와 개인에게 미치는 영향이 커지면서 보안의 중요성을 이해하고 적극적으로 대응하는 IT 조직도 생겼지만, 업무 특성상 IT 조직과 정보보호 조직의 갈등은 어느 정도 필연적이다. 조직의 역할과 책임의 차이에서 오는 건강한 대립이다.

정보보호 조직과 IT 조직의 갈등 문제를 풀기 위해서는, 먼저 IT 조직과 정보보호 조직의 분리는 목적이 아니라 산적한 정보보호 이슈를 풀기 위한 출발점임을 인식해야 한다. 금융회사의 CISO 분리를 명시한 「전자금융 안전성 제고를 위한 금융전산 보안 강화 종합대책」(금융위원회, 2013.7.)에서 분리의 이유로 다음 세 가지를 들었다.

- CIO가 CISO를 겸직함에 따라 CISO의 독립적인 보안 활동을 저해하고 업무상 경계가 모호하여 전산 사고 발생 시 책임이 불분명
- CIO와 CISO 겸임 시 업무가 상충할 때 IT 보안보다 IT 효율성이 우선되어 전자금융거래의 안전성 약화 우려
- 금융회사 CISO는 사고 발생 시 책임은 큰 데 비해 업무수행 권한은 상대적으로 약하여 CISO 업무에 대한 고충 제기

어느 업종이든지 여전히 유효한 이유다. 문제를 해결하기 위해 조직을 분리했더니 조직 간 갈등의 문제가 나오는 것은 협업이 어려운 이유에서 설명한 바다. 어떠한 경우든 전사 정보보호 수준을 높이기 위해서는 타 부서와의 소통과 협업이 필수적이고, IT 조직도 예외가 될 수 없다. 아니 오히려 그 어떤 조직과의 협업보다 IT 조직과의 협업이 정보보호 수준을 높이는 데 결정적이다. 정보보안을 위해 IT 기획·운영·개발 부서에서 해야 할 일이 많기 때문이다. 정보보호 정책과 지침은 정보보호 조직에서 만들더라도 그것을 IT 시스템에 구현하는 것은 IT 조직의 업무이다. 비밀번호 관리, 보안 패치, 계정 관리와 같이 정보보안의 근간이 되는 요소 중 IT 조직의 일상 업무인 일들이 많다.

CISO 조직의 업무 중 IT 조직과 관련된 업무를 살펴보자.

먼저 정보보호 정책과 지침, 프로세스를 꼽을 수 있다. 정보보호 지침 중 IT 운영 보안이나 개발 보안에 관한 것이 있다. 예를 들어 비밀번호의 작성 규칙, 변경 주기, 일정 횟수 이상 틀리면 접근 차단 및 비밀번호 재설정 등의 내용이 포함된다. 소프트웨어 개발 시 보안을 고려하여 설계하고, 구현 시 보안 코딩^{Secure} ^{Coding} 규칙을 준수하며, 출시 전 보안성 검토를 해야 한다는 내용 또한 있을 것이다. 이러한 지침은 정보보호 조직이 작성하지만, 수행하는 것은 IT 조직이다.

또한, 보안 조직은 정보보호 지침이 현업에서 실행되고 있는지 점검한다. 중요한 업무라면 사전에 관련 품의나 프로세스에서 정보보호 조직의 협조나 승인을 넣어야 한다. 앞의 예를 들면 IT 개발 조직에서 서비스를 출시하기 위해서는 정보보호 조직의 보안성 검토 승인을 받는 프로세스를 둘 수 있다. 네트워크 방화벽의 세부 룰을 추가하거나 DB 접근 제어 솔루션에서 권한을 부여할 때는 정보보호 조직의 협조가 들어갈 수도 있다.

비상 대응 훈련도 있다. 이는 4장에서 설명할 '위기관리 영역'의 업무로, 위기관리는 크게 사고 발생의 예방과 사고 발생 시 신속한 후속 조치, 발생한 피해의 복구, 사고가 발생했을 때를 대비한 계획(비상 계획)과 이의 모의훈련을 포함한다. 비상 대응 훈련은 IT 조직에서 할 일이 많지만 그것을 계획하고 추진하는 것은 전문성을 가진 정보보호 조직이다. 이것 역시 IT 조직과의 긴밀한 협업이 필요한 사항이다.

사실 여기까지는 IT 조직에서 불편해하기는 하지만, 협업을 해 나가는 데 큰 무리가 따르지는 않는다. 문제는 정보보호 시스템의 운영에서 많이 발생한다. 간단하게 보면 PC나 윈도 서버에 설치되는 백신의 운영주체는 누구인가? 점검 주기 등 세부 규칙은 누가 정할 것인가? 네트워크 방화벽 장비 운영과 ACL 같은 세부 규칙 관리는 누가 할 것인가? 내부정보 유출방지, DB 접근 제어 등 수십 가지 정보보호 시스템의 운영에 들어가면 문제는 더욱 많아진다. 그리고 하나의 시스템을 운영한다는 것은 여러 가지 업무를 수반한다. 장애 발생 시 임직원의 전화를 받아야 하고, PC 문제라면 어떤 문제가 보안 솔루션 때문에 발생하는 것인지 확인해야 하고 솔루션 문제라면 업체를 불러서 점검하도록 커뮤니케이션을 해야 한다. 평소에는 업무가 없어 보이지만 문제가 발생하면 많이 늘어나는 것이 운영 업무의 특성이다. 게다가 잘한다고 해서 별로 빛도 나지 않는다. 인력이 적은 곳에서 더욱 하기 어렵다.

필자는 기본적으로 보안 솔루션은 IT 제품이므로 IT 조직이 운영하는 것이 바람직하다고 본다. 네트워크와 서버, PC 운영의 전문성이 그대로 활용될 수 있고, 대부분 IT 조직에서 외주로 해 오던 일이기도 하다. 백신의 실행 주기나 방화벽의 접근 통제 규칙 같은 세부 규칙의 관리와 로그에 대한 분석 등 보안 전문성이 필요한 업무는 정보보호 조직의 몫이다. 다만, 내부정보 유출방지 솔루션과 같이 내부 통제를 위한 정보보호 시스템은 통제 대상에 IT 운영자가 포함되므로 정보보호 조직에서 운영하는 것이 적절하다.

다시 한번 강조하지만, 앞에서 기술한 대로 정보보호책임자와 해당 조직은 CIO와 산하 IT 조직과의 소통과 협업을 위해 최선을 다해야 한다. IT 조직이 자발적으로 하는 것과 어쩔 수 없이 하는 일 사이에는 업무의 속도, 업무량, 성과에서 큰 차이가 날 수밖에 없다. 하나 더 강조하고 싶은 것은 이 모든 논의의 전제는 정보보호 조직의 보강이다. 그나마 조직을 분리하면서 인력을 보강하고 있어서 다행이지만, 아무리 조직의 분리와 그에 따른 역할과 책임을 논한다 하더라도 일할 수 있는 정규 인력을 확보하지 않는다면 아무런 소용이 없다.

개인정보 협업 ──

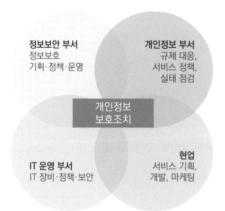

정보보안 부서
정보보호
기획·정책·운영

개인정보 부서
규제 대응,
서비스 정책,
실태 점검

개인정보
보호조치

IT 운영 부서
IT 장비·정책·보안

현업
서비스 기획,
개발, 마케팅

그림 3-7 개인정보보호를 위한 관련 부서의 협업

개인정보에 대한 정보보호책임자의 가장 큰 관심은 회사에서 개인정보가 수집-이용-제공-관리-파기 단계를 거치며 활용되는 동안 개인정보가 안전하게 관리될 수 있도록 하는 것이다. 고객의 개인정보를 이용하는 서비스에서 개인정보는 다양한 개인정보취급자가 접근한다. 서비스 개발 단계에서는 서비스 기획·개발·테스트 담당자가 고객의 개인정보에 접근할 수 있고, 서비스가 출시된 이후 운영 단계에서는 서비스 운영·IT 운영·고객 지원 담당자가 접근할 수 있다. 정보보호책임자가 보안 솔루션을 통해 통제할 수 있는 부분도 있지만, 그렇지 않은 부분도 있어서 각 담당 부서와의 협업이 중요해진다. 개인정보보호 부서에서는 서비스에 적용하는 개인정보 서비스 정책을 제공하고, 정보보안 부서에서는 정보보호 정책·지침 및 보안 솔루션을 제공해야 한다. IT 운영 부서에서는 개인정보 DB나 관련 서버의 운영에서 계정 및 권한 관리, 취약점 패치 등을 통해 개인정보를 보호하고, 서비스의 개발 부서에서는 안전한 DB 설계, 암호화, 보안 코딩Secure coding, 취약점 점검 등을 통해 취약점이 최소화된 서비스를

개발하고, 서비스 운영 및 고객 지원 부서에서는 자신의 PC 보안과 비밀번호 관리, 개인정보 접근의 최소화 등 각기 필요한 개인정보 보호 조치를 수행해야 한다. 정보보호책임자는 각 부서가 담당한 개인정보보호 업무가 잘 수행될 수 있도록 각 부서와 적극적인 협업을 할 필요가 있다.

특히 개인정보보호 부서와 정보보안 부서가 분리되어 있는 회사에서는 두 부서의 협업이 매우 중요하므로 정기적 또는 수시로 현황과 정책을 공유하는 체계를 갖춰야 한다. 개인정보보호 부서에서 개인정보보호 법규와 정책을 다루지만, 그것을 기술적으로 구현하거나 점검할 수 있는 기술 인력은 거의 없으므로, 정보보안 부서와 긴밀하게 협업하여 대응해야 한다.

보안 감사

2012년 정보통신망법에 CISO 제도가 도입된 후 9년 만에 정보통신망법에서 규정한 CISO의 업무에 큰 변화가 생겼다. 가장 눈에 띄는 것은 보안 감사(정보보호 실태와 관행의 정기적인 감사 및 개선) 업무가 포함됐다는 것이다.

'보안 감사' 업무는 회사 내 각 부서의 정책, 지침, 프로세스, 업무 수행이 전사 정보보호 정책 및 지침, 프로세스를 준수하는지 점검하고, 그에 따른 개선 조치 및 인사 조치 요구를 포함하는 업무이다. 관계사와 협력 업체 등 보안 감사 대상을 회사 외부로 확장할 수도 있다.

보안 감사를 시행하기 위해서는 그것의 기준이 되는 정보보호 정책, 지침, 프로세스 또는 이를 포함하는 정보보호 관리체계가 수립, 운영되고 있어야 한다. 예를 들어 외주 업무에서 보안 관리가 제대로 되고 있는지 감사하고자 한다면, 외주 관리 보안 지침이 있어야 외주 관리 프로세스가 외주 관리 보안 지침을 준수하는지 감사할 수 있고, 실제 외주 관리 실태를 점검하여 지침대로 수행되는지도 역시 감사할 수 있다.

보인 감사를 통해 심각한 위반 사항이 발견되고, 그것이 특정 임직원이나 조직의 고의 또는 중대한 과실로 인해 발생한 것이 입증되면, 해당 임직원과 조직에 대해 징계 등 인사 조치를 요구할 수 있다. 이를 위해서는 회사의 인사 규정 징계에 정보보호 위반 요건이 있어야 한다. 이러한 보안 감사는 1년에 한 번 정기적으로 시행되거나 수시 감사를 하더라도 자주 시행할 수 없으므로 전사 보안 위험에 영향을 미치는 주요 업무에 대해 연차별로 계획을 잡아 수행하는 것이 보통이다.

보안 감사 업무에는 '보안 점검' 업무가 포함될 수 있다. 보안 점검 업무는 시스템, 네트워크, 업무 프로세스 등에 존재하는 보안 취약점을 찾고 그것의 개선책을 제시하는 것을 목적으로 한다. 발견한 문제가 심각하고 그것이 특정 임직원이나 조직의 고의 또는 중대한 과실로 인해 발생했을 때 징계 등 인사 조치를 요구할 수 있으나, 보안 점검은 주로 문제점을 찾아 개선하는 데 초점이 있다. PC 내에 개인정보 평문 저장과 같은 기술적 취약점, 개인정보가 포함된 USB의 책상 위 방치와 같은 물리적 취약점, 퇴직 프로세스에서 보안 프로세스 미비와 같은 관리적 취약점을 보안 점검을 통해 찾아내고 단기적 또는 근본적 원인을 찾아 개선책을 제시한다.

보안 감사와는 달리 보안 점검은 짧은 기간에 수시로 진행할 수 있으므로, 이를 통해 회사의 보안 문제를 사전에 찾아내어 개선하는 것이 바람직하다.

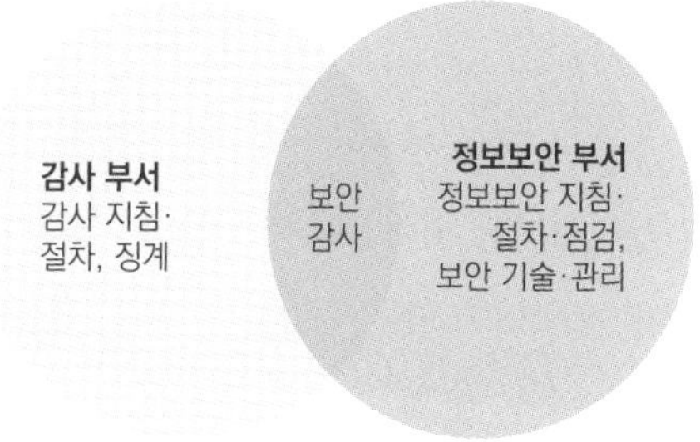

감사 부서
감사 지침·
절차, 징계

보안
감사

정보보안 부서
정보보안 지침·
절차·점검,
보안 기술·관리

그림 3-8 정보보안 부서와 감사 부서의 협업

회사에 따라서는 보안 감사 업무를 감사 부서에서 하기도 한다. 감사 부서는 감사의 전문성은 있으나 정보보안의 전문성을 갖추기는 어려우므로 정보보안 부서의 협업이 필요하다. 이때 정보보안 부서가 기술적으로 지원할 뿐 아니라 최종 감사보고서를 작성할 때도 정보보안 부서의 의견이 반영될 수 있도록 협업 구조를 짜야 한다.

정보보안 부서에 대한 보안 감사 또한 필요하다. 이때 감사 부서나 외부 정보보호컨설팅 업체 등 전문적이고 독립적인 기관을 활용하여야 '팔이 안으로 굽는' 문제에 봉착하지 않고, 정보보안 부서가 안고 있는 보안 문제를 발견할 수 있다. 감사의 실효성을 확보하기 위해서 정보보호책임자가 불편하더라도 해야 할 일이다.

정보보호 교육 및 인식 제고

정보보호 분야에서 교육은 중요하다. 전국의 지점을 다니며 보험 설계사에게 직접 정보보호 교육을 시행한 금융회사의 정보보호책임자 이야기를 들은 적이 있다. 그동안 수차례 문서로 내려보냈던 정보보호 지침을 제대로 알고 있는 사람이 별로 없다는 데 놀랐고, 얼굴을 맞대고 교육을 하니 개인정보와 정보보호의 중요성을 공감하는 데에 보람을 느꼈다고 한다.

개인정보보호 관련 법규를 위반하여 개인정보를 처리한다거나 산업 기술이나 영입 비밀을 유출했을 때 법적으로 어떤 불이익이 있는지 알고 있다면, 특별한 이유가 없는 한 해당 법규를 고의로 위반하지는 않을 것이다. 이것이 정보보호 교육이 반드시 필요한 이유다.

모든 업무에 마찬가지지만 정보보호 교육을 할 때도 교육의 취지와 목적, 목표와 이를 달성하기 위한 교육 방법을 수립해야 한다. 정보보호 교육 시 외부 강사를 많이 활용한다. 익숙한 내부 강사보다 신선하기도 하고, 내부 인력보다 전문성이 더 있을 수도 있어서다. 이때 미리 정리한 취지와 목적 그리고 요구사항을 추가하여 강사에 요청하면 외부 강사를 활용하는 효과를 제대로 누릴 수 있다.

개인정보 보호나 정보보안, 산업보안에 관해 기업 교육을 자주 하는 필자도 언제나 교육의 취지와 목적, 요구사항, 교육 대상의 특성을 묻고, 담당자와 협의하여 교육의 목차와 스토리를 정한다. 이렇게 하는 교육과 의례적인 교육의 만족도는 상당한 차이가 있다. 또한, 전체 임직원 교육과 관리자 교육을 분리하여 관리자에게는 정보보호 거버넌스와 전사적 보안 협업에서의 역할 등을 교육하면 교육 효과가 훨씬 크고, 정보보호책임자의 업무 추진에도 도움이 된다는 점을 강조한다.

정보보호 인식 제고의 관점에서 정보보호 교육을 살펴볼 필요가 있다. 보통 정보보호 수준을 높이려면 임직원의 정보보호 의식을 높여야 하고, 그러려면 정보보호 인식을 제고해야 하며, 그러기 위해서 정보보호 교육을 강화해야 한다고 말한다.

그림 3-9 정보보호 교육과 정보보호 수준 제고

하지만 정보보호 교육을 몇 번 해 보면 정보보호 인식 제고에서 정보보호 교육의 역할은 제한적임을 알게 된다. 비슷한 정보보호 교육이 계속되면 그 효과는 크게 떨어진다. (사실 교육 시간이 너무 짧고, 교육 대상의 동기 부여 수준이 낮으며, 평가 등 후속 조치가 없어서 교육이라고 부르기에는 부족한 것이 너무 많다.) 특히 주입식 교육의 효과는 채 1주일을 넘기기 어렵다. 아무리 보안에 관해 심도 있는 내용을 상세하게 설명해도 너무나 당연하게 보안 전문성이 없는 일반 임직원의 머릿속에 들어오지 않는다. 정보보호책임자가 법률 강의를 한두 번 듣는다고 해서 머리에 쏙쏙 들어오지 않는 것과 마찬가지다.

고교 시절에 대학 입학이라는 자발적 동기를 갖고 수업을 열심히 들어도 실력이 늘지 않는다는 걸 다들 경험해 봤을 것이다. 복습하거나 문제를 풀어 보는 등 직접 해봐야 그중 일부가 실력으로 바뀐다. 정보보호 교육 역시 마찬가지다. 바뀐 비밀번호 관리 정책을 10번 듣는 것보다 비밀번호를 6달 동안 바꾸지 않았더니 로그인이 되지 않는 경험을 하는 것이 인식 제고에 더 도움이 된다. 따라서 교육은 새 정보보호 정책과 제도의 시행, 시스템 도입 등 임직원이 실제 경험할 사항을 추진하기에 앞서 시행하는 것이 효과적이다. 교육의 효과와 한계를 충분히 인식하고 활용해야 단지 법규 준수를 위해 구성원의 시간을 뺏는 교육이 되지 않는다.

정보보호 인식을 높이기 위해서는 보안 관련 사항이 성과 평가나 인사 제도에 포함하면 효과가 좋다. 예를 들어 보안 관련 사항이 KPI에 포함되거나 승진 요건에 포함된다면 정보보호 인식이 높아진다. 생활 보안 점검에 적발됐을 때 인사상 불이익이 발생하는 것도 인식 제고에 도움이 된다. (생활 보안 점검의 필요성을 임직원들이 공감하는 것이 중요하다.)

정보보호 조직에서는 정보보호 인식 제고를 위한 캠페인을 많이 한다. 필자가 수집한 사례 중 몇 가지를 공유한다.

(1) 회사의 정보보호 문제와 그에 대한 대책 제안을 잘한 직원에게 시상

(2) 생활 보안 점검 등 보안 캠페인에서 가장 잘한 팀에 피자 쏘기

(3) 로그인 시 회사 보안 수칙에 관한 퀴즈를 풀고, 좋은 점수를 받은 임직원에게 포상

(4) 보안 활동 우수자는 징계에 해당하는 보안 문제 발생 시 상계 처리

(5) 회사의 연간 보안 활동에 참여하여 수상하는 등 일정 수준 이상의 점수를 받으면 성과 평가에 가산점 부여

정보보호 인식 제고 활동을 몇 년 해 보면, 더 해 볼 만한 게 생각나지 않는다. 협회나 보안 커뮤니티에서 서로 해 본 의견을 교환하고 아이디어를 얻는 것도 고려하면 좋겠다.

보안 문화 형성

한 정보보호책임자가 사원증을 달지 않은 채 회사 출입문 부근에 있었는데, 어떤 젊은 직원이 어디에서 오셨냐고 묻더니 안내데스크로 데리고 가더라고 자랑하는 것을 들은 적이 있다. 꼭 상을 줘서 칭찬해야 할 직원이다. 솔직히 부러웠다. 출근하면서 사원증 달기, 퇴근할 때 서랍 잠그기, 모르는 사람이 사무실을

돌아다닐 때 누굴 찾아왔는지 물어보고 나가 달라고 요구하기, 메일을 쓸 때 수신인과 전달할 내용을 다시 한번 살펴서 중요한 내용이 불필요한 사람에게 전달되지 않게 하기, 외부에서 업무 이야기를 할 때 말해도 되는 것과 말하지 않아야 할 것 구분하기, 업무 수행 중 보안 관련 사항은 정보보호 지침 찾아보기, 모르는 것은 정보보안 부서에 문의하기 등이 자연스럽게 이뤄지는 회사라면 보안 문화가 잘 형성된 기업이다.

비밀과 통제를 상징하는 '보안'과 밝고 말랑말랑한 느낌의 '문화'가 만난 '보안 문화'라는 말이 요즘 유행이다. 기업 문화를 "조직구성원의 행동을 형성하고, 의사결정 등 조직 내에서 사람들 간의 관계에 영향을 주는 조직을 둘러싸고 있는 분위기나 환경"[08]이라고 한다면, 보안 문화는 그러한 기업 문화에 보안이 자연스럽게 스며든 것이라고 할 수 있다.

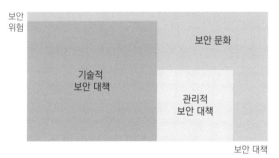

그림 3-10 기업 보안과 보안 문화의 필요성

기업에서 보안 위험을 최소화하기 위한 보안 대책은 크게 두 가지로 나눌 수 있다. 보안 취약점 제거, 정보보호 시스템 도입 등 기술적 보안 대책과 정보보호 정책, 지침, 프로세스와 관련 인사 제도 등 관리적 보안이다. 좋은 보안 문화의

---

08 「HRD 용어사전」, (사)한국기업교육학회

형성 여부에 따라 보안 대책을 수립하는 과정이나 보안 대책을 시행할 때 효율성·효과성에 큰 차이가 발생한다. 보안 대책이 미비한 보안 위험과 내·외부 보안 환경의 변화에 대응할 때도 보안 문화는 매우 중요하다. 정보보호 조직의 업무 환경이나 수행의 효율성 차이는 말할 것도 없다. 기획, 연구·개발, 생산, 관리, IT, 영업, 판매, 마케팅, 품질 등 각 부서에 보안 문화가 잘 형성된 기업과 그렇지 않은 기업에서의 보안 대책 수립, 운영, 변화 관리 등을 생각해 보면 큰 차이가 날 수밖에 없음을 쉽게 이해할 수 있다. 따라서 보안 문화 형성은 정보보호 조직의 주요 목표가 된다.

기업 문화가 하루아침에 이뤄지지 않듯이 보안 문화를 만드는 일 역시 시간이 걸린다. 보안 문화가 기업 문화와 결정적으로 다른 점은 기업 문화는 기업의 사주나 장수하는 CEO에 의해 또는 사업분야의 특성과 그에 따라 모이는 사람의 집단적 특성에 따라 이미 형성되었거나 형성될 수 있지만, 바람직한 보안 문화는 지속적인 노력 없이 형성되지 않는다는 것이다. 기업 문화는 사업이 잘되게 하기 위한 활동 속에서 싹이 트지만, 보안 문화는 의식적으로 노력하지 않으면 '보안을 무시하는 문화'만 강력하게 자리 잡게 된다.

보안 문화는 기업 문화의 하위 문화라는 점 또한 중요하다. 경영진이 강력하게 주도하는 기업 문화인지 일반 구성원의 자발성과 창의성에 기반을 둔 기업 문화인지에 따라 보안 문화의 조성 방법이 달라야 한다. 예를 들어 자유분방한 기업 문화를 가진 기업에서 강력한 통제 중심의 보안 문화를 만들기는 어렵고, 오히려 그러한 과정에서 역효과를 불러일으켜 보안 대책이 무력화될 수 있다. 따라서 보안 문화는 기업 문화의 문법에 충실하면서 기업 보안의 목표를 달성할 수 있는 방식으로 형성하는 것이 바람직하다.

보안 문화 형성의 토대는 정보보호 거버넌스다. 이사회와 CEO를 비롯한 최고 경영진이 스스로 정보보호를 책임진다는 생각으로 임직원에게 강조하고, 필요한 체계와 정책 등 정보보호의 전체 틀을 잡는 것이 보안 문화 형성의 토대가 된다.

그림 3-11 보안 문화의 형성

튼튼한 토대 없이 튼튼한 집을 지을 수 없듯이 정보보호 거버넌스 없이 튼튼한 보안 문화가 형성될 수 없다. 겉모습이 집의 모양이 되었다고 마음 놓고 있다가 어느새 무너지는 큰 사고가 발생할 수도 있다. 지난 몇 년 동안 우리 사회가 겪은 대규모 안전사고, 대형 IT 범죄 역시 그럭저럭 돌아가는 것처럼 보이는 모양새에 현혹되어 계속 위로 쌓다가 발생한 것인지도 모른다.

정보보호 거버넌스 위에 필요한 것이 시스템화다. 시스템화란 자동화 또는 반자동화하는 것을 말한다. 수동으로 처리해서는 보안에 허점이 생길 가능성이 높다. 예를 들어 서버에 로그인할 때 사용하는 비밀번호를 최소한 6달에 한 번씩 바꾸되 비밀번호는 영문 대문자와 소문자, 숫자를 포함해 10자 이상으로 해야 하는 정보보호 지침이 있다고 하자. 모든 임직원이 이 비밀번호 보안 지침을 지키게 하는 데에는 다음 몇 가지 방법을 고려할 수 있다.

(1) CEO가 전사 임원 회의에서 비밀번호 관리지침을 지킬 것을 지시하고, 매주 각 부서의 비밀번호 변경 현황을 정보보안 부서에서 집계하여 보고한다.

(2) 임원 핵심성과지표(KPI)에 담당 조식의 비밀번호 변경 준수율을 포함한다.

(3) 비밀번호 관리지침을 지키지 않는 구성원이 인사상 불이익을 받을 수 있는 인사제도를 만든다.

(4) 6달에 한 번 비밀번호를 바꾸지 않으면 로그인하지 못하고, 비밀번호 규칙에 맞지 않으면 비밀번호가 생성되지 않는 로직을 시스템으로 구성한다.

(1)을 시행하면 임원은 자신에 대한 부정적 영향을 최소화하기 위해 부서원을 독려하여 매우 많은 구성원이 비밀번호를 바꿀 것이다. (2)를 시행하면 KPI가 평가에 직접 영향을 미치고 이는 급여에 영향을 미치므로 임원과 산하 직책자가 앞장서서 부서의 비밀번호 변경을 지시하고 독려할 것이다. (3)을 시행하여 실제 불이익을 받는 상황이 생기면, 임원이 나서지 않더라도 직원 다수가 주기에 맞춰 비밀번호를 바꾸기 위해 노력할 것이다.

현실적으로는 (4)를 시행하면 굳이 (1)~(3)의 방법을 쓸 필요가 없다. 아무리 보안 문화가 잘 형성된 회사라 하더라도 비밀번호를 변경하는 시기를 잊어버릴 수도 있고 실수로 정보보호 지침에 맞지 않는 비밀번호 문자열을 입력할 수도 있기 때문이다. 실제로 이러한 기능은 많은 시스템에 내재되어 있으므로 간단하게 구현할 수 있다. 또한, 서버가 50대만 넘어도 서버에 있는 관리자 계정과 직원 개인 계정을 수동으로 관리하기가 쉽지 않다. 정보보호 제품을 도입한 회사에서도 제품마다 관리자 비밀번호가 비슷하고 개발자나 IT 운영자들이 공용 계정을 쓰는 이유다. 마음만으로 되지 않는 일들은 시스템화함으로써 보안 취약점을 제거하는 것이 좋다.

하지만 어떤 보안 문제를 해결하기 위해 시스템을 구축하는 비용 대비 효과가 좋지 않아서 모든 문제를 시스템 구축으로 해결할 수 없고, 시스템을 구축하고도 이를 많은 구성원이 제대로 활용하지 않아서 보안 이슈가 발생할 수도 있다. 시스템으로 구축하기 어렵고, 거버넌스의 손길이 미치지 않는 부분을 제어하는 방법이 (3)과 같은 제도다. 예를 들어 임직원이 반드시 지켜야 할 정보보호 지침을 위반할 때 불이익이 있고, 안타깝지만 실제 불이익을 당하는 임직원이 발생하면 이 제도를 통해 예방 효과를 얻을 수 있다. 또한, 긍정적인 제도도 만들 수 있다. 적절한 보안 활동에 참여하면 점수를 주고 누적하여 그에 따라 적절한 인센티브를 주거나 인사 평가에 반영하는 식이다. 보안 활동이 평가에 변별력이 있도록 하면 더 효과가 있다. 평가의 공정성이 담보되어야 함은 물론이다.

보안 문화는 정보보호 거버넌스, 시스템, 제도의 기반 위에 교육과 훈련, 캠페인, 커뮤니케이션이 지속해서 쌓일 때 만들어진다. 특히 강조하고 싶은 것은 CEO의 보안 커뮤니케이션이다. 회사의 중요 자산을 보호해야 하는 필요성, 보안 문제가 발생할 때 회사와 사업에 미치는 피해 규모, 시기별 주요 보안 이슈 등을 CEO가 전사 직책자나 임직원과 커뮤니케이션하면 보안 문화 형성에 큰 도움이 된다.

보안 문화가 잘 형성된 것으로 알려진 해외 금융회사는 다음과 같은 강력한 정책과 통제를 통해 보안 문화를 형성했다. 규제가 강한 금융회사이긴 하지만 참고할만한 내용이 있어 소개한다.

- 지역 조직에 대한 보안 감사는 감사팀과 보안 인력이 함께 나오는데, 그들의 실력이 매우 좋다.
- CISO 조직에 적발된 보안 위반 사안이 누적되면, 해당 직원의 부서장에게 불이익이 간다.

- 일을 못한 직원에게는 기회를 더 주지만, 내부 컴플라이언스를 어기는 직원에게는 더 이상의 기회가 없다.

아무쪼록 CEO를 비롯한 최고경영진을 중심으로 임원과 직책자, 모든 직원의 적극적인 참여로 좋은 보안 문화를 형성하고 전사적으로 보안 위험을 잘 관리하여 지속적으로 성장하는 기업이 많아지길 바란다.

정보보호 조직 관리

2018년 한국침해사고대응팀협의회(CONCERT)에서 정보보안 실무자를 대상으로 한 설문에서 업무 변경을 희망하는 비율이 49.7%, 보안 업무를 계속하겠다는 비율이 50.3%로 나와 충격을 줬다.[09]

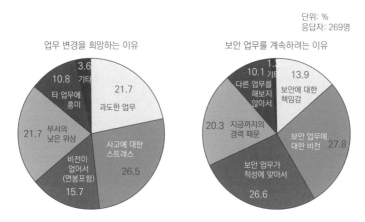

그림 3-12 업무 변경을 희망하는 이유 vs 보안 업무를 계속하려는 이유
(출처: 한국침해사고대응팀협의회, 「2018년 기업 정보보호 담당자 의식조사 분석보고서」, 2018.3.)

---

09 이 보고서는 정보보호 실무자의 생각을 읽을 수 있는 몇 안 되는 보고서로 정보보호책임자의 필독서라 할 수 있다. 지금도 여전히 유효한 우리 정보보호 조직의 현실이 아닐까 싶다.

[그림 3-12]에서 응답자의 거의 절반에 이르는 사람들이 답한 업무 변경을 희망하는 이유를 살펴보면, 48.2%가 과도한 업무(21.7%)와 사고에 대한 스트레스(26.5%) 때문이고, 거버넌스 요인이 37.4%(부서의 낮은 위상 21.7%, 비전이 없어서 15.7%)를 차지한다. 사실 과도한 업무는 인력 확보가 잘 안 된 결과이고, 사고 스트레스 역시 사고 발생 시 책임에 관한 문제여서 이것 또한 정보보호 거버넌스가 원인의 상당 부분을 차지하는 것으로 보인다. 실무자가 아니라 정보보호 책임자가 해결해야 하는 일이다.

업무 변경을 희망하는 인력이 많으니 '굳이' 보안 업무를 계속하겠다는 인력의 이유도 궁금하다. 관리자급(과장, 차·부장, 임원)은 '보안 업무가 적성에 맞아서', '보안 업무의 비전', '지금까지의 경력 때문' 순인 데 비해, 실무자급(사원, 주임, 대리)은 '보안 업무의 비전', '다른 업무를 해보지 않아서', '보안에 대한 책임감' 순으로 나타났다. 관리자급 인력이 열악한 근무 조건에서도 7년 이상 오랫동안 일할 수 있는 원동력은 적성과 비전이고, 실무자급이 중시하는 것 역시 보안 업무의 비전이어서 정보보호책임자가 보안 업무의 비전을 어떻게 만드느냐가 상당히 중요함을 알 수 있다.

회사생활을 하면서 누구든지 동료들에게 칭찬과 감사의 말을 듣길 바라지만, 보안 인력은 본인 좋자고 하는 일도 아닌데 불평과 비난을 듣는 게 다반사다. 보안 이슈가 발생하면 보안 인력은 쉬는 휴일이나 야간에도 대응하는데, 직장 동료들은 전혀 알아주지 않는다. 오히려 가능하면 동료가 알지 못하게 조용히 처리하는 것이 일을 잘하는 거다. 정보보호책임자끼리 만날 약속을 정했다가 사내에서 발생한 정보보호 이슈로 한두 명이 못 나오는 것은 필자도 종종 겪는 일이다.

정보보안 부서는 조직이 작아서 사업, 기획, 개발과 같은 라인조직처럼 직책자로 승진할 길이 넓지 않고, 경영스태프처럼 최고경영진과 가까운 거리에 있어서 받는 혜택도 없다. 타 부서와 업무가 많이 달라서 부서 이동도 수월하지 않다. 회사 생활에서 즐거움을 누리기도 어렵고 중장기적 경력 관리를 하기도 만만치 않다. 이러한 정보보호 조직을 어떻게 관리해야 할지 사실 고민이다.

동기부여 ——

회사에서 일반적으로 이뤄지는 조직관리나 인력관리 방식이 잘 통하지 않는 정보보호 조직을 관리하기 위해서는 정보보호책임자가 나름의 방법을 찾아야 한다. 그중 가장 중요한 것이 개인의 동기부여인데, 정보보호 인력의 동기부여는 좀 다른 방법으로 해야 하지 않을까 싶다.

1. 경력 관리

회사 안에서 자신들이 처한 상황을 누구보다도 잘 알고 있는 정보보호 인력은 스스로 성장하기를 바란다. 그래야 그나마 자신의 미래가 보이기 때문이다. 정보보호 조직의 장점은 나이가 있어도 다른 부서보다 회사에 다니는 데 큰 불편함이 없다는 점이다. 회사에 길게 다니려면 나이가 들어도 회사에 다닐 수 있는 역량을 갖춰야 한다. 그러기 위해서는 정보보안의 여러 분야에 대한 지식과 경험이 필요하다. 정보보호책임자가 이를 지원해 주면 동기부여의 계기가 될 수 있다.

예를 들어 기술 보안으로 업무를 시작한 보안 기술 인력에는 기술 보안의 다른 분야도 접할 기회를 주고 정보보호 관련 자격증이나 심사원 자격을 딸 수 있게 지원해 줘서 향후 관리 보안 업무까지 할 수 있도록 한다. 관리 보안 인력도 자격증을 딸 기회를 제공하고, 정보보호 정책을 세우는 데 필요한 법, 보안 기술, IT 관련 내용을 배울 수 있게 지원해 주면 성장을 느낄 수 있게 된다. 사실 경력 관리에 가장 좋은 방법은 정보보호 조직 내에서 업무를 바꿔 주는 것이다. 그러나 이는 조직 성과에 영향이 있을 수 있으므로 조직책임자가 선택하는 데 고민이 될 수는 있다.

2. 실력 있는 동료

2000년대 초반에 마이크로소프트 본사에서 일한 동기가 한 명 있었다. 미국 시애틀에 출장 갈 일이 있어서 식사를 같이했는데, 마이크로소프트에서 일하는 가장 큰 즐거움이 뭐냐고 물었더니 선뜻 나온 대답이 '탁월한 동료'들과 일한다는 것이었다. 이 말을 듣고 생각해 보니 정말 맞는 말이었다. 필자도 직장 생활을 돌아보면 함께 일했던 S사의 팀원이나 A사의 동료 임원은 회사 생활을 즐겁게 할 수 있었던 원동력이었다.

정보보호 조직 역시 마찬가지다. 특히 정보보호 조직은 어려운 상황을 함께 많이 겪기 때문에 동료애도 남다르고, 그 수가 적기 때문에 개개인의 실력이 조직 성과에 미치는 영향 또한 크다. 폐쇄적인 네트워크여서 발생한 보안 문제에 대해 규제기관이나 수사기관에 대응할 때도 영향이 크다. 따라서 정보보호 조직을 구성할 때 기능을 세분화하고, 이에 걸맞은 전문성 있는 인재를 확보해야 한다. 정보보호책임자 자신을 위해서도 반드시 해야 할 일이다. 이렇게 되면 정보보호 인력은 일할 때 즐겁고, 서로 배워서 좋고, 일의 성과도 좋아지는 일거삼득의 효과가 있다. 안 그래도 사람은 적고 일은 많은데 실력이 안 되는 인력 한 명이 있으면 이 사람 일을 대신해 줘야 할 수도 있다. 악화(惡貨)가 양화(良貨)를 쫓아낸다.

3. 배울 만한 상사

회사생활에 정말 중요한 사람이 상사다. 정보보호 인력의 상사는 바로 정보보호책임자다. 정보보호책임자가 조직원의 실력을 제대로 평가해 주고, 이들의 의견과 제안을 받아들이며 동고동락함으로써 이들에게 정말 훌륭한 상사가 되도록 하자. 보안 업무에는 운영 업무가 많아서 '잡일'이라고 생각할 만한 일이 많다. 눈에 잘 띄지 않더라도 꼭 필요한 일을 했다면 그것을 업무 성과로 인정해야 한다. 이렇게 하는 것이 정보보호책임자의 실력이기도 하다.

가장 좋은 것은 정보보호책임자가 정보보호 인력의 역할 모델이 되는 것이다. 어렵긴 하지만 불가능한 것도 아니다. 부하 직원은 늘 상사를 보게 되어 있다. 즉, 상사하기 나름이다. 가끔 경영진에게 정보보호 인력이 고생한다는 점을 알려서 CEO가 칭찬하고 회식비도 챙겨주게 하는 것도 좋은 방법이다. 아예 회식 때 최고경영진이 참석해서 격려해 주면 더할 나위 없이 좋다. 어느 회사나 최고경영진의 인정과 칭찬이 구성원에게 훌륭한 동기부여가 된다. 사실 필자는 이런 일을 잘하는 편이 아니어서 관련 임원을 만날 때 할 말을 미리 수첩에 기록해 가는 등 노력을 많이 했다.

4. 적절한 급여

끝으로, 무엇보다도 정보보호책임자에게 보안 인력의 급여를 잘 챙겨주라고 권하고 싶다. 누가 그렇게 해 주고 싶지 않겠냐는 말을 바로 할 것 같다. 맞는 말이다. 그래서 경영진에게 주장할 수 있는 근거를 몇 개 제시하려고 한다. 실력 있는 정보보호 인력은 눈을 밖으로 돌리면 갈 수 있는 곳이 많다. 이런 인력이 다른 곳으로 옮긴 뒤 대체 인력을 뽑는 사이에 고생하고, 신규 인력이 들어온 뒤 업무에 익숙해지는 시간을 계산해 보면 어느 정도 급여를 올려 주는 것이 훨씬 비용이 적다. 그리고 회사의 실력 있는 정보보호 인력을 '인력 시장'에서 구하기가 훨씬 더 어렵다. 게다가 실력만 있으면 조직생활을 하지 않아도 프리랜서로 먹고 살 수 있는 분야도 있어서 굳이 낮은 연봉에 고생하는 회사에 들어가려 하지 않기도 한다. 다시 한번 강조하지만 '실력 있는' 인력에 한정된 이야기다. 회사의 경영 상황도 있고, 다른 부서와의 형평성도 말할 수 있지만, 회사의 중요 자산을 지키기 위해 그리고 정보보호책임자가 본인의 업무를 잘하기 위해서도 역량 있는 정보보호 인력이 있어야 하니 경영진을 잘 설득하는 것이 좋다.

육성 ——

좋은 인력을 뽑는 것이 가장 중요하지만, 정보보호 조직에는 IT 부서나 기획부서 등 다른 부서에서 이동한 인력도 가끔 있다. 보안 업무의 성격상 필요한 일이기도 하다. 이동한 인력의 정보보호 전문성을 키워주는 것이 중요하고, 좁은 시야에 갇혀 있는 기존 정보보호 인력은 회사에서의 업무 추진 방법을 지도해주는 것이 좋다.

1. 교육과 학습

일단 교육하면 가장 먼저 생각나는 것은 외부 교육이다. 필자는 회사 여건이 좋지 않아서 3~4일짜리 교육도 거의 보내지 못했다. 대신 하루나 반나절 동안 하는 콘퍼런스에 가기를 권했다. 바쁘긴 했지만, 그 정도는 구성원들이 웬만큼 간 것 같다. 외부 교육의 효과를 극대화할 수 있는 몇 가지 방법이 있다. 우선 가능한 한 강의 내용을 일부라도 정리해 전달 교육을 하라고 권한다. 다들 관심 있을 만한 주제의 교육이라면 바빠서 참석하지 못한 동료를 위해 할 수 있는 일이다. 전달 교육을 생각하며 교육을 받는 것과 그렇지 않은 것은 차이가 크다.

콘퍼런스에 참석하는 구성원에게는 발표자에게 질문하라고 권하기도 한다. 필자가 참석한 수많은 국내 콘퍼런스에서 질문하는 경우는 정말 손에 꼽을 정도다. 필자가 실제로 어떤 콘퍼런스에서 첫 질문을 해 보니 그 뒤로 많은 질문이 이어지는 것을 봤다. 첫 질문을 하기 어렵지 궁금한 건 다들 있다는 얘기다. 남들 시간을 빼앗을까 봐, 시간이 지연되어서, 또는 자신의 무지가 대중 앞에 드러날까 봐 등 여러 이유로 질문을 못 할 수도 있다. 그렇다면 발표를 끝내고 나오는 발표자에게 따로 묻거나 추후 메일로 질문하는 것도 방법이다. 어쨌든 현장에서 질문하는 게 발표자의 답변을 받는 데 가장 좋다. 그래야 공부가 제대로 된다.

적지 않은 예산을 들여 교육을 받고 돌아와서 "다 아는 얘기였고 별 것 없었다."고 보고하는 구성원이 간혹 있다. 정말 어쩌다 그럴 수도 있으나 대부분은 교육의 기본을 모르는 사람이다. 단기 교육이나 세미나는 그 분야의 70~80%를 알고 20~30%를 모르는 사람들이 배우고 토론하는 자리다. 배운 20~30%와 이미 알고 있던 것을 포함해 동료에게 전달 교육을 하면 되는 것이다. 거꾸로 20~30%만 알고 70~80%를 모르는 교육에 간다면 얼마나 배울 수 있을까? IT 인력이 의학세미나에 참석했다고 가정해 보자. 동사와 형용사, 토씨를 들은 것 같은데 실제 내용은 거의 이해하지 못할 것이다. 실제로 필자가 대한의학회 주최의 세미나에 발표자로 참석했다가 우연히 앞뒤 세션을 들으며 경험한 일이다. 상당 부분이 IT 관련 내용이었는데도 그랬다. 해외 콘퍼런스에서 발표자를 보면 우리가 별거 아니라고 생각한 것을 매우 진지하게 발표한다. 그렇게 2~3년이 지나면 실력의 차이가 확연하게 난다. 포상의 의미로 해외 콘퍼런스를 보내더라도 최소한 전시회나 한두 세션에서 배운 것을 시사점과 함께 깊이 있게 발표하도록 독려하기 바란다. 그래야 교육받은 사람도 교육을 통해 실력이 는다.

내부 학습을 할 수 있으면 가장 좋다. 굳이 책을 정하지 않더라도 정보보호에는 여러 분야가 있으니 본인이 전문성 있는 분야에 관해 깊이 있게 설명해 주기만 해도 다른 사람에게는 좋은 공부가 된다. 단기적으로는 본인의 담당 업무나 프로세스를 설명해도 좋다. 경력 관리를 고려하여 영역을 넓히려고 하는 구성원이 있다면 더욱 큰 도움이 된다. 법이나 취약점과 같이 시의적절한 주제를 공부해서 발표하는 것도 좋은 방법이다.

2. 보고서 작성

기술 인력이나 벤처기업에서 일을 배운 인력은 보고서 쓰는 걸 매우 어려워한다. 필자도 대기업 임원이 되고서야 비로소 본격적으로 보고서를 쓰기 시작했다. 정보보호 조직 인력은 보고서 쓸 일이 종종 있다. 전사 정보보호 정책을 수립할 때, 타 부서장에게 해당 부서의 보안 이슈를 보고하고 의사결정을 요청할 때, 정보보호 이슈 처리 결과를 보고할 때, 정보보호 시스템을 도입하거나 보안 관제 업체를 선정할 때 등 보고서를 쓸 일이 생긴다. 기술 인력에게 이 일이 스트레스일 수 있다. 정보보호책임자가 부하 직원의 보고서 쓰기를 지원해 주면 큰 도움이 된다.

보고서의 핵심은 보고받는 사람이 무엇을 궁금해하는지 파악하는 일이다. 실무자들이 이를 알기는 어렵다. 정보보호책임자가 보고서의 취지와 목적, 전체 스토리, 핵심으로 들어가야 할 사항을 짚어 줘야 한다. 몇 번 배우면 웬만큼 할 수 있다. 직책자가 아닌 이상 너무 잘 쓰려고 할 필요도 없다.

3. 업무 추진 방법

타 부서에서 보안 정책 부서로 이동한 구성원이 해당 팀장에게 업무추진 방법을 많이 배워서 큰 도움이 됐다고 한 적이 있다. 보안 정책 부서는 전사에 적용될 정보보호 정책안을 작성하여 정보보호책임자나 CEO의 최종 의사결정을 받은 뒤 전사적으로 시행하는 일을 자주 한다. 실제로 추진해 보면 난관이 많고 구성원의 불만도 많이 듣는다. 몇 번 난관을 헤쳐나가면 업무추진 능력이 향상된다. 정책안 작성과 팀 내 토론, 타 부서에 설명과 의견 수렴, 반대 의견의 수용, 결재 라인에서의 승인과 협조, 의사결정 뒤 구성원 소통, 정책 시행, 접수된 문제점에 대한 대응, 이것들을 반영한 정책 개선 등 일련의 과정이 만만치 않기 때문에 그 과정을 몇 번 잘 거치면 다른 곳에서 얻을 수 없는 업무추진 역량을 키울 수 있다. 경력이 쌓일수록 꼭 필요한 능력이다. 이러한 과정에서 정보보호책임자가 본인이 가진 노하우를 직원들에게 전수해 주고 잘 지원해 줘서 성공 경험을 쌓게 되면 직원은 성취감도 생기고 역량이 크게 향상한다. 정보보호책임자가 구성원에게 해 줄 수 있는 매우 좋은 선물이다.

Security Insight

직장에서 최고의 날 – 진정한 동기 부여

직원의 동기 부여는 경영학의 주요 관심사여서 관련 연구가 많다. 하버드비즈니스리뷰에 따르면, 관리자 600명을 대상으로 설문을 돌린 기존 연구에서 직원들의 동기 부여 요인은 (1) 일에 대한 인정 (2) 인센티브 (3) 대인 관계 지원 (4) 업무 진행을 위한 지원 (5) 명확한 목표 순으로 나왔다고 한다.

하지만 수백 명의 지식노동자에게서 받은 약 12,000개의 다이어리를 분석한 결과는 달랐다.

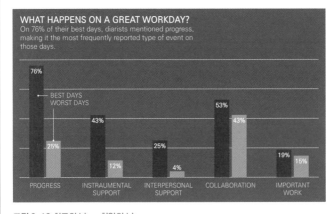

그림 3-13 최고의 날 vs 최악의 날

연구팀은 그들이 매일 보내온 다이어리에서 그들의 활동과 감정, 동기부여를 분석한 결과 가장 많은 사람이 기분이 좋고 동기부여가 잘 된 '최고의 날'로 적은 날에 가장 많이 일어난 사건은 일의 진전 Progress이었다. '점진적인 진전' 역시 최고의 날에 많이 발생한 사건이었다. 연구팀은 오히려 '인센티브'는 이번 연구에 참여한 사람들의 다이어리에 거의 나오지 않는다고 지적한다.

최고의 날과 발생한 사건 사이에 '상관관계'는 있지만, '인과관계'를 조사한 것은 아니라는 점을 고려하더라도 이 연구는 꽤나 흥미롭다. 직원이 일이 잘 진행되도록 지원하는 것은 관리자의 기본 업무이기 때문이다. 이 일을 모든 관리자가 잘하는 것은 아니다. 과도한 목표와 일정 부여, 목표의 잦은 변경, 검토와 결재 지연, 버거운 문제 발생 시 지원 부족, 다른 부서와 협업에 대한 지원 부족 등 부하 직원이 일상 업무에서 가질 수 있는 불만은 많다. 어쨌든 이 연구가 주는 시사점은 직원의 만족도와 일의 진도가 상관도가 높다는 것이고, 관리자가 역할이 크다는 점이다. 정보보호책임자가 조직을 운영하면서 늘 염두에 둘 만한 연구인 것 같다.

중요 자산 보호

정보보호 조직의 가장 중요한 역할은 역시 회사의 중요 자산을 보호하는 일이다. 3장의 '보안 위험 관리'에서 분석한 자산과 보안 위험, 그에 대응해 마련한 보안 대책을 중심으로 IT 운영 부서 등 다른 조직과 협력하여 중요 자산을 보호해야 한다. 여기에서는 정보보호책임자가 중요 자산 보호 영역의 업무를 수행하면서 몇 가지 고려할 사항을 다루고자 한다.

핵심 보안 대책 구축 ——

무엇보다 중요 자산을 지키기 위한 핵심 보안 대책 서너 개를 선정하고, 그것만은 반드시 정보보호책임자가 직접 챙기라고 권한다. 기술을 잘 몰라도 할 수 있다.

예를 들어 회사의 중요 자산이 고객정보라고 하자. 고객정보를 보호하기 위한 보안 대책을 생각해 보면 ▲DB 접근 제어 ▲DB 암호화 ▲DB 계정 및 권한 관리 ▲DB 접근 웹 서비스의 보안 ▲DB에 접근하는 서버의 보안 ▲DB 접근 경로 최소화 ▲내부정보 유출방지 등이 있다. 고객정보 보호를 위한 핵심 보안 대책을 DB 접근 제어, DB 암호화, DB 계정 및 권한 관리라고 잡았다면 정보보호책임자가 이 세 가지는 상세하게 꿰고 있으라고 권한다.

왜 이런 실무적이고 기술적인 일들을 정보보호책임자가 직접 챙겨야 할까? 예를 들어 DB 접근 제어 솔루션이 네트워크에서 적절한 위치에 구축되어 있지 않거나 적용 규칙이 정확하지 않아서 감시·통제해야 할 대상을 놓칠 때가 있다. 문제는 이러한 일이 조직이 엉망인 회사에서 DB 접근 제어라는 특정 솔루션을 구축할 때 우연히 발생하는 예외적 현상이 아니라는 점이다. 오히려 특별히 관심을 기울이지 않으면 (거의) 필연적으로 발생한다는 게 필자가 직·간접으로 경험하고 내린 결론이다.

여기에는 구조적 원인이 있다. DB 접근 제어 솔루션을 구축할 때는 ▲정보보호 담당자 ▲IT(네트워크, DB) 담당자 ▲솔루션 업체 기술 지원 담당자 등이 참여한다. 이 세 담당자의 특성은 다음 표와 같다.

표 3-9 DB 접근 제어 솔루션 구축 담당자들의 특성[10]

구분	정보보호 담당자	IT(네트워크, DB) 담당자	솔루션 업체 담당자
특성	구축 PM 전사 보안정책 수립	네트워크 및 DB 전문성 보유	솔루션에 대한 전문성 보유

---

10 이 표에서는 DB 접근 제어 솔루션을 구축할 때의 담당자들을 가정했지만, DB 암호화, 네트워크 방화벽, 웹 방화벽, 내부정보 유출방지(DLP) 등 다른 정보보호솔루션을 구축할 때의 당사자들을 표현해 봐도 크게 다르지 않다. 실제 구축 시 이 표를 고려하여 인력과 업무를 배정할 필요가 있다.

한계	– IT 조직에 지시할 권한 없음	– 보안 업무는 부가로 지원	– 회사 내부의 IT 인프라
	– 네트워크와 DB 지식 미흡	하는 업무임	이해 부족
	– 보안솔루션에 대한 전문성	– 보안솔루션 전문성 부족	– 구축 지원, 조속한 검수
	부족	– 개발자 행태 이해 미흡	완료 책임
	– 개발자 행태 이해 미흡		

팀장급 또는 선임 팀원인 정보보호 담당자는 구축 책임자(PM)의 역할을 맡아 정보보호책임자로부터 솔루션을 빨리 구축하라는 임무를 부여받는다. 솔루션 업체에도 이제까지 도입을 지원하느라 시간이 많이 들었으니 가능하면 검수까지 빨리 마치라는 지시를 받는다. 게다가 정보보호 인력이 몇 명 되지 않으므로 이 담당자가 DB 접근 제어 솔루션의 전문가일 가능성은 별로 없다. 물론 정보보호책임자에게 도입 승인을 받기 위해 업체의 설명을 듣고 공부도 했지만, 보고를 위한 지식과 실제 운영을 위해 필요한 지식은 차원이 다르다. DB 접근 제어 솔루션을 게이트웨이 방식으로 할지 스니핑Sniffing 방식으로 할지 그에 따라 사내 네트워크 어디에 설치할지 판단해야 한다. 하지만 사내 DB와 네트워크를 꿰고 있는 정보보호 인력은 거의 없다고 해도 과언이 아니다. 사내 네트워크는 IT 운영 부서 안에서도 몇 안 되는 선임 네트워크 담당자만 알고 있는 것이 보통이다. 실제로 접근 통제 대상인 DB도 마찬가지다. 구축 PM의 직급이나 실력으로 네트워크나 DB 담당자를 불러 편하게 묻고 지시할 수 있는 수준이 되지 않는다.

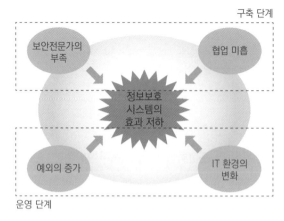

그림 3-14 구축 및 운영 단계에서의 정보보호 시스템 효과 저하

안 그래도 사업 부서의 지원 요청이나 경영진으로부터 받은 효율화 숙제가 많은 IT 인력에게 정보보호 조직에서 요청한 보안 솔루션 구축 업무는 우선순위가 높지 않다. DB 접근 제어 솔루션을 도입했다는 이야기도 처음 듣는다. 네트워크도 잘 모르는 보안 인력이 말도 안 되는 질문을 하는 걸 보면 한심하다. 회의를 빨리 끝내고 쌓여 있는 일로 돌아가고 싶은 마음이 굴뚝같다.

솔루션 업체 인력 역시 크게 다르지 않다. 검수를 빨리 받는 임무를 띠고 파견된 솔루션 업체 기술 지원 인력은 질문에 관해 설명을 열심히 하지만 질문받지 않은 사항까지 설명할 책임은 없다. 고객사의 IT 인프라 역시 한두 번 설명을 듣기는 했지만, 충분히 알지는 못한다. 고객사 쪽에서 세세한 보안 정책을 적용하자고 하면 성능 이슈가 발생하여 구축 시기가 늦어질까 걱정스럽다.

여러 회사의 정보보호 부서, IT 부서, 솔루션 업체 사람들을 만나면서 많은 회사가 다양한 정보보호 솔루션이 그 역할을 다할 수 있도록 구축하고 운영하기 쉬운 조직 구조와 인력을 갖고 있지 않다는 것을 알게 되었다. 아무리 좋은 정보호 시스템을 도입하더라도 회사 내부의 조직과 인력의 특성상 도입 목적을 충족하도록 구축하지 못할 가능성이 높다는 건 안타까운 현실이 아닐 수 없다. 회사마다 나름 대책을 마련하는 것이 필요하다. 필자가 권고하는 방안은 정보보호책임자가 직접 나서라는 것이다. 이는 앞에서 중요 자산에 대한 핵심 보안 대책 세 개는 직접 챙기라고 권한 이유이기도 하다.

무엇보다도 구축 PM의 임무를 '구축 완료'가 아니라 '시범 운영을 통한 도입 목적 달성 확인'으로 줘야 한다. 프로젝트 기간이 늘어나서 생기는 불만은 정보보호책임자가 져야 할 몫이다. 또한, 각 구축 당사자는 서로 잘 협업할 수 있도록 협업 상대 부서장에게 요청하고 효과적인 구축을 지원하며, 중간보고를 받아 구축하는 데 어려운 점을 해소해 주는 것이 좋다. 정보보호책임자가 기술적 역량을 갖추지 못해도 적절한 질문을 던지면서 얼마든지 챙길 수 있다. 실제로 수십 개의 정보보호 솔루션의 세부 기술과 기능을 잘 아는 정보보호책임자는 많지 않다.

정보보호책임자가 직접 챙기지 않고 정보보호 시스템이 성공적으로 도입되려면 구축 책임을 진 정보보호 인력이 보안 정책과 IT 인프라, 정보보호 제품에 대한 지식 관련 소통과 협업 능력, 끝까지 밀고 나가는 책임감과 추진력을 갖춰야 한다. 현실적으로 이를 기대할 수 있는 회사는 많지 않을 것이다. 정보보호책임자가 몇 개를 확실하게 챙겨서 성공적인 결과가 나오면 이를 보고 배운 정보보호 인력이 책임감과 추진력을 갖고 다른 보안 대책도 잘 진행할 수 있다.

끝으로, 정보보호 시스템 구축에 관한 팁을 하나 이야기하면, 구축 과정에 개발자를 참여시키라는 것이다. 예를 들어 DB 접근 제어 솔루션이 잘 구축되었는지 평가할 때 개발자를 활용하는 것이다. DB 접근이 다양한 애플리케이션을 통해 이뤄지기도 하지만, 그에 못지않게 개발자가 DB 도구로 접근하는 때도 많다. 사실 이게 더 위험하다. DB 접근 제어 솔루션에서 전자의 행위뿐 아니라 후자의 행위도 모니터링하여 경고하거나 차단해야 한다. 자유로운 영혼의 소유자인 개발자들의 DB 접근 행위는 정형화되어 있지 않기 때문에 DB 접근 제어의 구조와 세부 규칙을 테스트하는 데 더없이 알맞다. 물론 설계 단계나 세부 규칙을 정할 때 참여시키면 더욱 좋다. 개발자가 자신의 자유를 막는 일을 적극적으로 하지 않을 수도 있는데, 정보보호 조직이 평소에 이러한 인력과 친밀감도 쌓고 협업도 하면서 개인적으로 좋은 관계를 맺어놓을 필요가 있다.

핵심 보안 대책으로 보안 사고를 예방하고 조기에 탐지, 대응할 수 있는 기술적 보안 대책이 중요하긴 하지만, [그림 3-10]과 같이 법·제도적 대책을 포함한 관리적 보안 대책과 보안 문화 형성을 위한 방안도 보안 대책으로 선택할 수 있다. 어떤 방식으로든 중요 자산을 보호하기 위한 핵심 보안 대책 세 개는 반드시 잘 구축하기 바란다. 물론 그 이상도 구축하면 더욱 좋다. 이렇게 함으로써 많은 위험으로부터 회사의 중요 자산을 보호할 수 있다.

정보보호 시스템 운영과 개선 ——

정보보호 대책을 수립하고(Plan), 정보보호 시스템을 구축(Do)할 때도 잘해야 하지만, 그것을 실제로 운영하면서 점검(Check)하고 개선(Act)하는 것 역시 중요하다는 점은 아무리 강조해도 절대 지나치지 않다.

앞에서 중요 자산에 대한 핵심 보안 대책 구축 단계에서 정보보호책임자가 관여하지 않고 가만두면 효과적으로 구축되기 어렵다는 것을 DB 접근 제어 솔루션의 예를 들어 설명했다. 그런데 세부 규칙까지 훌륭하게 수립된 정보보호 시스템이라 하더라도 운영 단계에서 여러 이유로 규칙에 예외가 증가하면 보안 대책으로서 효과가 떨어지고 심지어 취지 자체가 무색해진다.

"예외 없는 규칙은 없다."는 영어 속담이 있듯이 업무 필요에 따라, 임원의 요구, 외부 협력 등 다양한 이유로 정보보호 시스템 규칙에 예외가 생긴다. 더욱이 한 번 생긴 예외는 잘 없어지지 않고, 새로운 예외가 지속해서 생기기 때문에 예외는 계속 증가하는 경향을 띤다. 필자가 보기에는 '예외 단조 증가의 법칙'이라고 부를 수 있을 정도로 어느 회사에나 있는 일이다. 그래서 정보보호 시스템 규칙 관리의 예외는 다음 다섯 가지 원칙을 갖고 관리해야 한다.

(1) 적절한 승인 절차: 적절한 승인 프로세스를 통해, 예외를 요청한 당사자뿐 아니라 상위 책임자 역시 자신에게 예외 허용의 책임이 있다는 점을 분명히 인식하고 정보보안 조직에 예외를 요청하도록 한다.

(2) 최소 허용: 반드시 특정한 사람(또는 시스템)에게 특정 권한을 부여해야 한다. 사람을 특정하지 않고 공통 아이디나 팀 전체에게 예외를 허용하지 말아야 한다. 또한, 허용 권한 역시 '모든 권한'이 아니라 '읽기 권한'과 같이 꼭 필요한 권한만 특정해서 허용해야 한다.

(3) 한시적 허용: 목적에 필요한 시한을 정해서 예외를 허용해야 한다. 6달이 넘어가는 예외는 사실 예외라고 말하기 어렵다. 시한이 지나면 연장 요청을 받거나 예외를 제거한다.

(4) 주기적 점검: 허용된 예외는 시한이 지났다면 제거됐는지, 사용하고 있는 기간이 길다면 지금도 여전히 필요한지, 실제로 사용하고 있는지 주기적으로 점검하는 것이 필요하다. 점검하지 않으면 예외가 원칙이 된다. 자동화된 방법을 사용하면 좋다.

(5) 지속적인 모니터링: 승인받은 예외를 승인된 목적대로 사용하는지, 허용된 예외를 통해 보안 사고가 발생하는 건 아닌지 모니터링하고 문제 발생 시 신속하게 대응할 수 있는 대책을 세워 시행해야 한다. 이것 역시 자

동화된 방법이 좋다. 승인 절차를 통해 본인과 상위 결정권자에게 책임이 있음을 분명히 하긴 했지만, 사고는 역시 예방이 최선이다.

내부 IT 환경의 변화도 일어난다. 서버 추가, 네트워크 구조 변경, 신규 서비스 출시, 개발환경 변화, 협력 업체 변경, 모바일 기기 사용 등 매우 다양한 이유로 정보보호 시스템이 작동하는 내부 환경이 변화한다. 예를 들어 새로운 DB 서버가 생겼거나 감시해야 할 개인정보 항목이 테이블에 추가되었을 경우, 중요 DB에 접근이 허용되던 임직원이 조직이 바뀌어 접근 권한을 회수해야 할 경우 등 IT 환경의 변화를 DB 접근 제어 솔루션의 세부 규칙에 반영해야 한다. 이러한 변화를 탐지할 수 있는 체계가 만들어져 있지 않다면 IT 환경의 변화를 정보보호 조직이 인지하지 못하는 상황이 생긴다. 정보보호책임자가 분기나 반기 등 주기적으로 변화된 환경을 점검하여 부족한 프로세스가 있다면 보강하고, 세부 규칙을 개선하는 등 업무를 처리할 수 있도록 챙길 필요가 있다.

특히 정보보호 인력은 운영 업무와 정보보안 사건 처리 관련 업무 비중이 커서 차분하게 이러한 변화를 고민하는 데 시간을 내기 어렵다.

정보보호 담당자에게 프로세스 개선, 수동으로 진행하는 업무의 자동화 등 보안 운영 업무의 분석과 개선을 과제로 주고 적절하게 업무 우선순위를 배정하는 것도 방법이다. 사고가 터지지 않으면 보안 운영 업무 역시 다른 분야의 운영 업무처럼 매일 거의 같은 일을 반복하는데, 과중하지 않은 범위에서 과제가 주어진다면 담당자에게 동기 부여가 되기도 한다.

다른 하나는 정보보호 정책의 변경이다. 특정 개인정보를 암호화하거나 개인정보처리시스템의 접속 기록의 보관 기간을 늘리는 등 관련 법규의 변화로 사내 정보보호 정책을 변경해야 할 수도 있다. USB 쓰기 금지, 개발 단계에서 소스 취약점 점검, 테스트할 때 실데이터 사용 금지 등 자체적으로 정보보호 정책을 변경할 수도 있다.

이렇게 변경된 정보보호 정책 역시 보안 대책의 세부사항에 잘 적용되어야 할 뿐 아니라 정보보호 정책의 변화에 따라 IT 환경의 변화가 있다면 이 역시 함께 반영되어야 한다. 따라서 예외를 최소화하고 구축된 보안 대책에 IT 환경 변화와 변경된 정보보호 정책을 정확하게 반영하여 정보보호 대책이 그 효과를 제대로 발휘하도록 해야 한다.

모니터링, 탐지, 대응 ──

2014년에 가트너는 예방-탐지 방식의 보안은 이제 적합하지 않다고 하면서 예측Predict-예방Prevent-탐지Detect-대응Respond의 4단계의 순환적인 접근 방식인 '적응형 보안 아키텍처Adaptive Security Architecture'를 제시하였다.[11] 이를 단순화하면 다음 그림과 같다.

그림 3-15 가트너의 적응형 보안 아키텍처

---

11 이후 가트너에서는 적응형 보안 아키텍처를 토대로 CARTA(Continuous Adaptive Risk and Trust Assessment)를 내놓았으나, 기본 골격은 동일하다.

가트너는 예측 단계의 주요 활동으로 위협 및 공격 분석, 위험 평가(보안 위험 관리), 예방 단계의 주요 활동으로는 시스템의 보안 강화와 공격 차단, 탐지 단계의 주요 활동으로는 사고의 탐지 및 억제(긴급 대응), 대응 단계의 주요 활동으로는 사고의 해결, 사고 분석 및 정책 변경 등을 꼽았다.[12] 그동안 정보보호 조직에서 '예방'에 치중하다 보니 보안 위험의 정보보호 제품의 허점을 비집고 침투하는 사이버 공격에 대한 모니터링-탐지-대응이 부족하다는 것이다. 다양한 공격 징후를 조기에 탐지하여 신속하게 차단할 수 있다면 좀 더 큰 보안 사고를 방지할 수 있다는 점에서 '예방'의 역할을 할 수 있다.

중요한 것은 탐지와 대응의 시작인 '지속적인 모니터링 및 분석' 체계를 수립하고 시행하는 일이다. 모니터링과 분석의 대상은 로그이다. 네트워크 방화벽 로그, 백신 로그 등 기본적인 정보보호 시스템의 로그부터 서버와 PC 같은 IT 인프라의 로그, 개인정보처리시스템이나 각종 애플리케이션의 로그 등 엄청난 양의 로그가 쌓인다. 모든 로그를 다 본다는 것은 아무것도 보지 않는 것과 마찬가지다. 조직에 따라 편차가 큰 부분이다.

어느 정도 규모가 있는 기업이 많이 선택하는 모니터링-탐지-대응 방안은 보안관제 서비스를 이용하는 것이다. 보안관제 업체에서는 네트워크 방화벽, 침입탐지시스템 등 정보보호 제품을 운영하면서 로그 모니터링을 통해 위협이나 이상 행위를 탐지, 분석하여 고객사에 알려준다. 긴급한 대응은 보안관제에서 해주지만, 보안관제 서비스 이용자가 적절한 판단을 해야 할 수도 있다. 보안관제 서비스에서는 주로 인바운드 트래픽에 대한 관제가 이뤄지므로, 내부정보 유출

---

12 가트너의 적응형 보안 아키텍처는 정보보안 위험 관리(ISO 27005)와 정보보안 사고 관리(ISO 27035)를 통합적으로 적용한 것으로 볼 수 있다.

탐지 및 차단이 필요하다면 별도로 요청하는 것이 좋다. 회사에 따라서는 PC를 포함한 내부 네트워크에 대한 관제를 보안관제 업체에 맡기기도 한다. 보안관제에서 제공하는 주요 서비스 중의 하나는 정보 제공이다. 이 정보에는 사이버 위협 정보, 주요 보안 사고 관련 정보 등이 포함된다. 주요 그룹사에서는 계열사 중 IT 서비스 기업 또는 정보보안 기업에서 보안관제 서비스를 제공하기도 한다(보안관제 서비스 이용 시 구체적인 고려사항에 관해서는 3장의 '주요 정보보호 시스템의 핵심 관리 포인트'에서 다룬다).

어느 정도 정보보호 예산과 인력을 갖춘 조직에서는 전통적인 정보보호 시스템 로그를 취합, 모니터링하는 통합보안관리시스템ESM, Enterprise Security Management, 정보보호 시스템과 IT 인프라의 로그를 통합적으로 수집하고 빅데이터 분석을 통해 위협을 탐지하는 보안정보 및 이벤트관리시스템SIEM, Security Information and Event Management, 보안 관련 로그의 수집 분석뿐 아니라 대응의 자동화까지 확장한 SOARSecurity Orchestration, Automation and Response 등 로그 분석을 통해 공격을 탐지하고 대응하기 위한 다양한 보안 솔루션을 도입한다.

좀 더 단말의 행위 분석에 집중하는 EDREndpoint Detection and Response이나 EDR에 보호 기능을 강화한 EPPEndpoint Protection Platform, 네트워크 트래픽 분석을 통해 위협을 탐지하는 NDRNetwork Detection and Response, 이들을 여러 제품의 로그를 통합적으로 분석하여 위협을 탐지하겠다는 XDRExtended Detection and Response도 있다. 하지만 이름조차 헷갈리는 많은 툴이나 솔루션은 개념과 기술의 성숙도가 다르고, 솔루션 업체에서 주장하는 용도와 기업에서 생각하는 활용 방안에 차이가 있을 수도 있어서 실제로 어떤 툴이나 솔루션을 도입하려면 회사의 요구사항을 정의하여 가장 적합한 것을 선택해야 한다.

개인정보보호법에서는 개인정보처리시스템에 대한 개인정보취급자의 접속 기록을 월 1회 이상 점검할 것을 의무화하고 있다. 따라서 개인정보를 보유한 기업에서는 개인정보취급자가 개인정보처리시스템에 접속한 계정, 일시, 접속지 정보(IP), 처리한 정보주체의 정보, 수행 업무에 대한 로그가 남는지 확인하고, 월 1회 이상 점검해야 한다. 별도의 접속 기록 관리 솔루션을 도입하지 않는다면, DB, 애플리케이션 서버, 웹 서버 등 여러 곳에 로그가 남을 것이므로 어떤 식으로 법규를 지킬 수 있을지 검토할 필요가 있다.

정보보호책임자에게 한 가지 강조해 두고 싶은 게 있다. 모니터링이라고 하면 대시보드 같은 게 있어서 문제를 탁 짚어주는 묘약이 있는 것으로 착각하기 쉽다. 그런 것은 없다고 생각하는 것이 마음 편하다. 모니터링의 기반은 분석이다. 분석하지 않고 이상 행위가 탐지되는 경우는 거의 없다. 따라서 모니터링-탐지-대응을 하기 위해서는 분석 대상 로그와 분석 방법, 탐지 시 대응 방법을 사전에 검토해 놓아야 한다. 비용과 시간을 많이 들이지 않더라도 의미 있게 볼 수 있는 로그에 관해서는 3장의 '주요 정보보호 시스템의 핵심 관리 포인트'에서 다룬다.

IT 개발 보안 관리 ——

IT 개발 또는 소프트웨어 개발 부서가 많은 조직에서 개발 보안은 늘 고민거리다. 개발 관련 내용을 잘 알기도 어렵고, 효율과 편리를 최고의 가치로 알고 일하는 개발자와 소통하고 협업하는 것이 쉽지 않다. 하지만 IT 개발 부서도 소프트웨어 보안 취약점이 존재하면 크고 작은 개인정보 유출 사고가 생기고 그로 인해 회사가 타격을 입고 본인에게도 피해가 올 수 있다는 점을 알고 있어서 협업할 수 있는 사회적 분위기는 어느 정도 형성된 상태다. 정보보호책임자가 개발 부서장과 주요 사안에 대해 공감하는 것부터 출발하는 것이 좋다.

가장 기본이 되는 정책은 역시 계정 및 권한 관리이다. 개발자 계정은 반드시 개인당 발급해야 한다. 개발자 계정을 팀 단위로 발급하고 팀원들이 공통으로 이용하는 회사가 많은데, 이렇게 하면 로그 분석 시 추적이 어렵고, 비밀번호 변경이 잘 되지 않아 보안 문제가 크다. 또한 개발 서버와 운영 서버를 분리하고, 개발자가 운영 서버에 계정을 갖지 않도록 하거나 반드시 필요하다면 개인 계정으로 최소한의 수만 발급한다. 개발자가 개발 서버에서 자유롭게 개발과 기술 검증을 하고 싶어 한다면 개발 서버를 가능한 한 격리시켜 서버 통제를 확 줄이고, 개발 서버에서 운영 서버로 직접 넘어오는 경로를 차단할 수도 있다. 개인정보가 저장되는 운영 DB나 DB 서버에는 가능하면 개발자 계정을 삭제하고, 애플리케이션 계정(또는 서비스 계정)은 반드시 애플리케이션만 사용하고 사람이 사용하지 않도록 해야 한다.

클라우드 서비스를 사용하면서 개발자가 IT 운영을 겸하는 DevOps가 한 흐름이 되었다. 이런 상황에서도 모든 개발자가 DevOps가 될 필요가 없으므로 정보보호 조직에서 개발자와 DevOps의 역할과 권한을 명시적으로 알고, DevOps 역할을 하는 개발자에게만 역할에 따라 최소한의 권한만 부여한다. 정보보호 조직에서 클라우드 제공사에서 제공하는 IT 서비스를 이해하고 있어야 가능한 일이다.

웹 서비스를 개발하는 회사에서 모의해킹Penetration test을 하는 것은 낯선 일이 아닌데, 프로젝트 계획 단계에서 모의해킹 예산과 일정을 잡아야 한다. 그렇지 않으면 개발 막바지에 모의해킹을 수행하느라 돈은 돈대로 들이면서 문제가 있는 상태에서 서비스를 출시하는 상황도 생긴다. 모의해킹을 하면 모의해킹 업체에서는 보안 취약점이라고 지적한 것을 개발자는 아니라고 하여 다툼이 생기는 경우도 있다. 정보보호 조직에서 적절하게 살펴볼 필요가 있다.

규모가 있는 회사에서는 보안 공학^{Security Engineering}을 도입하는 것도 검토할 만하다. 보안 공학은 '기획-요구사항 성의-설계-구현-검증-출시-유지보수'로 이뤄지는 제품 및 서비스 생명 주기에서 단계별로 필요한 보안 활동을 수행하는 것이다. 이를 통해 검증 단계에서 이뤄지는 모의해킹이 찾아내기 어려운 보안 취약점을 찾아낼 수 있고, 개발의 앞쪽 단계에서 보안 문제를 찾아내고 보완함으로써 적은 비용(인력과 일정)으로 보안 활동을 할 수 있다. 대표적인 보안 공학의 방법론으로 2000년대 초반 마이크로소프트에서 도입한 MS-SDL^{Microsoft Security Development Lifecycle}이 있다.

그림 3-16 마이크로소프트 Security Development Lifecycle[13]

마이크로소프트는 운영체제를 출시한 뒤에 보안 취약점이 계속 발견되어 문제가 커지자 2003년에 윈도 서버에 처음 SDL을 적용했고, 이어 2004년에는 모든 제품의 개발 프로세스에 SDL을 적용했다.

---

13 「The Microsoft Security Development Lifecycle - Simplified」, Microsoft, November 4, 2010.

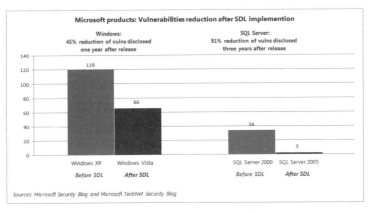

그림 3-17 SDL 적용 후 보안 취약점 감소(출처: 마이크로소프트 보안 블로그)

윈도 운영체제에 SDL을 적용한 결과 출시 후 1년 동안 발견한 취약점이 SDL 적용 전보다 45% 줄었고, SQL 서버에서는 출시 후 3년 동안 발견한 취약점이 무려 91%나 줄었다. 2000년대의 이러한 경험은 애플리케이션의 온라인 업데 이트가 가능해지고, 신속한 개발이 강조되는 현 상황에서도 개인정보나 보안이 중요한 소프트웨어에서 충분히 의미가 있다.

이와 비슷한 취지로 'Shift Left Security'가 있다. 이것은 개발 프로세스상 좀 더 왼쪽, 즉 개발의 앞 단계에서 보안 활동을 한다는 의미이다. 주로 소프트 웨어 개발 과정에서 소스 취약점 점검 도구 등을 활용해 보안 활동을 자동화하 는 데 초점을 둔다. 개발 보안에 관심이 있는 정보보호책임자가 살펴볼 만한 주 제다.

이와 관련하여 국내에서 참고할 수 있는 자료로 「전자정부 SW 개발·운영자를 위한 소프트웨어 개발 보안 가이드」(행정안전부, 한국인터넷진흥원, 2019.11.)와 「정 보보호 사전 점검 해설서」(한국인터넷진흥원, 2018.10.)가 있다. 전자는 전자정부 소프트웨어 개발을 위한 것으로 규정되어 있긴 하지만, 민간용 소프트웨어 개발에도 유용하고, 후자는 외주 용역을 통해 일정 규모 이상의 소프트웨어를 개발할 때 적용할 만하다.

보안 공학과 보안 내재화[14]

미·중 무역전쟁 중에 불거진 화웨이 이슈는 공급망 보안Supply chain security 문제를 환기시켰다. 회사가 구매, 구축, 개발하는 제품과 서비스에는 다른 회사에서 만든 제품이나 부품, 서비스가 있기 마련인데, 그것이 안전한지 고민하게 된 것이다. 대규모 공급망을 보유한 세계 자동차 업계에서는 완성차 업체가 보안 요구사항을 세부적으로 기술하고, 부품 업체에 개발 프로세스나 출시 후 보안 취약점의 처리 프로세스까지 요구한다. 특히 2015년 지프 체로키 사건으로 자동차의 주행장치까지 해킹 가능성이 입증된 후로는 더욱 까다로워지는 추세다. 글로벌 기업과 경쟁·협업하는 국내 완성차 기업이나 1차 부품 기업 역시 적극적으로 대응하고 있다.

거칠게 말하면 이렇게 제품 개발과 이용의 전체 생명주기에서 보안성, 안전성, 신뢰성을 확보하는 것이 보안공학Security Engineering의 목적이다. 소프트웨어 개발에 친숙한 분은 소프트웨어 공학과 보안을 접목했다고 보면 이해하기 쉽다. 보안공학, 보안 내재화Security by Design, 소프트웨어 개발 보안SSDL, Secure Software Development Lifecycle 등은 강조점은 조금 다르지만, '준비-요구사항 정의-설계-구현-검증-생산-출시-출시 후 활동'에 이르는 제품 개발과 이용의 일부 또는 전체 단계에서 보안 활동을 정의하고 수행한다.

이제 웹 서비스나 모바일 앱과 같은 소프트웨어 제품이나 서비스뿐 아니라 무선인터넷이 가능한 각종 가전, 자동차를 개발·생산하는 웬만한 업체에서 모의해킹을 하는 것은 자연스럽다. 하지만 모의해킹은 담당자의 역량과 주어진 시간에 따라 결과의 차이가 있을 뿐 아니라 설계상의 취약점은 찾아내기 어려운 한계가 있다. 보안 내재화가 필요하다는 점은 다들 인정하는 분위기이다.

정부에서도 보안 코딩Secure coding을 넘어서 소프트웨어 개발 전체 단계에서 보안 활동을 담은 「전자정부 SW 개발·운영자를 위한 소프트웨어 개발보안 가이드」(행정안전부, 한국인터넷진흥원, 2019.11.)를 내놨고, 몇몇 기업의 관련 활동도 보인다. 그러나 앞서 예를 든 자동차 업계를 제외하고 국내 다른 업계의 보안 내재화 사례는 알려진 게 별로 없다.

기업에서 왜 보안 내재화가 잘 안 될까? 가장 큰 이유는 보안 내재화가 무엇을 의미하고, 어떻게 구현할지 모르기 때문이다. 보안 내재화나 소프트웨어 개발 보안에 관한 자료는 적지 않다. 마이크로소프트나 IBM 등 주요 기업의 이론과 적용 경험이 나와 있고, 관련 국제 표준이나 국제 인증도 있다. 하지만 그것들을 문서로 읽고 이해하는 것과 그것을 기업의 제품 개발 프로세스에 적용하는 것은 완전히 다른 차원의 일이다. 그나마 모의해킹이 어느 정도 정착한 것은 개인정보 유출 사고 발생, 관련 법규

---

14 "보안 공학과 보안 내재화", CIO-KR, 강은성의 보안 아키텍트, 2020.1.13.

강화 등 보안의 중요성이 강조되는 환경 변화가 주요 동인이다. 하지만 개발 프로세스 중 검증 단계에 별도의 과업으로 추가해, 관여하는 조직이나 전체 개발 프로세스에 변화가 크지 않다는 점도 무시할 수 없는 요인이다.

회사의 개발 프로세스에 MS-SDL을 전면 도입한다고 하면 완전히 양상이 달라진다. 기업 제품 개발의 거의 모든 과정이 영향을 받게 되므로 경영진의 의사결정이 필요한 상황이 될 수 있다. 좀 더 상세하게 살펴보면, 보안 내재화는 개발 프로세스에 보안 활동을 내재화하는 일Seamless integration과 제품 보안 취약점에 대한 보안 대책을 내재화하는 일로 구분되는데, 특히 전자가 어렵다.

개발 프로세스를 잘 이해하는 보안 담당자가 드물기도 하고, 기존 개발 과정에서 보안 담당자와 개발자가 협업할 일이 거의 없어서 협업 방식과 내용도 서로 낯설다. 예를 들어 MS-SDL에서 위협 모델링은 설계 단계에서 시행되므로 그 결과는 설계 결과에 반영되어야 하는데, 잘못하면 이로 인해 설계가 일정 수준 이상 늦어져서 제품 개발 일정이 상당히 지연될 수 있다.

그래서 보안 내재화를 위해서는 소프트웨어 공학 담당자(또는 소프트웨어 개발 프로세스 담당자), 소프트웨어 개발자(또는 소프트웨어 아키텍트), 소프트웨어 보안 담당자(기업 보안 담당자 아님), 보안 공학 담당자가 협업해야 한다. 품질 관리자나 테스터의 역할도 있다. 하지만 기업에 이런 역할을 맡은 담당자나 전문가가 없을 수 있고, 개발 프로세스가 제대로 정립되어 있지 않을 수 있다. 경영진이 제품 보안의 중요성을 인식하고 추진하려고 해도 실무진에서 만일 "개발기간이 1.5배로 늘어난다."고 보고하면, 의지가 있는 경영진도 고민하게 된다. 제품 보안은 실무진의 전문성과 협업 역량이 매우 중요한 분야다.

필자는 2015년부터 2년 동안 LG전자 CTO 부문 SW보안 고문으로 일하면서 담당 조직과 함께 전사 표준 소프트웨어 보안 개발 프로세스인 LG-SDLLG Secure Development Lifecycle을 수립하여 전사에 적용하였다. 지금은 준비 단계부터 출시 후 활동까지 어느 정도 뿌리를 내린 상태다. CEO, CTO 등 탁월한 경영진의 의지와 이미 작동하고 있던 제품 개발 프로세스, CTO 부문 SW보안 담당 조직의 열성적인 노력, 사업부 제품 보안 조직의 뛰어난 실무 역량이 결합한 성과이다. 필자 역시 소프트웨어 개발자로서 소프트웨어 제품과 펌웨어 개발분 아니라 국책연구소와 제조 대기업, 보안 기업, 인터넷서비스 기업에서 다양한 개발 프로세스를 수립하거나 경험했고, 오랫동안 보안 분야에 천착하였기 때문에 나름 기여할 수 있지 않았나 싶다.

인공지능과 사물인터넷, 5G 시대가 도래했다. 네트워크로 연결된 사물이 실시간으로 판단하고 작용하는 시대다. 웹과 모바일에서 보안 위협도 여전한데, 점차 보안 없는 연결이 재앙이라는 말이 현실이 되고 있다. 더는 보안 내재화가 구호로 그치지 말아야 한다. 경영진의 의지와 전문 실무 역량, 전사 협업을 통한 보안 내재화가 현실이 되어야 할 시기다.

전반적 정보보호 수준의 향상 ──

중요 자산의 핵심 보안 대책을 잘 갖췄다 하더라도 예상하지 못한 곳에서 허망하게 사고가 터지기도 한다. 실제 보안 사고는 고객정보를 출력해서 갖고 나가기나 USB 메모리로 저장해서 갖고 나가는 등 '고도의 해킹 기술'과는 상관없는 방식으로 발생한다. 다음 그림을 보자.

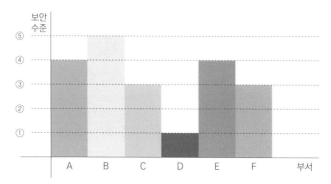

그림 3-18 회사의 부서별 보안 수준

[그림 3-18]은 회사의 보안 수준을 나타내는 그림으로, 필자가 여러 발표에서 애용하는 그림이라서 이미 본 사람도 있을 것이다.[15] 가로축이 부서고, 세로축은 각 부서의 보안 수준을 표시한다. 이 회사의 보안 수준은 얼마일까?

답은 1이다. 보안 수준이 가장 높은 부서는 5이고 평균은 3.3이지만, 가장 낮은 부서가 1이기 때문이다. 마치 물이 가득한 저수지를 막고 있는 둑과 같다.

---

15 보통 정보보호 컨설팅을 받으면 요약 장표에 회사의 영역별 보안 수준을 나타내는 거미줄 그림(스파이더 맵)을 가져온다. 필자가 CSO로 근무할 때 필자를 위해 만든 이 요약 장표를 받아들고 아무런 느낌이 없었다. 그래서 고민하다가 만든 그림이 이 단순한 막대그래프다. 이 그래프는 보안은 약한 고리에서 뚫린다는 보안 동네의 격언을 정량적이고 직관적으로 보여준다. 여러 회사의 임직원 보안 교육, 외부 발표에서 이 그림을 애용하는데, 특히 고위 임원일수록 이 그림에 '감동'을 받으니 임원 교육에 이 그림을 이용해 보기 바란다.

높이가 서로 다른 둑이 있다면 아무리 높은 둑 B가 있어도 저수지 물은 가장 낮은 D를 통해 마구 흘러나온다. 결국 보안 수준이 1인 D 부서의 취약점 때문에 보안 사고가 터진다는 말이다. 극단적으로 보면 9개 부서의 보안 수준이 10이고 한 부서의 보안 수준이 1일 때 그 회사의 보안 수준은 대다수 부서의 보안 수준인 10이나 평균인 9.1이 아니라 1이다. 특정 조직만 보안 수준이 높아서는 보안 사고를 막을 수 없다.

예를 들어 비서실 문을 열고 비서의 눈길을 거쳐서 대표이사실 문을 열어야 대표이사의 PC를 마주할 수 있으므로, 대표이사의 PC 안에 들어 있는 중요 비밀 자료의 보안 수준은 언제나 높다고 생각한다. 하지만 대표이사 PC의 문제를 해결하기 위해 PC 지원센터 아르바이트 직원이 PC를 다룬다면 대표이사 PC의 보안 수준은 아르바이트 직원의 보안 수준이다. 임원 PC에 들어 있는 '올해 신규 공장 설립 계획' 문서의 보안 수준 역시 임원의 메일을 대신 보내는 비서의 보안 수준이고, 내부 사용자가 관리자용 웹 서비스를 통해서 접근할 수 있는 개인정보 DB에 협력 업체 개발자가 SQL 명령을 보낼 수 있다면 DB의 보안 수준은 협력 업체 개발자의 보안 수준이 된다. 실질적인 보안 수준과 막연히 생각하는 보안 수준의 차이가 클 수 있다는 점을 늘 염두에 둬야 한다.

[그림 3-18]에서 가로축을 부서 대신 고객에게 제공하는 서비스나 제품, 회사가 갖고 있는 보안 대책, ISMS-P에서 제시하는 보안 영역으로 바꿔서 평가할 수도 있다. 어떠한 방식이든 정보보호책임자로서 회사에서 보안이 가장 취약한 영역을 찾아내 최소한 평균 수준으로 올리는 것이 단기적으로 중요한 업무이다.

그런데 여기서 주목할 점이 있다. [그림 3-18]에서 임직원이 느끼는 보안 수준은 얼마일까 하는 점이다. 아이러니하게도 임직원이 느끼는 보안 수준은 5에 가깝다. 이는 가장 높은 수준의 보안으로 인해 불편을 겪기 때문이다. DRM으로 암호화된 문서 파일을 외부에 보내기 위해 팀장의 승인을 받아 복호화하는 프로세스를 경험한 구성원은 회사의 보안 수준을 5라고 느낀다. PC의 USB 통제가 전혀 되지 않은 회사도 임식원이 회사 보안수준이 1이라고 생각하지 않는다. 당연하다고 여길 뿐이다. 그럼 회사 경영진은 회사의 보안 수준을 얼마라고 인식할까? 보통 3.3에서 5 사이다. 정보보호 컨설팅 결과를 아는 경영진은 컨설팅 업체에서 건넨 평균값 3.3으로 알고, 일반 직원과 똑같은 상황인 경영진은 5로 이해할 것이다. 이런 상황을 이해하고 고려하면서 전사 보안 수준을 높이기 위한 방법과 소통 방식을 정하고 적절한 속도로 추진해야 효과적으로 진행할 수 있다.

주요 정보보호 시스템의 핵심 관리 포인트

따라서 이 절에서는 회사에서 대표적으로 많이 사용하는 정보보호 시스템의 관리 포인트를 설명하고자 한다. 이제 웬만큼 보안투자를 한 회사에는 20여 개의 보안솔루션을 운영하는 것이 낯설지 않다. 생각나는 것만 꼽아도 안티바이러스, PC매체제어, 패치관리시스템, 내부정보 유출방지(DLP), 문서 보안, DB 접근 제어, DB 암호화, 네트워크 방화벽, 웹 방화벽, 네트워크 접근 제어(NAC), 가상사설망(VPN), 일회용 비밀번호(OTP), 망 분리 및 연계시스템, 침입탐지/방지시스템(IDS/IPS), 무선침입방지시스템(WIPS), 디도스 공격 대응시스템Anti-DDoS, 통합위협관리(UTM), ESM/SIEM, 유해사이트 차단, 이메일 보안, 계정 및 권한 관리(IM/IAM), APT 대응 등이 있다. 보안관제나 모의해킹, 인증 컨설팅 같은 서비스도 이용한다.

정보보호책임자는 정보보호 시스템이 설치보다 규칙의 설정과 운영이 훨씬 더 중요하다는 점에 주목해야 한다. 회사는 예산과 인력이 많이 들어가는 구축 단계에서 관심이 많고, 운영 단계로 넘어가면 관심이 없다. 실무자도 운영 단계를 중요하지 않게 생각하는 경향이 있다. 매우 잘못된 생각이다. 보안 사고는 정보보호 시스템의 구축 단계보다 운영 단계의 잘못으로 터지는 경우가 훨씬 많다. 규칙의 설정과 운영이 중요한 이유다.

이 절에서는 기술적 깊이보다는 각 정보보호 시스템의 목적과 핵심 기능, 활용 방안, 이용 시 고려사항과 문제점, 대응 방안 등에 관해 설명한다. 어차피 그 많은 보안 솔루션을 모두 기술적으로 깊게 아는 사람은 거의 없다. 아니 정보보호책임자가 그렇게 알 필요도 없다. 보안 기업 연구소장 출신인 필자도 CISO로 일하면서 여기에서 소개하는 관리 포인트를 중심으로 보안 인력과 질의응답, 토론을 통해 보안 실무를 관리했다. 기술적 호기심이 있거나 논리적 추론을 재미있어 하는 정보보호책임자라면 읽어 내려가는 데 큰 무리는 없으리라 생각한다.

네트워크 방화벽 ——

1. 방화벽의 목적과 용도

네트워크 보안에서 가장 많이 이용하는 정보보호 시스템은 역시 네트워크 방화벽이다. 개인정보보호 관련 법규에서 침입차단 시스템이라고 정의한 대표적인 정보보호 시스템이다. 외부에서 불이 났을 때 불이 내부로 들어오는 것을 차단하기 위해 방화벽을 설치하는 것처럼 네트워크 방화벽은 인터넷에 엄청나게 많은 보안 위협과 공격으로부터 내부 네트워크와 시스템을 보호하기 위해 사용한다. 기본적으로 방화벽은 방화벽을 지나는 네트워크 트래픽의 헤더를 검사하여 트래픽의 방향, 출발지 주소(IP), 목적지 주소(IP, 서비스 포트)를 보고 사전에 설정된 규칙에 따라 해당 트래픽을 차단하거나 허용한다.

2. 방화벽의 구성과 활용

구체적인 설명에 들어가기 전에 기본 전제를 알 필요가 있다. 네트워크 방화벽 규칙의 기본 Default 설정은 차단이라는 점이다. 아무런 규칙을 설정하지 않으면 차단 규칙이 적용된다. 모든 접속이 차단된 상태에서 필요한 것만 허용해 주는 방식이다. 이것을 DAPE^{Deny All, Permit by Exception} 원칙이라고 한다. 말 그대로 차단이 기본이고, 예외적으로 허용한다는 의미다. 방화벽의 규칙은 다음과 같이 구성된다.

- 방향, 출발지 IP, 목적지 IP, 서비스 포트, 차단/허용

네트워크 방화벽을 이용하여 서버 영역을 [그림 3-19]와 같이 세 영역으로 구분하여 관리할 수 있다.

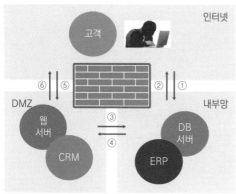

① ③ ⑤: 인바운드 접속 또는 인바운드 트래픽
② ④ ⑥: 아웃바운드 접속 또는 아웃바운드 트래픽

그림 3-19 네트워크 방화벽의 이용

DMZ는 인터넷과 내부망 사이에 있으면서 고객 서비스 등 인터넷과 통신이 필요한 서버를 두는 영역이다. 서비스를 보호하고자 하는 방화벽의 목적에 맞게 인터넷에서 DMZ로 들어오는 접속(⑤)은 기본 차단에 목적지 서비스 서버의 IP와 포트만 지정하여 허용한다. DMZ에서 아웃바운드 접속(⑥) 역시 기본 차단이다. 악성코드가 DMZ에 설치되면 원격에 있는 명령·제어(C&C) 서버에 접속하기 위해 아웃바운드 접속^{Reverse connection}을 시도하여 지능형 표적 공격으로 이어지기 때문에 이를 사전에 차단하기 위해서다. 하지만 아웃바운드 접속을 열어줘야 할 서비스도 있다. 예를 들어 CRM^{Customer Relationship Management} 서버에서 고객에게 마케팅 메일을 보내려면 아웃바운드 접속이 필요하고, 당연히 허용해야 한다. 하지만 결제 서비스(PG), 은행 업무 등 DMZ에서 아웃바운드 접속이 필요한 서버는 그리 많지 않다. 외부 목적지 IP와 포트를 지정해서 열어주는 것이 바람직하다. 방화벽 설치 전에 이미 사용하는 서비스가 있다면 실무자가 대응하기 어렵다. 기술적으로는 아웃바운드 트래픽을 1달 정도 모니터링하면 DMZ에서 아웃바운드 접속이 필요한 서비스를 찾아낼 수 있다. 하지만 이러한 문제는 정보보호책임자가 사업 책임자, CIO 등과 협의하여 정책을 수립하는 것이 먼저다. 규제기관도 점검을 나갔을 때 아웃바운드 접속이 열려 있으면 지적한다.

한편 DMZ는 인터넷에 접속하는 고객에게 서비스를 제공하고, 다른 한편으로는 인터넷 내부망에 침투하려는 보안 위협을 차단하는 중간지대 역할을 해야 한다. 내부망을 보호하기 위해 DMZ에서 내부망으로 들어오는 인바운드 접속(③)은 DMZ에 있는 출발지 서버의 IP, 내부망에 있는 목적지 서버의 IP와 포트 등 꼭 필요한 서비스를 지정하여 철저하게 통제하여야 한다. DMZ에 있는 각종 운영 서버는 운영자 이외에 계정을 갖지 않도록 관리하는 것 역시 중요하다.

내부망은 가장 보호해야 할 정보 자산을 두는 영역이다. DMZ와는 달리 외부 인터넷에서 아예 접근할 수 없도록 사설 IP를 사용한다(① 차단). 다만 아웃바운드 접속(②)을 통해 외부와 연결되면 그 연결을 통해 외부 트래픽이 들어올 수 있다(Stateful). 예를 들어 내부망에 있는 PC에서 웹 브라우저를 이용해 외부 웹 서버에 접속(②)하여 검색하면 결과를 브라우저에서 볼 수 있다(① 인바운드 트래픽). 이 상태에서도 인바운드 접속이 이뤄진 것은 아니다. 외부 인터넷 영역에서 내부망으로 들어오려면 가상사설망(VPN)을 이용하는데, 이것은 사용의 편의성만큼이나 공격자에게 직통 공격 경로를 뚫어 주는 일이어서 반드시 2단계 인증을 사용하고, VPN에서 불필요한 계정이나 오랫동안 사용하지 않는 계정은 제거하는 등 보안을 강화해야 한다.

로그 분석의 대상 중 하나가 방화벽 로그이다. 방화벽 제품의 관리 UI를 보면 로그를 볼 수 있는 다양한 기능이 있다. 로그를 살펴보면 의외로 많은 문제를 찾을 수 있다. 예를 들어 인바운드 규칙이나 차단된 로그를 살펴보면 어떤 서버로 공격이 들어왔는지 탐지할 수 있다. 특히 명령어 인터페이스를 통해 시도했다면 해당 서버의 계정이나 어떤 애플리케이션이 동작하는지 점검해 보는 것이 좋다. 아웃바운드 규칙에 의해 차단된 로그에서도 불필요하거나 악의적인 행위의 원인을 살펴서 적절한 대응을 하는 것이 필요하다. 정보보호책임자가 로그 분석에 관심이 있다는 것 자체가 실무자가 로그 분석을 하는 계기가 된다. 로그 분석을 통해 보안 위협을 찾아내 보안 취약점을 보완함으로써 사고를 미연에 방지할 수 있다.

3. 방화벽 이용 시 유의사항

첫째, 기본적으로 방화벽은 응용 계층의 보안 위협을 막지 못한다. 방화벽은 네트워크 계층(Layer 3)에서 IP와 포트(Layer 4)를 검사하여 보안 위협을 차단하기 때문에 속도가 매우 빠르다. 하지만 http나 https 같이 서비스를 위해 늘 열어 놓는 포트를 통해서 공격한다면 막을 수 없다. 응용 계층에서 공격을 차단하는 L7 방화벽이나 웹 방화벽, 침입차단시스템IPS, Intrusion Prevention System 같은 다른 정 보보호 제품이 필요하다.

둘째, 방화벽 규칙 설정 시 최소 원칙을 준수해야 한다. 규칙 설정 시 인바운드 접속이나 아웃바운드 접속을 허용할 때 가능하면 출발지 IP나 목적지 IP를 최 소한으로 지정해야 한다. 보안 컨설팅을 나가면 방화벽 규칙을 점검하는데, 가 끔 C클래스 수준으로 목적지 대역을 넓게 열어준 곳이 있다. 방화벽을 설치하 나 마나인 상황까지 생긴다.

셋째, 방화벽 규칙의 예외를 잘 관리해야 한다. 초기에 방화벽 규칙은 보안 업 체에서 만들어 주는 경우가 많은데, 이후 업무를 수행하면서 접속을 허용하는 '예외'는 계속 늘어난다. 특히 부서마다 업무 분장이 잘 되어 있는 회사가 그럴 가능성이 더 높다. 예외 관리 5원칙 중 주기적 점검이 중요한 이유다. 정보보안 부서에서 월별 또는 분기별로 방화벽 규칙을 점검하여 특별한 이유가 없다면 과도한 예외는 제거하는 프로세스를 갖춰야 한다.

4. 기타

지금까지 설명한 것은 네트워크 방화벽인데, 호스트 방화벽도 있다. 윈도 PC나 맥Mac 시스템도 내장 방화벽이 있다. 호스트 방화벽은 보호 대상이 PC나 서버 일 뿐 방화벽의 규칙이나 활용은 같다.

여러 보안 기능이 한 장비에 통합되는 흐름 속에서 방화벽에 사설 IP를 지원하 는 NATNetwork Address Translation 기능이나 VPN 기능을 포함하고, 라우터에 방화 벽 기능을 통합한 제품도 있다. 방화벽이나 VPN, 안티바이러스 등 여러 보안 기능을 하나로 통합한 통합위협관리시스템UTM, Universal Threat Management도 있다. 여러 보안 장비를 구입하기 어렵고 성능이 그리 중요하지 않은 규모의 회사라면 소규모 UTM을 임대해서 사용하는 것도 고려할 만하다.

안티바이러스(백신) ——

무료 안티바이러스 제품도 많이 있어서 안타바이러스를 사용하지 않는 기업은 별로 없을 것 같다. 다만 개인은 무료이지만, 기업에 유료인 제품이 많으므로 반드시 해당 제품의 라이선스 정책을 확인해야 한다. 특히 불법 소프트웨어를 사용하는 것은 저작권법 위반으로 형사처벌이 가능하다. 실제 형사 재판까지 가는 경우가 많지 않지만, 이를 빌미로 정식 구매할 때보다 더 많은 보상금과 구매 비용이 들어갈 수 있으므로, 항상 회사 임직원이 불법 소프트웨어를 사용하지 않도록 유의해야 한다.

1. 안티바이러스의 목적과 용도

안티바이러스는 악성코드를 비롯해 이미 노출된 보안 위협Known threat을 탐지, 제거하는 정보보호 제품이다. 노출된 보안 위협에 대응하는 안티바이러스 제품의 한계를 지적하며 다양한 보안 제품이 나오긴 하지만 연간 수천만 개의 악성코드가 발생하는 현실에서 안티바이러스는 여전히 값싸고 효과가 좋은 보안 솔루션이다.

안티바이러스 회사는 악성코드 (의심) 샘플을 수집하는 다양한 경로를 만들어서 악성코드를 수집하고 이것을 DB로 만들기 위해 많은 노력을 한다. 또한 세계 유수의 안티바이러스 기업은 일정한 주기로 서로 탐지한 악성코드 샘플을 교환하는 네트워크가 있고, 국내에서는 한국인터넷진흥원에서 그러한 네트워크를 운영한다. 사업으로서 악성코드에 대응하기도 하지만, 공익성 또한 있다고 보는 것이다.

안티바이러스는 PC나 모바일용으로 주로 사용되지만, 서버에서도 많이 사용한다. 개인정보보호법에서도 악성 프로그램 방지를 위해 안티바이러스를 사용하도록 하고 있다.

2. 안티바이러스의 활용

안티바이러스 역시 다른 정보보호 제품과 마찬가지로 설치뿐 아니라 운영이 매우 중요하다. 다음 세 가지 설정만 잘해도 안티바이러스를 이용해 회사의 정보 자산을 보호할 수 있다.

- 실시간 감시: 이 설정을 하면 PC에 악성코드가 설치되거나 악성 파일이 열리는 등의 행위가 이뤄질 때 안티바이러스가 이를 검사하여 악성코드를 탐지하고 차단하는 설정이다. 한 PC에 여러 안티바이러스 제품을 설치하고 모두 실시간 감시 기능을 켜 놓으면 디스크에 파일 읽기나 쓰기가 많을 때 속도가 느려질 수도 있다.
- 주기적 정밀 검사(예약 검사): 주기적으로 디스크에 악성코드가 저장되어 있는지 검사하는 설정이다. 매일 또는 최소한 1주일에 한 번은 검사하도록 설정한다. 실시간 감시 때 탐지하지 못한 악성코드를 탐지, 제거할 수 있다.
- 자동 업데이트: 악성코드 시그니처 DB나 안티바이러스 소프트웨어의 변경이 있을 때 이를 감지하여 자동으로 업데이트하는 설정이다. 실시간 감시에서 차단하지 못한 악성코드가 이후 시그니처 DB에 반영되면, 자동 업데이트와 주기적 정밀 검사를 통해 탐지, 제거할 수 있다.

필자는 이 세 가지 설정을 안티바이러스 설정 3종 세트라고 부르면서 반드시 설정할 것을 권한다. 안티바이러스 제품의 중앙 관리 솔루션을 구매하면 각 PC

에 설치된 안티바이러스의 설정을 중앙에서 통제할 수 있다. 별도 중앙 관리 솔루션이 아니더라도 매니저 수준의 간단한 관리 기능은 대부분의 안티바이러스 제품에서 제공하니 활용하기 바란다.

별도의 안티바이러스 제품을 사용하지 않는 회사는 윈도에서 무료로 제공하는 '마이크로소프트 디펜더 안티바이러스'를 사용하는 것도 고려할 만하다. 별도 기술 지원이 없어서 그렇지 성능과 효과가 상용 안티바이러스 제품과 견줘도 손색없는 제품이다.

안티바이러스와 같은 기본 제품에서도 로그 분석을 할 필요가 있다. 어떤 임직원의 PC에서 악성코드 차단 로그가 많다면 비록 감염되지 않았더라도 원인을 분석해야 한다. 예를 들어 해당 인력이 악성코드가 많이 유포되는 사이트를 자주 방문하거나 스팸 메일을 자주 열어보는 습관이 있다면 그에 대해 조언을 해야 한다. 탐지 안 된 악성코드가 있을 수 있고, 향후에 그런 상황이 발생할 수도 있다. 특정 부서에서 악성코드 차단 로그가 많다면 해당 부서장과 협업하여 원인을 파악하고 대책을 마련해야 한다. 업무 파일 전달 시 외부 웹하드 사용, 외부 USB 메모리의 사내 사용, 집 PC에서 수행한 파일을 회사로 유입하는 등 해당 부서가 악성코드에 많이 감염될 수 있는 방식으로 업무를 수행할 수 있다. 차단 로그가 많은 상위 3개 부서는 임원 회의 때 발표하여 전사적으로 경각심을 높일 수도 있다.

3. 안티바이러스 이용 시 유의사항

PC에서 돌아가는 소프트웨어가 한둘이 아니다. 몇 개씩 띄운 웹 브라우저, 회사에서 쓰는 각종 애플리케이션, 거기에 한 번 사용하면 서비스로 등록되어 조금씩이라도 CPU와 메모리를 점유하며 계속 작동하는 프로그램도 많다. 그럼에도 불구하고 회사 PC 작동에 문제가 생기면 임직원은 가장 먼저 정보보안 부서에 전화한다. 각 개인의 경험치가 있어서 그런 것이기도 하지만, 안티바이러스는 물론이고 문서 보안(DRM), 내부정보 유출방지(DLP) 등 각종 보안 솔루션의 에이전트가 PC에 설치, 작동하고 있는 것도 사실이다. 특히 일부 보안 솔루션은 실시간 감시를 위해 운영체제의 커널 레벨에서 작동하는데 '질 낮은' 보안제품은 커널에서 충돌을 일으켜 '블루 스크린'을 일으키기도 한다.

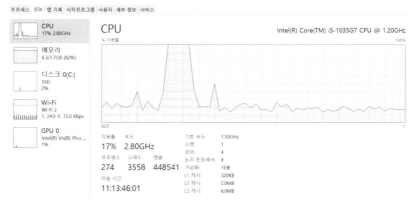

그림 3-20 PC의 성능 모니터링

따라서 안티바이러스를 선택할 때 CPU와 메모리 점유율 등의 성능도 중요하게 봐야 한다. 정밀 검사를 하면서 CPU를 많이 점유하여 다른 작업을 못할 정도가 되면 임직원의 원망을 온몸으로 감수해야 한다. 관리 편의성은 언제나 중요하다. 정보보안 실무자가 하루 동안 처리하는 업무가 다양하기 때문에 관리 UI가 직관적이어야 정확하고 효율적으로 처리할 수 있다. 아직 관리 UI에 관심이 없는 보안 기업이 많긴 하지만, 보안 운영 관점에서는 매우 중요한 항목이다. 안티바이러스 제품의 진단율은 악성코드 샘플을 어떻게 구성하느냐에 따라 편차가 심해서 객관적으로 측정하기가 쉽지 않다. AV-test 같은 국제적으로 인정받는 테스트를 통과했다면 큰 차이가 있다고 보기 어렵다. 오히려 진단하지 못한 악성코드가 발생했을 때 신속하고 정확하게 악성코드를 수집하고 시그니처에 반영 및 업데이트하는 전반적인 기술 지원 체계가 잘 되어 있는지 확인하는 것이 좋다. 자주 발생하지는 않지만 한번 발생하면 고생도 많이 하고 잘못하면 큰 사고로 확대될 수 있는 문제다.

4. 기타

안티바이러스 기능 역시 여러 정보보호 제품에 통합되고 있다. 이메일 보안 제품은 이메일로 유입되는 악성코드를, UTM에서는 네트워크로 유입되는 악성코드를 응용 계층에서 탐지, 차단한다. 엔드포인트에서도 EDR에 안티바이러스 기능을 통합한 EPP^{Endpoint Protection Platform}가 있다.

노출된 위협을 탐지, 차단하는 안티바이러스의 한계를 해결하기 위해 안티바이러스 제품에 행위 기반 탐지 기술이나 딥러닝 기반 탐지 기술을 도입하는 것도 오래된 흐름이다. 악성코드 제작자는 이러한 기술을 피하는 악성코드를 개발하는 창과 방패의 싸움을 여전히 진행 중이다.

악성코드는 대표적인 보안 위협이자 모든 보안 공격의 출발점이라는 면에서 안티바이러스 제품의 이해와 적절한 활용은 중요하다.

계정 및 권한 관리 ——

모든 IT 시스템의 가장 기본적인 보안 대책은 계정 및 권한 관리다. 서버와 네트워크, 데이터베이스, 응용시스템뿐만 아니라 네트워크 방화벽, 웹 방화벽, DRM, DB 접근 제어 등 각종 정보보호 시스템에서 계정의 생성과 삭제, 특정 권한의 부여와 변경 등 계정 및 권한 관리의 중요성은 아무리 강조해도 절대 지나치지 않다. 다른 국가는 정보보안에서 계정 관리 정책의 중요성이 오래 전부터 강조되어 왔고, 이를 구현한 계정 관리 시스템[IM, Identity Management]이나 계정 및 권한 관리 시스템[IAM, Identity and Access Management]을 많이 도입했으나 우리나라는 개인정보보호법 체제에서도 충분히 정착되지 않았다. 정보보안에서 강조되는 책임 추적성[Accountability]은 계정 및 권한 관리 없이는 불가능하다.

일반 계정, 관리자 계정 및 최고 관리자 계정, 서비스 계정, 시스템 계정 등 시스템과 서비스에 따라 다양한 계정이 있고, 이것을 누가 어떤 권한으로 사용하는지 규정하고 변화 관리가 되어야 한다. 예를 들어 서버에서는 개발자, 운영자, 관리자 계정이 있고, 개인정보처리시스템에는 개인정보취급자가 접근하는데, 취급자에 따라 읽기, 쓰기, 변경, 삭제, 다운로드 등의 권한이 다르다. 특수 권한자는 별도 보안 서약서를 받는 것이 바람직하다.

계정 관리에서 퇴사나 부서 이동 시 해당 계정이나 권한을 삭제 또는 변경하는 일은 말처럼 쉽지 않다. 그나마 퇴사자는 삭제나 차단을 할 수 있지만, 부서 이동자는 해당 업무를 확실히 그만뒀는지 파악하기 어렵고, 파악을 해도 혹시 인수자를 지원하기 위해 기존 권한이 필요할 수 있어서 무턱대고 차단하기 어렵다.

게다가 정보보안 부서는 자체적으로 관리하는 정보보호 시스템을 제외한 대부분의 IT 시스템에서 계정 및 권한 관리를 하지 않는다. 일반 IT 인프라의 계정 및 권한 관리는 IT 조직이 하고, 각 응용 시스템은 응용 시스템 소유 부서가 주관한다.

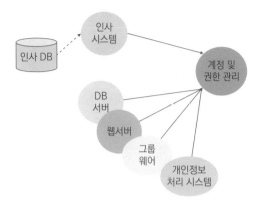

그림 3-21 계정 및 권한 관리 시스템의 구성

무엇보다 정보보안 부서는 계정 및 권한 관리 정책이 전사 보안 대책에 매우 중요한 부분을 차지하고 있음을 알리고, 관련 정책 수립에 적극 개입해야 한다. 특히 특수 권한자 관련 정책은 정보보안 부서의 협조를 받도록 해야 한다. 별도의 계정 및 권한 관리 지침을 만드는 것도 방법이다.

신규 입사, 퇴사, 부서 이동 관련해서는 인사 부서와의 협조가 중요하다. 인사 담당자나 그룹웨어 담당자가 내용과 일정을 정보보안 부서에 통보하도록 하는 것이 바람직하다. 인수인계는 3달 이내의 적절한 기간을 제공하는 것이 좋다. 이후에 필요하다면 임시 계정을 제공한다.

IAM은 관련 서버, 응용 시스템, DB 등을 통틀어 한 사용자에게 한 계정만을 제공함으로써 각 시스템마다 별도 계정 및 권한 관리를 할 필요가 없고, 인사 시스템에서 바뀐 사항을 IAM에 반영할 수 있어서 인사 조치에 따른 권한 관리를 할 수 있다. 하지만 여기서도 각 시스템의 계정 및 권한에 대한 보안 정책은 있어야 한다. 중소 규모 기업은 시스템이 많지 않아 굳이 IAM 구축 필요성을 못 느낄 수도 있다. 그럴 때는 수작업으로 처리할 수 있다. 필자는 30명 정도의 스타트업에서 이러한 정책을 수작업으로 한 적이 있다. 몇몇 시스템은 아예 최고 관리자를 맡았다. 어쩔 수 없는 선택이었고 큰 무리 없이 진행했지만, 역시 자동화하는 것이 좋긴 하다.

개인정보처리시스템의 개인정보취급자 역시 계정 및 권한 관리 영역이지만, 개인정보보호 법규에 따라 권한 부여, 변경, 삭제에 대한 로그를 남겨야 한다.

암호화 ──

1. 암호화의 목적과 용도

암호화는 개인정보, 설계도면, 유료 서비스 콘텐츠 등 사업자가 중요 정보를 보호하기 위해 많이 쓰는 보안 대책이다. 암호화가 강력한 보안 대책이지만, 안전하지 않은 알고리즘을 사용하거나 암호화 키를 잘못 관리하여 손쉽게 복호화된다면 법적으로나 실제적으로 암호화 효과를 얻을 수 없다. 대표적으로 암호화하는 프로그램 소스에 암호화 키를 하드코딩 하는 것이다. 암호화할 때 항상 키 관리를 어떻게 할지 염두에 둬야 한다.

데이터 저장 시 암호화하는 방법은 다음과 같다. (개인정보 암호화에 관한 상세한 사항은 5장 '규제 대응'에서 다룬다.)

표 3-10 데이터 저장 시 암호화 방법

암호화 방법	설명	솔루션
파일 암호화 솔루션 도입	대상 파일을 암호화하는 시스템 구축. 시스템에서 키 관리 시스템도 함께 제공	문서 보안 솔루션, 파일 암호화 솔루션, 문서 중앙화 솔루션
DB 암호화 솔루션 도입	DB에 저장된 데이터를 암호화는 시스템 구축. DBMS 업체에서 제공 또는 별도 DB 암호화 솔루션 도입	DBMS가 제공하는 TDE (Transparent Data Encryption) 기능 또는 별도 DB 암호화 솔루션
암호화 개발	프로그래밍 언어나 암호 라이브러리에서 제공하는 API를 이용하여 파일 암호화	자체 개발

2. 파일 암호화 솔루션

파일 암호화 솔루션 중에 가장 많이 사용해 온 것은 문서 보안 솔루션(DRM)이다.[16] 문서 보안 솔루션은 MS 오피스 파일, HWP 파일 등 설정한 정책에 따라 여러 종류의 파일을 암호화함으로써 중요한 파일이 외부에 유출되어도 해당 문서 보안 솔루션이 없다면 내용을 알아내지 못하도록 한다. 문서 보안 솔루션은 다른 기업용 보안 솔루션과 비슷하게 PC용 에이전트와 서버, 관리 UI로 구성된다. PC용 에이전트는 PC에 저장되는 파일을 자동으로 암호화하고, 문서 보안 솔루션이 지원하는 애플리케이션이 해당 파일을 열 때 자동으로 복호화한다. 키 관리 기능을 제공하여 사용자가 키 관리에 별도로 고려할 필요가 없다는 점도 장점이다.

문서 보안 에이전트가 문서 보안 서버와 통신한 후 실행하도록 설정하면, 노트북을 외부에 반출할 때 사전 승인 절차를 거쳐 노트북 사용 여부를 통제할 수 있다. 문서 보안 에이전트가 없으면 암호화된 파일을 열어볼 수 없으므로 외부에 해당 문서를 제공하려면 반드시 복호화를 해야 한다. 복호화한 문서는 문서 보안 솔루션의 제어 범위를 벗어나므로 복호화 과정에 적절한 승인 절차를 삽입해야 한다.

문서 보안 솔루션의 로그는 정보보호 시스템 운영 단계의 좋은 분석 대상이다. 휴일이나 새벽에 존재하는 (잦은) 복호화 로그, 대량 복호화 로그, 퇴사 예정자의 복호화 로그, 외부에서의 접속 로그 등을 분석하면 이상 행위를 탐지할 수 있다.

---

16 DRM(Digital Right Management)은 말 그대로 저작권 관리 솔루션인데, 음악 저작권을 대상으로 한 1세대 DRM 사업이 사실상 실패로 끝나면서 국내에서 DRM을 회사의 문서에 적용하는 '문서 보안 솔루션'이 독자적인 사업 분야가 됐다.

문서 보안 솔루션에서는 PC에 저장되는 파일을 자동으로 암·복호화하므로 사용자가 많을수록 다양한 문제가 나타날 수 있다. 첫째, PC나 애플리케이션의 오작동이 발생하고, 파일 외부 반출이 많은 영업 부서는 불편하기 때문에 전반적으로 임직원의 불만이 많고 소통 비용이 많이 들 수 있다. 문서 보안의 필요성이나 장단점 검토를 통해 경영진의 적극적인 이해와 승인을 받아서 도입하는 것이 바람직하다. 둘째, 문서 보안 솔루션에서 운영체제나 웹 브라우저 등 각 애플리케이션을 별도로 지원해야 하기 때문에 그것들이 업그레이드될 때 문서 보안 솔루션이 즉시 지원하지 못할 수 있다. 심지어 적절한 유지보수 계약이 없으면 오래된 버전의 애플리케이션을 사용해야 하는 상황도 발생하므로 계약 시 이를 확인해야 한다. 셋째, 텍스트 파일이나 이미지 파일, 동영상 파일 등 기술적 또는 정책적으로 암호화 대상이 되지 않은 파일이 유출될 수 있고, 문서 보안이 적용된 파일과 적용되지 않은 파일 사이의 복사-붙이기 등의 취약점이 발생할 수도 있으므로 이를 정확히 파악하고 대책을 수립할 필요가 있다. 잘못하면 예산을 투입한 만큼 효과를 얻지 못할 수 있다.

암호화 솔루션의 공통적인 한계는 권한 있는 사용자가 일단 복호화하면 그 이후의 보안 대책이 없다는 것이다. 예를 들어 협력 업체에 문서 보안 솔루션으로 암호화된 설계서를 보내야 할 때 협력 업체가 같은 문서 보안 솔루션을 사용하면 암호화된 파일을 보내면 되지만, 그렇지 않다면 복호화해서 보내야 하므로 보안 취약점이 될 수 있다. 이러한 상황은 오히려 암호화 대책보다 가상화 서버에 접속하여 공동 작업을 하게 하는 것이 가성비와 보안성을 둘 다 잡을 수 있는 보안 대책이 될 수 있다. 각 보안 대책이 어떤 보안 위협과 보안 취약점을 해결하는지 종합적으로 검토할 필요가 있다.

문서 중앙화 솔루션은 문서 보안 솔루션을 중앙 집중형 저장 장치와 결합한 것이다. 즉 개별 PC에는 파일을 보관하지 않고 모두 중앙의 저장 장치에 저장하여 암호화한다. 개별 PC에서 문서 보안 솔루션을 사용하여 발생할 수 있는 문제를 해소한 반면, 중앙 집중형으로 발생할 수 있는 성능 저하, 사용성의 문제를 어떻게 해결할 것인지가 관건이다. 도입 시 이러한 문제를 점검할 필요가 있다.

3. DB 암호화 솔루션

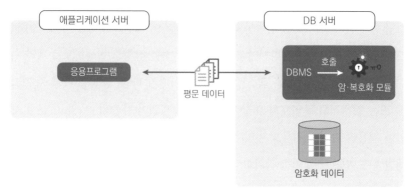

그림 3-22 DBMS 자체 암호화 방식을 이용한 암호화 구성도

DB 암호화를 위해 DBMS가 제공하는 암호화 기능을 사용할 수 있다. 오라클, MySQL, SQL서버 등 주요 DBMS는 모두 자체 암호화 기능으로 TDE Transparent Data Encryption 모듈을 제공한다. DBMS가 제공하는 TDE를 사용하면 별도의 DB 암호화 솔루션을 도입하는 것보다 비용이 적게 들고, 별도의 개발이 필요하지 않다는 장점이 있다. 하지만 보안 측면에서 보면 DBMS가 제공하는 클라이언트 툴에서 DB를 접근할 때 DB에 암호화하여 저장된 데이터를 복호화하여 보여 주므로 암호화 수준이 암호 알고리즘과 암호화 키 관리의 안전성에 달려 있는 것이 아니라 클라이언트 툴 사용자의 보안 관리 수준에 달려 있

다는 한계가 있다. 클라이언트 툴 사용자 및 사용자 PC의 보안 관리가 매우 중요하게 된다.[17]

DB 암호화를 위해 별도의 DB 암호화 솔루션을 도입할 수도 있다. DB 암호화 솔루션은 DBMS에서 작동하는 암호 라이브러리와 플러그인 소프트웨어를 통해 DB 암·복호화를 하는 '플러그인 방식'과 애플리케이션 서버 같은 DB 서버 외부에 암호 라이브러리를 설치하고 API를 제공하는 'API 방식'이 있다. 전자는 개발이 거의 필요 없어서 구축이 빠르다는 장점이 있는 한편 운영 시 DB 서버에 부하가 있어 성능 저하가 발생하는 단점이 있다. 후자는 API를 이용하여 DB에 저장되는 데이터를 직접 암·복호화하므로 프로그램 수정이 많지만, 일단 구축하면 성능 문제가 발생할 가능성이 작아진다. 두 방식 모두 키 관리 방법은 솔루션에서 제공한다.

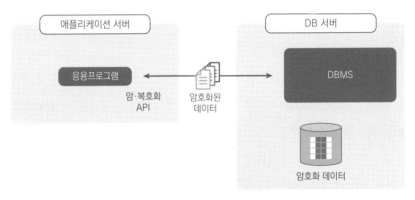

그림 3-23 암호 라이브러리를 사용한 DB 암호화 구성도

---

17 여러 운영체제에서 제공하는 디스크 암호화나 폴더 암호화 기능 역시 운영체제 사용자로 로그인하면 해당 파일이나 폴더 내용이 모두 보이므로, 해당 파일의 암호화 수준은 디스크 암호화 수준이 아니라 해당 컴퓨터의 사용자의 보안 관리 수준에 수렴된다.

개발 역량이 있는 회사는 프로그래밍 언어나 별도 암호 라이브러리에서 제공하는 암·복호화 API를 이용하여 자체적으로 DB 암호화를 할 수 있다. 개발팀에서 일정 수준의 암호 전문성이 필요하고 키 관리 방안을 마련해야 하지만 사용 분야가 많다면 검토할 만한 방안이다.

보안관제 ——

1. 보안관제의 목적과 용도

어떤 회사의 경영진은 보안관제를 하면 회사 보안이 완벽하다고 생각한다. 비용도 많이 나가고, 브랜드가 있는 보안 기업이 보안관제를 해서 그럴지도 모르겠다. 하지만 대규모 개인정보 유출 사고가 터진 회사들도 보안관제 서비스를 받았던 점을 보면 보안관제로 모든 보안 위험을 예방하지 못한다는 점은 분명하다. 정반대로 보안관제 무용론도 있다. 어차피 사고가 터지는데 보안관제를 받는 것은 소용이 없다는 것이다. 실제 보안관제의 효과는 이 양극단 사이 어디쯤에 있을 것이다.

회사가 맞닥뜨린 보안 위험을 분석하고, 그에 대한 보안 대책을 수립할 때 대책 중 하나가 보안관제이다. 당연히 보안관제에서 포괄하지 못하는 보안 위험도 있다. 회사의 보안 대책 또는 보안 전략의 일부로서 보안관제를 위치시키고 다른 보안 대책과 긴밀하게 결합하여 회사 전체의 보안 위험을 방어하는 것이 중요하다. 보안관제 업체는 전문성을 갖고 효율적인 방식으로 그 역할을 수행할 뿐이다.

보안관제가 제공하는 서비스는 다음 네 가지로 나눌 수 있다.

그림 3-24 보안관제의 주요 서비스

첫째, 보안 위험의 예방이다. 보안관제 업체는 네트워크 방화벽, 웹 방화벽, DB 접근 제어 등 각종 정보보호 시스템을 운용하면서 보안 위협과 공격을 차단하거나 보안 취약점을 발견하여 제거함으로써 보안 위험을 예방한다. 예방이 잘 되려면, 정보보호 시스템의 통제 대상 설정, 적절한 규칙^{Rule} 수립과 유지, 예외에 관한 강력한 관리가 이뤄져야 한다. 보안관제 업체에 정보보호 시스템 운용을 맡겼다고 생각해서 정보보호 시스템 규칙을 점검하지 않는 회사가 있는데, 보안관제 업체가 고객사의 개입 없이 정보보호 시스템의 세부 규칙을 책임지고 처리하기는 어렵다.

둘째, 보안 위협의 모니터링, 탐지, 통지다. 보안관제 업체의 관제팀은 로그 모니터링을 통해 이상 징후를 발견하면 이를 분석팀(또는 CERT팀)에 넘기거나 심각한 문제라고 판단하면 즉시 고객사 담당자에게 알린다. ESM이나 SIEM, 침입탐지 및 차단시스템(IDPS), 디도스 공격 대응시스템(Anti-DDoS), APT 대응시스템, 네트워크 트래픽 분석 및 위협 탐지 시스템 등 다양한 분석 및 탐지시스템을 통해 보안 위협과 공격을 탐지한다.

셋째, 탐지된 이벤트에 대한 분석과 대응이다. 의심스러운 보안 이벤트를 전달받은 보안관제 업체의 분석팀에서는 보안 이벤트를 분석하여 보안 위협인지 여부 판단, 보안 위협에 대한 대응 방안을 수립하고 시행한다. 분석팀이 보안관제 업체의 핵심 기술 역량이다.

넷째, 사이버 보안 위협 등 관련 정보 제공이다. 보통 '정부 제공'을 계속 보내는 보안 관련 뉴스나 단편적인 공격 패킷 같이 별 의미 없는 것으로 여겨 그 중요성을 간과하기 쉽다. 하지만 외부 사고 소식이 났을 때 재빨리 정보를 수집하여 고객사의 대응에 필요한 분석을 제공하고, 고객사에서 발생하는 자잘한 보안 사건을 정확하고 심도 있게 분석하는 것은 일반 기업 정보보호 조직이 갖추기 어려운 역량이다. 보안관제 업체가 여러 회사에서 관제를 하고 있으므로 하나의 고객사에서 보안 위협이 발생하면 '긴급 대응' 활동을 하지만, 아직 발생하지 않은 다른 고객사에서는 예방 활동을 할 수 있다. 정보 제공은 발주 기업의 요청에 따라 보안관제 업체의 결과물이 가장 달라지는 영역이다. 제공되는 일반적인 보안 위협을 회사에 단기 또는 중장기적으로 어떤 영향을 미치는지 지속적으로 검토하면 '정보 제공'이 회사에 의미 있는 '위협 인텔리전스'가 될 수 있다.

2. 보안관제 업체의 선정

정보보안 부서가 있다면 보안관제 업무를 수행하는 방식은 다음 4가지로 나뉜다.

표 3-11 보안관제의 유형

분류	형태	장점	단점
자체 관제	순수형	– 인력의 안정성 – 내부 관제 가능	기술력 및 정보력 부족
	혼합형	– 자체 관제 대비 비용 절감 (내부 인력 중심으로 외부인력을 파견 받아서 관제 조직 구축)	– 인력의 불안정성 – 내부 관제 제한 (자체 관제의 장점에 제약)

관제 업체 활용	원격관제	- 비용이 적게 듦 - 다른 사이트 문제 발생 시 신속 한 점검 및 방어 가능	- 한 인력이 여러 사이트를 맡을 수 있음 - 인력의 불안정성
	파견관제	- 전담 인력 배정 - 커뮤니케이션 편리	- 비용이 많이 듦 - 인력의 불안정성

각 회사의 인력과 조직, 예산의 상황과 방식의 장단점을 고려하면 어떤 방식이 적절할지 선택할 수 있다. 그룹사의 경우 '자체 관제'도 한 번쯤 검토할 만하다. 몇 년 전까지 외주 보안관제 업체를 이용했다가 그룹 내 IT 서비스 업체에 보안관제 조직을 만들어 그룹 보안관제를 활용하는 CISO 이야기를 들은 적이 있다. 무엇보다 모니터링 인력의 이직이 줄어들어 안정적인 관제가 가능했고, 내부 정보 유출과 같은 분야에서도 보안관제를 할 수 있어서 만족스럽다고 했다. 자체 정규 인력보다는 비용도 적게 든다. 규모의 경제가 되는 그룹에서는 고려할 만한 선택지다.

보안관제를 이용하기로 하면 어떤 보안관제 업체를 선택할지가 고민이다. 보안관제 업체를 선정할 때 브랜드 가치가 있는 회사는 비싸고, 가격이 너무 싼 회사의 관제 품질은 미덥지 못한 것이 보안관제 서비스 이용자의 고민이다. 다른 일과 마찬가지로 서비스 이용자로서 자체 요구사항을 명확히 하는 것이 출발점이 된다. 정보보호 시스템 운영과 보안 위험의 예방, 보안 사건·사고의 모니터링, 발생 시 긴급대응, 필요로 하는 정보 제공 등에서 서비스 요구사항을 작성한다. 그것이 제안요청서(RFP)와 업체 선정 기준의 근간이 되고, 이후 서비스수준협약SLA, Service Level Agreement, 월간 보고회, 운영 개선의 주요 기준이 된다.

업체 선정 시 살펴볼 만한 사항을 몇 가지 제시하면 다음과 같다. 우선 보안관제 업체 기술력의 핵심은 분석 역량이므로 제안 발표 때 담당 분석(CERT) 인력을 참석하게 하여 질문한다. 보안관제 업체의 공통 고민인 관제 인력의 잦은 이직(교체)은 담당자 업무 미숙으로 사고 가능성을 높이기 때문에 이용자 입장에서 보면 상당한 위험 요인이다. 관제 인력의 안정적 근무를 확보하는 일, 관제 인력의 교체와 역량 문제를 프로세스와 솔루션으로 보완하는 일 역시 서비스 이용자가 관심 가져야 할 보안관제 회사의 실력이다. 또한 몇 가지 사고 시나리오를 선택해 징후를 발견했을 때부터 긴급 대응을 하기까지 업무 및 이용자와 협업 프로세스를 살펴보는 것 역시 업체 선정에 도움 된다. 원격관제의 경우 보안관제 업체의 보안운영센터를 방문하여 질의응답을 하는 것도 검토할 만하다. 보안관제 업체에서 정보보호 시스템의 규칙 설정을 담당한다면 역할과 역량, 규칙 점검 및 변경 프로세스를 검토하는 것도 필요하다.

악성코드 대응도 강조하고 싶다. 정보보안 산업 초기에는 안티바이러스 업체는 정보보안 업체로 간주하지 않았을 정도로 악성코드가 단순했고, 악성코드를 활용하지 않는 다양한 보안 공격 방법이 있었다. 하지만 이제는 악성코드를 사용하지 않는 보안 공격은 거의 없다고 해도 과언이 아니다. 그만큼 보안관제에서도 악성코드 대응이 중요한 과제다. 보안관제 업체를 선택할 때 반드시 악성코드 대응 역량을 살펴야 한다.

3. 보안관제 업체와의 협업
보안관제를 통해 보안 위험을 최소화하는 것은 보안관제 업체의 역량이 중요하지만 그에 못지않게 서비스 이용자의 역량 또한 영향이 크다. 이용하는 기업이 자신의 요구사항을 명확히 제시할 경우 전혀 실력이 안 되는 업체가 아니라면 거기에 맞춘다. 다만 온갖 '잡일'을 요청하면서 중요한 요구사항도 제시하면 결과가 좋기 어렵다. 최소한 월간 보고회를 할 때 나오는 두꺼운 '보안관제 보고서'는 줄여 나가면서 고급 정보를 요청해야 한다.

보안관제 서비스를 이용하면서 짚어야 할 중요 사항은 서비스 이용 기업과 보안관제 기업 사이의 협업 프로세스이다. 보안 공격에 대응할 때 보안관제 업체는 스스로 의사결정을 하는 자기 완결적인 조직이 아니다. 사전에 충분히 협의하지 않은 중요한 의사결정은 이용자가 내릴 수밖에 없다. 중요 자산의 최종 책임이나 보안 사고로 인한 법적 책임 역시 이용자에게 있다.

예를 들어 디도스 공격이 들어왔는데 네트워크 트래픽이 디도스 공격인지 여부를 판단하는 데 시간이 걸려서 대응이 늦어질 때가 있다. 디도스 공격 트래픽의 유입을 인지할 수 있는 지점으로는 인터넷 회선제공업체(ISP)의 네트워크 장비, 데이터센터(IDC)의 네트워크 장비, 이용 기업 통제 범위 내의 네트워크 장비, 서버, 응용 프로그램 그리고 ISP, IDC, 개별 기업에서 운용하는 디도스 대응 장비 등이 있다. 따라서 기업 통제 범위 내의 디도스 대응 장비만 운영하는 보안관제 업체 담당자가 디도스 공격의 징후를 인지한 후 디도스 공격이라고 판단하여 대응하는 데에는 시간이 걸릴 수밖에 없다. 디도스 대응을 하다가 잘못하면 고객용 서비스가 영향을 받을 수 있다는 점도 관제 업체엔 부담이다.

ISP나 IDC의 디도스 대응 시스템에서 디도스 트래픽을 차단하거나 공격 여부를 통보하면 좋지만, 별도의 디도스 대응 서비스를 이용하지 않는다면 도움을 받기 어렵다. 오히려 ISP나 IDC에서는 특정 서버에 대한 디도스 공격 트래픽으로 자체 네트워크가 문제 생긴다면, 해당 서버를 차단하는 쪽을 선택하기도 한다. 따라서 디도스 공격 징후의 인지부터 대응에 이르는 시간을 대폭 줄이는 것은 대부분 개별 기업의 몫이다. 사내 IT 운영 부서, 정보보안 부서, 보안관제 업체가 각각 담당하는 지점에서 디도스 징후를 탐지했을 때 신속한 정보 공유, 디도스 공격 여부 판단, 담당 조직별 대응 활동 등 디도스 대응 프로세스에서 각자가 맡은 역할과 책임, 협업에 대한 상세 분석과 개선이 있어야 가능하다.

보안관제를 운영할 때 월간 보고회 시간이 있다. 매일 보안 실무자에게 보내오던 리포트를 단순히 모아 놓은 두껍고 의미 없는 보고서를 보는 일을 두세 달해 보면 그것이 시간과 종이 낭비라는 것을 알게 된다. 우리 회사가 어떤 위험에 처했는지, 공격 트렌드 중 어떤 공격에 대비해서 무엇을 해야 할지 점검하는 시간이 되도록 운영하는 것이 바람직하다. IT 인프라의 보안 취약점을 점검하는 시간이 되어도 좋다. 월간 보고회가 의미 있는 협업 시간이 되도록 만들면 바쁜 정보보호책임자가 회사의 보안 전반을 점검하고 관리하는 데 큰 도움이 된다.

이용자는 업체 선정 뒤에 요구사항을 늘리곤 한다. 보안관제 비용은 정해졌으니 더 요구하고 싶은 게 인지상정이고, 계약 때 미처 챙기지 못한 일이 있기도 하다. 하지만 양을 늘리면 질이 떨어질 수 있다는 평범한 진리는 음식점만 적용되는 게 아니라는 점 역시 인식할 필요가 있다. 사람이 하는 서비스는 지불한 비용을 크게 초과해서 받기 어렵다는 게 만고불변의 진리가 아닐까 싶다.

망 분리 ──

'망 분리'는 2007년 "해킹 등 주요 사이버 공격으로부터 국가 기밀 등 중요 자료의 유출을 근본적으로 차단"(「국가기관 망 분리 구축 가이드」, 국정원 등, 2008.5.)하기 위한 목적으로 정부가 시범 사업을 하면서 국내에 도입됐다. 민간기업에서 대규모 개인정보 유출 사건이 발생하여 일정 규모 이상의 정보통신서비스 제공자의 망 분리를 의무화하는 규정이 2012년 8월 정보통신망법 시행령에 들어갔고(2013년 2월 시행, 2020년 8월 개인정보보호법 시행령에 통합), 2013년 3월 금융회사와 언론사에 대규모 해킹 사태가 발생한 뒤 금융위원회는 7월에 '금융전산 보안강화 종합대책'을 발표하고, 전자금융감독규정을 개정(2013.12.)하여 금융회사의 망 분리에 나섰다. 이에 따라 망 분리는 공공·금융·민간부문 모두에서 핵심적인 보안 대책으로 자리 잡았다.

사실 '망 분리'라는 이름으로 불리지만 세부 내용은 다르다. 개인정보보호법에서는 '망 분리'를 일정 규모 이상의 정보통신서비스 제공자에게 적용하는 개인정보 보호조치로서 다음과 같이 정의한다.

> 개인정보처리시스템에 접속하는 개인정보취급자의 컴퓨터 등에 대한 외부 인터넷망 차단
> (개인정보보호법 시행령 제48조의2(개인정보의 안전성 확보 조치에 관한 특례) 제1항 제2호)

> 전년도 말 기준 직전 3개월간 그 개인정보가 저장·관리되고 있는 이용자 수가 일일 평균 100만 명 이상이거나 정보통신서비스 부문 전년도 매출액이 100억 원 이상인 정보통신서비스 제공자 등은 개인정보처리시스템에서 개인정보를 다운로드 또는 파기할 수 있거나 개인정보처리시스템에 대한 접근권한을 설정할 수 있는 개인정보취급자의 컴퓨터 등을 물리적 또는 논리적으로 망 분리하여야 한다.
> (개인정보의 기술적·관리적 보호조치 기준 제4조(접근통제) 제6항)

전자금융거래법 하위 고시로 금융회사와 전자금융업자에게 적용되는 전자금융감독규정(금융위원회 고시)에서는 '망 분리'를 다음과 같이 정의한다.

> 내부통신망과 연결된 내부 업무용 시스템은 인터넷(무선통신망 포함) 등 외부통신망과 분리·차단 및 접속 금지
> 전산실 내에 위치한 정보처리시스템과 해당 정보처리시스템의 운영, 개발, 보안 목적으로 직접 접속하는 단말기에 대해서는 인터넷 등 외부통신망으로부터 물리적으로 분리
> (전자금융감독규정 제15조(해킹 등 방지대책) 제1항 제3호, 제5호)

개인정보보호법에서는 개인정보취급자의 컴퓨터가 인터넷으로부터 악성코드에 감염되어 지능형 표적 공격 등으로 인해 개인정보가 유출되는 것을 차단하는 것이 목적인 반면, 전자금융거래법에서는 아예 내부 통신망을 접근하는 업무용 PC가 인터넷 등 외부 통신망과 차단되어야 한다는 것과 금융 IT 시스템

과 그것에 접속하는 단말에 대한 망 분리를 규정한다. 특히 금융 IT 시스템도 아닌 일반 업무용 PC까지 인터넷을 차단하는 것은 보안 위험의 심각도에 비해 과도한 조치로 업무 효율을 매우 떨어뜨린다는 비판이 많다.

망 분리의 유형은 다음과 같이 분류할 수 있다.

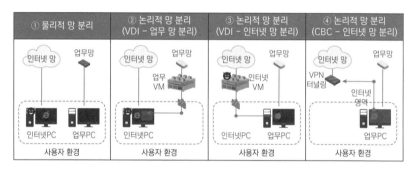

그림 3-25 망 분리의 유형

'물리적 망 분리(①)'는 업무 시스템(또는 개인정보처리시스템)을 접근하는 네트워크와 인터넷을 접근하는 네트워크를 분리한다. 네트워크 자체를 물리적으로 분리하기 때문에 망 분리 방식 중 보안 수준이 가장 높다. 하지만 주로 일정 규모 이상의 기업이 망 분리를 하므로, 한 건물의 여러 층이나 여러 건물을 사용하는 경우 스위치 같은 네트워크 장비의 추가 비용이 상당히 들어간다. 그래서 물리적 망 분리를 하려다가 '물리적 PC 분리'만 하기도 한다. 즉, 망 분리 대상자에게 PC를 2대 지급하여 한 대는 업무망에 접속하고, 다른 하나는 인터넷에 접속할 수 있게 하는 것이다. 이렇게 되면 인터넷 접속망과 업무 접속망은 보안장비를 통해 논리적으로 분리되기 때문에 네트워크 단에서는 논리적 망 분리와 유사한 구성이 된다. 물리적 PC 분리는 논리적 망 분리에 비해 PC가 하나 더 추가되므로 비용상의 단점이 있는 반면에 PC의 성능이 중요한 회사는 고려할 만한 선택지일 수 있다.

위 그림 ②의 논리적 망 분리에서는 PC의 실 시스템(호스트 OS)은 인터넷만 접속하고, 가상 시스템(게스트 OS)은 회사 업무망만 접속한다. 가상 시스템에서 작업한 모든 결과는 PC에는 전혀 남지 않고, 업무망에 있는 서버에만 저장된다. 아예 PC의 실 시스템에 오피스나 업무용 애플리케이션을 설치하지 않음으로써 별도의 문서를 만들지 못하게 하기도 한다. 이미 수십 년 전부터 산업 기밀 등 중요 정보 유출을 차단하기 위해 많은 기업에서 사용하는 방식이다. 전자문서 관리시스템(EDMS)이나 도면 관리 시스템에서 이런 구조를 사용해 왔다. 하지만 이러한 방식은 사이버 공격에 취약할 수 있다. 예를 들어 인터넷을 통해 PC 실 시스템이 악성코드에 감염되면 지능형 표적 공격의 출발점이 될 수 있다. 가상 시스템의 아이디, 비밀번호, 중요 문서 등의 유출이 가능하다. 따라서 이러한 구조에서는 PC 실 시스템에 대한 보안이 매우 중요하다.

③과 ④는 ②의 구조와는 반대로 PC의 실 시스템의 인터넷 접속을 차단하고, PC에서 실행한 가상 시스템을 통해서만 인터넷을 접속하도록 하는 논리적 망 분리이다. 가상 시스템에서는 업무망 접근이 차단되어 있어서 인터넷을 통해 가상 시스템에 악성 프로그램이 침투하더라도 업무망에 있는 중요 시스템이나 데이터를 보호할 수 있다. 법에서 규정한 망 분리 요건에 잘 들어 맞는 구조다.

망 분리를 해도 업무망 PC에 있는 제품 소개 자료를 외부에 보내는 경우 두 영역 사이에서 데이터 이동이 생긴다. 적절한 승인 절차를 통해 두 영역 사이에서 파일을 전송할 때 인터넷 접속 PC에 설치된 악성코드가 업무망으로 이동하지 못하도록 해야 한다. 망 분리 솔루션과 함께 판매되는 망 연계 솔루션에서 제공하는 기능이긴 하나 망 연계 지점이 보안 취약점으로 작용할 수 있으므로 보안성과 편의성, 프로세스, 성능, 가용성 등을 꼼꼼히 따지는 게 좋다. 실제 사이버 공격이 망 연계 지점을 넘어 보안 사고가 발생한 적이 있다.

인터넷이 차단된 PC도 여러 경로를 통해 익성 프로그램이 유포될 수 있으므로, 안티바이러스나 패치 업데이트 등 기본적인 보안 대책을 갖춰야 한다. 소프트웨어 개발자 같이 PC 성능에 민감한 사용자가 가상 시스템을 실행했을 때 PC 속도가 느려졌다는 불평에 적절히 대응하는 것도 정보보안 부서의 몫이다.

③, ④ 방식의 논리적 망 분리를 하더라도 망 분리 대상 PC 실 시스템의 인터넷 접속이 가능한 상황도 있다. 업무나 정책상의 이유, 기존 소프트웨어의 충돌 같은 기술적인 이유로 예외 처리를 하고, 조직 개편으로 발생하는 신규 차단 대상을 보안조직에서 사전에 파악하지 못하거나 임직원이 의도적으로 망 분리 적용을 회피함으로써 일시적 또는 지속적으로 인터넷 접속이 가능할 수도 있다. 유선 연결은 차단했지만 와이파이^{wifi}나 테더링^{Tethering}을 통해 차단 대상 PC가 인터넷에 접속하거나 이동 저장 매체를 통해 망 분리를 넘어설 수 있다. 결국 망 분리의 목적이 단지 법규 준수가 아니라면 구축 이후 운영 단계에서 해야 할 일이 많아진다.

이러한 문제를 줄이는 가장 좋은 방법은 개인정보처리시스템 접속과 같은 망 분리 대상 PC를 최소화하는 것이다. 법적 기준과 기업 내부의 필요를 기반으로 정보통신서비스 제공자는 개인정보를 다운로드하거나 파기할 수 있는 개인정보취급자를 최소화하고, 금융회사는 전산실 시스템에 명령어 인터페이스로 접속하는 PC를 최소화하는 것이 좋다. 운영 단계에서 예외 관리를 철저히 하여 업무망에 접속하는 PC가 불필요하게 늘어나지 않도록 관리하면 보안 위험이 줄고, 정보보안 부서의 운영 업무도 줄일 수 있다.

망 분리에서 한 가지 빠뜨리지 말아야 할 것이 있다. 바로 외부에서 업무망 원격 접속을 하는 것이다. 금융회사는 이를 원천적으로 차단한 회사가 상당수 있지만, 인터넷 기반 사업을 하는 기업이나 핀테크 기업에서는 재택 근무, 장애 대응과 같은 상황에 대응하기 위해 원격 접속을 허용하기도 한다. 재택근무가 가능한 고객지원 센터에서 개인정보처리시스템에 원격 접속하는 것 역시 마찬가지다. 이것은 회사 외부의 인터넷 접속 가능 PC에서 회사 내부의 업무망에 접근할 수 있는 편리하지만 위험한 경로를 열어 주는 것이다. 접속 VPN 계정의 철저한 관리(예외 관리), VPN 그루핑을 통한 접근 서버 제한, 2단계 인증 사용, 접속 시간 제한, 이상 징후 탐지 등 다양한 보안 대책을 통해 철저히 관리할 필요가 있다. 잘못하면 이러한 경로가 호시탐탐 보안 취약점을 노리는 범행자의 범행 경로가 된다.

논리적 망 분리는 이름이 '망 분리'여서 그렇지 실제로는 가상화이다. 게스트 OS에서 호스트 OS 공격이 불가능하다는 가정으로 보안에서 사용하고 있다. 하지만 보안 취약점이 언제나 없을 거라는 보장은 없다. 1차적으로 솔루션 업체가 정보를 수집하고 패치를 제공하겠지만, 이용 기업에서도 가상화 솔루션에 관한 정보를 주기적으로 수집하고, 긴급한 상황이 발생할 경우를 대비하여 망 분리 솔루션 업체와 협업하여 대응 프로세스를 수립할 필요가 있다.

망 분리 제도는 업무망이나 개인정보처리시스템의 악성코드 침투를 줄여 보안 사고를 감소시키는 장점이 있지만 공개 소스의 활용, 다른 기업과의 협업, 클라우드 서비스 이용, 지속적인 빌드와 출시를 통해 신속한 서비스 개발이 핵심 경쟁력인 시대에 역행하여 기업의 경쟁력을 떨어뜨리는 문제도 크다. 실제 글로벌 업체에서 우리나라와 같이 망 분리를 이유로 PC의 인터넷 접속을 차단하는 사례는 찾아보기 힘들다.

사실 세계적으로 통용되는 망 분리는 'air gap'인데, 이것은 '제어망'과 같이 인터넷 접속을 차단하여 보안 위협을 최소화하는 보안 대책이다.

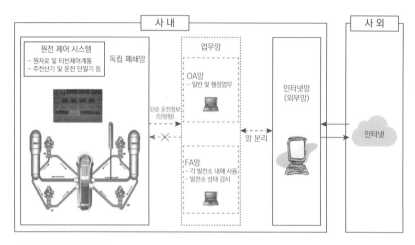

그림 3-26 원전망 구성도[18]

[그림 3-26]은 전형적인 '망 분리' 구성을 보여준다. 맨 오른쪽에 인터넷이 있고 인터넷과 접속이 가능한 인터넷망(외부망), 업무망, 원전제어시스템(제어망) 순으로 있다. 업무망은 인터넷망과 분리되었고 제어망은 업무망과 연결되어 있지만, 모니터링 등을 위해 제어망에서 업무망으로 한 방향으로만 제어와 데이터가 흐른다. 그래서 인터넷에서 원전 제어망으로 보안 위협이 침입할 수 없다. 하지만 고객에게 인터넷 기반의 서비스를 제공하는 기업은 이러한 망 분리를 할 수 없다.

---

18 한국수력원자력 보도자료, 2014.12.24.

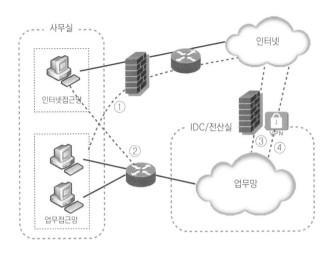

그림 3-27 정보통신서비스 제공자의 망 분리 구성도

[그림 3-27]은 정보통신서비스 제공자의 전형적인 망 분리 구성도이다. 이 그림에서 개인정보처리시스템이 업무망에 있고 개인정보취급자 컴퓨터가 업무접근망에 있다고 하면, '개인정보취급자 컴퓨터의 인터넷 접속 차단'은 경로 ①과 ②를 차단하는 것을 뜻한다. 정보통신서비스 제공자라면 고객이 인터넷을 통해 이용하는 서비스를 제공하므로, 업무망에 있는 웹 서버나 애플리케이션 서버, DB 서버에는 인터넷에서 접근하는 경로(③)가 존재하기 마련이다. 원론적 의미에서 망 분리가 애초에 불가능한 구조다.

예를 들어 업무접근망의 PC에서 업무망에 있는 서버에 접속했는데, 거기에서 운영 DB 접속이 가능하고 웹 브라우저를 실행하여 외부에 접속할 수 있다면 그것을 통해 고객정보를 외부로 유출할 수 있다. 엄청난 불편과 불평을 감수하고 개인정보취급자 PC의 인터넷 접속을 차단했는데, 엉뚱한 곳에서 보안이 뚫릴 수 있다는 말이다. ①과 ②를 차단할 뿐만 아니라 ③의 모든 경로(인바운드, 아웃바운드)를 철저하게 관리해야 한다. 네트워크 방화벽 설명에서 DMZ의 아웃바운드 접속을 기본적으로 차단하라고 한 이유이기도 하다.

따라서 법령을 현실에 맞게 바꾸고, 일정한 수준 이상의 기업에서는 자체적인 보안 위험 평가를 통해 적합한 보안 대책을 세울 수 있도록 허용하는 것이 바람직하다. 법적으로는 한국수력원자력 원전 제어망과 같은 제어시설, 주요 정보통신기반시설, 정보통신서비스 제공자의 개인정보처리시스템, 금융회사의 업무 시스템에 모두 '망 분리'가 보안 대책으로 되어 있는데, 이 시스템이 모두 동일한 수준의 보안 위험이 있다고 보기 어렵다. 같은 금융회사의 시스템이어도 금융 IT 인프라와 일반 업무 시스템은 보안 위험이 다르고 그에 따라 보안 대책이 달라질 수 있다.

2020년 11월 금융감독원에서는 금융회사의 일반 업무 시스템은 VPN 사용과 2단계 인증 등 다른 보안 대책을 적용하면 망 분리 적용 대상에서 제외하도록 전자금융감독규정 시행세칙을 개정하였다(전자금융감독규정 시행세칙 제2조의2(망 분리 적용 예외)). 정부도 재택근무를 권하는 코로나19라는 특수한 상황에서 불가피한 조치이긴 하지만, 보안 위험의 심각도가 다를 때 보안 대책이 다를 수 있다는 점을 인정한 것은 향후 관련 법규에서 보안 대책을 규정할 때 참조할 수 있는 좋은 사례라고 할 수 있다.

망 분리에 참고할 문서는 「국가기관 망 분리 구축 가이드」(행정안전부 등, 2008.5.), 「금융전산 망 분리 가이드라인」(금융위원회, 금융감독원, 2013.9.), 「정보통신서비스 제공자 등을 위한 외부 인터넷망 차단 조치 안내서」(방송통신위원회, 한국인터넷진흥원, 2013.2.)가 있다. 이러한 안내서는 망 분리 업무를 수행하는 데 상당히 도움이 되긴 하지만, 실제 망 분리를 구축하고 운영해 보면, 부딪히는 문제는 여전히 많다. 규제 기관에 문의하든지 업계에서 정보를 공유하면 도움이 많이 된다.

중소기업과 스타트업을 위한 보안 솔루션

스타트업과 중소기업(이하 중소기업)은 정부·공공기관이 제공하는 보안 서비스를 활용할 수 있다. 보안 서비스를 제공하는 부처로는 과학기술정보통신부(이하 과기정통부)와 중소벤처기업부가 있다.

한국인터넷진흥원(KISA)에서 제공하는 보안 서비스 ——

KISA는 정보보호 주무 부처인 과기정통부 산하의 공공기관으로 민간 부문의 정보보호를 담당한다. KISA에서는 중소기업기본법 제2조에 해당하는 중소기업에 다양한 보안 서비스를 무료로 제공하고, 전국 각 지역에 있는 산하 '지역정보보호지원센터'를 통해 해당 지역의 중소기업에 컨설팅, 교육 등을 지원한다. KISA가 제공하는 주요 정보보안 서비스는 다음과 같다.[19]

---

19 한국인터넷진흥원 인터넷 보호나라 홈페이지

표 3-12 KISA에서 중소기업용으로 제공하는 무료 보안 서비스

분류	서비스	설명
홈페이지 보안	휘슬(Whistl)	서버 해킹에 사용되는 웹쉘 파일 및 악성코드 은닉 사이트를 서버 관리자가 쉽게 탐지할 수 있는 프로그램을 제공하여 매일 정기적으로 검사
	캐슬(Castle)	홈페이지를 대상으로 한 공격 시도를 탐지, 차단하는 웹방화벽 서비스. 캐슬을 통해 주요 웹 취약점 탐지 정책 관리, 탐지·차단 로그 확인이 가능
	사이버대피소	피해 웹사이트로 향하는 디도스(DDoS) 트래픽을 대피소로 우회하여 분석, 차단함으로써 홈페이지가 정상적으로 운영되도록 하는 디도스 대응 서비스
	웹 취약점 점검	SQL 인젝션, Cross site scripting 등의 보안 취약점을 자동화된 도구를 이용하여 원격으로 점검하는 서비스. 점검 결과는 보고서로 제공
보안 점검· 진단	SW보안 약점 진단	중소기업이 개발한 SW의 보안 약점을 진단해 주는 서비스 출장형 진단(진단 전문가가 신청 기업에 방문)과 내방형 진단(신청 기업이 SW개발보안허브에 방문)이 있음
	비대면 서비스 취약점 점검	비대면 서비스 및 제공 사업자 보안 수준을 높이기 위해 다음 서비스를 제공 ① 모바일 앱 취약점 점검 ② 웹(홈페이지) 취약점 점검 ③ 서비스 개발·운영 환경 취약점 점검 ④ IoT 취약점 점검
보안 컨설팅	종합 보안 컨설팅	– 대상: 기업 내 네트워크, 시스템, 홈페이지 등 ICT 인프라를 운영 중인 중소기업 – 내용: 정보보호 컨설팅을 무료로 제공하고, 컨설팅 결과에 따라 보안 솔루션에 대한 일정 비용을 제공
지역 정보보호 지원센터	보안 서비스	지역 중소기업에 대한 웹 취약점 점검 및 조치, 정보보호 현장 진단, 개인정보 보호조치 및 법규 준수, 정보보호 전문 교육 및 세미나

이 밖에도 KISA가 제공하는 '사이버 위기대응 모의훈련'은 "사이버공격 예방 및 피해 최소화를 위해 실전형 모의훈련을 실시하여 기업의 보안수준 강화와 임직원 인식을 제고"하기 위한 훈련 서비스로 중소기업 전용으로 제공하는 서비스는 아니지만, 참여하면 상당한 도움을 받을 수 있다.

표 3-13 민간 분야 사이버 위기대응 모의훈련

분류	훈련 종류	설명
사이버 위기 대응 모의훈련	해킹 메일	임직원 대상으로 최신 유행하는 사회공학적 해킹 메일을 발송하여 임직원의 보안 인식 제고 및 기업의 탐지·대응 체계 확인
	디도스 공격	홈페이지 대상 디도스 공격 수행: 자체 또는 KISA 대피소를 이용한 탐지·방어 및 복구 진행
	모의 침투	국제해킹대회 입상자를 활용한 홈페이지 실전 모의 침투 수행: 기업 홈페이지 보안 취약점 점검결과 및 조치 방안 안내

사실 무료 서비스라고 소개했지만, 실제로는 이 책의 독자를 포함한 국민의 세금이 쓰이는 서비스이고, 서비스 이용 시 회사에서 적절한 인력이 참여해야 좋은 결과를 얻을 수 있으므로 회사에 꼭 필요한 서비스를 선정하는 것이 바람직하다.

중소기업 기술보호울타리 ——

'중소기업 기술보호울타리'는 중소벤처기업부가 대·중소기업·농어업협력재단을 통해 제공하는 중소기업 기술보호 서비스이다. 기술 보호에 초점을 맞추긴 했지만, 영업 비밀로 보호할 수 있는 경영 정보, 마케팅 정보 등에도 모두 적용할 수 있다. 이것 역시 중소기업에 무료로 제공된다. 주요 서비스 내용은 다음과 같다.[20]

---

20 중소벤처기업부 기술보호울타리 홈페이지

표 3-14 중소벤처기업부가 제공하는 보안 서비스

분류	서비스	설명
사전 예방	전문가 현장 자문	중소기업 기술유출, 기술보호 고민을 기술보호전문가가 기업 현장에서 해결(3일 무료) - 서비스 내용: 보안 전략, 보안 시스템, 법률 자문
	기술지킴 서비스	보안관제 서비스, 내부정보 유출방지 서비스, 악성코드·랜섬웨어 탐지서비스
	기술자료 임치	대기업에 기술 유출 등 분쟁 시 기술 개발·보유 사실 입증을 위한 서비스. 납품 기술에 대해 지속적으로 대·중소기업·농어업협력재단에 안전하게 보관
피해 구제	부처 통합· 상담 신고 02-368-8787 (무료)	각 부처별 기술보호 상담창구를 일원화하여 신고 접수 ① 보안상담(정보화 기기보안, 관리요령 및 방안) ② 법률상담(기술유출 분쟁, 소송 등) ③ 중소기업기술보호 지원 정책사업 안내(공정거래위원회 '신고포상제' 등) ④ 산업기술유출 예방·수사 관련 경찰청 연계
	지방 중소기업 기술 보호 지원단	- '기술보호지원반'이 기업 현장을 신속히 방문하여 상담 - 기술유출·분쟁 피해조사 및 전문가(법률) 상담 진행(1일, 무료 지원). 상담 결과에 따라 기술보호지원제도 및 정부부처 연계
	법무 지원단	① 기술탈취·유출 등의 분쟁·소송 관련 법률상담 및 처리방향 제시 ② 특허심판·소송 등 법적 해결방안 제시 및 소송준비 지원 ③ 기타 기술유출·탈취 피해 중소기업이 요청하는 피해구제 관련 법률자문 제공
	중소기업 기술분쟁 조정 중재	전·현직 법조인, 기술분야 전문가로 구성된 전문위원이 객관적으로 분쟁해결을 도움 - 조정: 합의를 바탕으로 분쟁을 자율적으로 해결 - 중재: 법원의 재판이 아닌 중재부의 판정으로 해결

'기술지킴 서비스'는 한국산업기술보호협회를 통해 제공하는 정보보안 서비스인데, 중소기업에 신청하면 손쉽게 이용할 수 있으므로 좀 더 세부적으로 소개하면 다음과 같다.[21]

---

21 중소벤처기업부 기술보호울타리 홈페이지

표 3-15 기술지킴 서비스

분류	서비스	설명
기술 지킴 서비스	보안관제 서비스	24시간 365일 모니터링을 통해 사이버 공격 발생 시 실시간 차단 및 이상 징후 통보. 방화벽 등 보안 장비 없는 기업은 장비 임대료 발생
	내부정보 유출방지 서비스	- PC용 에이전트 30개 라이선스 무료 제공 - USB, 이메일, 출력물을 통한 내부 자료 유출 통제 및 이력 관리 후 의심 행위 발생 시 이상 징후 통보
	악성코드·랜섬웨어 탐지 서비스	- PC용 악성코드, 랜섬웨어 차단 솔루션 30개 라이선스 무료 제공 - 기업에 유입된 악성코드 탐지 및 분석 지원

필자도 기술보호울타리에서 지정한 '기술보호 전문가'로서 중소기업 자문을 나가는데, 적절한 인력을 참여시켜 '심화 자문'까지 하면서 적은 비용으로 큰 효과를 누리는 기업도 있지만, 신청할 때는 나름 목표가 있었지만 인력이 바뀌고 준비도 하지 않아 좋은 결과를 얻지 못하는 곳도 있다.

그 밖에 중소기업을 위한 클라우드 보안 서비스를 제공하는 바우처 사업도 있다.

표 3-16 2020년 바우처로 이용할 수 있는 클라우드 보안 서비스 풀[22]

기업명	서비스명
나우테스테크놀러지	N-SSO
넷킬러	KillerID
넷킬러	NetkillerDLP
다원티에스	GeniancCloudNAC
다인엔시스	ImonLopeCloud
모니터랩	AIONCLOUD
소만사	Privacy-ICloud
스마일서브	WAPPLESCloud 웹방화벽

---

22 한국클라우드산업협회 홈페이지

일정 금액 안에서 기업이 비용의 20%를 부담하면 클라우드 서비스 풀에 있는 서비스를 구매할 수 있는 사업이다. 매년 진행되는데, 매우 다양한 클라우드 서비스가 있으므로 응모 기간을 매년 진행하고 있으니 기간을 살펴봐서 지원하기 바란다. 서비스는 좋은데 20% 비용이 아까운 기업이 있을지도 모르겠다. '보안 위험 관리' 업무에서 강조한 대로 기업의 중요 자산이 어느 정도 가치가 있는지부터 살펴보는 게 좋겠다.

끝으로 개인정보 유출이나 기술 유출 같은 보안 사고가 발생했을 때 기업이 어디에 신고할지 정리해 보면 다음과 같다.

표 3-17 보안 사고 발생 시 신고처

신고 목적	신고처
보안 사고의 범인을 잡으려면?	수사 기관: 관할 경찰서, 지방경찰청
기술 유출 피해에 대응하려면?	기술보호울타리 통합신고센터(02-368-8787)
해킹, 랜섬웨어 등 피해에 대한 분석, 대응이 필요하면?	한국인터넷진흥원(118)
개인정보 유출 사고가 발생하여 법적 절차에 따른 신고가 필요하면?	한국인터넷진흥원(118)

4장

연습은 실전처럼
실전은 없는 게 좋다

위기관리

"가지 많은 나무에 바람 잘 날 없다."

정보보호 업무를 하는 분에게 우리나라 속담 중 가장 마음에 와닿는 걸 고르라고 하면 아마 최상위권에 속할 만한 속담이다. 어느 정도 규모가 있는 기업은 PC가 악성코드에 감염됐다, 피싱 메일을 수신했다, 생활 보안 점검 시 적발됐다, 문서보안 솔루션이 이상하다, 심지어 PC가 느려졌다 등 수많은 '자잘한' 사건 사고가 발생한다. 하지만 이런 문제는 팀 안에서 처리하면 되지만 언론이나 SNS에 나올 정도의 개인정보 유출 사고나 해킹으로 의심되는 사고가 발생하면 문제는 심각해진다. 어떻게 대응하냐에 따라 회사 조직과 사업에 영향을 끼친다. 회사와 리더의 위기관리 역량이 드러나는 때다. 대조적인 두 사례를 소개한다.

2011년 4월 N사 '전산망 마비 사태'가 발생하여 전산시스템이 제대로 작동하지 않고 금융 데이터가 삭제되어 회사와 고객의 업무 처리에 큰 혼란이 빚어졌다. 완전히 복구되는 데 3주 정도의 시간이 걸릴 정도로 큰 사건이었다. 문제는 사건의 수습 과정에서도 드러났다. N사의 최고경영자는 사건 이틀 뒤에 사고에 대한 사과 기자회견장에서 자신도 보고를 늦게 받았고, 밤새워 복구한다고 해서 그런 줄 알았다며 기본적인 사실 확인도 하지 못한 채 책임을 부하 직원에게 미루는 모습을 보였다.[01] 이후 N사는 2년 뒤 2013년 3·20 전산망 대란에도 피해 회사에 포함되었고, 2014년 1월 카드사 고객정보 유출 사태에도 역시

---

01 "농협, 회장에게도 은폐 시도", 연합뉴스, 2011.4.14.
　　"최원병 농협중앙회장 '전산망 관리 IT 담당자들이 다해… 나는 비상임… 책임질 일 없어요'", 조선비즈, 2011.4.16.

이름을 올렸다. 2011년 사고 수습 과정에서 이미 이후의 모습을 예측할 수 있었던 게 아닐까 싶다.

이와 달리 CEO가 전면에 나서서 사고 수습을 이끈 경우도 있다. 2018년 6월 S사가 운영하는 통신망에 2시간 30분 정도 장애가 발생하여 사용자가 통화나 문자를 사용하지 못한 사고가 발생했다. 영향을 받은 사용자가 730만 명으로 추산될 정도로 파장이 컸다. S사는 바로 다음 날 CEO 명의의 사과문을 올리고 기존 약관을 뛰어넘는 구체적인 피해 보상 대책을 내놓아서 사건을 수습했다.[02] 장애 문제는 공격자가 있는 보안 사고에 비해 상대적으로 원인 파악과 대책 수립이 쉽긴 하지만, 하루 만에 보상책을 내놓는 것은 회사의 위기관리 체계와 CEO의 리더십이 있기 때문에 가능한 일이다.

3장에서 살펴본 대로 보안 위험 관리는 기업의 경영목표 달성을 위해 조직과 사업에 있는 보안 위험을 식별하고 최소화하는 활동으로 기업의 비즈니스 리더로서 정보보호책임자가 담당해야 할 업무이다. 하지만 필자는 여기에서 한발 더 나아가서 정보보안 위기관리를 말하려고 한다. 원론적으로 보면 위험은 추정이다. 즉, 아직 발생하지 않은 일이다. 하지만 사고는 발생한 위험이고 발생한 위험은 위기로 전환될 수 있다. 위기관리 관점에서 위험을 바라보면 위험을 예방하기 위해 보안 대책을 세우는 일뿐만 아니라, 발생한 위험이 위기로 전환하는 것을 차단하는 일이 매우 중요하다는 점을 알 수 있다. 또한, 위기 관점에서 위험을 바라보면 위험이 구체화된다. 실제로 위험으로 인한 손실이 어느 정도 될지 구체적으로 따져 볼 수 있고, 모의훈련 등을 통해 위기 상황을 경험하면서 발생 시 대책을 세울 수 있다. 위기관리 관점에서 위험과 보안 대책을 바

---

02 "박정호 SKT 사장, 통신장애 '직접 사과·신속 보상'", 아이뉴스24, 2018.4.9.

라보는 것이 매우 유용한 위험 대응 방안이다. 특히 정보보안 위기관리가 곧 사업의 위기관리이기 때문에 중요하다. 회사와 사업의 관점에서 보안 위험을 대비하듯 위기관리 역시 회사와 사업의 관점에서 바라보고 준비할 필요가 있다.

1장에서 기술한 정보보호책임자의 위기관리 업무는 다음과 같다.

표 4-1 위기관리 영역의 업무

업무 영역	세부 업무	세부 내용
4. 위기관리	1. 정보보안 위기관리 체계 수립·관리	정보보안 사건·사고·위기에 대한 대응 정책 및 조직, 프로세스의 수립과 관리
	2. 업무 연속성 계획 수립·운영	– 업무 연속성 계획 수립 – 필요 인력 및 시설 확보, 운영
	3. 위기 대응 모의 훈련	– 보안 위협 대응 훈련 – 정보보안 위기 대응 훈련 – 업무 연속성 비상 대응 훈련
	4. 정보보안 사건·사고·위기 대응	– 정보보안 사건·사고 대응 – 일상적 위기 대응 – 정보보안 위기 대응
	5. 외부 협력 구축과 운영	정보보안 단체 참여, 정보보안 자문위원회 운영 등을 통해 위기 대비

지금부터 회사의 위기로 떠오른 정보보안 위기의 내용과 종류, 그에 대한 사전·사후 대응 방안을 구체적으로 살펴보자.

정보보안 사고 관리

정보보안 관련 국제 표준 ISO 27001 시리즈 중에 '정보보안 사고 관리 Information Security Incident Management, ISO 27035'가 있다.

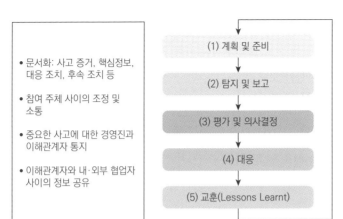

그림 4-1 정보보안 사고 관리(ISO 27035)

ISO 27035는 사고 관리를 모두 5단계로 나누고 각 단계에서 수행해야 할 활동을 규정한다.

- 1단계: '계획 및 준비' 단계

  1단계부터 5단계까지 업무 진행별로 필요한 정책, 지침, 프로세스를 작성한다. 예를 들어 정보보안 사건·사고 기준[03], 탐지 및 보고, 사고 분류 절차, 사고 대응팀IRT, Incident Response Team[04]의 구성, 필요한 시스템 개발 등이 여기

---

03 ISO 27000에서는 관련 용어에 관한 정의는 다음과 같다.
- 정보보안 사건(Information security event): identified occurrence of a system, service or network state indicating a possible breach of information security policy or failure of controls, or a previously unknown situation that can be security relevant
- 정보보안 사고(information security incident): single or a series of unwanted or unexpected information security events that have a significant probability of compromising business operations and threatening information security

04 국제 표준이나 해외 관련 문서에서는 Incident Response Team(IRT, 사고대응팀)이라는 표현이 많이 나온다. Computer Emergency Response Team(CERT)도 비슷한 성격의 용어이다. 하지만 국내에서는 보안관제기업이나 일부 대기업을 제외하고는 별도의 사고대응팀을 두는 경우는 거의 없다. 일반적인 정보보안팀의 역할로 보면 된다.

에 포함된다. 이러한 계획은 최고경영진의 승인을 받고, 지속적으로 업데이트해야 한다. 또한 협업 조직과 공유하고 실제 사고 발생 시 각 조직이 수행해야 할 사항을 교육, 훈련, 점검한다.

- 2단계: '탐지 및 보고' 단계
  정보보호 시스템, 내·외부의 인력 등 각종 정보보안 이벤트 탐지 소스로부터 정보보안 이벤트, 보안 위협, 보안 취약점 정보를 수집한다. 수집한 정보는 정보보안 사고 여부를 판정, 분석, 법적 조치 등 이후 활동을 위해 보관한다.

- 3단계: '평가 및 의사결정' 단계
  2단계에서 수집한 이벤트를 관련자가 참여하여 정보보안 사고로 분류할지 판정하는 단계이다. 이벤트는 가능한 이벤트, 오탐, 사고 중 하나로 분류한다. 추후 분석을 위해 이 과정 또한 빠짐없이 기록한다.

- 4단계: '대응' 단계
  사고대응팀에서 긴급 대응을 한다. 사고 등급에 따른 조사와 대응, 사고 대응에 필요한 내부 자원 할당, 필요한 외부 자원의 식별 등의 활동을 수행한다. 법적 대응이나 내부 징계 조치가 필요하면 법적 요건에 맞춰 디지털 증거를 수집한다. 만일 사고가 통제되지 않으면 사고대응팀은 에스컬레이션을 통해 위기 대응 활동으로 전환한다.

- 5단계: '교훈' 단계
  사고 대응 과정에서 교훈을 얻어 사고 대응 전반을 개선한다. 사고 관리 정책, 보안 대책, 보안 위험 평가 및 관리 정책, 사고 대응을 위한 조직, 프로세스 등을 검토하여 개선한다.

또한 ISO 27035는 각 단계의 공통 활동으로 ▲문서화 ▲참여 주체 사이의 조정과 소통 ▲중요 사고에 대해 경영진과 이해관계자 통지 ▲이해관계자와 내·외부 협업자 사이의 정보 공유를 제시하였다.

어느 정도 정보보안 사고 관리를 고민한 정보보호책임자라면 공감할 만한 내용이다. 이해를 돕기 위해 몇 가지 설명을 추가하면 다음과 같다.

첫째, 국내에서는 교훈 단계를 간과하는 조직이 많다. 정보보호책임자가 속한 회사에서 큰 사고가 나면 어려움을 많이 겪는다. 큰 사고가 나기 전에 작은 사건·사고가 발생하고 다른 회사에서 비슷한 사고가 나기도 하며, 한 번 발생한 사고는 반복되는 것이 사고의 속성이다. 따라서 회사에서 발생한 작은 사고, 언론에 난 다른 회사의 큰 사고는 반드시 원인을 파악하고 회사에 같은 보안 취약점이 있는지 분석하여 보안 대책을 수립할 필요가 있다. 간단하게라도 정보보안 부서에 보고서를 작성하도록 하고 검토 회의를 하면 도움이 된다.

둘째, 자체적으로 사고 대응을 하기 어려운 조직은 사고 발생 뒤 포렌식, 법률 대응 등을 위해 외부 기업을 이용한다. ISO 27035의 각 단계에서 수행하는 활동을 이해하고 요구사항을 정리하면 외부 기업과 협업할 때 유용하다.

셋째, 국제 표준을 보는 것은 쉽지 않지만, 국제적으로 합의된 내용인 만큼 내용의 양이나 질 측면에서 뛰어나다는 장점이 있다. 국제 표준에서 오는 권위와 정당성도 덤으로 얻을 수 있다. 따라서 정보보호 정책, 지침, 프로세스를 작성할 때 "맨땅에 헤딩"해야 할 상황이라면 관련 국제 표준이 있는지 찾아보는 것이 좋다. 다만 국내 환경 또는 기업 환경에 적합하지 않은 내용도 있으므로, 각 기업의 관점에서 걸러서 볼 필요가 있다. 예를 들어, ISO 27035에서 규정한 "외부 협업자와의 정보 공유"는 국내 환경에서는 적용하기 껄끄러운 활동이다.

이 표준의 한계도 있다. 4단계에서 조사와 대응을 통해 사고가 통제되지 않으면 '위기 대응 활동'으로 전환해야 한다고 하지만, ISO 27001 표준 시리즈는 위기 대응에 관한 표준은 나와 있지 않다. 이 장의 '정보보안 위기관리'가 이를 대신하리라 생각한다.

정보보안 위기와 위기관리 체계

"호미로 막을 것을 가래로 막는다."는 우리 속담이 있다. 적은 힘으로 충분히 처리할 수 있는 일을 제때 처리하지 못해 쓸데없이 많은 힘을 들이는 상황을 일컫는 말이다. 그런데 정보보안 위기에서는 '가래'로라도 막을 수 있으면 그나마 다행이다. 잘못하면 호미로 막을 수 있는 것을 가래로도 막지 못하는 사태가 발생할 수 있다. 따라서 정보보안 위기를 사전에 예측하여 그에 걸맞은 위기관리 체계를 구성하고, 제때 필요한 조치를 취해 호미로 막을 수 있는 상황은 호미로, 가래로 막을 수 있는 상황은 가래로 막는 것이 중요하다.

정보보안 사건·사고·위기 ──

정보보안 위험이 현실화 된 것을 여기에서는 '정보보안 이슈'라고 정의한다. 예를 들어 개인정보 유출 기능이 있는 원격제어 악성코드가 PC에 설치되어 자신의 명령·제어^{Command & Control} 서버에 접속(역접속)하는 것이 보안장비에서 탐지되었다면 정보보안 위험이 현실화 되어 정보보안 이슈가 발생한 것이다.

정보보안 이슈를 좀 더 세부적으로 살펴보자.

표 4-2 정보보안 이슈의 종류와 예

정보보안 이슈의 종류	정보보안 사건	정보보안 사고	정보보안 위기
정보보안 이슈의 예	– 피싱 메일 수신 – 악성코드 배포 – 서버 침해 흔적 발견 – 짧은 시간 서비스 지연 정도의 디도스 공격 피해	– 보안 관련 언론 보도 – 보안 관련 SNS에서 비난 – 디도스 공격으로 10분 이상 서비스 지연 또는 장애 – 협박성 제보 – 많은 고객 클레임 – 개인정보 소량 유출	– 개인정보 대량 유출 – 대규모 전산망 마비 – 대규모 서비스 장애 지속

[표 4-2]와 같이 기업에서 발생하는 정보보안 이슈를 정보보안 위기 관점에서 ▲정보보안 사건 ▲정보보안 사고 ▲정보보안 위기로 분류할 수 있다.

'정보보안 사건'은 정보보호 조직에서 주관하여 처리할 수 있는 정보보안 이슈이다. 아직 회사 외부에 알려지지 않았고, 회사의 서비스와 사업에도 별 영향이 없다. 소소한 내용이어서 정보보호책임자까지만 보고하는 것이 보통이다. 하지만 정보보안 사건은 이를 통해 위기의 징후를 발견할 수 있고, 잘못 처리하면 위기로 확대될 수 있기 때문에 소홀히 다루지 말아야 한다. 예를 들어 서버에서 침해 흔적이 발견되었을 때 범행자가 다른 서버로 이동하여 개인정보 DB까지 접근했을 수도 있으므로, 신속하게 이동 경로를 파악하고 관련 서버를 차단하는 등 긴급대응 조치를 취해야 한다. 정보보안 위기로 연결될 수 있는 사안이라고 판단되면 정보보호책임자는 즉시 CEO에게 보고한다.

'정보보안 사고'는 회사의 서비스나 사업에 피해가 발생한 정보보안 이슈이다. 보통 정보보호 조직이 처리할 수 있는 범위를 넘어서서 다른 부서와의 협업이나 전사적 대응이 필요하다. 그야말로 보안 동네 용어로 정보보호 조직이 처리하고 '덮을 수 없는 사고'가 하나 터진 것이다. 디도스 공격으로 인터넷 기반 서비스 장애 발생, 고객센터로 접수된 수십 건의 고객 클레임, 정보보안이 원인이 되어 인터넷에서 확산되는 회사에 대한 비난, 언론에 나온 부정적인 기사 등 발생한 정보보안 이슈가 확산 징후를 보인다. 특히 외부의 협박성 제보는 사실을 정확히 알기 어려운 상태에서 큰 폭발력을 지니므로 신중하게 처리해야 한다. 정보보안 이슈가 언론에 보도되면 정보보호 조직뿐 아니라 IT, 홍보, 고객 대응, 대외 담당 등 여러 부서가 함께 정보를 공유하고 대응할 필요가 있다. 언론한 곳에서 나온 사건으로 다른 언론에서 홍보 부서에 연락하거나 고객센터를 통해 문의가 들어오기도 하고, 규제기관에서 질의가 들어올 수 있기 때문이다. 법적 검토가 필요한 사안이면 법무 부서도 협업한다. 사실 확인을 위해 IT 조직이 참여하기도 한다. 대부분의 정보보안 사고는 전사적 협업을 통해 잘 대응하면 충분히 처리할 수 있지만, 잘못하면 회사 위기로 번질 수 있다. 사전에 수립해 놓은 위기관리 체계를 기반으로 '일상적 위기 대응 체계'를 작동시켜 신속하고 정확하게 대응할 필요가 있다.

2013년 블로그나 카페 등 인터넷에 한 포털사가 해킹되었다는 게시글이 나돌고, 언론사에서 취재에 들어간 적이 있다. 사실을 조사해 보니 사용자들이 다른 사람이 자신의 계정에 로그인한 기록을 발견하고 포털사가 해킹되었다고 이해한 것이다. 이러한 계정도용이 발생하면 도용의 목적에 따라 본인 명의로 스팸성 광고가 뿌려져서 가입한 인터넷 카페에서 강제로 탈퇴당하고, 메일이나 블로그 등 사생활이 노출되거나 훼손될 수 있어서 개인에게는 심각한 일이다. 결과적으로 여러 경로로 많은 계정 정보를 확보한 범행자가 여러 사이트를 동일한 아이디와 비밀번호로 사용하는 포털사의 이용자 계정을 도용한 사건으로 드러났다. 크리덴셜 스터핑^{Credential stuffing} 공격이다. 이러한 이슈가 크게 불거지고 TV 방송까지 나오면 회사에 어느 정도 타격이 있을 수밖에 없다. 당시 해당 포털사는 정보보안 부서와 홍보 부서에서 사고에 잘 대응하고, 해외나 타 지역에서의 로그인을 차단할 수 있는 기능을 이용자에게 제공함으로써 계정도용을 크게 줄였다. 이는 정보보호, 홍보, 고객 대응뿐만 아니라 서비스 기획, 개발 부서가 협업해야 처리할 수 있는 대책이다. 필자도 비슷한 건으로 서너 달 고생한 적이 있다. 이러한 사고는 회사가 위기로 느낄 만한 건은 아니나 대응이 늦어지면 이슈는 눈덩이처럼 커지기 마련이어서 위기관리 체계를 가동하여 신속하고 정확하게 대응하여야 한다. 이런 일은 종종 발생하니 '일상적 위기 대응'이 된다.

'정보보안 위기'는 회사에 심대한 영향을 미치는 정보보안 이슈이다. 흔히 기업의 정보보안 위기라고 하면 2011년부터 발생한 대규모 개인정보 유출 사고, 2011년 N사와 2014년 S사에서 발생한 장기간의 서비스 중단 사태, 2020년부터 국내뿐만 아니라 세계 유수 기업이 랜섬웨어 공격으로 온·오프라인 사업이 일시 중단된 사태가 떠오른다. 언론에서도 크게 다루고, 인터넷이나 시민단체를 통해 부정적 여론이 형성되어 급속히 확산한다. 수사기관이 수사에 나서고 규제기관이 기업의 법규 위반과 과실을 조사한다. 경우에 따라서 민사소송이 벌어지기도 한다. 단기적 또는 중장기적으로 기업에 유·무형의 대규모 손실이 발생한다.

기업이 이러한 정보보안 위기를 예방하고 위기 발생 시 적절히 대응할 수 있도록 준비하는 '정보보안 위기관리'가 정보보호책임자의 중요한 임무가 되었다. 하지만 구체적으로 들어가면 위기관리 방법이 막연한 것 역시 사실이다. 정보보호책임자의 역할을 아직도 중요 자산의 보호로 한정 짓거나 좀 더 넓혀도 정보보안 규제 대응 정도까지 보는 것이 일반적이기도 하고, 정보보안 위기관리에 관해 구체적으로 연구하거나 정리한 성과도 많지 않다. 또한, 기존의 위기관리에 관한 논의는 주로 위기 발생 시 대응 활동, 그것도 상당 부분이 커뮤니케이션 방안에 집중되어 있는 것도 한계다.[05] 여기에서는 기업과 정보보호책임자가 실행해야 할 위기관리 업무를 구체적으로 알아보고자 한다.

위기관리 체계의 구축 ─

1. 위기관리 업무

위기관리 업무는 크게 위기 전 업무와 위기 후 업무로 나뉜다. 위기 전 업무는 다시 위기 예방 업무과 위기 대비 업무로 나눌 수 있고, 위기 후 업무는 위기 대응 업무와 복구 업무로 분류된다.

표 4-3 위기관리 업무의 분류

위기 전 업무	위기 예방 업무	– 보안 대책 수립과 시행을 통한 정보보안 이슈 예방 – 정보보안 이슈 탐지와 조기 대응 – 일상적 위기대응 체계 운영
	위기 대비 업무	– 위기관리 체계의 수립과 관리 – 위기 대응 모의 훈련

---

05 읽을 만한 자료가 있으니 참고하기 바란다.
- 「사이버안전분야 위기대응 실무 매뉴얼」(과학기술부, 2009): 250쪽이 넘는 방대한 문서로, 사이버 안전에서 위기 대응을 위기의 종류, 단계, 담당 조직의 역할 등으로 잘 정리해 놓았다.
- 「침해사고 대응 매뉴얼」(청와대소방대, 2015): 10쪽 정도밖에 되지 않지만 중요한 항목은 다 포함되어 있고 읽기도 쉬운 잘 만든 매뉴얼이다.
- 「개인정보 유출 대응 매뉴얼」(개인정보보호위원회, 2020.12.): 개인정보 유출이라는 특정한 정보보안 위기 상황을 가정하여 대응 체계 구축과 긴급 대응, 법규 준수에 따른 조치 등을 정리해 놓은 매뉴얼이다. 특히 '표준 개인정보보호 지침' 제29조에 따라 '개인정보 유출 사고 대응 매뉴얼'을 작성해야 하는 공공기관이나 1만 명 이상의 개인정보를 처리하는 개인정보처리자에게 유용하다.
- "정용민의 Crisis Talk": 「THE PR News」에 연재되는 칼럼으로서 정용민 스트래티지샐러드 대표 컨설턴트가 쓰고 있는데, 정보보안 위기를 주로 다루지는 않지만 위기관리에 관한 통찰력과 구체적 사례를 읽을 수 있는 좋은 칼럼이다.

위기 후 업무	위기 대응 업무	이해관계자 대응 등을 통한 위기의 부정적 영향 최소화
	복구 업무	- 시스템과 데이터의 복구 - 고객 신뢰성 및 브랜드 가치의 회복

가장 좋은 위기 예방법은 무엇보다 완벽한 보안 대책을 수립하여 시행함으로 정보보안 이슈 자체가 발생하지 않도록 하는 것이다. 모니터링, 로그 분석 등 보안 활동을 통해 정보보안 이슈가 발생하는지 점검하여 문제가 될 만한 사건·사고를 조기에 탐지하고 신속하게 대응하여, 발생한 정보보안 사건·사고가 위기로 발전하지 않도록 대응하는 것이 주요한 위기 예방 업무다. 위기 대비 업무로는 위기 대응 체계를 수립하고 모의훈련을 통해 태세를 점검하는 일이 포함된다.

위기 후 업무로는 위기가 발생했을 때 신속하고 정확하게 대응함으로써 위기의 부정적 영향을 최소화하는 위기 대응 업무와 위기를 통해 발생한 시스템과 데이터, 고객 신뢰도, 브랜드 가치 등 유·무형의 손실을 회복하는 복구 업무가 있다.

2. 위기 사건의 정의

위기에 대응하기 위해서는 먼저 회사에 발생할 수 있는 위기를 정의할 필요가 있다. 회사나 업종마다 다를 수 있지만 정보보안 위기 관점에서 보면 대규모 개인정보 유출 사고, 핵심 산업기밀 유출, 전산망 마비 사태, 디도스 공격 등으로 인한 인터넷 서비스 장애 지속, 자사 웹 사이트에서 악성코드 대량 배포 등이 회사의 위기가 된다. 위기를 정의하면 해당 위기가 발생하거나 그것으로 발전할 수 있는 사건·사고를 정의할 수 있고 이러한 이슈가 발생했을 때 적극적으로 대처할 수 있다.

회사마다 특수한 위기가 있을 수 있다. A사는 2008년에 안티바이러스 제품에서 윈도 운영체제의 파일을 삭제하는 오진이 발생하여 많은 고객의 PC가 다운되는 위기를 겪었다. 회사 경영진의 신속한 대책 수립과 전체 구성원이 토요일, 일요일까지 모두 출근하여 복구 CD를 제작하고 퀵서비스로 6,500개를 보내는 등 헌신적인 노력을 다하여 위기를 극복했다. 별도의 위기 대응 프로세스를 갖추지는 않았지만, 24시간 대응하는 보안 회사여서 잘 대응했던 것 같다. 필자도 그 회사에서 보안대응센터장으로 일할 때 24시간 대응 인력의 전화 소리에 잠을 깨곤 했다. 늘 위기 대응의 마음으로 살았던 것 같다.

3. 위기관리 조직 구성

정보보안 위기관리 조직은 최고경영진을 주축으로 한 위기관리위원회와 이를 실무적으로 뒷받침하는 위기관리 실무협의체로 구성된다.

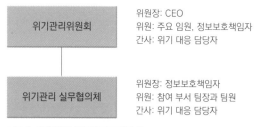

위원장: CEO
위원: 주요 임원, 정보보호책임자
간사: 위기 대응 담당자

위원장: 정보보호책임자
위원: 참여 부서 팀장과 팀원
간사: 위기 대응 담당자

그림 4-2 정보보안 위기관리 조직의 예

우선 위기관리위원회는 주요 임원과 정보보호책임자로 구성한다. CEO가 직접 위원장을 맡는 것이 가장 좋지만, CEO가 직접 맡기 힘든 상황이면 COO나 CFO 등 CEO와 긴밀하게 소통하면서 CEO에 버금가는 권한을 갖고 사태를 지휘할 수 있는 사람이 위원장을 맡아야 한다. 위기관리위원회의 간사Coordinator 는 CEO의 신임을 받으면서 위기관리 실무 역량을 갖춘 인력을 선임한다.

위기관리 실무협의체는 위기 발생 시 이해관계자를 대응하고 내부 조사와 사고 수습 대책을 마련하는 부서의 팀장과 핵심 실무자가 함께 참여하는 실무집행기구다. 예를 들어 홍보(언론 대응), 법무(법적 검토 및 수사기관 대응), 대외협력(규제기관 대응), 고객지원(고객 및 인터넷 대응), 정보보안 그리고 사안에 따라 IT 운영이나 개인정보, 개발 부서가 참여한다. 실제 사고가 발생하면 사고수습 대책을 마련하기 위해 마케팅 부서가 참여하기도 하고, 사고 대응 활동을 지원하기 위해 HR 부서(사고 대응을 위한 인력 지원과 사내 커뮤니케이션), 재무 부서(예산 소요 파악과 신속한 처리)가 참여할 수 있다. 실무협의체의 장은 정보보호책임자가 맡고, 간사는 위기 대응 담당자가 맡는다. 위기관리위원회 간사와 위기관리 실무협의체 간사가 반드시 같은 사람일 필요는 없다.

4. 위기 대응 프로세스의 수립과 가동

회사의 정보보안 위기는 여러 갈래에서 시작한다. 카드사와 통신사의 개인정보 유출사태는 수사기관의 연락으로부터 시작됐다. 어떤 경우는 절도범의 협박으로부터 시작되고, 내부에서 사고징후를 발견하면서 시작하기도 한다. 해당 사건이 회사의 위기를 야기시키는 것임을 쉽사리 알 수 있는 상황도 있지만 실무 검토가 필요한 사안도 있다. 따라서 위기 대응 프로세스는 여러 부서의 대응이 필요한 정보보안 사고 대응부터 가동하는 것이 좋다. 이를 표로 나타내면 다음과 같다.

표 4-4 정보보안 이슈와 정보보안 위기관리

정보보안 이슈 종류	정보보안 사건	정보보안 사고	정보보안 위기
대응 프로세스	정보보안 사건 대응	정보보안 위기 대응 (일상적 위기 대응)	정보보안 위기 대응 (중대 위기 대응)
주관 조직	정보보호 조직	위기관리 실무협의체	위기관리위원회

어떤 경우든 위기로 확대될 가능성이 높다고 판단하면 CEO에게 보고하고 즉시 위기관리위원회를 소집하여 위기관리 체계를 가동해야 한다.

개인정보 유출사태로 인한 정보보안 위기 대응 프로세스의 예는 다음과 같다.

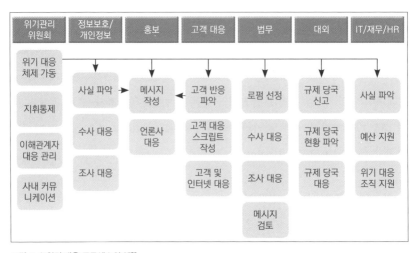

그림 4-3 위기 대응 프로세스의 예[06]

[그림 4-3] 위기 대응 프로세스는 위기관리위원회가 전사를 지휘·통제하면서 각 이해관계자 대응 부서가 자신의 업무를 수행하는 체제다. 따라서 메시지 작성이나 수사기관의 수사 대응, 규제기관의 조사 대응과 같은 중요한 활동은 모두 위기관리위원회의 통제를 받는다.

이러한 위기 발생 시 처리하는 위기 대응 프로세스는 '일상적 위기 대응 프로세스'와는 다르다. 일반적으로 정보보안 사고를 위기 관점에서 대응하기 위한 '일

---

06 보통의 프로세스 맵(Process Map)에서는 각 활동(Activity) 사이에 선후 관계를 나타내는 화살표가 있어야 하지만 그림이 너무 복잡해져서 생략했다.

상적 위기 대응 프로세스'는 CEO나 최고경영진이 주관하는 위기관리위원회가 가동될 필요가 없다. 대신 정보보호책임자가 주관하는 위기관리 실무협의체가 해당 사고를 처리하고, 결과를 위기관리위원회에 보고한다. 이에 관해서는 다음 절에서 상세하게 설명한다.

위기 대응 모의훈련 ──

"백문(百聞)이 불여일견(不如一見)"이라는 옛말이 있다. 백 번 듣는 것이 한 번 보는 것(경험하는 것)보다 못하다는 얘기다. 위기 대응에도 딱 들어맞는 말이다. 위기 대응의 중요성을 이해하고 위기 대응 프로세스 설명을 여러 번 듣는 것보다 그것을 한 번 경험해 보면 마음에 탁 와닿고, 많은 설명이 필요하지 않게 된다. 모의훈련이 필요한 이유는 다음과 같다.

첫째, 정보보안 위기를 직접 경험하는 건 반갑지도 자주 있지도 않은 일이다. 모의훈련을 통한 가상의 경험이 필요하다.

둘째, 위기 대응 프로세스와 같이 자주 활용되지 않는 프로세스는 담당자가 기억하기 힘들다. 또한 업무 변경으로 담당자가 바뀌는 경우도 종종 있다. 시간이 지남에 따라 회사나 담당 부서 전반적으로 위기 대응의 인식이 희미해지기도 한다. 모의훈련을 통해 해결할 수 있는 일이다.

셋째, 처음에 위기대응 프로세스를 제대로 만들었다 하더라도 조직이나 환경의 변화에 따라 프로세스를 변경해야 하는 일도 있다. 해 보지 않으면 알기 어렵다. 모의훈련을 통해 수립해 놓은 프로세스의 문제를 발견하고 개선하는 효과도 얻을 수 있다.

위기 대응 모의훈련은 [그림 4-3]에서 예시한 위기 대응 프로세스를 각 담당 주체가 실제로 해 보는 것이 좋다. 프로세스 맵에는 담당 부서와 담당해야 할 활동, 업무의 흐름과 협업 구조가 드러나 있다. 실제 프로세스를 구축할 때는 각 주관 부서의 역할과 책임, 활동의 절차나 협업 사항을 좀 더 상세하게 명시해야 한다.

아무리 실무자가 중요하다고 생각해도 임원이 자신의 일로 생각하지 않으면 그 일이 제대로 수행될 수 없는 것이 기업의 생리다. 그래서 모의훈련에 임원을 비롯한 고위 간부가 반드시 참여해야 한다. '위기관리 워크숍'을 열고 위기관리의 필요성, 주요 구성요소, 타 회사의 사례 등을 학습하고 회사에서 발생할 수 있는 몇 가지 위기 시나리오를 모의훈련하면 효과가 있다. 그 중심에 위기관리위원회가 있다.

기업에는 다양한 위기가 있다. 랜섬웨어 공격으로 인한 비즈니스 중단, 전산망 마비 사태나 디도스 공격으로 인한 인터넷 기반 서비스 중단뿐만 아니라 화재, 건물 붕괴, 철도 사고 등 안전사고가 위기 사건인 회사도 있다. 인터넷데이터센터(IDC)의 화재로 온라인 카드결제 서비스가 중단된 것처럼 아무도 예상하지 못한 경로로 위기가 찾아온다. 여기에서는 정보보안 위기 중에서 개인정보 유출 사고를 예로 들어 설명한다.

개인정보 유출 사고의 시작은 사업자 인지(내부 발견과 외부 제보)와 수사기관 인지로 나뉜다. 요즘 많이 발생하는 수사기관의 통보로 시작하는 A사의 위기 시나리오를 생각해 보자.

상황: 경찰에서 개인정보 범죄의 범인을 잡은 결과 A사의 고객정보 1,000만 건이 유출된 정황을 파악하여 A사에 확인 요청한다.

(1) A사에서 조사한 결과, 5년 전 A사에서 유출된 고객 정보임을 확인한다.

(2) A사는 위기관리 체계를 가동하고 한국인터넷진흥원에 신고한다.

(3) A사는 이용자에게 통지한다.

(4) 경찰이 수사결과를 발표한다.

(5) 언론에서 관련 기사를 쓰고, SNS에서 A사를 비난하는 여론이 확산한다. 고객센터에 문의가 급증하고, 인터넷 카페에서 민사소송 움직임이 인다.

(6) A사에서는 기자회견을 열고 CEO가 사과하고 향후 대책을 발표한다.

(7) 규제기관에서 A사의 법규 위반 및 과실 여부를 조사한다.

(8) 수사기관에서 A사의 법규 위반 여부를 수사한다.

(9) 언론사의 취재가 계속된다.

(10) 규제기관에서 행정처분을 내린다.

(11) 수사기관에서 중간 수사결과를 발표하고, 최종적으로 법인과 CPO를 기소한다.

(12) 이용자가 분쟁조정을 신청하여 개인정보 분쟁조정위원회가 조정 결정을 내린다.

(13) 민사소송이 진행된다.

이러한 13단계의 기본 시나리오를 갖고 단계별로 위기관리위원회와 담당 부서가 어떻게 대응하는지 점검하는 것이다. 가장 대응하기 힘든 곳이 수사기관이나 규제기관, 언론인 만큼 담당 임원을 대상으로 분야별 '심화 모의훈련'을 하는 것도 도움이 된다.

복구가 매우 중요한 정보보안 위기도 있다. 2010년대 발생했던 금융회사의 전산망 마비 사태나 2010년대 중반부터 조금씩 나타나다가 2020년부터 집중적으로 발생하는 랜섬웨어 공격 같은 상황이다. 특히 랜섬웨어가 설치된 서버뿐 아니라 그것과 네트워크로 연결되어 있는 모든 서버와 스토리지에 있는 파일을 암호화하여 비즈니스 자체가 중단되고, '몸값'을 요구하는 랜섬웨어 공격은 백업과 복구의 중요성을 일깨워줬다. 데이터 파일의 백업은 물론이고 서버의 운영체제, 미들웨어, 프로그램 소스까지 대비되어 있어야 신속하게 복구할 수 있다. 운영체제와 미들웨어도 표준 설정을 지정하여 백업하고, 계속 변경되는 프로그램 소스와 데이터 파일 역시 주기적으로 백업 받으면서 복구 훈련을 해야 한다.

특히 랜섬웨어 공격에 대비하기 위해서는 정보보안 위기 대응을 넘어서 업무 연속성을 확보해야 하므로 이를 위해 업무의 우선순위 선정, 필요한 자원과 담당 조직 지정, 예산의 확보 등을 종합하여 업무 연속성 계획을 수립Business Continuity Planning하고, 이를 통합하여 모의훈련을 시행하는 것이 바람직하다.

전체적인 위기 대응 모의훈련을 하기 힘들면 최소한 담당자가 모여 도상훈련이라도 해서 프로세스의 정합성을 점검하고 담당자가 프로세스를 이해하도록 도와야 한다. 이런 훈련조차 하지 않으면 위기 대응 프로세스는 무용지물이 된다.

금융회사와 전자금융업자에게 적용되는 전자금융감독규정에서는 "장애·재해·파업·테러 등 긴급한 상황이 발생하더라도 업무가 중단되지 않도록" 비상 대응 조직을 구성하고 프로세스를 수립하여 모의훈련을 실시할 것을 규정하고 있다 (제23조). 위기 대응 모의훈련의 근거가 되는 조항이다. 이 조항이 의무인 기업에서는 어차피 모의훈련을 해야 하므로 앞에서 설명한 구체적인 시나리오를 가지고 좀 더 의미 있게 하는 게 어떨까 싶다.

사전 준비를 위해 조직을 구성하고 프로세스를 수립하여 정보보안 사건·사고를 처리하고, 임원을 포함하여 위기에 대비한 모의훈련을 하다 보면 회사의 위기관리 역량이 커질 뿐만 아니라 실제 위기가 발생할 확률도 떨어진다. 작은 사고를 잘 처리하면 위기로 비화하지 않고, 임직원이 위기에 대한 민감성이 올라가서 위기를 만들 만한 행동을 하지 않기 때문이다. 연습을 실전처럼 하라는 말이 있다. 이는 특히 위기관리에 유용한 말이다. 위기관리에서 연습을 실전처럼 하면 실전이 발생할 때 효과적으로 대처할 수 있을 뿐만 아니라 실전이 발생할 가능성도 매우 낮아진다.

정보보안 이슈 처리

규모가 큰 회사는 소소한 정보보안 이슈가 곧잘 생긴다. 웹 서버에 침해 흔적이 발견되고, 내부정보 유출방지 솔루션에 임직원 메일로 회사의 기밀을 유출시킨 로그가 발견되기도 한다. 회사 여러 임직원에게 피싱 메일이 들어오기도 하고, 회사의 웹 사이트에서 악성코드를 배포한다며 웹 브라우저에서 경고 메시지가 뜨기도 한다. 그 밖에도 악성코드의 설치, 이동 저장 매체에 소량의 개인 정보 복사 탐지, 디도스 공격으로 인한 서비스 지연 또는 일시적 장애, 직원 PC에 설치된 프로그램에서 역접속Reverse connection 탐지, 크로스사이트 스크립트XSS. Cross Site Script 공격 탐지, 방화벽 설정 오류 발견, 내부자 계정 도용 의심 탐지, 서버 내 의심 프로세스 발견 등 다양한 사건이 발생한다.

먼저 이러한 정보보안 사건·사고가 발생했을 때 기업이 준수해야 할 법적 요건에 대해 알아보자.

신고와 통지 ──

정보보안 사건 발생을 알게 되었을 때 규제기관에 신고할지 고민될 것이다. 필자에게도 가끔 이런 문의가 들어온다. 관련 법은 침해사고와 개인정보 사고를 구분하여 신고 여부를 규정하고 있다. 먼저 침해사고 발생 시 신고에 관해 살펴보자.

표 4-5 침해사고 발생 시 규제기관 신고

구분	정보통신서비스 제공자	금융회사, 전자금융업자	주요 정보통신기반시설 관리 기관
신고 기준	침해사고가 발생했을 때 * 침해사고: 해킹, 컴퓨터바이러스, 논리폭탄, 메일폭탄, 서비스 거부, 고출력 전자기파 등의 방법 또는 정상적인 보호·인증 절차를 우회하여 정보통신망에 접근할 수 있도록 하는 프로그램이나 기술적 장치 등을 정보통신망 또는 정보시스템에 설치하는 방법으로 정보통신망 또는 정보시스템을 공격하는 행위를 하여 발생한 사태	다음 사고가 발생했을 때 - 장애로 10분 이상 전산업무가 중단 또는 지연된 경우 - 전산자료 또는 프로그램의 조작과 관련된 금융사고가 발생한 경우 - 전자적 침해행위로 인해 정보처리시스템에 사고가 발생하거나 이로 인해 이용자가 금전적 피해를 입었다고 통지한 경우 - 접근매체의 위조나 변조로 발생한 사고 - 계약 체결 또는 거래 지시의 전자적 전송이나 처리 과정에서 발생한 사고 - 부정한 방법으로 획득한 접근매체의 이용으로 발생한 사고	침해사고가 발생하여 소관 주요정보통신기반시설이 교란·마비·파괴된 사실을 인지한 때
신고 시기	즉시	지체 없이	인지한 때
신고 기관	과학기술정보통신부 또는 한국인터넷진흥원	금융위원회 및 금융감독원	관계 행정기관, 수사기관 또는 한국인터넷진흥원

신고 내용	침해사고 사실 (별도 규정 없음)	침해사고 (별도 규정 없음)	1. 침해사고발생 일시 및 시설 2. 침해사고로 인한 피해내역 3. 기타 신속한 대응·복구를 위하여 필요한 사항
대응 조치	침해사고의 원인을 분석하고 피해의 확산을 방지	원인 분석, 피해의 확산을 방지하기 위하여 필요한 조치	정보통신기반시설의 복구 및 보호에 필요한 조치
근거법	정보통신망법 제2조, 제48조 의3, 제48조의4	전자금융거래법 제21조의5, 전자금융감독규정 제73조	정보통신기반보호법 제13조· 제14조, 시행령 제21조

정보통신망법은 정보통신서비스 제공자나 집적정보통신시설(IDC) 사업자, 전
자금융거래법은 금융회사나 전자금융업자, 정보통신기반보호법은 주요 정보통
신기반시설을 관리하는 국가기관·공공기관·기업에 신고 의무가 있다고 명시했
다. 도움이 필요해서 신고하는 것과 신고가 법적 의무인 것은 차원이 다르므로
회사가 어떤 법에 적용되는지 여부를 정확히 알아둬야 한다. 예를 들어 정보통
신서비스 제공자가 아닌 일반 제조 업체나 유통 업체는 3개 법 중 어느 것에도
적용 받지 않으므로 침해 사고가 발생했을 때 신고 의무가 없다.

신고의 요건을 좀 더 살펴보자. 정보통신망법은 "해킹, 컴퓨터바이러스, 논리폭
탄, 메일폭탄, 서비스 거부 또는 고출력 전자기파 등의 방법으로 정보통신망 또
는 이와 관련된 정보시스템을 공격하는 행위를 하여 발생한 사태"로 되어 있던
기존 침해 사고 정의에 "정상적인 보호·인증 절차를 우회하여 정보통신망에 접
근할 수 있도록 하는 프로그램이나 기술적 장치 등을 정보통신망 또는 정보시
스템에 설치하는 방법으로 정보통신망 또는 정보시스템을 공격하는 행위를 하
여 발생한 사태"를 추가(제2조(정의) 제1항 제7호, 2020년 6월 개정)하여 백도어 설치
로 인한 개인정보 유출 사고를 침해 사고로 명시하였다. 정보통신서비스 제공
자 입장에서 보면 신고해야 할 요건이 추가된 셈이다. 침해사고가 발생하면 즉

시 신고하도록 되어 있어서(제48조의3 제1항) 뭔가 큰 사고가 발생할 때 신고하는 것으로 해석할 수도 있지만, 형식 논리로 따지면 법적으로 소소한 침해 사고가 여기에 포함되지 않는다고 하기도 어렵다. 신고할 내용이나 양식에 관한 별도 규정은 없고, 한국인터넷진흥원 인터넷침해대응센터(전화 118, http://www.krcert.or.kr/)로 신고하면 된다.

전자금융거래법은 "전자금융기반시설이 교란·마비되는 등의 사고 발생 시"에 지체 없이 신고하도록 되어 있고(제21조의5 제1항), 전자금융감독규정은 [표 4-5]에 기술한 대로 6가지 세부 신고 요건을 적시하고 있다(제73조(정보기술부문 및 전자금융 사고보고) 제1항). 전자금융감독규정은 금융위원회 고시로 금융회사나 전자금융업자라면 법과 동등하게 다뤄야 할 규정이다.

여러 부문 정보보호책임자의 의견을 종합하면 침해 사고로 회사에 구체적인 피해가 발생했는지 여부가 규제기관에 신고하는 필요 조건이 되는 것 같다. 나머지 부분은 결국 '생활의 지혜'를 발휘하는 수밖에 없다.

다음으로 개인정보 유출 사고 발생 시 신고에 관해 살펴보자.

표 4-6 개인정보 유출 사고 발생 시 규제기관 신고

구분	일반 개인정보처리자	정보통신서비스 제공자 등[07]	신용정보제공자 등
신고 기준	1천 명 이상 정보주체의 개인정보 유출 시	1명 이상 이용자의 개인정보 유출 시	1만 명 이상 신용정보주체의 개인신용정보 유출 (누설) 시
신고 기한	지체 없이 (5일 이내)	지체 없이 (24시간 이내)	지체 없이 (5일 이내)

---

07 개인정보보호법에서 '정보통신서비스 제공자 등'은 정보통신서비스 제공자와 그로부터 제3자 제공 방식으로 개인정보를 제공받은 자이다(제39조의4(개인정보 유출 등의 통지·신고에 대한 특례) 제1항). 따라서 개인정보 처리수탁자는 여기에 포함되지 않는다.

신고기관	개인정보보호위원회 또는 한국인터넷진흥원	개인정보보호위원회 또는 한국인터넷진흥원	금융위원회 또는 금융감독원 (상거래 기업 및 법인은 개인정보보호위원회 또는 한국인터넷진흥원에 신고)
신고내용	1. 정보주체에게 통지 여부 2. 유출된 개인정보의 항목 및 규모 3. 유출된 시점과 그 경위 4. 유출 피해 최소화 대책·조치 및 결과 5. 정보주체가 할 수 있는 피해 최소화 방법 및 구제절차 6. 담당 부서·담당자 및 연락처	1. 이용자에게 통지 여부 2. 유출된 개인정보의 항목 및 규모 3. 유출이 발생한 시점과 그 경위 4. 정보통신서비스 제공자 등의 대응 조치 5. 이용자가 취할 수 있는 조치 6. 담당 부서·담당자 및 연락처	1. 신용정보주체에게 통지 여부 2. 유출(누설)된 개인신용정보의 항목 및 규모 3. 유출(누설)된 시점과 그 경위 4. 유출(누설) 피해 최소화 대책·조치 및 결과 5. 신용정보주체가 할 수 있는 피해 최소화 방법 및 구제절차 6. 담당 부서·담당자 및 연락처
근거법	개인정보보호법 제34조, 시행령 제39조	개인정보보호법 제39조의4, 시행령 제48조의4	신용정보법 제39조의4, 개인정보보호법 제34조 및 시행령 제39조

2020년 2월 '데이터 3법' 개정 시 정보통신망법, 개인정보보호법, 신용정보법에 대대적인 개정이 이뤄지면서 정보통신망법의 개인정보보호 관련 조문이 개인정보보호법으로 통합되었다. 개인정보보호법과 중복되는 것은 없어졌고, 정보통신서비스 제공자에게 특화된 내용은 제6장(정보통신서비스 제공자 등의 개인정보 처리 등 특례)에 포함됐다. 정보통신서비스 제공자의 개인정보 유출 사고 발생 시 통지·신고는 '정보통신서비스 제공자 특례'가 적용된다.

정보통신서비스 제공자는 1명의 이용자(고객)에 대한 개인정보가 유출되더라도 그 사실을 안 24시간 이내에 규제기관에 신고해야 하는 데 비해, 일반 개인정보처리자는 고객과 비고객의 개인정보를 포함하여 정보주체 1천 명 이상의 개인정보가 유출되었을 때 지체 없이 규제기관에 신고해야 한다. '표준 개인정보 보호 지침(개인정보보호위원회 고시)'에 따르면 '지체 없이'는 "정당한 사유가 없는 한 5일 이내"다(제28조).

신용정보법의 적용을 받는 신용정보회사 등은 1만 명 이상의 개인(신용)정보가 유출(누설)되었을 때 일반 개인정보처리자와 같이 개인정보보호법 제34조(개인 정보 유출 통지 등)의 신고 절차에 따르면서 금융위원회나 금융감독원에 신고한다. 다만 '신용정보회사 등'에 포함되면서 금융위원회의 감독을 받지 않는 '상거래 기업 및 법인'은 일반 개인정보처리자와 마찬가지로 개인정보보호위원회나 한 국인터넷진흥원에 신고한다.

개인정보 유출 신고는 온라인과 오프라인으로 할 수 있다. 온라인 신고는 개 인정보보호 포털(https://www.privacy.go.kr/)에서 할 수 있고, 오프라인은 전화 (118)이나 별지 서식 1호 양식을 작성하여 이메일로 한국인터넷진흥원에 보내 면 된다. 해킹에 의해 개인정보 유출 사고가 발생하면, 침해사고 신고 요건과 개인정보 유출 사고 신고 요건에 모두 해당하므로 두 요건에 맞춰 신고해야 한 다. 범인을 잡기 위해 수사기관에 신고하더라도 신고 요건에 맞춰 규제기관에 반드시 신고해야 신고 관련 법규를 준수할 수 있다.

다른 정보보안 사고와는 달리 개인정보 유출 사고 발생 시 개인정보처리자는 정보주체에게 통지해야 한다. 개인정보 유출 사고 발생 시 정보주체에 대한 통 지에 관해 알아보자.

표 4-7 개인정보 유출 사고 발생 시 정보주체에게 통지

구분	일반 개인정보처리자	정보통신서비스 제공자 등	신용정보제공자 등
통지 기준	1명 이상 정보주체의 개인 정보 유출 시	1명 이상 이용자의 개인정보 유출 시	1명 이상 신용정보주체의 개인신용정보 유출(누설) 시
통지 기한	지체 없이(5일 이내)	지체 없이(24시간 이내)	지체 없이(5일 이내)

통지 내용	1. 유출된 개인정보의 항목 2. 유출된 시점과 그 경위 3. 유출로 인하여 발생할 수 있는 피해를 최소화하기 위하여 정보주체가 할 수 있는 방법 등에 관한 정보 4. 개인정보처리자의 대응 조치 및 피해 구제절차 5. 정보주체에게 피해가 발생한 경우 신고 등을 접수할 수 있는 담당 부서 및 연락처	1. 유출된 개인정보 항목 2. 유출이 발생한 시점 3. 이용자가 취할 수 있는 조치 4. 정보통신서비스 제공자의 대응 조치 5. 이용자가 상담 등을 접수할 수 있는 부서	1. 유출된 개인신용정보의 항목 2. 유출된 시점과 그 경위 3. 유출로 인하여 발생할 수 있는 피해를 최소화하기 위하여 신용정보주체가 할 수 있는 방법 등에 관한 정보 4. 신용정보제공자 등의 대응 조치 및 피해 구제절차 5. 신용정보주체에게 피해가 발생한 경우 신고 등을 접수할 수 있는 담당 부서 및 연락처
통지 방법	- 서면, 문자 등 개별 통지 - 1천 명 이상 유출 시 홈페이지에 7일 이상 게재 병행	- 서면, 문자 등 개별 통지 - 연락처가 없으면 홈페이지에 30일 이상 게재로 갈음	- 서면, 문자 등 개별 통지 - 1천 명 이상 유출 시 홈페이지 게시 병행
근거법	개인정보보호법 제34조, 시행령 제40조	개인정보보호법 제39조의4, 시행령 제48조의4	신용정보법 제39조의4, 개인정보보호법 제34조 및 시행령 제40조

개인정보보호법에서 개인정보 유출 시 정보통신서비스 제공자가 준수해야 할 조항에서 통지 방법을 제외하고는 통지 요건과 신고 요건은 동일한 데 비해 일반 개인정보처리자에 대한 내용은 다르다. 규제기관에 대한 신고 기준은 1천 명 이상의 개인정보가 유출됐을 때이지만, 정보주체에 대한 통지 요건은 1명 이상의 개인정보가 유출됐을 때이다. 신용정보법의 통지 요건은 개인정보보호법을 준용하므로 일반 개인정보처리자의 통지 요건과 동일하다.

통지 내용에 관해서는 통지 시점에 [표 4-7]의 5가지 통지 사항을 모두 파악하지 못했다면 그때까지 파악한 내용을 먼저 정보주체에게 통지하고, 이후 파악하는 대로 정보주체에게 통지하면 된다. 이 같은 상황에서 정보통신서비스 제공자는 3~5번 사항을 먼저 통지하게 되어 있고, 일반 개인정보처리자는 확인된 사항을 먼저 통지하라고 하여 약간의 차이가 있어 보이지만 개인정보처리자 역시 3~5번은 미리 준비하여 사고 발생 시 통지하는 것이 바람직하다.

통지 방법은 기본적으로 개별 통지다. 개별 통지란 "이메일, 팩스, 문자 메시지, 전화, 우편 또는 이와 유사한 방법"(표준 개인정보보호 지침 제27조(유출 통지 방법))으로 각 개인에게 별도로 알려주는 방법이다. 많이 사용하는 메신저 역시 개별 통지 수단에 포함될 수 있다. 이러한 개별 통지할 수 있는 연락처를 갖고 있지 못한 정보통신서비스 제공자는 개별 통지해야 할 내용을 홈페이지에 30일 이상 게재하는 것으로서 개별 통지를 갈음할 수 있다. 일반 개인정보처리자는 1천 명 이상의 개인정보가 유출되면 개별 통지와 동시에 같은 내용을 7일 이상 홈페이지에 게재해야 한다.

정보보안 이슈 처리 사례 ──

회사에서 발생하는 정보보안 이슈 사례를 들어 이슈 대응 방법을 살펴보자. 요즘 회사에 악성코드를 첨부한 메일이나 피싱 메일이 종종 들어온다. 범행을 계획한 자가 불특정 다수를 대상으로 이러한 메일을 뿌리기도 하지만, 특정 회사의 임직원을 대상으로 메일을 보내거나 아예 특정인을 대상으로 신뢰할 만한 발신인과 관심이 있을 만한 내용으로 정교하게 위장하여 표적 피싱^{Spear Phishing} 메일을 보내기도 한다.

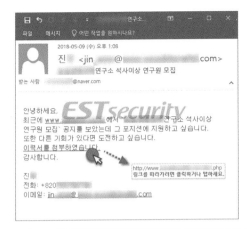

그림 4-4 인사담당자를 대상으로 입사지원서를 사칭한 피싱 메일 화면[08] (출처: 이스트시큐리티)

이러한 피싱 메일을 받았다고 신고를 받으면 정보보안 부서는 다음 사항을 알아봐야 한다.

- 메일 서버에 같은 발신인 또는 같은 제목의 메일이 몇 통이나 들어 왔나?
- 같은 메일을 누가 받았나?
- 메일을 열어 본 사람은 누구인가?
- (첨부 파일이 있을 때) 그것을 실행한 사람은 누구인가?
- 악성코드가 있다면 사내 안티바이러스로 탐지와 치료가 되는가?
- 악성코드의 기능은 무엇인가? (원격 제어, 정보 유출, 내부 데이터 파괴 등)
- 악성코드가 명령·제어(C&C) 서버와 통신하나?

악성코드가 첨부되어 있다면 해당 악성코드를 반영한 안티바이러스로 전사 PC를 모두 진단해야 한다. 당일 꺼져 있던 PC는 다음 날 직원이 출근하자마자 처리할 수 있도록 조치한다. 서버에 침입한 징후까지 보이면 포렌식 업체에 맡겨

---

08 "이메일 통한 '낚시' 공격, 최근 진화 포인트는 '구인구직'", 이데일리, 2018.8.14.

서 분석해야 할 수도 있다. PC에서 안티바이러스로 발견되지 않는 악성코드가 존재할 수 있다는 점을 항상 염두에 둔다. 문제될 만한 PC는 수거해서 포맷하는 게 나을 수도 있다.

악성코드에 명령·제어 서버와 통신하는 기능이 있다면 방화벽에서 해당 IP를 차단하고, 원격제어나 정보 유출, 내부 데이터 파괴 등의 기능이 있는지도 살펴서 후속 조치를 취해야 한다. 회사 내부에서 악성코드를 분석할 수 있는 인력이 없으면 보안관제 업체에 요청하거나 인터넷 검색을 통해 찾아보는 것도 방법이다.

피싱 메일에 웹 사이트로 연결되는 링크가 있다면 그 또한 조사해서 악성코드가 설치되어 있는지 점검하는 게 좋다. 이 링크도 방화벽에서 차단한다.

메일 서버를 점검하여 동일한 메일이 여럿 들어 왔으면 한꺼번에 삭제한다. 이메일 첨부로 들어오는 악성코드는 이메일 보안 솔루션에서 대부분 차단되므로 해당 보안이 없는 기업에서는 도입을 검토할 필요가 있다. 또한, 외부에 공개된 임직원의 메일 주소가 있는지 살펴봐서 가능한 한 이를 삭제하거나 변경한다.

피싱Phishing과 파밍Pharming

피싱Phishing은 개인정보Privacy와 낚시하기Fishing의 합성어다. 범행자는 많은 사람에게 피싱 메일이나 피싱 메시지를 보내 개인정보나 금융정보 등 중요한 정보를 얻는다. 원본 사이트와 웹 주소(URL)도 비슷하고 페이지 모양도 비슷한 위조 사이트를 만들어 여기에 접속한 사용자가 속아서 로그인 비밀번호나 은행 보안카드 정보 등을 입력하게 함으로써 금융 범죄에 활용하기도 한다. 예를 들어 A 은행의 사이트가 aa.co.kr이라고 하면 aaa.co.kr이라는 사이트를 aa.co.kr과 매우 비슷하게 만든 뒤 여기에 접속한 사람이 속아서 개인정보나 금융정보를 입력하게 만드는 식이다.

전화를 걸어 속이면 보이스 피싱, 메신저를 이용해 속이면 메신저 피싱, 문자 메시지를 보내 속이면 스미싱SMishing, SMS+Phishing이라고 부른다. 특히 피싱 메일은 악성코드 배포 방법 중 가장 많이 쓰인다. 피싱 메일에 악성코드를 첨부하거나 피싱 메일 본문과 메신저 본문, 문자 메시지 내용에 악성코드가 다운로드 되는 링크를 삽입해서 보내기도 한다.

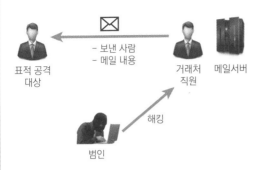

그림 4-5 신뢰할 만한 사람으로 위장한 표적 피싱 메일

표적 피싱Spear phishing 메일은 무차별적인 피싱 메일이 아니라 특정인을 대상으로 그 사람의 관심사와 주변 사람이나 조직을 사전에 조사하여 대상자가 신뢰할 만한 사람으로 위장하여 속이는 메일을 뜻한다. 표적 피싱 메일을 보내면 공격 성공 확률이 매우 높아진다. 신뢰할 만한 사람의 계정을 탈취하거나 메일 서버를 해킹하는 등 오랫동안 사전 준비를 하기도 한다. 표적 피싱은 특히 지능형 표적 공격(APT 공격)의 시작점으로 많이 사용된다.

주로 60대 이상의 고령층이 이러한 피싱으로 피해를 당하는데 정부와 언론에서 보이스 피싱, 메신저 피싱 등 고령층이 이해하기 어려운 용어를 쓰지 않으면 좋겠다. 전화 사기, 메신저 사기, 문자 사기 등 이런 식으로 표현하면서 주의할 점, 피해를 당했을 때 대응하는 방안을 설명해야 그들이 이해하고 행동할 수 있다.

파밍Pharming은 Phishing과 Farming(농사 또는 어류 양식의 의미)의 합성어로, 양식하듯 대규모 피싱을 한다는 의미다. 사용자를 위조 사이트로 연결시켜 악성 행위를 하겠다는 점은 피싱과 같지만, 사용자가 정확한 도메인 이름을 입력하더라도 위조 사이트로 연결되기 때문에 피싱보다 한 단계 진화한 사기 방법이다. 파밍 초기에는 도메인 이름을 인터넷 주소IP Address로 변환하는 DNSDomain Name Service의 취약점을 공격해 위조 대상 도메인 이름에 상응하는 IP 주소를 피싱 사이트의 IP 주소로 변경하는 방법을 사용했는데, 이 취약점이 대부분 보완된 이후에는 PC의 호스트Hosts 파일을 변조하는 방법을 사용하고 있다. 즉 PC의 웹 브라우저에서 도메인 이름을 입력하면 DNS를 찾기 전에 PC 호스트 파일에 해당 도메인 이름이 있는지 찾아서 있으면 그것에 지정된 IP 주소로 웹 브라우저가 연결하므로 호스트 파일에 위조 대상 도메인의 피싱 IP 주소를 삽입해 놓는 것이다. DNS 서버를 공격하지 않더라도 PC에 악성코드를 배포하여 손쉽게 피싱할 수 있어서 파밍 공격의 주된 방법이 되고 있다. 최근에는 윈도 라이브러리를 감염시켜 PC의 다른 호스트 파일을 참조하는 방식으로까지 발전했다. 대다수 안티바이러스의 기능에 안티 파밍 기능이 포함되어 있어서 이를 활용하면 막을 수 있다.

정보보안 이슈 보고서 작성 ──

정보보안 이슈가 발생하면 담당자에게 '정보보안 이슈 보고서'를 쓰도록 한다. 그래야 정리가 되고 기록이 남아서 향후 같은 원인으로 사건이 발생했을 때 대응하기가 쉬워진다. 또한, 필요한 사항은 경영진에 보고할 수도 있다.

보고서에 포함될 주요 내용은 다음과 같다.

- 개요
  - ✓ 정보보안 사건·사고에 관한 설명
  - ✓ 피해

- 조치 결과
  - ✓ 원인
  - ✓ 긴급 조치 사항

- 향후 계획
  - ✓ 추가 조치 사항
  - ✓ 근본적 대책 수립 계획

정보보안 이슈 보고서를 작성할 시점에 원인에 대한 근본 대책을 수립하지 못할 때는 향후 계획에서 근본적 대책을 수립하기 위한 계획을 포함한다. 이때는 해당 사건·사고가 완료된 뒤에라도 반드시 대책을 수립하여 보고서를 보완하도록 한다. 그래야 같은 원인으로 같은 사건이 발생하지 않는다.

정보보안 이슈는 이력을 잘 관리하면 유용하다. 발생한 이슈와 비슷한 사례가 과거에 있었다면 참고하여 긴급 대책 수립 시간을 줄이고 완성도를 높인다. 발생한 이슈가 기존에 세웠던 근본 대책을 완수하지 못하여 발생한 것이라면 이번 건을 계기로 대책을 강력하게 추진할 수 있다.

정보보안 이슈 보고 프로세스는 보고 체계와 보고 시한을 정해야 긴급한 이슈 보고를 놓치지 않는다. 또한, 모든 정보보안 이슈는 반드시 정보보호책임자에게 보고되도록 해야 한다. 정보보호책임자가 사태를 파악하고 있어야 올바른 판단을 내릴 수 있고, 정보보호책임자에게 보고되는 사안과 그렇지 않은 사안 사이에 실무자의 처리가 다를 수 있다.

회사의 정보보안 이슈 중 언론에 나올 만한 것은 반드시 CEO까지 보고해야 한다. 언론에 나오면 CEO가 볼 수도 있고, 그룹사라면 모회사나 다른 계열사에서 연락이 올 수 있다. 내용을 모른 채 외부에서 연락을 받았을 때 CEO 입장을 생각해 보면 이해가 될 것이다.

외부 정보보안 이슈 발생 시 대응 ──

내부에서 발생하는 정보보안 이슈가 주로 규모가 작은 데 반해 언론에 나오는 외부 정보보안 이슈는 대부분 규모가 크다. 랜섬웨어 공격으로 기업의 영업 중단, 수백만 건에서 수억 건에 이르는 개인정보 유출 사고, 수십억 원의 과징금은 경영진이 관심을 가질 만하다.

외부 사건에 대응해야 할 과제로는 크게 긴급 대응, 경영진 보고, 근본적 대책 수립이 있다.

1. 긴급 대응

해킹과 같은 외부 공격으로 정보보안 사고가 발생한 경우에는 그 공격이 우리 회사에 대해 들어 오지 말라는 법이 없으므로 긴급 대응을 해야 한다. 사회적 이슈가 될 만한 중요한 사안은 한국인터넷진흥원이나 정보보안 관련 단체 등을 통해 차단할 IP나 악성코드 파일 이름, 시그니처(MD5)가 전달되므로 이를 활용하여 긴급 대응을 하면 된다. 하지만 정보를 자체적으로 확보해야 할 때도 있다.

민간에서 사회의 정보보안 이슈에 관한 정보를 가장 먼저, 가장 많이 갖고 있는 업체는 역시 보안 기업이다. 특히 보안관제 기업은 사건이 발생한 기입이 자신의 고객사일 수도 있고, 다양한 네트워크를 확보하기도 해서 주요 정보보안 사건의 정보를 빨리 취득한다. 악성코드로 발생한 이슈는 안티바이러스 업체에서 정보를 얻을 수도 있다. 이는 국내 제품을 사용할 때의 장점이다.

보안 분야는 폐쇄적인 네트워크가 있어서 지인 네트워크를 통해서 정보를 입수할 수도 있다. (이런 일을 위해서라도 보안 담당자의 정보보안 관련 대외 활동을 개인의 취미 생활로 치부하지 말아야 한다. 개인이 흥미가 있어서 참여할 수도 있지만 회사를 위한 일이기도 하다.) 여러 경로로 필요한 정보를 입수해 회사의 네트워크, 서버, PC 등에 긴급하게 적용해야 한다.

2014년 웹 서버를 사용하는 회사 중 사용하지 않는 회사가 거의 없을 정도로 많이 퍼져있는 OpenSSL에 하트블리드HeartBleed 취약점이 공개되면서 대다수 회사에서 이를 패치하느라 비상이 걸렸다. 24시간 돌아가야 하는 웹 서비스에서 웹 서버를 패치하는 것은 부담스럽지만, 개인 키나 암호화 키가 유출될 수도 있는 심각한 취약점이어서 다른 서버의 취약점과는 달리 가능한 한 모든 수단을 동원해서 신속하게 패치할 수밖에 없었다.

필자에게도 '비합리적인' 긴급 대응의 경험이 있다. 2013년 몇몇 은행과 언론사를 강타했던 3·20 전산망 대란 사태가 발생한 며칠 뒤에 소규모 웹 사이트인 N사이트를 통해 악성코드가 무차별 배포되었는데, 이것은 한 정보보안 기업의 공인인증서 처리 모듈의 구 버전에 있는 취약점을 악용한 것이었다. 당시에 그 사건이 3·20 사태와 연관이 있는지, 동일범의 소행인지, 공격 방법이 같은지 등 말이 많았으나 그것은 정보보호책임자의 관심사는 아니었다. 필자는 회사 업무로 은행의 B2B 사이트를 방문해야 하는 부서원 일부를 제외한 사내 모든 PC에서 해당 업체의 공인인증서 모듈을 차단했다. 그리고 해당 모듈 개발사에 구 버전의 패치가 완료되는 시점을 문의해서 확인한 뒤 차단을 풀었다. 갑자기 PC에서 은행 업무를 하지 못하게 된 구성원은 불편했겠지만 필자로서는 불가피한 선택이었다.

2. 경영진 보고와 후속 대책 수립·시행

외부에서 터진 모든 정보보안 사고에 경영진이 관심을 갖는 것은 아니다. 사회적 파장이 크거나 동종업계 또는 유사업종에서 터진 사고에 관심이 많다. 정보보호책임자 입장에서 외부에서 발생한 정보보안 이슈에 관한 보고는 경영진의 궁금증을 풀어 주는 측면도 있지만, 정보보호의 중요성을 경영진에게 강조할 수 있는 기회이기도 하다. 신속하고 정확한 보고로 이를 활용하도록 하자.

경영진의 질문은 보통 다음 세 가지다.

- 언론에 난 기사가 무슨 사건인가?
- 우리 회사는 괜찮은가?
- 우리 회사에도 문제가 있다면 대책은 있는가?

첫 번째 질문은 수사기관이나 규제기관에서 공식적으로 발표한 사안이면 일차적으로 언론을 통해 정보를 얻을 수 있지만, 이미 경영진도 그 정도는 읽었을 수 있기 때문에 경영진에 올리는 보고서에 그것만 담기에는 부족할 수 있다. 더 좋은 방법은 수사기관이나 규제기관의 보도자료 원문을 찾아서 정리하는 것이다. 특별한 경우를 제외하고는 언론에 나오는 기사보다 더 자세하고 전체를 이해할 수 있는 보도자료가 있기 마련이다. 보도자료가 없는 특수한 경우에는 발생 시기부터 보고 시기 사이의 상황 변화를 요약하는 것도 한 방법이다. 물론 앞에서 언급한 정보보안 기업이나 내부 인력 등 여러 경로로 수집한 정보를 추가한다(좀 더 상세한 내용은 6장 '핵심 역량과 생활의 지혜'를 참고하기 바란다.).

두 번째 질문에 대해서는 일차적으로 긴급 대응은 했다는 답변을 할 수 있지만, 질문의 본질은 그것이 아니다. 본질적인 답변을 하기 위해서는 원인이 밝혀져서 공격 방법과 그에 대응하는 보안 취약점을 알아야 한다. 공식적인 수사기관 발표 자료에는 대부분 원인이 나오므로 같은 취약점이 내부에도 존재하는지 신속하게 점검해 볼 수 있다. 한국인터넷진흥원에서 운영하는 인터넷침해대응센터 보안공지 사이트(https://www.krcert.or.kr/data/secNoticeList.do)에는 주요 정보보안 이슈의 원인이 되는 보안 취약점과 보안 패치 방법이 함께 올라오므로 외부 보안 이슈의 원인과 그에 대한 보안 대책을 세울 때 유용하다.

우리 회사에 해당하지 않는 문제라면 좋겠지만 그렇지 않다면 세 번째 질문에 대한 답변도 답해야 한다. 긴급 대응은 말 그대로 긴급하게 짧은 시간에 약간의 부작용을 무릅쓰고 현상을 대응하는 것이므로 단기 대책조차 되기 어려울 때가 있다. 근본적 대책은 수립할 수도 있지만 그렇지 못할 때도 많다. 내용이 부족하더라도 빠른 보고를 하는 것을 선호하는 경영진이 있는 한편 갖출 것을 갖춘 보고를 선호하는 경영진도 있다. 다만, 정보보안 이슈는 긴급 대응이 중요하므로 일부 내용이 부족하다 하더라도 신속하게 보고하고 2~3일 이내에 보완 보고를 하면 CEO가 사안의 중대성을 인식하게 되고 긴급 대응에 익숙해진다(사실 CEO가 정보보안 이슈의 긴급한 처리에 익숙해지도록 만들 필요도 있다).

위기관리 – 위기 전 업무

앞서 기술한 바와 같이 정보보안 위기관리 중 위기 전 업무에는 ▲보안 대책 수립·시행 ▲정보보안 이슈 탐지와 조기 대응 ▲일상적 위기대응과 같은 위기 예방 업무가 있고, ▲위기관리 체계 수립과 관리 ▲위기 대응 모의훈련과 같은 위기 대비 업무가 있다.

여기에서는 일상적 위기 대응 업무를 중심으로 설명한다.

일상적 위기 대응 체계 운영 ——

일상적 위기 대응 체계의 운영 목적은 발생하는 정보보안 사건·사고를 신속·정확하게 처리해 이것이 위기로 발전하지 않게 하는 것이다. 이러한 과정을 통해 위기 발생 가능성을 크게 줄일 뿐만 아니라 위기가 닥쳤을 때도 당황하지 않고 대처할 수 있는 힘을 얻을 수 있다.

1. 위기관리 조직의 일상적 운영

일상적 위기 대응 체계를 운영하려면 무엇보다 앞서 설명한 위기관리위원회와 위기관리 실무협의체로 구성된 정보보안 위기관리 조직을 만들어야 한다. 이름에 '위기관리'가 있어서 위기가 발생하지 않으면 별로 할 일이 없어 보이지만, 실제로는 그렇지 않다. 대표적인 것이 정보보안 사고 처리다. 정보보안 사고가 발생하면 위기관리 실무협의체를 가동한다.

정보보안 사고 발생 시 실무협의체의 간사가 회의를 소집하거나 굳이 모일 필요가 없는 일이라면 메일로 의견을 받을 수도 있다. 어떤 경우든 사고 담당 부서가 내용을 충분히 설명하고, 각 참여 부서는 담당 이해관계자의 관점에서 내용을 검토하여 의견을 내야 한다. 여기서 결정한 내용은 정보보호책임자에게 보고하고, 각 담당 부서는 자신의 보고 체계로 이중 보고^{Dual Report}하여 업무 소통이 원활하게 이뤄지도록 한다. 정보보호 조직 안에서 처리하기 어려운 정보 보안 사건이 있다면 이것 역시 즉시 실무협의체에 전달하여 '일상적 위기대응 프로세스'를 통해 다룬다.

실무협의체에는 다양한 부서가 모이는 만큼 담당자의 적극적인 참여가 필수적이다. 이러한 조직이 제대로 작동하기 위해서는 필요시 실무협의체 결과를 CEO에게 별도 보고하게 하는 등 CEO가 힘을 실어 줘야 한다. 정보보호책임자가 실무협의체 구성원을 자신의 조직원처럼 챙겨 줘야 위원회가 제대로 돌아간다. 실제로도 정보보호 업무에 큰 도움이 되는 조직이다.

2. 일상적 위기 대응 프로세스

일상적 위기 대응 프로세스는 [그림 4-3]에서 설명한 (중대) 위기 대응 프로세스와는 조금 다르다. 처리 대상이 위기가 아니라 사고 수준이고, 실무적 처리가 주를 이룬다. 대체적인 프로세스 맵을 그리면 다음과 같다. (위기관리 실무협의체 참여 부서 중 위기 발생 시 사고 대책이나 위기관리 조직을 지원하기 위해 참여하는 재무 부서, HR 부서는 참여하지 않아도 된다.)

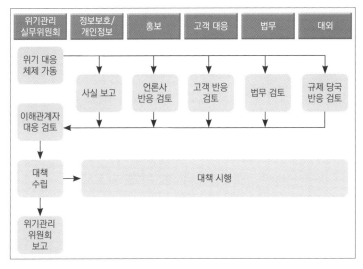

그림 4-6 일상적 위기 대응 프로세스의 예

일상적 위기 대응 프로세스는 위기관리 실무협의체에 접수되었거나 실무협의체 구성원이 인지한 정보보안 사건·사고를 처리하기 위해 실무협의체가 소집되면서 시작된다. 실무협의체가 소집되면 정보보호 조직 등 해당 이슈의 담당 부서에서 파악한 사실을 정확히 설명하고, 이 사안과 관련하여 고객 불만, 인터넷 반응, 기사, 법과 규제, 법원 판결, 타사 현황, 관련 사회적 현안, 회사나 그룹사의 정책 등에 관해 각 부서에서 파악한 사실을 공유한다. 그리고 난 뒤 주요 이해관계자인 고객과 인터넷, 언론, 규제기관, 수사기관 등이 해당 이슈에 대해 어떻게 반응할지 검토하여 문제점을 파악하고 대책을 수립한다. 각 참여 부서가 해야 할 일이나 이후 시행 과정의 점검사항 등도 함께 정리한다. 이렇게 나온 결과물은 필요시 CEO에게 보고하여 집행한다. 정보보안 사고는 왕왕 발생하므로 이렇게 대응 조직과 대응 프로세스를 만들어 놓으면 저절로 훈련이 된다.

일상적 위기 대응 프로세스에서는 사고의 등급과 그에 따른 대응 방법을 정의하는 일 또한 중요하다. 처리의 신속성이 그만큼 중요하기 때문이다. 회사나 사업에 미치는 영향 등을 기준으로 사고 등급을 매기고 등급이 높은 사고는 처리 시한을 정한다. 시기를 놓치면 정보보안 사고가 정보보안 위기로 변질 수 있다. 예를 들어 주요 사업이나 서비스가 전면 중단되는 사고가 발생했을 경우에는 일상적 위기 대응 프로세스를 가동하면서, 사고 인지 30분 이내에 CEO와 관련 임원에게 문자 메시지로 보고하는 프로세스를 추가할 수 있다.

3. 시나리오 기반의 위기관리

한 동안 시나리오 경영이 유행한 적이 있다. 글로벌 금융위기처럼 파급력이 큰 사건은 전개 방향을 예측하여 가장 가능성이 높은 시나리오에 따라 경영하되 최악의 경우나 가능성이 높은 다른 요인도 대비하여 경영 위험을 최소화한다는 취지다. 시나리오 경영은 시기, 환경적 요인, 주체적 요인 등 변동 요인이 많으면 효율성과 효과성이 떨어지는데, 발생 시기가 정해지고 결과에 경우의 수가 몇 개 없는 위기 상황에 잘 적용된다.

예를 들어 세계적 2차 전지 기업인 L사와 S사의 영업비밀 침해 소송이 진행될 때 결과에 따라 회사 위기가 발생할 수 있다. 이미 쟁점은 명확히 형성되어 있고, 결과의 경우의 수도 한정적이므로 그에 따른 시나리오를 작성하는 노력이 상대적으로 적게 든다. 선고 기일이 잡히면 선고 결과 별로 대응 시나리오를 짜서 결과가 나오는 즉시 담당 부서가 대응책을 시행하도록 준비한다. 예를 들어 홍보 부서는 사내·외 메시지 준비, 연구·개발 부서는 기술적인 후속 설명이나 대책, 지식재산권 및 법무 부서는 법적 후속 절차를 준비할 수 있다.

개인정보 유출 사건에 대한 규제기관의 행정처분 건도 이와 비슷하다. 개인정보보호위원회의 회의 시기를 예상할 수 있고, 나올 수 있는 결과 역시 과징금이 부과되는 경우와 부과되지 않는 경우, 사유에 따라 결정되는 부과 금액 등 결과의 경우의 수가 많지 않아서 시나리오에 따른 위기 대응이 적합하다. 거꾸로 이런 위기 상황을 아무런 준비 없이 맞이 했다고 가정하면, 시나리오 기반 위기 대응의 중요성을 쉽게 이해할 수 있다. 언론 기사, 기자의 질문, 고객 문의, 인터넷 반응 등으로 전사적으로 큰 혼란에 빠지게 될 것이다.

4. 사전 점검을 통한 정보보안 위기 예방

일상적 위기대응 체계가 운영되면 회사의 의사결정으로 발생할 수 있는 위기 상황을 사전 점검함으로써 위기 예방의 효과를 얻을 수 있다. 예를 들어 새로운 서비스를 출시하면서 개인정보 처리방침을 개정할 때가 있는데, 개인정보 처리방침을 작성하는 부서가 고객이나 언론의 반응을 고려하지 못할 수 있다. 하지만 개인정보 처리방침의 개정은 이용자에게 메일로 보내고 홈페이지에도 공개되므로 이용자 반응에 따라 해당 서비스나 회사에 부정적 영향을 끼치기도 한다. 이럴 때 위기관리 실무협의체를 소집하여 담당 부서가 개정 취지를 설명하고, 이용자의 불만이나 사회적 현안으로 떠오를 만한 내용이 있는지, 언론이나 규제기관에서는 어떻게 반응할지 고객 대응 부서나 홍보 부서, 대외협력 부서가 여러 측면에서 검토한다. 또한, 일단 개정하기로 의견을 모았지만 불안한 면이 남아 있다면 개인정보 처리방침 개정 뒤 가능한 몇 개의 시나리오를 만들어서 각 부서가 상황을 점검하고 문제가 발생하면 즉각적으로 대응할 수 있는 체계를 갖춰 큰 문제로 비화되지 않도록 관리할 수 있다.

제품이나 서비스를 출시할 때도 마찬가지다. 고객 반응에 따라 위기가 발생할 수 있다고 판단하면 위기관리 실무협의체에서 사전에 점검한다. 제품 기획자나 개발자가 협의체에 참석하여 충분히 설명하고 실무협의체 구성원은 각 이해관계자의 반응을 예상해 본다. ▲법적 측면의 검토 ▲클레임 발생 시 고객센터의 대응 방안 ▲언론과 규제기관에 대한 대응 ▲그에 따른 제품기획팀이나 개발팀의 대응 등을 사전에 준비한다면, 위기로 발전하지 않도록 적절하게 대치할 수 있다. 이런 준비 없이 제품을 출시한다면 외부 반응에 우왕좌왕하여 위기를 키우게 된다.

위기관리 – 위기 후 업무

보안 위험을 예방할 보안 대책을 수립·시행하고, 정보보안 이슈의 조기 탐지와 대응으로 최선을 다했음에도 정보보안 위기는 발생할 수 있다. 정보보호책임자는 이러한 위기 상황에도 대비해야 한다. 위기 후 업무는 ▲규제 및 수사기관 대응 ▲이용자와 인터넷 대응 등의 위기 대응 업무와 ▲시스템과 데이터의 복구 ▲고객 신뢰성 회복 ▲브랜드 가치 회복 같은 복구 업무가 있다.

여기에서는 위기 대응 업무를 중심으로 기업의 정보보호책임자에게 실제로 도움이 될 만한 내용을 다룬다.

이해관계자의 활동 ——

위기 대응 활동의 핵심은 이해관계자를 대응하는 것이다. 이용자, 언론, 수사기관, 규제기관 등 다양한 이해관계자에게 ▲사과 메시지 ▲사건의 사실관계 ▲2차 피해방지 대책 ▲보상 대책 ▲재발방지 대책 등을 소통하면서 위기를 수습하고 신뢰를 회복하는 일이다. 그러려면 회사와 사업에 위기가 되는 이해관계자의 활동과 그 성격을 파악하고, 각 이해관계자에게 적합한 대응을 할 수 있어야 한다.

개인정보 유출 사건에서 주요 이해관계자는 크게 다음과 같이 분류할 수 있다.

표 4-8 개인정보 유출 사건의 주요 이해관계자

구분	내용
정보주체(또는 이용자)	서비스 또는 제품의 사용자로서 개인정보가 유출된 당사자
인터넷	이용자를 포함한 인터넷 사용자와 이들의 의견이 표출되는 포털, SNS, 인터넷 카페, 커뮤니티 게시판 등
언론	TV 방송, 주요 언론 매체, 중소형 인터넷 매체
소송 변호사	소송인을 모집하고 민사소송을 주도하는 변호사나 법무법인
수사기관	사건을 수사하는 경찰이나 검찰
규제기관	개인정보보호위원회, 금융위원회 등 관련 법 소관 행정부처와 한국인터넷진흥원, 금융감독원, 금융보안원 등 산하 실무 기관
법원	형사재판과 민사재판을 담당하는 기관
국회	청문회, 국정조사, 국정감사 등을 통해 회사와 다른 이해관계자에 영향을 미치는 국민 대표기관
교수, 협회, 업계	정보보안 관련 교수, 정보보안 관련 협회, 정보보안 기업
임직원	사고 발생 회사의 임직원

이 외에도 그룹사라면 모회사나 지주회사가 주요 이해관계자가 되고 사고에 따라서는 시민단체나 지역사회가 주요 이해관계자가 되기도 한다.

이해관계자들의 활동을 [그림 4-7]에 예시하였다. 화살표의 방향은 영향의 방향을 나타내고, 화살표의 굵기는 영향력의 상대적 크기를 나타낸다.

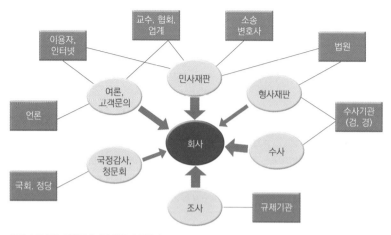

그림 4-7 주요 이해관계자의 활동과 영향력

[그림 4-7]에서 개인정보 유출 사건이 발생했을 때 회사에 영향을 미치는 주요 이해관계자의 활동은 다음과 같다.

1. 여론과 고객문의

사건이 발생하면 언론 보도를 통해 인터넷(SNS, 인터넷 카페, 커뮤니티 게시판 등)에서 부정적 여론이 형성되고, 고객 문의(VOC, Voice Of Customer) 접수가 급증한다. 또한, 언론 보도와 온·오프라인의 여론, 고객 문의는 서로 영향을 미치며 부정적 여론을 증폭시킨다. 여론이 매우 부정적으로 형성되면 이는 고객의 이탈로 이어져서 사업에 나쁜 영향을 미친다. 따라서 회사는 여론과 VOC의 이해관계자를 잘 살피고 정성을 다해 부정적 영향을 최소화해야 한다.

2. 수사 및 형사재판

회사에 대한 수사기관(경찰, 검찰)의 수사와 형사재판에서 법원 판결은 형사처벌 과정이다. 경찰의 수사와 검찰 송치 → 검찰의 기소 → 법원의 형사재판 판결(1심, 2심, 3심)의 순서로 진행된다. 카드 3사 개인정보 유출 사건과 같이 검찰이 직접 수사하는 경우도 있다. 형사처벌은 법원의 최종 판결로 결정되지만, 실제 회사에 가장 큰 영향을 미치는 행위는 수사기관의 수사 결과 발표다. 특히 회사의 법규 위반과 중대 과실이 드러나면 여론과 이후 행정처분, 민사소송에 커다란 영향을 미치게 된다. 이러한 형사처벌 과정은 임직원 개인에게도 해당되므로 기업의 정보보안 인력에게 큰 부담이 된다.

3. 행정처분

행정처분은 법령의 소관부처가 회사의 법규 위반, 과실이나 관리·감독 의무에 소홀함이 있었는지 조사한 뒤 법에 규정한 과징금, 과태료, 시정조치 등을 회사에 부과하는 행정 제재다. 2014년 1월 카드사 사태 이후인 2014년 5월 정보통신망법 개정에서 과징금 상한액이 위반행위 관련 매출액의 3%로 대폭 증가하고, 과징금 부과 사유가 늘어나면서 기업의 부담이 늘어났다. 실제 2015년부터 개인정보가 유출된 기업에 매출액의 2%가 넘는 과징금을 부과하는 건이 발생하였고, 수십억 원의 과징금을 부과하는 사례까지 나와서 행정처분의 중요도가 수사 못지않게 크게 증가하였다.

4. 민사소송

2008년 E사 사건 이후 대규모 개인정보 유출 사건이 발생한 회사에 대한 민사소송이 관례처럼 제기되었다. 민사소송은 개인정보 유출에 관한 회사에 대한 조치에 불만을 가진 사용자들이 인터넷 카페를 만들어 변호사에게 의뢰하거나 변호사가 소송인을 모으는 방식으로 이뤄진다. 소송 당사자들은 개인정보 유출 자체를 피해로 보아 회사가 적절한 보상을 해야 하고, 회사의 관리 책임을 물음으로써 개인정보보호에 더 투자하도록 만들어야 한다는 입장을 가진다. 민사소송은 개인 변호사나 소규모 법무법인이 주도하는데, 소송 참여 비용을 받고 실제 소송에는 큰 관심을 기울이지 않는다는 '먹튀' 논란이 일기도 하면서 이후 무료 또는 최소한의 소송 비용을 받고 성공 보수를 받는 소송 대리인이 등장하였다.

사건이 터지고 시간이 지난 뒤에도 수사결과 발표, 규제기관의 행정처분, 개인정보분쟁조정위원회의 조정 결정, 법원 판결 등에서 민사소송에 유리한 상황이 전개되면 민사소송 참여 인원이 늘거나 추가로 민사소송이 제기되기도 한다.

5. 국정조사·국정감사·청문회

국회에서 중요하다고 판단하면 국정조사나 청문회, 국정감사의 증인으로 회사 대표를 부른다. 국회의 이러한 활동은 회사에 직접적인 영향은 크지 않으나 국회의원의 호통식 질문, 국회방송의 생중계와 지상파 TV를 통한 대중 전달 때문에 CEO가 극도로 기피한다. 언론에 그대로 드러나는 자리여서 잘못 대응하면 여론에 나쁜 영향을 미쳐서 그에 따른 영향을 받을 수도 있다.

회사의 위기 상황에서 이해관계자 활동 중 중요하지 않은 게 없지만 회사에 끼치는 영향이 가장 큰 것을 꼽는다면 행정처분과 수사이다. 과거에는 수사의 영향이 가장 컸지만, 2015년부터 규제기관의 신속한 조사와 고액의 과징금을 포함한 행정처분, 행정처분 결과의 민사소송 반영 등으로 행정처분의 중요도가 지속해서 증대되고 있다. 행정처분과 수사가 마무리 된 이후에는 민사소송 대응이 중요하다. 다만 민사소송 결과는 일정한 패턴을 보이고 있어서 어느 정도 대응이 가능하다.

이해관계자 대응 ──

위기 대응의 핵심인 이해관계자를 잘 대응하기 위해서는 무엇보다 각 이해관계자의 특성을 정확하게 파악해야 한다. 또한, 이해관계자는 별개로 존재하는 것이 아니라 서로 영향을 미친다는 점 역시 고려해야 한다. 이해관계자 사이의 영향을 그림으로 나타내면 다음과 같다. 화살표의 방향은 영향의 방향을 나타내고, 화살표의 굵기는 영향력의 상대적 크기(중대한/ 중요한/일정한)를 나타낸다.

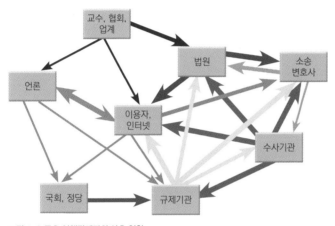

그림 4-8 주요 이해관계자의 상호 영향

[그림 4-7]과 [그림 4-8]에 나타난 주요 이해관계자의 상호 영향과 특성을 요약하면 다음과 같다.

- 수사기관은 이용자, 규제기관, 소송 변호사에 중대한 영향을 미친다. 수사에서 회사나 임직원이 기소되면 민사소송에서 회사가 이기기 어렵다. 또한, 민사소송에서도 법원은 수사기록을 중요한 객관적 증거로 간주하므로 수사기관은 법원에 중대한 영향을 미친다. 수사기관은 회사에 직접 또는 다른 이해관계자를 통해 간접적으로 중대한 영향을 미치는 이해관계자다.

- 규제기관은 이용자, 소송 변호사에 중대한 영향을 미친다. 규제기관은 기본적으로 회사의 법규 위반이나 과실이 있는지 조사하여 법령의 기준에 따라 과징금, 과태료, 시정조치, CEO 징계 등의 행정처분을 한다. 규제기관의 조사가 신속하게 이뤄지고 1억 원 이상의 과징금을 부과한 사건이 늘어난 데다 과징금 취소 소송에서 규제기관이 대부분 승소하면서, 규제기관의 영향력은 수사기관 못지않게 커졌다. 법원도 규제기관의 조사를 인용하곤 하여 법원에도 중요한 영향을 미친다.

- 이용자와 인터넷, 언론은 서로 중대한 영향을 미치며 여론을 형성한다. 회사 내에 담당 부서가 다르지만 이용자와 인터넷, 언론 동조화 현상을 이해하고 대응해야 한다. 국회나 규제기관 등 여론에 민감한 이해관계자에게도 일정한 영향을 미친다. 이용자는 민사소송에 참여함으로써 소송 변호사에 중요한 영향을 미치지만 일반적으로 행정부처인 규제기관에는 일정한 영향을, 수사기관에는 거의 영향을 미치지 못한다.

- 소송 변호사는 민사소송을 통해 법원 판결에 중대한 영향을 미친다. 수사기록을 열람할 수 있다는 사실이 수사기관에 일정한 영향을 미친다.

- 법원의 민사소송 판결은 소송에 참여한 이용자와 소송 변호사에게 중대한 영향을 미치고 법원의 판결이 이후 민사소송의 증대에도 영향을 미친다.

- 교수와 협회 등은 형사재판, 민사재판의 참고인 등으로 법원에 중요한 영향을 미치고, 관련 칼럼 기고를 통해 언론과 이용자에게 일정한 영향을 미친다.

- 국회와 정당은 국정조사·감사 등을 통해 규제기관에 중요한 영향을 미친다.

지금부터는 이해관계자의 활동과 특성, 상호 관계를 감안하여 이해관계자의 대응 방안에 관해 살펴보자.

1. 수사 대응

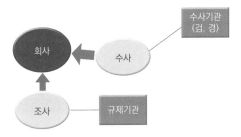

그림 4-9 수사기관 및 규제기관 대응

정보보안 위기가 발생하면 대부분 수사기관이 개입한다. 사업자 인지 사건은 사업자의 신고로 경찰이 수사를 시작한다. 사이버 범죄의 전문 수사기관으로는 경찰청 사이버수사국과 지방경찰청 사이버수사대가 있다. 수사담당 기관에 따라 이후 사건 전개가 영향 받을 수 있으므로 사업자는 어디에 신고할지 충분히 고려하여 결정해야 한다.

수사 대상이 되었지만 사회적 현안이 되면 보안전문가로 구성된 민관합동조사단이 꾸려지기도 한다. 사안에 따라 행정부처 담당 공무원과 한국인터넷진흥원, 금융보안원, 국가정보원, 정보보호 전문 업체, 한국인터넷진흥원에서 운영하는 사이버보안전문단의 보안전문가가 합류한다. 하지만 최종 수사권은 수사기관에 있다.

개인정보 유출 사건과 관련한 수사기관의 목적은 크게 두 가지다. 첫째는 범인을 잡는 것이고, 둘째는 회사의 법규 위반 행위를 처벌하는 것이다. 기업이 모르는 사이에 수사기관이 수사함으로써 정보보안 위기가 발생하는 경우도 있다. 2014년에 터진 개인정보 유출 사건의 상당수가 수사기관 인지 사건이다.

회사가 가져야 할 수사 대응의 기조는 ▲확보한 사실을 바탕으로 ▲수사에 최대한 협조하고 ▲수사기관의 신뢰를 얻으며 ▲회사의 과실로 귀착되지 않도록 하는 것이다.

가. 범인 검거를 위한 수사

개인정보가 유출되면 수사기관에서는 무엇보다도 범인을 검거하기 위한 수사를 진행한다. 그리고 범인을 기소하기 위해 범인이 개인정보에 접근한 방법과 경로 등 사실관계를 파악하고 이를 입증할 수 있는 증거를 찾는다. 강력 범죄가 발생하면 경찰은 수사 초기에 피해자나 피해 장소 주변을 대상으로 CCTV를 추적한다. 수사 범위를 한정하고 범인을 특정하기 위해서다. IT 범죄도 마찬가지다. 범인이 회사의 내부인이든 외부인이든 간에 범행 흔적은 사내 시스템에 남는다. 외부의 사이버 침입에 의한 범행이라도 수사의 출발은 회사 내부가 될 수밖에 없다. 경찰은 한정된 인력과 시간, 공간에서 수사를 하므로 회사 안에 있는 모든 PC나 서버를 다 들여다볼 수 없다. 그러므로 정보보안 부서가 파악한 사실이 수사에 큰 도움이 된다. 제공한 증거, 경찰에 성실한 응대와 증언을 통해 수사팀으로부터 회사 전문가의 실력을 인정받으면 신뢰를 얻을 수 있다.

수사 대응 시 반드시 지켜야 할 점은 사실이 아닌 증언이나 증거를 수사팀에 제출하지 말아야 한다는 것이다. 경찰이 사내 시스템을 압수수색 할 수도 있고, 사내 시스템 이외에도 외부에서의 접근경로와 데이터 유출경로에 있는 다른 시스템을 수사할 수 있는 권한이 있으므로 회사가 제출한 자료가 사실과 다름을 확인하면 신뢰가 무너져서 이후 수사 대응에 곤란해질 수 있고, 법적인 책임을 져야 할 수도 있다. 따라서 수사에 적극적으로 협조하되 수사에 필요한 최소한의 정보를 적절한 시점에 전달해야 한다. 수사에 도움이 되지 않거나 혼선이 있을 만한 사실이 수사팀에 전달되면 시간이 지나서 다 밝혀진다 하더라도 그만큼 시간과 노력을 더 쓰게 된다.

나. 회사의 법규 위반 사실을 찾기 위한 수사[09]

범인 관련 수사가 마무리 과정에 들어서면 수사기관은 개인정보보호법에 규정된 회사와 회사 인력에 대한 형사 처벌 규정에 따라 회사의 법규 위반과 과실에 대한 수사를 진행한다. 수사기관이 범인 수사를 하는 동안 틈틈이 쌓아 놓은 사내 시스템의 정보와 증거가 여기에 활용될 수 있다. 지나친 협조는 개인정보 담당자나 책임자의 형사처벌로 이어질 수 있다. 범인 검거에 협조한 정보보호 조직에서 항상 염두에 둬야 하는 지점이다. 매우 아이러니하지만 현재 우리나라의 개인정보 관련 법이 그렇게 되어 있다.

법을 문자 그대로 해석하면 정보보호책임자는 범인 검거를 위해 수사기관에 적극 협력하되 (혹시 있다면) 회사의 법규 위반 사실이나 과실이 드러나지 않을 한도 내에서만 지원해야 한다. 설사 회사의 관리 소홀이 발견되어도 드러나지 않는 게 회사와 개인에게 더 좋다.

회사에 대한 수사에 대응하기 위해서는 법, 시행령, 시행규칙, 관련 고시의 모든 항목을 준수했다는 증거를 제출한다는 전제 아래 준비해야 한다. 사실 증거를 준비하다 보면 평소에 해 놓을 걸 하는 생각이 든다. 필요한 품의와 결재, 시스템의 화면과 로그, 수동으로 진행한 사항의 기록 등이다. 위기에 닥쳐서 만들어 내기 어려운 것이 많으므로 미리미리 준비하자.

경찰 수사는 이후 사건 전개에 결정적인 영향을 미치므로 정말 최선을 다해야

---

09 2021년 9월에 국회에 제출된 개인정보보호법 개정안에는 개인정보 유출 사고 발생 시 회사와 회사 인력에 대한 형사 처벌 조항이 삭제되어 개정안의 국회 통과 여부에 따라 수사기관의 활동에 변화가 생길 수 있다.

한다. 수사 대응의 최대 목표는 불입건이다. 입건[10]되면 참고인으로서 수사를 지원하던 정보보안 인력이 피의자로 신분이 전환된다. 이후 검찰의 기소와 형사재판이 이어지면 유죄 판결을 받을 가능성이 생긴다. 잘못하면 전과자가 되는 것이다. 이렇게 되면 입건된 부서의 구성원뿐만 아니라 사내 관련 부서원 및 다른 임직원의 사기를 저하시키고 위기감을 고조시켜 회사가 단합하여 위기를 헤쳐나가는 데 어려움이 생길 수 있다. 개인에 대한 사안은 결과 못지않게 과정도 중요하다. 회사가 담당 임직원의 형사문제에 대처하기 위해 최선을 다했는지가 조직과 다른 임직원에게 미치는 영향이 크다.

경찰에서 기소의견으로 송치하면 차선은 검찰에서 무혐의처분을 받아내는 것이다. 검찰에 사건이 송치되면 법리적 대응이 중심이 된다. 즉, 회사의 법무 부서와 변호사 역할이 커진다는 의미다. 2011년에 벌어진 N사의 개인정보 도난 사건에서 경찰은 회사 대표와 개인정보보호책임자, 보안실무 팀장을 기소의견으로 송치했지만 검찰은 무혐의 처분을 내렸다. 당시 검찰은 형사처벌을 할 만큼 법적 근거가 부족하다고 밝혔다. 2014년 K사 사건은 개인정보 담당 임원과 보안 팀장이 입건되었는데, 연초부터 계속 이어진 개인정보 유출사태에 대한 사

---

10 수사 용어에 익숙하지 않은 정보보호책임자가 많을 것 같다. 필자도 직접 수사 대응을 하기 전까지는 이런 용어에 큰 관심이 없었다. 정보보호책임자에게 필수적인 몇 가지 용어 설명을 소개한다.
- 입건: 수사기관이 수사를 개시하여 정식 형사사건이 되는 것을 '입건'한다고 하며, 입건이 되어 수사대상이 되면 형사소송법상 '피의자'가 된다. (시사상식편집부, 『시사상식사전』, 박문각)
- 송치: 우리나라는 검찰이 기소권을 독점하고 있어서 형사사건을 재판에 넘기기 위해서는 사건이 검찰로 넘어가야 한다. 그래서 사법경찰관은 그가 수사한 모든 형사사건에 대해 기록과 증거물, 구속한 경우에는 피의자를 검찰청으로 보내야 하는데 이를 송치한다고 한다(이철수 외, 『사회복지학사전』, 블루피쉬, 2009). 경찰은 검찰에 송치하면서 기소 의견 또는 불기소 의견을 낼 수 있다.
- 기소: 검사가 형사사건에 대하여 법원의 심판을 구하는 행위를 말한다. 그러나 검사는 범죄의 혐의가 있다 하더라도 범인의 연령, 성행, 지능과 환경, 피해자와의 관계, 범행의 동기, 수단과 결과, 범행 후의 정황 등을 종합하여 기소하지 않음이 상당하다고 판단되는 때는 기소유예처분을 할 수 있다. (이병태, 『법률용어사전』, 법문북스, 2010)

회적 비난 여론이 비등해진 상황임에도 불구하고 검찰이 무혐의처분을 내렸다.

물론 검찰이 기소하더라도 법원에서 최종 무죄판결을 받아야겠지만, 기업의 위기관리 측면에서 보면 기업에서 받을 타격은 다 받은 상태가 된다. 앞에서 설명한 대로 기소의견을 첨부한 경찰의 수사결과 발표는 회사가 법 위반을 했다는 객관적인 판단으로 간주되어 언론에 노출되고, 부정적 여론이 형성되는 등 회사 이미지와 브랜드, 사업에 상당한 타격을 줄 수 있다. 사건의 전개에서도 민사소송이 증가하고, 개인정보분쟁조정위원회의 조정, 행정기관의 과태료, 과징금 부과 판단에도 부정적인 영향을 미친다. 수사권을 갖고 가장 정밀하게 파악했을 경찰이 회사에 법 위반이 있다고 판단했는데, 아무리 별도로 조사하거나 회사의 진술을 듣는다 하더라도 여타 기구에서 수사 결과와 달리 회사에 유리한 판단을 할 가능성은 높지 않다.

다. 수사기관의 고민

개인정보 도난사건을 수사하는 경찰도 고민이 있다. 개인정보보호법 제73조 1호 처벌 조항에서는 회사가 기술적·관리적 조치를 하지 않은 것이 원인이 되어 개인정보 도난사건이 발생해야 개인이나 회사를 형사처벌할 수 있도록 규정했다. 예를 들어 안티바이러스를 주기적으로 업데이트하지 않아서 고시를 위반했더라도 내부자가 DB에 직접 접근하여 USB에 개인정보를 복사해 훔쳤다면 안티바이러스 업데이트를 소홀히 한 것은 실질적 범죄와 인과관계가 성립되지 않는다. 이 사건은 규제기관에서 과징금을 부과할 수는 있으나 형사처벌을 받지 않을 가능성이 높다.

하지만 칼을 뽑으면 무라도 베고 싶은 게 인간의 심리다. 인력과 시간을 들여 수사했고, 개인정보 유출을 민감하게 받아들이는 국민정서가 있으므로 이런 경우에 경찰이 법대로 회사에 무혐의 결정을 내리기 어려울 수 있다. 특히 중국발 해킹 사건처럼 중국의 소극적 대응으로 범인을 검거하는 경우가 드물 때는 더욱 그렇다. 정보보호책임자는 이런 경찰의 심리도 잘 이해하고 대응해야 한다.

경찰의 또 다른 고민으로는 수사기록이 공개될 수도 있다는 점이다. E사 개인정보 유출 사건에 대한 민사소송이 벌어지면서 2011년에 수사기록 공개를 요구하는 행정소송을 냈고, 그 결과 원고 측에서 수사기록을 열람할 수 있게 되었다. 심지어 원고 측에서 수사 소홀을 이유로 경찰의 수사 실무 책임자를 고소하는 일까지 벌어졌다. 2014년 S사 개인정보 유출 사건에 대한 민사소송에서도 법원은 몇 가지 조건을 걸어 수사기록 공개를 결정했다.[11] 물론 경찰은 수사기록 공개와 관계없이 수사를 철저하게 하겠지만, 경찰 수사의 빈틈을 찾기 위해 그것을 열람할 사람이 있다고 생각하면 기록을 더 철저하게 남길 수밖에 없다. 따라서 수사에서 법과 시행령, 시행규칙, 고시 등 관련된 모든 법 조항에 꼼꼼히 증거를 요구한다.

2. 규제기관 대응

규제기관 개입은 회사가 법에서 지정한 규제기관에 신고하면서 시작한다. 규제기관에 신고하면서 수사기관에도 수사 의뢰를 하는 게 좋다. 신속하게 범인을 잡아 2차 피해를 차단하는 데에 도움이 될 수 있고, 대외 메시지 측면에서도 좋다. 수사기관 인지 사건은 회사가 개인정보 유출을 확인한 뒤에 규제기관에 신고해야 한다. 회사 관점에서는 수사기관이나 규제기관이 모두 정부 부처이므로 차이를 못 느낄 수 있으나, 개인정보 유출 시 법적 의무는 규제기관 신고와 정보주체 통지라는 점을 잊지 말아야 한다. 해킹으로 개인정보 유출 사고가 발생

---

11 "법원 '검찰, 네이트 해킹사고 수사기록 공개하라'", 아이뉴스24, 2014.5.19.

한 회사 중 드물지만 수사기관에 신고하면서 규제기관에 신고하지 않아 과태료를 부과받은 기업이 있다. 수사기관에 신고하면 결국 언론사 사회부를 통해 외부에 알려지게 되므로 신고 요건에 맞춰 반드시 규제기관에 신고해야 한다.

규제기관 대응에서는 사전 대응이 가장 중요하다. 개인정보 유출 사고가 터지지 않도록 방어하는 게 가장 좋지만, 사고가 나더라도 그동안 법규를 충실히 지켜왔다면 과징금 요건에서 상당히 벗어날 수 있다. 고액 과징금은 주로 법규 위반에 대한 것이기 때문이다. 매년 감독기관에 보고서를 낸 금융회사와 전자금융업자는 제출한 각종 보고서가 사실과 다르다는 것이 밝혀지면 문제가 될 소지가 있으므로 평소 보고서 제출에 만전을 기해야 한다. 감독기관에서 수많은 보고서를 즉시 검토할 만한 인력을 갖추고 있지 못하지만, 문제가 발생한 회사에 대해서는 과거의 보고서까지 검토한다.

사고에 관한 규제기관의 조사는 수사기관과 별반 다르지 않다. 수사 대응을 잘했다면 대응하는 데 큰 무리가 없다. 특히 민사소송까지 이어지는 것은 결국 회사의 법규 위반이나 중대 과실 부분이므로 수사기관의 수사와 규제기관의 조사, 개인정보분쟁조정위원회의 조정, 민사소송은 크게 보면 하나의 끈으로 연결되어 있다고 볼 수 있다. 사고에 대한 조사, 여타 법규 위반 행위에 대한 조사는 한국인터넷진흥원이나 금융보안원 등 행정부처의 산하 전문조직이 시행하고 최종 행정처분은 행정부처에서 주관한다. 규제기관은 여론의 영향을 받으므로 법리적, 기술적 설명이 국민적 눈높이에 맞춰 이뤄질 필요가 있다. 개인정보보호조치의 미비를 이유로 과징금 부과 결정이 난다면, 회사의 평소 개인정보보호를 위한 노력, 위반 행위 조사 협조 등 과징금 경감 사유를 입증해 과징금을 최소화할 수 있도록 노력해야 한다. 그리고 행정처분에 불복하여 행정소송을 낼 수도 있다.

따라서 규제기관 대응의 기조는 수사기관 대응과 마찬가지로 ▲확보한 사실을 바탕으로 ▲조사에 최대한 협조하여 규제기관의 신뢰를 얻되 ▲회사의 과실로 귀착되지 않도록 하며 ▲회사의 과실이 밝혀진 경우에는 회사가 선한 관리자로서 한 역할을 입증해 감경을 많이 받는 것이다.

3. 언론 대응

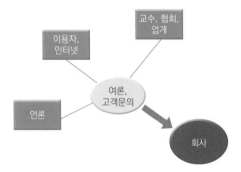

그림 4-10 언론 및 이용자·인터넷 대응

인터넷과 SNS의 발달로 영향력이 예전보다 못하긴 하지만, 언론은 여전히 중요한 이해관계자다. 사용자는 언론을 통해 개인정보 도난사건을 처음 접한다. 규제기관이나 경찰, 검찰의 발표가 대부분 언론을 통해 사용자에게 전달된다. 국회 청문회나 국정조사 역시 언론을 통해 사용자에게 전달된다. 홍보 부서가 기자에게 잘 대응해야 하지만, 여기에서는 위기 대응 측면에서 정보보호책임자가 알아야 할 몇 가지를 짚어 보려고 한다.

개인정보 대량 유출이 발생한 회사는 언론에서 연락이 많이 온다. 정보보호책임자는 홍보 부서로 들어오는 기자들의 질문에 사실 기반을 두어 답변을 작성하고, 오해나 부작용이 생길 수 있는지 점검하여 답변한다. 사회적 파장이 너무

크면 사태 수습을 위해 CEO가 나서 사과 기자회견을 열기도 한다.[12]

2011년 4월 H사 사건과 그 직후에 터진 N사 사건에서 사과 기자회견을 CEO 가 나선 이후, 2014년까지 발생한 개인정보 대량 유출 사고의 사과 기자회견 에 CEO가 나섰다. CEO가 언론에 나서는 것은 사고를 수습하겠다는 기업의 강력한 의지를 모든 이해관계자에게 천명하는 것이다. 그만큼 치밀한 준비가 필요하다.[13]

기자회견문은 ▲유출에 관한 사실 확인 ▲진정성 있는 사과 ▲2차 피해방지 대 책 ▲재발방지 대책으로 구성된다. 무엇보다도 유출된 정보에 관한 정확한 사 실을 확인해야 한다. 기자회견은 사건이 알려진 지 2~3일 이내에 많이 하는데, 그동안 유출 시점, 유출 항목과 규모, 암호화 여부, 그로 인한 2차 피해 가능성 등 가능한 대로 사실을 파악하고, 사실 파악이 부족하면 기자회견을 연기하든 지 아니면 기자회견장에서 사실 파악이 부족한 이유와 사실 파악을 위해 지금 하는 일을 적절하게 설명한다. 즉, 정보보호책임자의 역할이 크다. 준비 없이 나왔다가 도리어 역효과가 난 경우도 있다. 파악한 사실 중에 범행 증거 등 경 찰이 수사해야 할 사항은 언론에 내보내지 않고 수사팀에 전달한다.

사과 기자회견이 진정성이 있다고 느끼는 일차적 주체는 기자다. 기자 관점에 서 질문에 성실하게 준비된 답변을 하는 것이다. 답변이 무성의하거나 알맹이

---

12 CEO가 나선다는 의미는 책임질 수 있는 사람이 나서서 사과하고 사태를 해결하겠다는 의지를 표명한다는 의 미다. 대리점 갑질로 사회적 물의와 불매운동까지 일어난 N사의 대리점 갑질 사건은 CEO가 나서 사과했지만 파문이 가라앉지 않았다. 사회적으로는 그 문제를 해결할 수 있는 사람은 오너였다고 본 것이다. 2014년 KT 개인정보 유출 사고 이후로는 CEO가 나서서 사과하는 모습은 거의 사라졌다. 대규모 개인정보 유출 사고가 없 지 않았지만, 개인정보에 대한 사회적 민감도는 높아졌음에도 사회적 파장은 오히려 줄어든 것으로 보인다.

13 기업이 사회적 이슈에 대해 사과하는 방법에 관해 다음을 참고하기 바란다.
   샌드라 J. 서처, 샬린 굽타, "기업이 제대로 사과하기 위해 필요한 것", 하버드비즈니스리뷰, 2019.11~12월호.

가 없을 때 기자회견은 역효과가 나고 이후 언론의 태도가 부정적으로 바뀔 수 있다. CEO뿐만 아니라 기자회견에 참여하는 여러 임원의 질의응답도 사전에 준비하는 것이 필요하다.

개인정보가 유출된 정보주체는 그에 대한 보상책을 회사의 진정성으로 이해한다. 이에 관해 기자회견장에서 밝히는 회사의 입장은 개인정보가 유출된 이후 2차 피해가 발생한 것에 대해서는 보상하겠다고 하거나[14], 개인정보 유출 민사소송에서 주로 책정되는 10만 원 정도를 선제적으로 지급하겠다고 하기도 한다.[15] 정보주체의 불만에도 어쩌면 사고 발생 뒤 며칠 만에 정보주체에게 의미 있는 대책을 내는 것이 쉽지 않다. 충분히 고민하고 정교하게 설계되지 않은 채 보상책을 발표했다가 상황을 더 악화시킬 수 있다. 시간이 걸리더라도 내실 있는 대책을 내는 게 좋다.

초기 언론 대응에 실패한 사례도 있다.[16] 앞서 예를 든 2011년 4월 전산망 마비 사태와 2014년 1월 카드 3사 개인정보 유출 사고가 그렇다. 카드 3사는 검찰이 1차 수사결과를 발표한 당일 몇 시간 뒤에 열린 사과 기자회견에 CEO들이 나왔으나 사실 파악이 안 된 상태에서 기자들의 질문에 제대로 대응하지 못

---

14 "시티은행서 유출된 정보, 금융사기 악용…2차 피해 현실로", JTBC, 2014.4.9. 보이스피싱 금융사기를 당한 피해 사례를 경찰이 수사한 결과, 시티은행에서 유출된 금융정보가 범행에 이용된 것으로 드러나 해당 은행이 피해 보상을 검토하겠다고 밝힌 바 있다. 유출된 개인정보가 범죄에 쓰인 것으로 객관적으로 드러난 첫 사례가 아닐까 싶다.

15 "토스·쿠팡·배민 등 플랫폼 업체 개인정보·상담내용 유출", 전자신문, 2021.7.23. 토스를 운영하는 비바리퍼블리카는 채팅 상담에 이용하는 위탁 업체 서비스가 해킹 당해 자사의 고객 1,500명의 개인정보가 유출된 사건에 대해 규제기관의 조사나 민사소송이 없는 상태에서 1인당 10만 원을 보상하겠다고 선제적으로 밝혔다. 보상 총액이 회사에서 감당할 수준이기도 했지만 적극적 대응으로 파문을 줄인 좋은 사례이다.

16 대응이 잘 안 된 사례를 쓰는 건 한동안 제3자가 아닌 정보보호책임자 당사자 입장에서 일했던 필자도 불편하다. 하지만 정보보호책임자가 이런 내용을 알고 있으면서 다른 위기관리 부서와 협의하고 조정해야 한다는 의미에서 작성했다.

했고, 12일 뒤 CEO들이 사과 기자회견을 한 번 더 하는 초유의 사태가 발생했다. 두 건 모두 초기 언론 대응에 실패하면서 사태가 더 악화된 사례다.

최초의 언론 대응이 지나면 일상적인 체제로 넘어간다. 수사결과 발표나 행정처분 발표, 민사소송 결과 보도 등 사건 전개 과정에서 주요한 계기마다 언론 대응이 있기 마련이다. 개인정보 유출 사건 중 필자가 알고 있는 언론 대응의 최고 사례는 K사 사건이다. 2012년에 발생한 K사의 개인정보 유출 사건에서 개인정보분쟁조정위원회의 결정이 2013년 9월에 나왔는데, 1인당 10만 원씩 보상하라는 개인정보분쟁조정위원회의 결정은 D인터넷 매체를 제외하고 어느 매체에도 보도되지 않았다.[17] 사회적으로 상당히 관심이 컸던 사건이라 개인정보분쟁조정위원회의 위원들도 놀랐다고 한다. 기업의 위기관리 관점에서 볼 때 성공사례라고 볼 수 있다.

4. 이용자와 인터넷 대응

어떤 사건이 언론에 보도되면 인터넷에서 여론이 빠르게 형성되고 이 여론이 다시 언론에 영향을 미쳐 더욱 확대된다. 특히 SNS의 영향력이 크므로 SNS를 잘 대응할 필요가 있다. 의도적인 사실 왜곡이나 악성 소문에 대해서는 자체 SNS 창구 등을 통해 정중하게 사실을 바로 잡는 것도 필요하다. 유튜브에 CEO의 진솔한 사과 동영상을 띄움으로써 위기를 성공적으로 대응한 사례도 있다.[18] 사건의 성격과 사용자의 반응을 예상하여 적절한 방법을 찾아야 한다.

모든 사업은 고객이 있으므로 영위된다. 궁극적으로 가장 중요한 이해관계자는

---

17 "개인정보분쟁조정위 'KT, 피해자들에게 10만 원씩 배상하라'", 디지털데일리, 2013.9.10.

18 제트블루사의 예, 홍한국, 우보현, 임광혁, "사례분석을 통한 기업위기 유형별 대응방안 수립", 『한국지식정보기술학회 논문집』, 2011. 8.

역시 고객이다. 사고 때문에 마음 상한 고객을 정성껏 받아주고 답변하며 사과하는 것이 기조가 되어야 한다. 그래야 단기적으로는 고객의 이탈을 줄이고, 장기적으로는 떠난 고객의 마음을 돌릴 수 있다. 초기에 부정적 여론이 비등한 상태에서 잘못된 고객 대응은 더 큰 파장을 불러올 수 있다.

사건이 벌어진 뒤 고객은 궁금하거나 화가 나서 고객센터에 연락한다. 따라서 이전에 쓰던 고객응대 스크립트를 바뀐 고객의 마음을 고려하여 보완해서 사용한다. 또한, 소송을 염두에 두고 고객센터에 문의하는 고객도 있으므로 스크립트가 법적, 사회적으로 무리가 없는지도 검토한다. 이용자 문의가 폭증할 것이 예상되면 고객센터 인력을 신속하게 늘린다. 불만이 있어서 고객센터에 전화했는데, 연결되지 않아 오래 기다리면 고객의 불만은 폭발한다. 대응의 숙련도가 좀 더 높은 전화응대 인력을 늘리는 데는 시간이 필요하지만, 메일 응대는 실시간으로 연결되는 것이 아니라 일정한 시간 이내에 대응하면 되므로 인력을 늘리는 것이 상대적으로 쉽다. 특히 인터넷 여론에 영향을 많이 미치는 30대 이하 사용자는 전화보다는 메일이나 게시판 등 인터넷을 통한 문의를 선호한다는 점도 고려할 필요가 있다. 사실 폭증하는 문의를 받는 고객센터와 구성원의 마음 고생이 심하다. 경영진이 고객센터와 고객에게 응대하는 구성원을 격려하고 보듬어야 한다. 그래야 고객 대응이 원활하게 이뤄진다. 경영진이 주요 고객의 소리를 보고받고 점검하는 것도 좋다.

언론 대응에서 홍보 부서의 전문성, 소송 대응에서 법무 부서의 전문성을 인정하듯 이용자와 인터넷 대응에서 고객 대응 부서의 전문성을 인정하고 그들의 의견을 잘 들을 필요가 있다. 회사에서 마케팅 부서나 서비스 기획 부서도 사업을 위해 고객조사를 하고, CEO를 비롯한 최고경영진 역시 사업을 위해 고객의 마음을 읽지만, 이러한 사건이 터졌을 때 고객센터로 연결되는 고객의 마음과 행동을 고객대응 부서만큼 잘 알 수 있는 조직은 없다.

사건이 발생한 뒤 신속하게 고객의 2차 피해가 발생하지 않도록 최선을 다해야 한다. 법에서도 사고 발생 시 고객의 피해를 최소화하기 위한 대책을 마련할 것을 규정하고 있다. 2차 피해가 발생한 것이 확인되면 사건은 걷잡을 수 없이 번질 수 있다. 민사소송 판결에서도 고객의 2차 피해가 발생했는지, 그것을 예방하기 위한 활동을 얼마나 했는지가 주요 고려 사항이다. 2차 피해 예방을 위한 서비스로는 개인정보 유출 확인 페이지 제공, 로그인 시 유출 고객에게 비밀번호 변경 페이지 제공, 개인정보 도용 확인 서비스 제공, 주말과 휴일까지 24시간×7일 고객 응대, 개인정보보호 정보 제공 등이 있다.

이용자 대응의 최전선은 고객센터지만 고객센터에서 할 수 있는 최대치는 고객의 마음을 받아주는 것까지다. 고객의 화난 마음을 완화시키기 위해서는 적절한 보상책을 제공하고 시간의 힘을 빌려야 한다. 대규모 개인정보 유출 사고가 난 회사 중 상당한 예산을 들여 유출 당사자에게 다양한 보상책을 제공한 회사들이 있다.

미국의 대형 소매유통 업체인 Target사는 2013년 금융정보 4천만 건을 포함해 1억 1천만 건의 대규모 개인정보 유출 사건이 벌어진 뒤 할인 행사를 크게 벌였는데, 들인 비용에 비해 고객의 호응은 그리 좋지 못했다. 국내 카드 3사의 경우 카드 결제 시 무료 SMS 알림 서비스를 1년 동안 제공하겠다는 보상책을 발표했는데, 이것이 1인당 3,600원짜리 값싼 보상책으로 해석되면서 세 회사 합쳐서 총 100억 원 정도의 예산이 투입되었지만, 당사자에게는 가치 없는 대책이 되고 말았다. 카드를 결제할 때마다 문자 메시지가 전달될 때 이용자가 카드 도용 사실을 즉시 알 수 있게 카드사의 보상 프로세스와 연계했다면 고객에게 가치 있는 2차 피해방지 대책이 되었을 수 있지 않나 싶다.

5. 민사소송 대응

그림 4-11 민사소송 대응

민사소송은 결과에 따라 회사에 대규모의 경제적 손실을 가져오므로 잘 대응해야 할 과제다. 적절한 대응으로 민사소송이 제기되지 않으면 좋지만, 개인정보보호법과 신용정보법에 법정손해배상제가 도입되어 회사의 민사소송 위험은 더 커졌다.

소송에 대한 직접 대응은 법무 부서와 법무법인이 주도하므로 여기에서는 정보보호책임자가 챙겨야 할 사항을 짚어본다.

정보보호책임자는 먼저 재판의 성격을 이해할 필요가 있다. 거시적으로 재판은 법적 정의를 찾아가는 과정이기도 하지만, 현실적으로는 사실 관계를 토대로 증거를 제출해서 법리적으로 판사를 설득하는 것이다. 즉, 판사가 충분히 이해할 만한 논리를 제공해야 이길 수 있다. 또한, 소송의 주체는 법무법인이 아니라 회사라는 대전제 역시 깔고 있어야 한다. 법무법인은 법무 서비스를 제공하는 곳이고 소송의 주체는 회사라는 인식이 중요하다는 것이 소송을 경험한 대다수 정보보호책임자의 공통된 의견이다. 법리 논쟁이 주를 이루므로 법무법인의 역할이 크지만, 소송의 주체로서 회사의 의견도 활발히 개진할 필요가 있다.

공대 출신의 변호사가 배출되면서 소송에서 기술적인 내용을 파고드는 경우가 생겼고, 판사에 따라서는 객관적으로 보이는 기술자 증인의 발언에 비중을 두는 경우도 있다. 규모 있는 법무법인은 IT나 보안에 정통한 전문위원이 있어서 기술적인 부분까지 잘 대응하기도 하지만, 업무와 기술을 함께 꿰고 있는 사내 전문인력이 있다면 소송에 큰 도움이 된다. 같은 기술이라도 쓰이는 분야나 환경에 따라 역할과 작용이 달라지기 때문이다.

기술적인 대응이 중요한 소송은 재판에서 신뢰를 받을 수 있으면서 재판의 쟁점과 그에 대해 회사에 유리한 법적·기술적 틀을 잡아갈 수 있는 팀장이나 정보보호책임자가 지속적으로 소송 대응에 참여하는 것이 좋다. 또한, 원고에서 기술자가 증인으로 나올 경우도 충분히 대비해야 한다.

필자가 근무하던 정보보호 전문 업체의 보안제품이 '한글 키워드도우미' 소프트웨어를 스파이웨어로 진단한 것에 대해 소송을 당한 적이 있다. 해당 업체가 제기한 '스파이웨어 차단 프로그램의 배포금지 가처분 신청' 소송에 기술책임자로 기술 발표를 맡았는데, 당시 우리 쪽 변호사가 원고의 주장을 깨는 핵심 틀을 제안하여 그것을 기반으로 법정에서 기술 설명과 함께 원고 쪽과 상호 질의응답을 했고, 결국 승소한 경험이 있다.[19] 그때는 법무법인에 기술분야 전문위원이 없었던 시기여서 사내 기술책임자의 역할이 더 중요하기도 했다.

---

19 "법원 '스파이웨어 차단은 정당한 행위'", 한국일보, 2005.8.1.

6. 임직원 대응

예전에 택시에 손님을 가족같이 모시겠다는 표어가 붙은 적이 있다. 그런 택시가 난폭운전을 하면 역시 가족은 편하니까 막 대한다는 우스개 소리를 했다. 회사 구성원에 관한 생각도 이와 비슷할 수 있다. 그냥 우리 편이겠지 하며 쉽게 생각하면 큰코다칠 수 있다. 위기가 닥친 기업의 대응에서 흔히 볼 수 있는 고객 대응 미숙, 앞에 나선 CEO의 준비되지 않은 메시지, 인터넷과 언론에 퍼지는 추측성 글이 내부 임직원의 단합에 저해 요인이 된다.

위기가 닥치면 정보보호 조직은 뭘 했느냐는 분위기가 일어나곤 한다. 특히 회사의 매출과 영업이익 목표를 받아 한창 치고 나가야 할 사업 부서의 불만이 많다. 정보보호 조직은 보안 정책을 강제할 권한도, 인력도, 시간도 없는데, 사고가 터졌다고 비난의 화살을 받으면 억울하기 짝이 없다. 평소에 보안 정책에 비협조적이던 부서가 그러면 마음이 더욱 상한다. 수사기관에 정보보호 현황과 사실 확인, 필요한 증거를 제공할 뿐만 아니라 참고인으로 불려가 회사의 법규 위반 사실이 없음을 입증하느라 매일 밤샘하며 몸과 마음이 한없이 지쳐 있는 사람들이 바로 정보보호 인력이다. 더욱이 수사 대응 경험이 없는 사람은 경찰에 가서 답변하고 조서를 꾸미면서 스트레스를 많이 받는다. 사고 이후 재발방지 대책을 수립하고 시행함으로써 내재한 보안 취약점을 해결할 사람도 바로 이들이다. 경영진이 이들을 격려하고 지원해야 한다.

정보보안 위기가 외부에서 닥친 위기라면 임직원의 분열은 내부의 위기다. 내부의 단결 없이 외부의 위기를 헤쳐나갈 수 없다. 개인정보 유출 사고가 터진 원인이 사내 누군가의 실수나 잘못에 있는 경우가 종종 있다. 하지만 그 직원이 코너에 몰리면 회사에 불리한 증언을 할 수도 있다. 실제 2014년 개인정보 유출이 발생한 카드사에 대한 소송에서 직원이 회사에 불리한 증언을 한 적이 있다. 그 직원이 사내에서 코너로 몰리면서 발생한 일일 것이다. 소송 대응 시 회사가 유의해야 할 점이다. 민사소송은 오랜 기간 지속되므로 핵심 인력을 지속적으로 관리해야 한다. 최소한 사실 다툼이 중요한 1심이 완료될 때까지는 핵심 인력을 유지하면서 대응할 수 있어야 한다.

임원들 사이의 팀워크 또한 중요하다. 회사 실적에 자신의 자리가 걸려 있는 임원의 마음이 급하다는 걸 이해하지만, 이들도 회사가 잘못되면 더 힘들어진다는 사실을 이해해야 한다. 임원이 하나가 될 수 있도록 할 사람은 CEO밖에 없다. CEO가 나서야 한다. 단지 함께 대응하라고 독려할 뿐 아니라 사업 부서 임원에게 이를 헤쳐나가기 위한 중요한 임무를 맡기는 것도 한 방법이 된다. 자신이 이러한 임무를 맡으면 단지 지원하는 것보다 더 적극적으로 사건을 보게 되고, 산하 직책자와 구성원도 훨씬 더 열심히 위기에 대처한다. 위기관리위원회를 운영하면서 가장 중점을 둬야 할 부분이기도 하다.

필자는 사고 발표 직후에 사고수습 담당 부서를 모두 모은 CSO 조직의 장을 맡아 초기 대응부터 형사사건이 끝나기까지 서너 달은 어떻게 지나갔는지 모를 정도로 정신없이 지낸 적이 있다. 당시 CEO가 전면에 나서서 정보보안 위기수습을 진두지휘했다. 위기를 경험한 여러 회사를 두루 검토해 볼 때 H사 CEO의 사례와 더불어 모범 사례라고 할 만하다.[20]

임직원 단결의 구심은 위기관리위원회다. 위기관리위원회는 위기관리 실무협의체 구성원을 참여시켜 주요 이해관계자에 대한 대응 상황을 보고하고 위기관리위원회를 실무적으로 뒷받침하여 필요한 의사결정을 신속하게 할 수 있도록

---

20 김진환, "개인정보 유출이 발견된 날 당신이 해야 할 10가지", 한국CPO포럼, Privacy Round Up, 2012.11.15. 이 포럼에서 김진환 변호사(김앤장)는 개인정보 유출 사건이 단지 보안 이슈가 아니라 CEO가 나서야 할 행정적 · 형사적 · 민사적 사안임을 강조하였다. 전적으로 공감한다.

한다. 또한 회의에서 고객의 클레임이나 사고 수습 최전선에 있는 실무자의 의견과 고충을 날 것 그대로 들음으로써 현장의 상황을 정확하고 실감 나게 느끼는 것 또한 유익하다. 어느 정도 사태가 안정되기까지 위기관리위원회가 일일 회의를 하면서 상황을 점검하고 의사결정하여 사고 수습을 진두지휘할 필요가 있다. Target사는 개인정보 유출 사건 대응을 위해 소수의 고위 임원이 하루에 2번씩 회의를 했다고 한다.[21]

외부 이해관계자에 대한 커뮤니케이션이 중요하듯 임직원과의 커뮤니케이션 역시 아무리 강조해도 지나치지 않다. 임직원은 사고 관련 진행상황이나 회사의 상황 설명을 언론을 통해서 듣기보다 사내 책임 있는 임원을 통해서 듣기 바란다. 외부에 밝힐 메시지라면 조금 먼저 사내 커뮤니케이션을 하는 게 좋다.

정보보안 위기를 극복해 나가기 위해서는 내부에 보안 허점이 있는지 점검하고 강화하는 일 또한 필요하다. 임직원의 정보보호 의식이 약하다면 정보보호 교육을 실시하고 미흡한 정보보호 정책, 제도, 시스템을 신속하게 보강한다. 소 잃고 외양간을 못 고치면 소를 또 잃을 수도 있다. 늦었지만 소를 잃었을 때라도 반드시 외양간을 고쳐야 한다.

Security Insight

사이버 공격을 줄이기 위한 방법 – 사회적 공조가 필요하다.

사이버 공격은 주로 금전 획득이나 경쟁사 공격과 같은 경제적 목적, 정치·사회적 주장을 표현하거나 사회적 혼란을 야기시키는 등의 정치·사회적 목적, 군사기밀 탈취나 군사 목표의 공격과 같은 군사적 목적을 가지고 행해진다. 특히 기업에 대한 보안 공격은 경제적 목적을 위해 이뤄지는 경우가 많다. 이는 명백한 범죄행위다.

---

21 Monica Langley, "Inside Target, CEO Gregg Steinhafel Struggles to Contain Giant Cyber theft", The Wall Street Journal, February 18, 2014.

경제 목적의 범죄는 기대 위험 대비 기대 수익이 훨씬 높을 때 일어난다. 기대 위험은 '검거될 확률×기대 처벌'로 표현할 수 있는데, 이것이 높다면 기대 수익이 웬만큼 높더라도 일반적으로 범행을 저지르지 않을 것이다.

사이버 범죄는 다른 범죄보다 검거될 확률이 낮다는 게 일반적인 평가다. 범인을 검거하기 위해서는 범행 대상과 같은 시간과 장소에 있어야 한다. 또한 제3자가 없어야 '안전하게' 범행을 저지를 수 있는 물리적 절도와 그 성격이 판이하게 다르다. 특히 길거리에서 CCTV를 거의 피할 수 없는 한국에서는 더욱 그렇다. 사이버 범죄는 해외에서도 접근할 수 있고 흔적을 남기지 않거나 지울 수 있다. 범행자는 운영자가 몇 명 남아 있지 않은 공휴일이나 새벽에 활동한다.

게다가 범인에 대한 기대 처벌 또한 높지 않다. 2008년 E사의 개인정보 유출 사건 이후 개인정보를 유출한 범인의 형량은 대체로 1~2년에 그쳤고, 2014년 카드사 개인정보 유출 사태의 범인은 징역 3년, 범인에게 개인정보 유출을 사주한 광고대행사 대표는 징역 3년 6월, 광고대행사 대표로부터 개인정보를 받은 사람들은 8월~1년 6월의 실형을 선고 받았다. 2014년 카드사 개인정보 유출 사태가 워낙 파장이 커져서 형량이 높아지긴 했으나 미국에서는 최대 20년을 선고한 사례와 비교하면 많은 차이가 있다.[22]

비용 대 효과 측면을 볼 수도 있다. 고도의 기술이 필요한 범행이 아니라면 사이버 공격은 다른 물리적 공격보다 비용이 매우 적게 든다. 사이버 공격 도구를 구하는 것도 그리 어려운 일이 아니다. 어린이·청소년의 경우 사이버 공격이 범죄라는 인식 자체가 별로 없다. 심지어 동네 형들이 게임 아이템을 준다고 해서 받았는데 악성코드를 배포하게 되어 좀비 PC를 만든 초등학생도 있다.[23]

이러한 상황을 볼 때 개인정보 절도를 포함해 사이버 범죄를 줄이려면 다음 몇 가지가 이뤄져야 한다.

(1) 불특정 다수에게 피해를 입히는 사이버 범죄에 대한 처벌이 좀 더 강화되어야 한다. 특히 사회적으로 큰 이슈가 되는 개인정보 절도범은 처벌의 양형 기준을 크게 올릴 필요가 있다.

(2) 사이버 공격이 범죄라는 사회적 인식을 광범위하게 확산시켜야 한다. 그러기 위해서는 다른 중대 범죄와 마찬가지로 범인의 검거와 법원에서의 선고에 이르기까지 과정을 언론에 보도해서 대중이 사이버 범죄 역시 범죄이고, 중한 처벌을 받는다는 점을 인식시켜야 한다. 개인정보 유출 사고가 발생했을 때 유출된 기업만 집중 보도되고 범인에 관한 보도는 거의 없는 것이 현실이다.

---

22 "T.J.Maxx hacker sentenced to 20 years in prison", cnet, March 25, 2010. T.J.Maxx 등 미국의 주요 소매체인점에서 4,560만 개의 신용카드와 직불카드 정보를 훔친 Albert Gonzalez가 징역 20년을 선고 받았다.

23 "신년특집다큐 좀비 PC, 당신을 노린다.", KBS, 2011.1.6.

(3) 사이버 윤리교육이 강화되어야 한다. 학교나 관련 기관에서 교육을 통해 어린이와 청소년에게 사이버 범죄가 재미로 하는 게 아니라 중한 처벌이 뒤따르는 범죄이며 윤리적으로도 옳지 않은 행위임을 인식시켜야 한다

(4) 국제공조로 범인을 검거해야 한다. 세계 최고 수준의 우리나라 인터넷은 해외에서 국내를 대상으로 한 사이버 범죄를 저지르기 좋은 환경이다. 국제공조를 통해 국내에 범인을 인도하여 합당한 처벌을 받도록 해야 한다. 2020년 12월 E그룹에 랜섬웨어 공격을 한 범인이 2021년 6월에 한국과 우크라이나 수사기관의 공조로 검거되었다.[24] 좋은 사례다. 사이버 범죄도 반드시 검거된다고 생각해야 기대 위험이 커져서 범죄가 줄어든다.

내·외부의 사이버 범죄로부터 개인정보를 비롯한 중요 자산을 보호하는 일은 기업이 해야 할 과제다. 다만, 정부와 수사기관, 법원, 학교, 언론 등 우리 사회의 다양한 주체의 활동을 통해 이러한 범죄 자체가 줄어들면 좋겠다.

위기관리의 원칙 ──

이제 기업에 정보보안 위기 발생 시 어떻게 대응해야 할지 감이 많이 잡혔을 것 같다. 그러나 위기가 똑같은 모습으로 다가오지 않으므로 위기가 닥쳤을 때 지켜야 할 기본 원칙을 정리하여 실제 상황에 대처하는 데 도움이 되도록 다음과 같이 위기관리의 원칙을 정리했다.

1. 전사적 위기 대응

전사적 위기 대응의 구심점은 CEO가 지휘하는 위기관리위원회다. 위기 대응이 정보보호 조직이나 IT 부서만의 대응이 되지 않도록 한다. 일상적인 위기 대응 체계를 운영하고 있다면 좀 더 자연스럽게 전사적 대응 체계를 갖출 수 있다.

CEO는 위기관리위원회를 통해 임직원이 단합하여 위기 대응과 수습 대책을 세우도록 한다. 위기관리위원회는 고객, 언론, 임직원 등 내·외부 모든 커뮤니

---

24 "이랜드그룹 해킹 '클롭 랜섬웨어' 조직원, 우크라이나-한국 경찰 공조로 체포", 보안뉴스, 2021.6.17.

케이션의 통합 채널이고, 수사기관, 규제기관, 민사소송 대응 등 형사적·민사적·행정적 대응의 지휘부다.

2. 사실 파악

언론 대응, 고객 대응, 수사 대응 등 어떠한 이해관계자에 대응하든지 그것의 기초는 '사실'이다. 정확한 사실 파악 없이 기자회견을 하는 것은 위험하다. 잘못하면 회사가 사태 변화에 끌려다닌다. 사업자 인지 사건이든 수사기관 인지 사건이든 간에 사고 발생 뒤 최단기간에 사실을 정확히 파악하도록 총력을 기울여야 한다. 개인정보의 유출 항목과 규모 등 사건에 관한 기초 사실은 물론이고 범행자의 침입과 이동경로, 수단 등을 파악하면 이해관계자에게 적절하게 대응하는 데 큰 도움이 된다. 범행자의 행위에 관해서는 합리적 추론이 필요할 때도 있다. 회사가 파악한 사실이 바뀌면 이해관계자의 신뢰를 떨어뜨려 위기를 악화시킬 수 있다는 점에 유의한다. 이해관계자의 반응을 정확하게 이해하고 대응하는 데에도 이 원칙은 유용하다.

3. 준비된 커뮤니케이션

이해관계자 대응에서 핵심은 역시 커뮤니케이션이다. 위기 대응 커뮤니케이션의 채널은 위기관리위원회로 일원화한다. 커뮤니케이션의 기조와 세부 메시지 역시 위기관리위원회에서 최종 승인한다. 사실에 바탕을 둔 핵심 메시지를 정교하게 다듬어 놓으면 기자회견, 보도자료, 고객 대응 스크립트 등 외부 커뮤니케이션에 활용할 수 있을 뿐만 아니라 임직원에 대한 커뮤니케이션에도 사용할 수 있다. 수사기관, 규제기관과의 커뮤니케이션도 전반적인 기조를 잘 잡고 진행해야 한다.

4. 회사 주체의 법적 대응

정보보안 위기의 중요한 위험은 법적 위험이다. 형사·민사·행정적 대응을 위해서는 법적 검토와 대응이 핵심이다. 사건이 터지면 즉시 법무법인을 선정하고 위기관리위원회에서 자문을 받을 수 있도록 조치한다. 사태 초기에 수사기관과 규제기관 대응이나 이후의 민사소송 대응에도 법적 대응은 회사의 위기를 헤쳐 나가기 위한 핵심 요소다. 형사사건에서는 불입건이 최대 목표고, 최소 목표는 불기소다. 민사소송은 회사에 큰 위험으로 몇 년 동안 진행된다. 소송의 규모가 커지면 전국 각 지역에서 소송이 진행되므로 꼼꼼히 챙길 필요가 있다. 내·외부에 전달되는 모든 메시지는 민사소송의 원고가 볼 수 있다고 가정하여 작성한다. 수사기관에 제출하는 기록 역시 민사소송 시 원고에게 제공될 수 있다. 따라서 노출될 수 있는 모든 기록은 법적 검토를 해야 한다. 다만 이 과정에서 법무법인은 회사의 요구를 지원하는 서비스 업체의 위치에 있다는 점을 늘 염두에 두고 회사가 주체적이고 능동적으로 대응해야 한다.

5. 고객 관점의 수습대책

수습대책에는 크게 2차 피해방지대책, 유출당사자 보상책, 재발방지 대책이 포함된다. 2차 피해방지 대책은 개인정보 유출로 당사자가 실질적 피해를 입지 않도록 하는 것이다. 후속 재발방지 대책 역시 중요하다. 보통 주요 대책으로 정보보호 수준의 강화 등을 밝히는데, 발표만 하고 시행하지 못하면 나중에 더 큰 문제가 될 수 있으므로 실현 가능하면서도 전문가가 봐도 의미 있는 대책을 내는 게 좋다. S사의 경우 후속 대책으로 주민등록번호 수집을 중단하고 보유 중인 주민등록번호를 폐기하겠다고 밝히고 이를 시행했는데, 이후 다른 포털사가 이를 따라 하고 정보통신망법에서 이를 반영하는 법 개정이 이뤄졌다. 큰 사고를 당했지만 우리 사회의 주민등록번호 수집·이용 중단과 기존 보유 주민등록번호 파기의 물꼬를 튼 셈이 되었다. 유출당사자 보상 대책은 시기와 비용 검토, 이용자의 마음을 읽어서 세운다. 이를 통해 민사소송이 제기되지 않은 회사도 있다.

정보보안 위기관리를 위한 추가 방안

흔히 우리나라는 혈연, 지연, 학연으로 얽혀 있는 사회라고 말한다. 큰 일이 생기면 어디엔가 전화를 걸 곳이 있어야 능력 있는 사람으로 여겨진다. 평소에 전화를 걸 곳이 많다고 생각한 사람도 막상 정보보안 사고가 터지면 우왕좌왕하기 쉽다. 게다가 이용자와 언론의 비난이 거세면 고립무원으로 느껴지기도 한다. 이럴 때 주요 정보보안 그룹의 인적 네트워크가 있으면 큰 도움이 된다. 하지만 정보보안 네트워크는 다른 네트워크보다 폐쇄적이다. 내놓는 주제가 누구에게나 마음 놓고 얘기할 수 있는 성질의 것이 아니기 때문이다. 관심을 갖고 활동하지 않으면 접근하기가 그리 쉽지 않다.

정보보호 관련 협회·학회 참여 ——

정보보호 네트워크 구축 활동을 위해 첫발을 디딜 수 있는 곳은 정보보호 관련 협회이다. 활동이 활발한 협회에서는 보통 한 달에 한 번 정도 세미나 형식의 모임을 하면서 주요한 보안 이슈가 공유되고, 외부에 공개적으로 말하기 힘든 깊숙한 이야기가 오간다. 규제기관 실무 책임자가 참석해 규제 변화의 방향과 내용을 설명하고 의견을 구하기도 한다. 언론에 나오지 않는 고급 정보를 얻는 경로가 되고, 규제기관 담당자와 자연스럽게 알게 되는 자리도 된다.

가입하는 것도 중요하지만 일단 가입하면 활발하게 활동하자. 협회가 여는 월례 세미나는 꼭 참여하고, 관련 워크숍, 콘퍼런스, 전시회도 챙겨 본다. 가능하면 준비해서 발표자로 참여하면 더욱 좋다. 한 달에 한두 시간 만난다고 해서 '속 깊은' 이야기를 힐 수 있는 친분이 생기는 건 아니므로 자신이 할 수 있는 방법으로 기여하는 것이 필요하다. 활동이 많지 않은 협회는 가능하면 참여하지 않는 게 좋겠다. 협회의 옥석을 가려 우리 사회의 불필요한 비용을 줄이는 데 소극적이나마 정보보호책임자가 기여하는 방법이 되지 않을까 한다.

협회 활동의 꽃은 회원 사이의 교류다. 여러 회사의 정보보호 관련 임원, 교수, 법률가, 공무원, 보안솔루션 업체 임원 등이 참여하는데, 다들 각 분야에서 중요한 역할을 하므로, 도움을 주고 받을 수 있는 일이 많다. 예를 들어 회사의 정보보안 교육 강사로 초빙하거나 정보보안 자문위원, 사외이사로 모실 수 있다. ▲정보보안 사고 발생 시 자문과 지원 ▲정보보호책임자로서의 고충 공유 ▲아이디어 취득 ▲다른 회사의 선진 사례 벤치마킹 등 이러한 정보보안 네트워크를 통해 얻을 수 있는 이익은 매우 많다.

회사에 따라서는 정보보호 관련 협회에 참여할 필요성을 못 느끼는 상급자가 있을 수 있다. 근무 시간에 협회 활동에 참여하는 것을 정보보호책임자 개인의 '취미 생활'쯤으로 치부하는 상사를 만나면 참 답답하다. 하지만 이러한 활동이 회사와 자신을 위한다는 사실을 명확하게 이해하고, 최선을 다해 설득하는 것이 좋다. 또한, 협회 활동으로 얻은 정보, 특히 법규의 변화와 이에 따라 회사에 미치는 영향이나 규제기관 동향을 CEO와 임원에게 전달하여 협회 가입의 가치를 드러내는 것도 필요하다.

예산을 확보할 수 있다면 학회나 협회의 주요한 행사에 후원하는 것도 좋다. 단기적으로 회사에 도움 되는 점이 눈에 띄지 않는다 하더라도 회사의 정보보안 위험을 관리하고, 정보보호 이미지를 향상시킬 수 있다.

참고로 참여할 만한 협회로는 임원급이 참여한 한국CPO포럼과 정보보호최고책임자협의회, 정보보안팀이 참여하는 한국침해사고대응팀협의회(CONCERT)가 있고, 학회로는 한국정보보호학회가 있다. 다들 회사 단위로 가입하고 연회비가 있다.

군이 협회나 학회가 아니더라도 같은 업종 내 모임이나 그룹 내 교류 모임, 대학이나 기관에서 여는 정보보안 관련 교육과정 등에 참여하면 네트워크 구축에 큰 도움이 된다. 필자도 협회와 소모임에 참여하고 있는데, 업무적으로나 개인적으로 큰 도움을 받고 있다.

정보보호 자문위원회 운영 ——

대기업에서는 정보보안 자문위원회를 운영하는 것을 검토하기 바란다. 필자는 현직 정보보호책임자로 있을 때 학계, 법조계, 업계의 실력 있는 분으로 정보보호 자문위원회를 구성하여 운영했는데, 정말 큰 도움이 되었다. 회사의 보안 문제에 대한 자문뿐 아니라 보안 관련 규제나 제도, 보안 기술의 트렌드 등 회사 보안에 꼭 필요한 정보를 취득할 수 있었다. 분기별로 모여 세미나와 회의를 하면서 실질적인 네트워크를 구축하는 것 역시 큰 도움이 된다. 회사에서 운영하는 자문위원회 중에 아마 가장 알찬 자문위원회가 되지 않을까 싶다.

네이버는 개인정보보호 자문위원회를 구성하여 그 회의 결과를 홈페이지 싣고 있어서 이용자가 네이버의 개인정보보호 활동을 이해하고 신뢰를 쌓는 데 도움이 된다. 네이버가 개인정보보호에 일정 수준 이상을 투자하니까 공개할 수 있는지도 모르겠다. 어쨌든 이용자 관점에서 좋은 사례인 건 분명하다.

임직원의 관련 자격증 취득 ——

수사기관이나 규제기관, 법원에서는 개인정보 사고가 발생한 회사가 평소 개인정보보호를 위해 노력한 점을 참작하기도 하는데, 임직원의 정보보안 관련 자격증 취득 지원이 이를 입증할 수 있는 증거가 되기도 한다. 실제로 한 중견그룹은 관계사에서 개인정보 유출 사고가 터졌지만 자격증을 포함하여 정보보호를 위한 노력과 투자를 인정받아 큰 무리 없이 사건을 처리하였다.

정보보호 인력이 따는 자격증으로는 국제공인정보시스템보안전문CISSP. Certified Information Systems Security Professional, 국제공인정보시스템감사사CISA, Certified Information Systems Auditor, 정보보안기사, ISMS-P 인증심사원, ISO 27001 인증심사원, 개인정보관리사CPPG, Certified Privacy Protection General 자격증이 있다.

이러한 자격증은 회사의 업무와 위험 관리에도 도움이 되지만, 임직원 개인에게도 자신의 가치를 높일 수 있는 동기부여 수단이 된다. 정보보호책임자가 팀원에게 자격증 취득을 적극 권장하고, 가능하면 자격증 취득을 위한 비용을 지원하는 것도 좋다.

그룹사라면 별도의 개인정보관리 자격증 제도를 만들 수도 있다. S그룹은 그룹 내 개인정보취급자를 대상으로 별도의 자격제도를 두고 이를 취득한 임직원만 개인정보를 처리할 수 있게 한다. 매우 강력한 자격증이 아닐 수 없다. 자격의 기준 수립, 교육과 시험, 지속적인 갱신 등 자격증을 만들기까지 일이 많긴 하지만, 내부에 수요가 일정 규모 이상이라면 비용 대 효과 측면에서 시행할 만한 제도이다. 다만 구성원 입장에서는 외부에서도 인정해 주는 자격증을 딸 수 있도록 지원해 주는 것이 더 동기부여가 된다.

개인정보 '유출'인가, '도난'인가?

어떤 사건이 일어났을 때 그 사건을 어떻게 규정하느냐에 따라 사건을 보는 관점과 다루는 방식이 달라진다. 표준국어대사전에서 '유출'의 1차적인 뜻은 "밖으로 흘러 나가거나 흘려 내보냄"이라고 되어 있어서 막혀 있던 액체가 자연재해나 사람의 실수에 의해 흘러가거나 사람이 의도를 갖고 흘려 보내는 의미를 모두 포함하고 있다. 산업기밀 '유출'이라는 표현에서 보듯 무형의 자산을 불법적으로 도난 당한 데에도 사용되지만, 선박 사고로 많이 발생하는 '원유 유출'과 같은 느낌이 좀 더 강하다.

개인정보의 '유출'은 직원의 실수나 재해로 발생하는 경우보다는 사람이 의도적으로 유출시키는 경우가 대부분이다. 범인이 자신의 이익을 목적으로 범죄를 저지른다는 말이다. 따라서 이는 개인정보 '도난'이라고 보는 게 적합하고, 개인정보를 훔친 사람은 개인정보 '절도범'으로 보는 게 자연스럽다.

개인정보가 유출된 것으로 보면 개인정보를 허술하게 관리했다는 측면이 강조되지만, 개인정보가 도난 당한 것으로 보면 개인정보 절도범의 문제가 눈에 띈다. 특히 회사 외부에서 온라인 접근으로 개인정보를 훔친 범인을 '해커Hacker'라고 표현하는 관행은 사라져야 한다. 비록 국내에서는 범죄를 저지른 해커의 영향으로 해커에 범죄자의 이미지가 일부 있지만, 사실 인터넷 용어에 대한 국제 표준인 RFC1392에서는 해커를 "시스템 특히 컴퓨터와 컴퓨터 네트워크의 내부 동작을 깊이 이해하는 것을 즐기는 사람들"[25]이라고 정의하고 있을 정도로 긍정적인 이미지도 있고, 착한 해커라는 의미로 '화이트 해커'라는 표현도 있으므로 '도둑'이나 '절도범'보다는 훨씬 더 긍정적인 어감을 가진다. 개인정보를 훔친 이들은 해커가 아니라 범죄를 저지른 범인으로 불러야 마땅하다.

고객의 개인정보를 수집한 사업자가 개인정보를 잘 관리하는 일은 아무리 강조해도 지나치지 않다. 하지만 열 사람이 한 도둑을 막지 못하듯 개인정보 범죄는 원천적으로 다 막을 수는 없는 것 역시 사실이다. 개인정보 절도가 범죄라는 사회적 인식과 그에 적합한 처벌이 이뤄짐으로써 개인정보보호에 관한 사회적 규범의 틀이 잡히는 것이 개인정보 범죄를 줄이는 기반이 될 것이다.

---

25 "A person who delights in having an intimate understanding of the internal workings of a system, computers and computer networks in particular."

5장

멀리하고 싶지만
가까이 있는 당신

규제 대응

정보보호 규제의 흐름

2008년 1월 발생한 E사 개인정보 유출 사고는 개인정보 사고에 대한 형사처벌 및 과징금 부과 등 사업자에 대한 제재를 크게 강화한 계기가 되었다. 이후 2008년 6월 정보통신망법 개정, 2011년 3월 개인정보보호법 제정, 주민등록번호의 수집과 이용을 제한하고 기존 보유한 주민등록번호를 폐기하도록 한 2012년 2월 정보통신망법 개정과 2013년 8월 개인정보보호법 개정 역시 정보보호 규제에 큰 영향을 미쳤다.

2014년 1월 유례 없는 카드사의 대규모 개인정보 유출 사고 직후 이뤄진 2014년 5월 정보통신망법 개정에는 강력하고 광범위한 개인정보 규제가 포함되었다. 개인정보 유출 시 24시간 이내 신고, 개인정보의 완전 파기와 불이행에 따른 형사처벌, 법정손해배상제, 정보보호최고책임자(CISO) 지정신고제 등 강력한 규제가 도입되었다. 또한 과징금의 상한액을 위반 행위 관련 매출액의 기존 1%에서 3%로 대폭 높이고, 부과 요건을 추가하거나 완화함으로써 과징금의 부과 범위를 넓혔다. 그 뒤 개인정보 사고가 발생했을 때 수억 원~수십억 원의 과징금이 부과되는 사례가 생겼다.

정보보호책임자는 과징금의 액수뿐만 아니라 부과 요건에 관해서도 관심을 가질 필요가 있다. 대표적인 예가 [표 2-11]의 B사 사건이다. 2018년 B사는 모바일 이벤트 페이지에서 로그인한 고객에게 다른 고객 20명의 주문정보가 노출된 사고가 발생했는데, 방송통신위원회는 이 사건에 대해 18억 5,200만 원의 과징금을 부과했다. 방송통신위원회는 노출된 개인정보가 20건에 불과하지만 큰 회사임에도 불구하고 바로 전 해인 2017년에도 개인정보 노출로 과태료를 부과받은 적이 있어서 법을 엄격하게 적용했다고 설명했다. 이 사건은 전통적인 개인정보 유출 사고도 아닌 노출 사고인 데다 건수도 매우 적은데 과징금이 많다는 점도 특징이다. 특히 이 사건에서 눈여겨봐야 할 점은 외부에서의 해킹이나 내부에서의 유출에 의한 것이 아닌 개발 과정에서의 문제로 발생했다는 점이다. B사에서 두 해 연달아 발생한 개인정보 노출 사고는 둘 다 개발에서의 실수로 인해 발생했다. 직접적인 원인은 개발 부서에 있지만, 근본적인 원인은 긴급하게 이벤트를 기획하고 구현, 시행한 뒤 폐쇄하면 된다는 경영진과 사업 부서, 서비스 기획 부서의 안이한 인식에 있다. 이러한 상황은 비슷한 관행이 있는 많은 기업에서 일어날 수 있다는 점에 정보보호책임자가 유의하여야 한다.

과징금 액수가 증가하고 과징금 부과 요건이 완화되는 것은 단지 국내만의 흐름은 아니다. 오히려 이러한 흐름은 유럽연합 개인정보보호법(GDPR) 발효 이후 유럽연합의 개인정보 감독기구에서 주도하고 있다. 이들 감독기구에서는 개인정보 유출 사고가 발생했을 때 과징금을 부과하기도 하지만, 사고가 발생하지 않은 GDPR 위반 사안에 대해서도 고액의 과징금을 부과하기도 한다. 대표적으로 구글 사례가 있다.

그림 5-1 CNIL, 구글 로고

2019년 1월 프랑스 개인정보 감독기구 CNIL은 구글이 GDPR을 위반했다는 이유로 5천만 유로(약 642억 원)의 과징금을 부과했다. GDPR이 발효된 2018년 5월에 오스트리아의 개인정보보호 단체 NOYB가 CNIL에 구글에 관한 민원을 접수하면서 조사가 시작됐다. CNIL은 구글이 (1) GDPR의 투명성과 정보의 의무를 위반했고 (2) 개인 맞춤형 광고를 위한 개인정보 수집 동의가 유효하지 않다는 점을 과징금 부과 이유로 들었다. 우리나라 법 체계로 보면 (1)은 개인정보 처리방침의 내용과 구성 방식이 법령에 어긋난다는 것이고, (2)는 서비스 약관과 개인정보 수집 동의가 법령을 위반했다는 것인데, 여기에 수백억 원의 과징금을 부과한 것이다.

2019년 7월 미국 연방거래위원회(FTC)가 '페이스북-케임브리지 애널리티카 개인정보 유출 사건'에 50억 달러(약 5조 9,000억 원)의 과징금을 부과한 사건까지 고려하면 GDPR 발효 이후 정보보호 관련 규제의 강화는 세계적인 흐름이라 할 수 있다.

따라서 기업은 실질적인 정보보호 수준을 높여 사업의 안정성과 신뢰성을 높여야 하지만 촘촘히 강화되는 법과 규제의 내용도 잘 파악하여 대응해야 한다. 만에 하나 정보보안 위기가 발생했을 때 관련 법 위반 사항이 발견되면 그로 인한 형사처벌이나 행정처분 등 법적, 경제적 손실이 발생할 뿐 아니라 민사소송에서도 크게 불리해지기 때문이다. 또한 법규 문제는 단기간으로 해결하기가 쉽지 않으므로 평상시 정보보호책임자가 꾸준히 수행해야 할 주요 업무의 하나로 '정보보호 규제 대응'을 설정해야 한다.

규제 대응 업무는 다음과 같다.

표 5-1 규제 대응 영역의 업무

업무 영역	세부 업무	세부 내용
5. 규제 대응	1. 대내외 규제 분석 및 준수 점검	- 적용 법규(법, 시행령, 시행규칙, 고시) 및 해설서, 안내서 등 파악 - 그룹 또는 모회사 정책 관련 외부 계약서 파악 - 규제 준수 점검 - 관련 규제의 변화 관리
	2. 대내외 규제기관 대응	- 규제기관 및 수사기관 대응 - 그룹 또는 모기업의 요구 및 보안 점검 대응 - 내부 통제 및 외부 감사 대응
	3. 정보보호 인증 획득 및 유지 관리	- 정보보호 관련 인증 획득 및 유지 관리

법적 규제

규제의 종류

규제는 크게 법적 규제, 자체 규제, 사회적 규제로 나뉜다.

첫째, 흔히 규제라고 하면 떠오르는 것은 '법적 규제'다. 여기에는 법과 시행령, 시행규칙뿐만 아니라 '고시'까지 포함해서 보는 것이 필요하다. 개인정보 사고가 터져 수사기관에서 기업의 과실이 있는지 수사할 때 법, 시행령, 시행규칙, 고시의 준수 여부를 상세하게 들여다보므로 관련 규제를 아예 법으로 간주하고 지키는 것이 좋다. 좀 더 적극적으로 대응한다면 정보보호 관련 인증을 받는 것도 검토해 볼 만하다. 이들 인증에서는 관련 정보보호 법규를 포함한 인증기준을 갖고 있어서 인증을 취득하면 자연스럽게 법규 준수 이상의 정보보호 기준을 맞출 수 있다.

둘째, '자체 규제'는 기업 내의 사규나 정보보호 정책과 지침을 말한다. 회사의 정보보호 정책에 영향을 미치는 외부 계약도 포함한다. 예를 들면, 외부 업체와 맺은 개인정보 처리 업무 위·수탁 계약서가 여기에 해당한다. 그룹사는 그룹이나 모회사에서 제정한 정책 역시 자체 규제로 고려한다. 정부 부ㅎ 인증에서도 이를 수립할 것을 요구하고 있고, 기업 내에서 보안 업무를 수행하거나 보안 이슈에 대응할 때 필요하다.

이러한 정보보호 정책과 지침은 CEO의 승인을 받으므로 보안 실무자는 자신이 달성하고 싶은 정보보호 목표를 넣어 추진하고 싶어 한다. 하지만 높은 수준의 정보보호 정책과 지침을 만들어 놓고 지키지 못하는 것보다는 적절한 수준으로 만들어서 지키는 것이 정보보호 수준을 높이는 데 더 효과적이고 사고 발생 시 대응하는 데에도 유리하다. 그러기 위해서는 규제 대상이 되는 부서의 의견도 수렴해 현실성 있게 만드는 것이 바람직하다.

셋째, 규제에서 빠뜨리기 쉬운 것이 '사회적 규제'다. 법에 규정되어 있지 않으나 언론이나 시민단체의 주장, 국민 여론이 기업 규제에 영향을 미치는 경우다. 사건·사고가 발생했을 때 시민 불매운동이나 민사소송 등으로 기업이 직접적인 영향을 받기도 하고, 여론에 따라 국회나 행정기관이 나서 법적 규제가 새로 생기거나 강화된다. 2014년 1월 카드사 개인정보 유출 사태가 발생했을 때 유출 기업에 대한 제재가 '솜방망이'라는 강력한 여론이 형성되어 정부에서는 3월에 '금융분야 개인정보 유출 재발방지 종합대책'을 냈다. 5월에는 국회에서 무려 18건의 의원 발의 개정안이 제출된 정보통신망법이 통과되어 개인정보 규정 위반 과징금을 세 배로 올리고, 형사처벌 조건을 추가하는 등 규제를 크게 강화하였다. 또한 7월에는 금융감독원(금감원)에서 금융회사 직원이 단 1건의 개인정보만 유출해도 징계하겠다는 내용으로 '금융기관 검사 및 제재에 관한 규정 시행세칙'을 개정하여 시행했다. 이는 사회적 규제가 법적 규제로 이어진 사례다.

필자가 시소랩^{CISO Lab}이라는 이름의 구멍가게를 차린 뒤에 전공자도 아니면서 법 이야기를 많이 하게 되었다. 이는 다른 회사에 자문이나 교육 강사로 갔을 때 법적 규제부터 말을 꺼내는 것이 청중이 이해하기 쉽기 때문이다. 정보보호 의 법적 환경이 기업에 미치는 영향은 크지만, 기업 보안 관점에서 법을 해석하 여 대응방안을 종합적으로 제시하는 해설은 많지 않다. 필자는 기업의 최고보 안책임자(CSO)로서 개인정보 사고에 대한 수사와 민사 소송을 대응하면서 법 에 관심을 갖게 되었다. 실전을 통해 법을 익힌 셈이다. 그동안의 경험과 공부를 토대로 정보보호책임자의 관점에서 법을 접근하여 정보보호 조직이 해야 할 과 제를 풀어내면, 비슷한 고민을 하고 있을 정보보호책임자에게 도움이 되지 않 을까 싶다. 법률가가 아닌 주제에 용감하게 법적 규제를 상세하게 다룬 이유다.

CSO로 일하면서 '컴플라이언스 수준 제고'를 전사 핵심성과지표(KPI)에 반영 하여 1년 동안 강력하게 추진한 적이 있다. 컴플라이언스 컨설팅을 받을 여건 이 되지 않아서 정보보호 인력이 관련 법을 분석하여 주요 과제와 세부 추진사 항을 정리했다. 정보보호 부서 팀장과 팀원들의 역량이 뛰어나기도 했고 열심 히 해서 고생은 많았지만 성과가 컸던 프로젝트였다. 이 덕분에 필자도 정보통 신망법, 개인정보보호법, 전자금융거래법과 각 법의 시행령과 고시까지 독서백 편의자현(讀書百遍義自見)[01]의 심정으로 밑줄 쫙쫙 그어 가며 열심히 읽었다. 요즘 에는 법적 규제가 강화되다 보니 여러 회사에서 정보보호 조직이 자체적으로

---

01 책이나 글을 백 번 읽으면 그 뜻이 저절로 이해된다는 뜻으로, 학문을 열심히 탐구하면 뜻한 바를 이룰 수 있음 을 가리키는 말이다(두산백과). 어렸을 때 듣던 프로그램 중 동아방송 라디오의 '유쾌한 응접실'이 있었는데, 출 연자 중 당대의 천재 소리를 들었던 양주동 박사의 학습 지론이 '독서백편의자현'이었다.

법적 문제를 검토하여 각 부서나 구성원이 업무를 수행하며 지켜야 할 사항을 정리해서 배포하는 경우가 많아졌다. 이는 매우 바람직한 일이다.

법규 정보 사이트 ──

관련 법규 내용을 다루기 전에 정보보호책임자와 정보보호 조직이 법규 관련 정보를 얻을 수 있는 사이트를 소개한다.

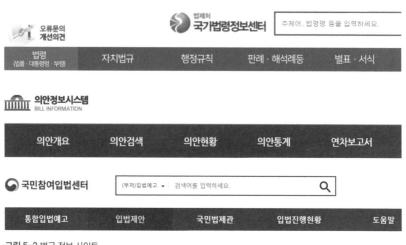

그림 5-2 법규 정보 사이트

법제처에서 운영하는 '국가법령정보센터(https://www.law.go.kr)'는 현행 법규 를 손쉽게 찾아볼 수 있는 곳이다. 법과 시행령, 시행규칙뿐만 아니라 행정부처 의 고시나 지침, 규칙, 훈령, 해설서 그리고 주요 판례까지 찾아볼 수 있어서 법 과 관련한 대부분은 여기서 해결된다고 해도 과언이 아니다. 다만 여기에서는 공포된 법만 다루므로 현재 국회에서 처리 중인 법령은 찾을 수 없다. 이러한 것은 국회에서 운영하는 '의안정보시스템(https://likms.assembly.go.kr/bill)'에서 찾아야 한다. 이 시스템에서는 '의안 발의 → 소관 상임위 심사 → 법사위 심사 → 본회의 의결'에 이르는 국회의 의안 처리 전 과정과 정부로 이송되어 공포되는 과정까지 함께 볼 수 있다.

정부입법으로 이뤄지는 법은 국회 접수 이전에 '입법예고' 과정을 거친다. 정부가 추진하는 법과 시행령의 제·개정 입법예고는 각 행정부처 사이트의 입법예고 메뉴나 입법예고를 모아 놓은 법제처의 '국민참여입법센터(https://opinion.lawmaking.go.kr)'에서 볼 수 있다. 법률은 정부가 입법예고를 하더라도 국회를 거치며 많은 변화가 있으나 시행령은 국무회의에서 의결하므로 국민 의견을 수집, 반영하는 절차를 거치더라도 입법예고에서 나온 내용과 별 차이가 없는 경우가 많다. 각 행정부처 소관인 법령의 하위 고시는 해당 행정부처나 '국민참여입법센터' 사이트의 '행정예고'에서 찾아볼 수 있다. 결국 국가법령정보센터, 의안정보시스템, 국민참여입법센터 사이트를 찾아보면 대한민국에서 제·개정되는 법규는 다 볼 수 있는 셈이다. 정보보호 관련 법규의 제·개정 뉴스를 접하면, 뉴스에서는 내용을 단편적으로 다루므로, 정보보호책임자와 정보보호 조직에서는 이들 사이트에서 제·개정 법규의 원문과 함께 목적과 주요 내용을 찾아서 검토하고, 필요하면 소관 부처나 국회에 의견을 제출하는 것이 바람직하다.

개인정보보호위원회에서 운영하는 '개인정보보호 포털(https://www.privacy.go.kr)'도 정보보호책임자가 알아둬야 할 사이트다. 개인정보보호 규제 관련 자료뿐 아니라 각종 가이드와 안내서, 개인정보보호 교육에 관한 정보와 자료가 많다. 개인정보보호 담당자나 개인정보취급자에게 도움이 많이 된다. 개인정보 유출 사고가 발생했을 때, 개인정보처리자가 온라인 신고를 할 수 있는 페이지도 있다.

법 읽기 기초 ——

본격적으로 정보보안 관련 법규를 소개하기에 앞서 아직 법에 관해 익숙하지 않은 정보보호책임자가 필자와 같은 '독서백편의자현'의 무지막지한 길을 걷지 않게 하기 위해 몇 가지 법 읽기의 기초를 소개한다. 이미 법 읽기가 불편하지 않은 독자는 건너뛰어도 좋다.

1. 기초적인 법률 용어

먼저 몇 가지 용어를 이해할 필요가 있다.[02]

표 5-2 기초 법률 용어

용어	설명
법률	국회에서 법률이란 형식으로 제정한 규범
법령	법률과 시행령(대통령령), 시행규칙(총리령, 부령)을 모두 포함하는 용어로, 일반적으로 법적 구속력이 있음
법규	일반 국민의 권리·의무에 관계되는 법규범으로서 넓은 의미로 법률·명령·조례·규칙을 이르는 말
시행령 (대통령령)	법률에서 위임한 사항을 법률 소관부처에서 발의하고 국무회의에서 의결하여 시행하는 법규 명령. 상위 법률의 위임 범위를 벗어나지 않는 한 법적 구속력이 있음
시행규칙 (총리령, 부령)	상위 법령에서 위임한 사항을 시행하기 위해 국무총리 또는 소관 행정부처에서 제정한 법규 명령. 상위 법령의 위임 범위를 벗어나지 않는 한 법적 구속력이 있음
법규 명령	행정부에서 제정한 명령 중 국민에게 구속력이 있는 명령. 시행령과 시행규칙이 해당함
행정규칙	행정부에서 제정한 행정조직 내부의 조직, 직무, 활동을 규율하는 규정. 행정 명령이라고 하며, 일반적으로 국민에게는 법적 효력을 갖지 못함. 목적에 따라 훈령, 예규, 지침, 고시가 있음
수범자	법규의 적용을 받는 자

---

02 여기에서 설명하는 용어 설명은 두산백과 등에서 일부 발췌하고 일반 독자가 쉽게 이해할 수 있도록 작성하였다.

일반법과 특별법	일반법은 어떤 분야에서 제한 없이 적용되는 법이고, 일반법에 대비해 특정한 사람, 사물 행위 등 제한된 범위에 적용되는 법으로 상대적인 개념이다. 예를 들어 개인정보보호법은 개인정보에 관한 일반법이고, 신용정보법은 신용정보 처리에 관한 일반법이지만, 개인정보보호에 관하여 신용정보법은 특별법의 지위를 갖는다. 일반법과 특별법이 동시에 적용되는 행위에 대해서는 '특별법 우선의 원칙'에 따라 특별법을 먼저 적용한다.

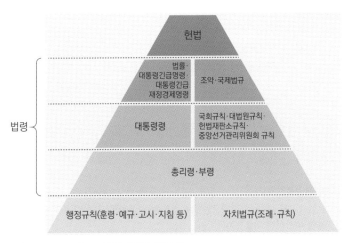

그림 5-3 법률의 계층 구조 (출처: 한국법제연구원)

정보보호 관련 법규를 읽다 보면 '고시'가 많이 등장한다. 개인정보보호에 관해서는 '개인정보의 기술적·관리적 보호조치 기준', '개인정보의 안전성 확보조치 기준', '표준 개인정보보호 지침(이상 개인정보보호위원회 고시)', '정보보호 및 개인정보보호 관리체계 인증 등에 관한 고시', '주요 정보통신기반시설 취약점 분석·평가 기준(이상 과학기술정보통신부 고시)', '전자금융감독규정(금융위원회 고시)' 등이 해당된다. 분야별로 거의 '바이블'처럼 열심히 보고 또 보는데, 고시가 법적 효력이 없다니!

실제로는 정보보호 분야에 있는 상당히 많은 고시가 법적 효력이 있다. 행정규칙인 고시가 법적 효력이 있을 수 있는 요건에 관하여 헌법재판소 판결과 대법원 판례[03]가 있다.

> 법령의 직접적인 위임에 따라 위임행정기관이 그 법령을 시행하는 데 필요한 구체적 사항을 정한 것이면, 그 제정 형식은 비록 법규 명령이 아닌 고시, 훈령, 예규 등과 같은 행정규칙이더라도, 그것이 상위 법령의 위임 한계를 벗어나지 아니하는 한, 상위 법령과 결합하여 대외적인 구속력을 갖는 법규명령으로서 기능하게 된다고 보아야 할 것인바 청구인이 법령과 예규의 관계 규정으로 말미암아 직접 기본권 침해를 받았다면 이에 대하여 바로 헌법소원 심판을 청구할 수 있다.
>
> ("공무원임용령 제35조의2 등에 대한 헌법소원", 헌법재판소 판결문
> (전원재판부 91헌마25), 1992.6.26.)

개인정보보호법령과 하위 고시의 관계를 들어 고시의 법적 효력을 설명해 보자. 개인정보보호법의 개인정보 안전조치에 관한 조문은 다음과 같다.

> 개인정보처리자는 개인정보가 분실·도난·유출·위조·변조 또는 훼손되지 아니하도록 내부관리계획 수립, 접속기록 보관 등 대통령령으로 정하는 바에 따라 안전성 확보에 필요한 기술적·관리적 및 물리적 조치를 하여야 한다.
>
> (개인정보보호법 제29조(안전조치의무))

법 제29조에서 위임한 대통령령은 다음과 같다.

> ① 개인인정보처리자는 법 제29조에 따라 다음 각 호의 안전성 확보 조치를 하여야 한다.
> ③ 제1항에 따른 안전성 확보 조치에 관한 세부 기준은 보호위원회가 정하여 고시한다.
>
> (개인정보보호법 시행령 제30조(개인정보의 안전성 확보 조치))

시행령 제3항에 '위임행정기관'이 개인정보보호위원회로 명시되었고, "법령을 시행하는 데 필요한 구체적인 사항"을 고시에 위임한다고 되어 있다. 이 고시가 바로 '개인정보의 안전성 확보조치 기준'이다.

---

03 "부동산 양도허가 신청 반려처분 취소", 대법원 판결문(97누13474), 1999.11.26.

제1조(목적) 이 기준은「개인정보 보호법」(이하 "법"이라 한다.) 제23조 제2항, 제24조 제3항 및 제29조와 같은 법 시행령 제21조 및 제30조에 따라 개인정보처리자가 개인정 보를 처리함에 있어서 개인정보가 분실·도난·유출·위조·변조 또는 훼손되지 아니하도록 안전성 확보에 필요한 기술적·관리적 및 물리적 안전조치에 관한 최소한의 기준을 정하 는 것을 목적으로 한다.

(개인정보의 안전성 확보조치 기준 제1조(목적))

이러한 구조를 갖추지 못했거나 위임의 범위를 넘어선 고시 또는 고시의 일부 내용이 있을 수도 있으므로 법적 다툼이 있을 때는 해당 고시의 법적 효력 근거 가 확실한지 검토할 필요가 있다.

2. 법 읽을 때 유의사항

첫째, 법의 계층 구조를 이해하자. 법 조문은 '조-항-호-목'으로 되어 있고, 항 은 조의 규정 안에서 해석하고, 호는 항, 목은 호의 규정 안에서만 해석한다. 이 렇게 보면 어떤 조문이 해석의 범위가 넓은 일반적인 문장 같더라도 실제로는 매우 한정된 범위인 것을 알게 된다.

예를 들어 개인정보보호법에서 개인정보 처리에 관한 조문은 대부분 "개인정 보처리자는"으로 시작한다. 개인정보보호법은 기본적으로 개인정보처리자와 개인정보처리자의 지휘·감독을 받는 개인정보취급자에게 적용되는 법률이라 는 뜻이다. 어떤 행위가 "개인정보처리자는"으로 시작하는 '조'의 하위 '항'에 저촉되는지 보려면 행위 주체가 개인정보처리자인지 확인해야 한다. 법률-시 행령-고시의 계층 구조도 마찬가지다. 시행령은 그것을 위임한 해당 법률의 조 문의 범위 내에서, 고시는 그것을 위임한 법률과 시행령 조문 범위 내에서 해석 해야 그 의미를 잘못 해석하지 않을 수 있다. 다만 개인정보보호법 하위 고시인 표준 개인정보보호 지침(개인정보보호위원회 고시)이나 전자금융거래법의 하위 고시 전자금융감독규정(금융위원회 고시)과 같이 여러 상위 법 또는 상위 법의 여러 조문에서 위임한 사항을 종합적으로 작성한 고시도 있다.

둘째, 법률의 제1조와 제2조를 주목하자. 보통 법률의 제1조는 '목적', 제2조는 '정의'인데, 법률의 '목적'은 전체 법률을 이해하는 데 근간이 되고, '정의'는 해당 법률의 모든 조문에 적용된다. 각 조문을 읽을 때마다 제2조에서 정의한 대로 용어를 해석해야 한다. 예를 들어 개인정보보호법에서 개인정보처리자는 이렇게 정의된다.

> 개인정보처리자는 업무를 목적으로 개인정보파일을 운용하기 위하여 스스로 또는 다른 사람을 통하여 개인정보를 처리하는 공공기관, 법인, 단체 및 개인 등을 말한다.
>
> (개인정보보호법 제2조(정의) 제5호)

따라서 "업무를 목적으로" 저장한 개인의 주소는 개인정보보호법의 적용을 받지만 친구 사이에서 저장한 개인의 주소는 개인정보보호법 적용 대상이 아니다. 블록체인이 개인정보보호법 적용을 받는지 살펴보려면 블록체인을 업무 목적으로 사용하는지 검토해야 한다. 하지만 각 용어의 정의를 한 번 읽어서 이해하기는 어렵다. 다른 조문을 읽다가도 잘 모르겠으면 다시 2조로 돌아와 용어 정의를 읽으면 점점 더 이해가 잘된다.

셋째, '다만'에 유의한다. 각 조문을 읽다 보면, '다만'이란 단어가 많이 나온다. '다만' 앞의 조문을 '본문'이라고 하고 '다만'이 이끄는 문장을 '단서'라고 하는데, 단서는 본문에서 규정한 사항의 예외나 부가적인 요건을 기술하므로 항상 본문을 기준으로 해석해야 한다.

넷째, 시행일을 확인한다. 개정된 법령이 효력을 발생하는 날이 시행일이다. 개정일의 법률 용어는 공포일이다. 법이 국회 본회의를 통과하면 보통 법이 '개정'

되었다고 말하는데, 입법기관인 국회에서 법률이 통과하면 행정부로 넘어가 법률 시행을 위한 절차를 거쳐 대통령이 서명하는 행위가 공포이고, 관행적으로 대통령이 서명하여 관보에 게재하는 날이 공포일이다. 시행일은 공포일과 같을 수도 있고, 2~3년 뒤일 수도 있다. 시행일은 부칙에서 규정한다. 예를 들어 정보통신망법(법률 제17358호, 2020.6.9., 일부 개정) 부칙을 보면 다음과 같이 되어 있다.

> 이 법은 공포 후 6개월이 경과한 날부터 시행한다. 다만 제4조 제2항 제7호의2의 개정 규정은 공포 후 3개월이 경과한 날부터 시행한다.
>
> (정보통신망법(법률 제17358호, 2020.6.9.) 부칙)

개정일이 2020년 6월 9일이므로 시행일은 6개월이 경과한 2020년 12월 10일이다. 다만 제4조(정보통신망 이용촉진 및 정보보호 등에 관한 시책의 마련) 제2항 제7호의2는 3개월이 경과한 날, 즉 2020년 9월 10일부터 시행한다. 개정일이 같은 조문이라 하더라도 시행일이 다를 수 있다. 시행일 전까지는 기존 법령이 적용된다.

3. 정보보호 관련 법규

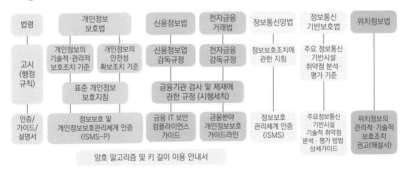

그림 5-4 정보보호 관련 법규

정보보호 관련 법규를 요약하면 [그림 5-4]와 같다. 개인정보보호법은 "개인정보의 처리 및 보호에 관한 사항을 정함으로써 개인의 자유와 권리를 보호하고,

나아가 개인의 존엄과 가치를 구현"하기 위해 개인정보를 다루는 모든 개인정보처리자에게 적용되는 일반법이다.

신용정보법은 "신용정보 관련 산업을 건전하게 육성하고 신용정보의 효율적 이용과 체계적 관리를 도모하며 신용정보의 오용·남용으로부터 사생활의 비밀 등을 적절히 보호"하기 위해 개인 및 기업의 신용정보를 다루는 신용정보회사, 본인신용정보관리회사, 채권추심회사, 신용정보집중기관, 신용정보제공·이용자(신용정보회사 등)에 적용되는 법이다. 주로 금융부문의 회사에 적용된다. 전자금융거래법은 "전자금융거래의 안전성과 신뢰성을 확보함과 아울러 전자금융업의 건전한 발전을 위한 기반조성"을 위해 전자금융거래를 하는 금융회사와 전자금융업자에 적용되는 법이다. 금융회사라 하더라도 전자 거래가 없다면 이 법의 적용을 받지 않는다. 신용정보법과 전자금융거래법은 금융부문의 대표적인 정보보호 관련 법이다.

정보통신망법은 "정보통신망의 이용을 촉진하고 정보통신서비스를 이용하는 자를 보호함과 아울러 정보통신망을 건전하고 안전하게 이용할 수 있는 환경을 조성"하기 위한 법이어서 영리를 목적으로 네트워크를 이용하는 모든 사업자에게 적용되는 법이다. 민감·금융·공공 부문을 막론하고 적용되는 사업자가 매우 많다.[04]

---

04 우리나라에서 정보보호 규제가 적용되는 영역은 크게 민간·금융·공공 부문으로 나눈다. 개인정보보호 분야의 일반법인 개인정보보호법이 시행되면서 공공부문에 적용되던 '공공기관의 개인정보보호에 관한 법률'은 폐지되었고, 데이터 3법 개정 시 정보통신망법의 개인정보보호 조문이 개인정보보호법에 통합됨에 따라 정보통신서비스 제공자 역시 개인정보보호법의 규율을 받게 되었다. 금융부문에서 개인(신용)정보는 신용정보법에 해당하는 사안은 신용정보법을 우선 적용 받고, 그렇지 않은 사안은 일반법인 개인정보보호법의 규율을 받는다. 특히 금융부문은 원칙적으로 민간부문이지만 별도의 법률과 감독기구가 있고 강력한 규제가 작동하는 부문이어서 관행적으로 민간부문과 별도로 분류한다.

이와 같은 정보보호 관련 법규를 볼 때 가장 먼저 어떤 기업이 그 법령에 적용되는지 살펴봐야 한다. 개인정보보호법, 신용정보법, 전자금융거래법, 정보통신망법, 정보통신기반보호법, 위치정보법 등 이 모든 법령은 그것이 적용되는 '수범자'를 규정한다. 다만 같은 법 내에서도 개별 조문에 따라 적용 대상이 조금씩 달라질 수 있다. 예를 들어 개인정보보호법은 개인정보처리자와 '정보통신서비스 제공자 등' 개인정보 처리 수탁자에게 적용되는데 수범자마다 적용조문이 조금씩 다르다. 전자금융거래법은 금융회사와 전자금융업자에게 적용되는데, 두 수범자에게 적용되는 조문이 똑같지 않다.

특별히 「암호 알고리즘 및 키 길이 이용 안내서」에 관해 강조하고 싶다. 개인정보, 개인신용정보, 위치정보 등 중요 정보를 다루는 법령이나 그것의 하위 고시에서 중요 정보를 암호화할 때 '안전한 암호 알고리즘'을 사용해야 한다는 규정이 있다. 이때 '안전한 암호 알고리즘'의 기준이 되는 내용을 담은 문서가 바로 한국인터넷진흥원(KISA)에서 펴낸 「암호 알고리즘 및 키 길이 이용 안내서」이다. 대칭키 알고리즘, 공개키 알고리즘, 해시 알고리즘 등 여러 암호 알고리즘의 보안 강도를 설명하고 향후 몇 년까지 안전한지 규정해 놓았다. 법령도 고시도 아니고 단지 안내서에 불과하지만, 실제로는 규제기관, 수사기관, 법원에서 모두 인용하는 매우 중요한 문서이므로 정보보호 조직에서 반드시 참조해야 한다. 상세한 내용은 '정보보호책임자가 알아야 할 암호화'에서 다룬다.

정보보호책임자가 알아야 할 개인정보보호법

본격적으로 개인정보보호법을 살펴보기에 앞서 이 법에서 많이 사용되는 용어를 정리하면 다음과 같다.

표 5-3 개인정보보호법의 주요 용어

용어	설명
개인정보처리자 (주로 사업자)	업무를 목적으로 개인정보파일을 운용하기 위하여 스스로 또는 다른 사람을 통하여 개인정보를 처리하는 공공기관, 법인, 단체 및 개인 등
정보통신서비스 제공자(사업자)	– 선기통신사업자(기간통신사업자, 부가통신사업자) – 영리를 목적으로 전기통신사업자의 전기통신역무를 이용하여 정보를 제공하거나 정보를 매개하는 사업자(정보통신망법)
정보통신서비스 제공자 등	– 정보통신서비스 제공자와 그로부터 제3자 제공 방식으로 이용자의 개인정보를 제공받은 자 – 개인정보 처리 업무 수탁자는 포함되지 않음
개인정보취급자	개인정보처리자의 지휘·감독을 받아 개인정보를 처리하는 임직원, 파견근로자, 시간제근로자 등
개인정보보호 책임자(CPO)	개인정보의 처리에 관한 업무를 총괄해서 책임지는 자 (참고) 실무에서 사용되는 개인정보보호 담당자, 개인정보보호 관리자는 법적 용어는 아님
정보주체	처리되는 정보에 의하여 알아볼 수 있는 사람으로서 그 정보의 주체가 되는 사람. 고객과 비(非)고객(임직원, 주주, 기자, 협력 업체 직원 등)을 포함
이용자	정보통신서비스 제공자가 제공하는 정보통신서비스를 이용하는 자. 일반적으로 고객
개인정보처리시스템	데이터베이스시스템 등 개인정보를 처리할 수 있도록 체계적으로 구성한 시스템
망 분리	개인정보처리시스템에 접속하는 개인정보취급자 컴퓨터 등에 대한 외부 인터넷망 차단
고유식별정보	주민등록번호, 운전면허번호, 여권번호, 외국인등록번호를 총칭하는 말. 주민등록번호는 법령에서 허용해야 수집할 수 있는 등 다른 고유식별정보보다 더 특별한 지위에 있음
바이오정보	지문, 얼굴, 홍채 등 신체적 특징과 필적 등 행동적 특징 중 개인을 식별할 수 있는 정보. 생체인식정보라고도 함. 위(胃)에 관한 X선 사진이 개인을 식별할 수 없다면 바이오정보가 아님
관리형 단말기	개인정보처리시스템에 텔넷(telnet)이나 SSH 등으로 직접 접속하여 명령어를 전달할 수 있는 단말기. 주로 개발자, IT 운영자, 보안 담당자 등이 사용함

개인정보 관련 법을 이해하는 데 중요한 용어 몇 가지를 설명하면 다음과 같다.

- 정보통신서비스 제공자에는 전기통신사업자와 "영리를 목적으로" 정보통신망을 이용하는 사업자가 포함된다. 여기에서 "영리를 목적으로" 한다는 것은 구체적인 영리 행위가 있는지 여부나 사업자의 성격이 영리법인인지 여부와 관계없이 영리를 목적으로 정보통신서비스를 제공하면 정보통신서비스 제공자로 분류된다. 예를 들어 인터넷 서비스를 제공하는 학술, 자선, 종교단체는 정보통신서비스 제공자가 아니고, 인터넷 홈페이지에서 정보를 제공하고 예약을 받는 병원은 비영리법인이긴 하지만 실비 보전 이상의 수입이 발생하고 있다면 정보통신서비스 제공자로 분류된다. 과학기술정보통신부에서 정보통신서비스 제공자를 광범위하게 인정하는 추세다.
- 정보통신서비스 제공자는 개인정보의 처리 유무와 관계없으나, '정보통신서비스 제공자 등'에는 개인정보를 처리하는 정보통신서비스 제공자와 그로부터 제3자 제공 방식으로 이용자의 개인정보를 제공받은 자가 포함된다. 개인정보 처리 업무 수탁자는 여기에 포함되지 않는다.

개인정보보호법은 개인정보에 관한 가장 기본이 되는 일반법이다. 따라서 개인정보에 관한 특별법이 없거나 특별법이 있지만 거기에서 규정하지 않는 사안에는 모두 이 법이 적용된다. 예를 들어 신용정보법이 적용되는 금융회사의 개인 (신용)정보에는 특별법으로 신용정보법이 우선 적용되는데, CCTV와 같은 영상정보처리기기 관련 사항이나 비고객(임직원, 주주, 협력 업체 임직원 등)의 개인정보와 같이 신용정보법에서 다루지 않는 사안에는 개인정보보호법이 적용된다. 개인정보보호법 '제6장 정보통신서비스 제공자 등의 개인정보 처리 등 특례'에 포함된 조문은 같은 개인정보보호법에 포함되어 있지만 특례 규정이어서 특별법과 같이 정보통신서비스 제공자에는 개인정보보호법의 일반 규정보다 우선 적용된다.

표 5-4 개인정보보호법 관련 법규 및 문서

적용 대상	법령	고시	기타
개인정보처리자 (공통)	개인정보보호법, 같은 법 시행령, 시행규칙	- 개인정보의 안전성 확보조치 기준 - 표준 개인정보보호 지침 - 정보보호 및 개인정보보호 관리체계 인증 등에 관한 고시 - 가명정보의 결합 및 반출 등에 관한 고시 - 개인정보 처리 방법에 관한 고시	- 개인정보 보호 법령 및 지침·고시 해설서 - 개인정보의 안전성 확보조치 기준 해설서 - 정보보호 및 개인정보보호 관리체계 인증제도 안내서: 인증기준편 - 개인정보 유출 대응 매뉴얼 - 개인정보 수집 최소화 가이드라인 - 개인정보 처리 위·수탁 안내서 - 표준 개인정보 처리 위탁 계약서 - 가명정보 처리 가이드라인 - 개인정보 보호법 표준 해석례
정보통신서비스 제공자 등	개인정보보호법, 같은 법 시행령, 시행규칙	개인정보의 기술적·관리적 보호조치 기준	- 온라인 개인정보 처리 가이드라인 - 개인정보의 기술적·관리적 보호조치 기준 해설서 - 정보통신서비스 제공자 등을 위한 외부 인터넷망 차단조치 안내서

먼저 개인정보보호법 관련 법규와 안내서 등의 문서를 알아보자.

개인정보보호법과 같은 법의 시행령, 시행규칙 그리고 '표준 개인정보보호 지침(이하 표준지침)', '개인정보의 안전성 확보조치 기준(이상 개인정보보호위원회 고시)' 등의 하위 고시는 반드시 읽어 보고 필요할 때마다 참고해야 할 법규이다. 정보통신서비스 제공자에는 '개인정보의 안전성 확보조치 기준' 대신 '개인정보의 기술적·관리적 보호조치 기준(개인정보보호위원회 고시)'이 적용된다.

표준지침은 개인정보의 수집·보관·이용·제공·파기 등 개인정보의 생명주기 각 단계에서 해야 할 일과 개인정보보호책임자의 지정과 공개, 개인정보 유출 시 통지와 신고, 정보 주체의 권리 보장을 위해 할 일, 개인정보 처리방침 작성 기준 등을 포함해 개인정보보호 전반에 관한 상세한 지침이 담겨 있다.

'개인정보 처리 방법에 관한 고시'는 별지에 개인정보 열람·정정·삭제·처리 정지 등 정보 주체의 요구나 요구에 대한 처리 결과를 통보할 때 사용할 수 있는 서식을 규정하고 있어서 개인정보처리자가 활용할 수 있다.

'기타'로 분류한 문서는 법적 효력이 없지만 실무를 하면서 법규를 준수하는 데 매우 유용한 문서이다. 「개인정보 보호 법령 및 지침·고시 해설서」(개인정보보호위원회, 2020.12.)는 신용정보법 등 관련 법령과 하위 고시 등을 종합적으로 분석하고 개인정보보호법을 조문별로 해설한 문서다. 600쪽 정도의 두꺼운 문서이므로 한번 훑어본 뒤 필요한 부분만 상세히 읽으면 좋다.

표준지침 제29조(개인정보 유출 사고 대응 매뉴얼 등)에서는 공공기관과 1만 명 이상의 개인정보를 처리하는 개인정보처리자는 '개인정보 유출 사고 대응 매뉴얼'을 마련하라고 되어 있는데, 이때 참고할 수 있는 문서가 「개인정보 유출 대응 매뉴얼」(개인정보보호위원회, 2020.12.)이다. 이 문서뿐만 아니라 규제기관에서 펴낸 문서를 이용할 때는 항상 기업 관점에서 세밀하게 검토하여 사용하는 것이 바람직하다.

「정보보호 및 개인정보보호 관리체계 인증제도 안내서-인증기준편」(과학기술정보통신부 등, 2019.1.)은 정보보호 및 개인정보보호 관리체계(ISMS-P) 인증의 세부 인증 기준에 관한 설명이 있어서 인증을 준비하는 회사뿐만 아니라 정보보안 또는 개인정보보호의 현 수준과 문제점을 점검할 때 매우 유용하다. 정보보호 조직에서 반드시 검토해야 할 문서이다.

「개인정보 수집 최소화 가이드라인」(개인정보보호위원회, 2020.12.)에서는 개인정보 수집의 세부 원칙뿐만 아니라 잘못된 사례를 들어 설명해서 실무자가 관련 업무를 수행할 때 도움이 된다. 많은 개인정보처리자가 작성해야 할 '개인정보 수집·이용 동의서'와 '개인정보 수집·제공 동의서'의 예도 포함되어 있다. 「개인정보 보호법 표준 해석례」(개인정보보호위원회, 2021.7.)는 개인정보보호위원회에서 요청받은 유권 해석 사례를 펴낸 문서이다. 법 적용이 모호한 문제에 대해 소관부처의 권위 있는 해석을 찾아볼 수 있다는 데 큰 의미가 있다.

개인정보 처리 위탁은 실무자가 어려워하는 대표적인 개인정보 업무이다. 「개인정보 처리 위·수탁 안내서」(개인정보보호위원회, 한국인터넷진흥원, 2020.12.)에는 처리 위탁과 제3자 제공의 구분, 위탁 시 점검할 사항, 관련 법규와 FAQ 등 개인정보 처리 위탁에 관한 '모든 것'을 설명했다. 특히 「표준 개인정보 처리 위탁 계약서」는 처리 위탁 계약 시 법령에서 포함해야 한다고 규정한 내용을 다 포함하고 있으므로 회사에 맞게 일부 보완하여 사용할 수 있고, 실제 현업에서 많이 이용하는 문서이다.

정보통신서비스 제공자에게 특화된 문서로는 「온라인 개인정보 처리 가이드라인」(방송통신위원회, 한국인터넷진흥원, 2018.9.)이 있다. 이 가이드라인은 온라인에서 개인정보 수집 시 유의할 사항과 개인정보 처리 단계별 개인정보의 파기 기준과 방법, 개인정보 수집·이용 동의서 작성 방법 등을 소개한다. 「정보통신서비스 제공자 등을 위한 외부 인터넷망 차단조치 안내서」(방송통신위원회, 한국인터넷진흥원, 2013.2.)는 일정 규모 이상의 정보통신서비스 제공자에게 의무화된 '망분리'의 개념과 구현 방안을 설명해 놓은 안내서이다.

개인정보보호법 위반에 따른 형사처벌 ──

기업이 법에서 가장 민감한 부분은 법 위반 행위에 대한 처벌 규정이다. 회사가 과징금이나 과태료가 부과되는 위반 행위를 했을 때 발생하는 금전적 손실도 문제거니와 이것이 브랜드 가치나 고객의 신뢰를 떨어뜨릴 수도 있기 때문이다.

또한 다음에서 설명하는 제71조~제73조의 형사처벌 규정은 회사와 개인을 처벌할 수 있는 '양벌 규정'이어서 법 위반 시 회사뿐만 아니라 임직원 개인이 형사처벌을 받을 수 있다. 회사 업무를 하다가 임직원이 '빨간 줄'이 그어지지 않도록 유의해야 한다. 그렇지만 "다만, 법인 또는 그 개인이 그 위반 행위를 방지하기 위하여 해당 업무에 관하여 상당한 주의와 감독을 게을리하지 아니한 경우에는 그러하지 아니하다."라는 단서 규정이 붙어 있으므로, 교육, 회의, 프로세스 수립, 보안 프로그램 설치 등 '상당한 주의·감독'을 한 것을 찾아 평소에 증거를 남겨둘 필요가 있다.

이제부터 개인정보보호법에서 회사 업무와 관련된 형사처벌 규정을 살펴보자.[05]

표 5-5 5년 이하 징역 또는 5천만 원 이하 벌금에 해당하는 개인정보보호법 위반 행위

벌칙	위반 행위
5년 이하 징역 또는 5천만 원 이하 벌금 (제71조)	– 정보주체의 동의 없이 개인정보를 제3자에게 제공(제17조 제1항)
	– 동의·제공·위탁 받은 목적 외 개인정보 이용 또는 제3자 제공(제18조 제1항·제2항, 제19조, 제26조 제5항, 제27조 제3항)
	– 법에서 허용하지 않는 목적으로 정보주체의 동의 없이 가명정보 처리, 제3자 제공 시 개인을 식별할 수 있는 '추가 정보' 제공(제28조의2)
	– 별도 동의 없이 민감정보나 고유식별정보 처리(제23조 제1항, 제24조 제1항)
	– 특정 개인을 알아보기 위한 목적으로 가명정보를 처리(제28조의5 제1항)

---

05 법률에서 '벌칙' 조문은 징역이나 벌금 등 형사처벌에 관한 것이고, 행정처분인 과태료, 과징금 부과에 관한 사항은 별도 조문에서 다룬다.

- 전·현직 개인정보취급자가 업무상 알게 된 개인정보를 누설 또는 권한 없이
  타인에게 제공, 다른 사람의 개인정보를 훼손, 멸실, 변경, 위조, 유출
  (제59조 제2호·제3호)
- 정보주체의 정정·삭제 요구에 필요한 조치를 하지 않고 개인정보 이용,
  제3자 제공한 정보통신서비스 제공자 등(제36조 제2항)
- 이용자의 동의를 받지 않고 개인정보 수집한 정보통신서비스 제공자
  (제39조의3 제1항)
- 법정대리인의 동의를 받지 않거나 동의 여부를 확인하지 않고 만 14세 미만인
  아동의 개인정보를 수집한 정보통신서비스 제공자(제39조의3 제4항)
- 방송사업자는 정보통신서비스 제공자에 관한 처벌 조문 준용(제39조의14)

개인정보보호법을 읽다 보면 5년 이하 징역 또는 5천만 원 이하 벌금이라는 중한 처벌이 내려질 수 있는 법 위반 행위가 개인정보 관련 서비스를 기획, 개발하는 일상 업무에서 발생한다는 사실에 놀라게 된다. 하지만 우리나라 형법에서는 법률에 특별한 규정이 있지 않는 한 고의범을 처벌한다(형법 제13조(범의)). 즉 과실로 형사처벌 대상이 되는 경우는 해당 법률에 명시되어 있다는 말이다. 예를 들어 업무상 과실이나 중대한 과실로 사람을 다치거나 죽게 하면 형사처벌의 대상이 된다(형법 제268조(업무상 과실·중과실 치사상)). 개인정보보호법처럼 과실에 따른 형사처벌이 명시되어 있지 않는 법에서는 주로 고의범을 처벌하는 것이다.

하지만 고의범과 과실범의 거리가 그리 멀지 않을 수 있다. 예를 들어 개인정보취급자가 퇴직 시 PC 전체를 백업 받아서 가지고 나갔는데, 거기에 고객이나 임직원의 개인정보가 포함되어 있다면 그것이 실수일 수도 있고 고의일 수도 있다. 개인정보취급자가 업무상 알게 된 유명인의 개인정보를 외부에 누설하였다면, 이 또한 실수일 수도 고의일 수도 있다. 이로 인해 문제가 발생하여 수사기관이 개입하면 회사뿐만 아니라 해당 개인정보취급자 역시 어려움을 겪게 된다. 어떤 임직원이 이러한 법 위반 행위를 여러 번 저지른다면 계속 실수일 수

도 있으나 어떤 이해관계가 있어서 그런 행위를 하는지 의심받을 수도 있다. 따라서 임직원이 형사처벌에 해당하는 행위를 하지 않도록 미리 교육하고 주의시키는 것이 좋다.

[표 5-5]에 "~정보통신서비스 제공자"라고 되어 있는 항목은 일반 개인정보처리자가 아닌 정보통신서비스 제공자에게 적용되는 규정이고, 그렇지 않은 항목은 정보통신서비스 제공자를 포함하여 개인정보처리자 전체에 적용되는 항목이다. 이렇게 분리되어 있는 개인정보보호법의 조문은 정보통신서비스 제공자에 대한 규정이 모두 개인정보처리자로 통합되고, 일부 형사처벌 조항은 없어질 것으로 보인다.

표 5-6 3년 이하 징역 또는 3천만 원 이하 벌금에 해당하는 개인정보보호법 위반 행위

벌칙	위반 행위
3년 이하 징역 또는 3천만 원 이하 벌금 (제72조)	– 설치 목적과 다른 목적으로 영상정보처리기기를 임의로 조작하거나 다른 곳을 비추는 자 또는 녹음 기능을 사용(제25조 제5항) – 거짓 또는 부정한 수단으로 개인정보 취득 또는 동의 획득(제59조 제1호)

CCTV를 맡고 있는 정보보호책임자라면 [표 5-6]을 눈여겨보기 바란다. 이 규정은 고정형 영상정보처리기기가 공개된 장소에 설치된 것에 한해 적용된다. '공개된 장소'란 정보주체가 제한을 받지 않고 다닐 수 있는 장소를 말한다. 예를 들어 도로나 주차장, 회사 1층 로비는 공개된 장소이고, 출입 확인 등의 조치를 통과해야 들어갈 수 있는 곳은 공개된 장소가 아니다.

또한, 상품을 주겠다는 방법으로 고객을 속여 개인정보를 수집하거나 개인정보 수집 동의를 받는 행위 역시 3년 이하 징역 또는 3천만 원 이하 벌금 처벌을 받는다. '피싱'이나 '파밍' 등을 통해 개인정보를 수집하는 범죄 행위도 이 조문에 따라 처벌된다.

표 5-7 2년 이하 징역 또는 2천만 원 이하 벌금에 해당되는 개인정보보호법 위반 행위

벌칙	위반 행위
2년 이하 징역 또는 2천만 원 이하 벌금 (세/3소)	– 안전성 확보에 필요한 조치를 하지 아니하여 민감정보, 고유식별정보, 개인영상정보, 가명정보를 원래 상태로 복원하기 위한 추가 정보 및 개인정보를 분실·도난·유출·변조·훼손당한 자(제23조 제2항, 제24조 제3항, 제25조 제6항, 제28조의4 제1항, 제29조) – 보유기간 경과, 처리 목적 달성 등 개인정보가 불필요하게 되었을 때 지체 없이 개인정보를 파기하지 아니한 정보통신서비스 제공자 등(제21조 제1항) – 정보주체의 요구에도 개인정보의 정정·삭제, 처리 정지를 하지 않고 개인정보를 계속 이용 또는 제3자 제공한 자(제36조 제2항, 제37조 제2항)

[표 5-7]을 보면 첫 항목부터 마음에 걸린다. 이제까지의 처벌은 '~한 자'에게 해당하는 것이었는데, 이 규정은 '~당한 자'를 처벌하는 내용이다. 2008년 1월 E사 사고 이후 개인정보 관리를 소홀히 한 사업자의 책임을 묻겠다는 취지로 정보통신망법에 들어간 내용이 개인정보보호법에도 그대로 포함되었다.

'안전성 확보에 필요한 조치'란 법 제29조와 하위 시행령, '개인정보의 안전성 확보조치 기준' 고시와 '개인정보의 기술적·관리적 보호조치 기준' 고시를 말하므로 이 규정을 위반하지 않으려면 관련 법과 시행령, 시행규칙, 고시까지 각 항목의 준수 여부와 그에 대한 증적을 만들어야 한다. 그러기 위해서는 IT 운영, 개발, 사업 부서 등의 참여가 필수적이다.

이 조문은 개인정보 유출 사고 발생 시 수사기관이 사업자의 법 위반 행위가 있는지 수사하는 근거이기도 하다. 사업자가 조문을 위반하였고 그 행위로 인해 개인정보 사고가 발생했다고 판단하면, 수사기관은 그것에 책임이 있는 개인이나 법인을 기소할 수 있고 기소된 사람은 형사재판을 받게 된다.

이 조문에 근거하여 사법 처리된 사례가 몇 번 있다. 2011년 발생한 N사 개인정보 유출 사고에서 경찰은 CEO, CPO, 담당 팀장을 불구속 입건하여 기소의

견으로 검찰에 송치했으나 검찰에서는 무혐의 처리한 적이 있고, 2014년 K사 개인정보 유출 사고에서 경찰이 CPO와 담당 팀장을 검찰에 기소의견으로 송치했으나 마찬가지로 무혐의 처리하였다. 사실 검찰에서 무혐의 처리해도 경찰에 입건되어 불려 다니며 수사받는 것 자체가 해당 인력에게 큰 부담일 수밖에 없다. 2014년 카드사 개인정보 유출 사고에서 검찰은 세 카드사의 CPO가 아니라 법인을 기소하였고, 2020년 9월 대법원에서 세 법인 모두 1,000~1,500만 원의 벌금형이 확정되었다.

실제 개인이 형사재판을 받는 사건도 발생했다. 서울 동부지방검찰청은 2017년에 개인정보 유출 사고가 발생한 세 회사에 대해 개인정보 보호조치를 소홀히 하여 해당 사고가 났다고 판단하여 2019년 6월 세 회사 법인과 책임 있는 개인을 기소하였다.[06]

표 5-8 동부지방검찰청의 개인정보 유출 사고 발생 회사 기소[07]

구분	A사	B사	C사
피고인	- ㄱ○○ (42세, 실운영자, 당시 감사) - A사 법인	- ㄴ○○(41세, 부사장) - B사 법인	- ㄷ○○ (47세, 본부장) - C사 법인
개인정보 유출현황	- 개인정보 3만 1천 건 유출 - 243명 보유 암호화폐 70억 원 탈취	- 개인정보 330만 건 유출	- 개인정보 49만 건 유출 ※ 그중 DB에서 유출된 고객정보 3만 건 관련 보호조치 위반 기소

---

06 2021년 9월 기준, 형사재판이 1심 또는 2심에서 기소된 책임자에게 1,000만 원~3,000만 원의 벌금형이 내려졌다.

07 "개인정보처리 기업의 보호조치 및 의무 위반사건 수사결과", 동부지방검찰청 보도자료, 2019.7.1.

개인정보 보호조치 위반내역	- 암호화 하지 않은 개인정 보를 개인 PC에 저장 - 불법적인 접근 제한 및 유 출 탐지 정책 미실시	- 웹페이지 제작·운영 과정 에서 취약점 점검, 보완조 치 미실시 - 불법적인 접근 제한 및 유 출 탐지 정책 미실시	- 별도 안전 인증수단 없이 ID/PW만으로 외부에서 개인정보 DB 접속 허용 - 암호화하지 않은 PW를 개인 노트북 등에 방치
행정처분	- 과징금 4,350만 원 - 과태료 1,500만 원 (2017.12. 방통위)	- 과징금 3억 100만 원 - 과태료 2,500만 원 (2017.9. 방통위)	- 과징금 3억 2,725만 원 - 과태료 1,800만 원 (2018.2. 행안부)
검찰처분	2019.6.18. 각 불구속구공판(책임자 3명, 법인 3개사)		

동부지검은 보도자료에서 기소된 세 개인을 '실질적인 개인정보 관리책임자'라고 설명했는데, 해당 회사의 CPO가 아니지만 실질적으로 개인정보보호책임자 역할을 했다는 의미이다. 동부지검은 경찰로부터 사건을 송치 받은 뒤 몇 달의 추가 수사를 통해 CPO로 지정된 인력이 아닌 실제 책임 있는 자를 밝혀 내어 기소했다고 설명하였으나, 사고 발생 시 CPO가 형사처벌을 받을 수 있음이 현실화됨으로써 상당한 파장을 불렀다.[08]

사실 자신의 이익이나 이해 관계를 위해 고의로 개인정보를 유출한 것이 아니라 개인정보 업무를 처리하는 과정에서 과실이 있어서 개인정보가 분실·도난·유출되거나 위조·변조·훼손되었다는 이유로 개인정보보호책임자를 형사 처벌하는 법률은 강력한 제재로 잘 알려진 GDPR에도 없고, 세계적으로도 유례를 찾기 어렵다.

개인정보 파기 규정에 대한 위반 행위는 과태료 처분 사안이었는데, 2014년 1월 카드사 개인정보 유출 사고에서 탈퇴 고객의 개인정보가 대량 유출되면서 이후 형사처벌로 바뀌었다. 보유하기로 한 기간이 지났거나 처리 목적 달성 등

---

08 "개인정보 유출 사고에서의 개인정보보호책임자(CPO) 기소", CIO-KR, 강은성의 보안 아키텍트, 2019.7.12.

으로 개인정보를 보유할 근거가 없어졌으면 지체 없이 파기하라는 것이다. 예를 들어 회원이 탈퇴하면 개인정보를 보유할 근거가 없어졌으므로 "정당한 사유가 없는 한 5일 이내"(표준지침 제10조(개인정보의 파기방법 및 절차))에 파기해야 한다. 기업에서 고객의 개인정보를 삭제하는 주체가 정보보호책임자나 정보보호 조직일 가능성은 거의 없지만 법적 최종 책임은 CPO에게 있는 업무이다. 정보보호책임자는 고객 탈퇴 시 회원 정보를 즉시 자동으로 삭제하거나, 즉시 처리하지 못할 경우 삭제 표시를 해 놓았다가 하루에 한 번 일괄 처리할 수는 시스템을 갖추도록 관련 부서와 협의해야 한다. 정보주체의 요구에 따라 개별적으로 삭제할 수도 있으니 고객정보 담당자가 수동으로 삭제하는 화면이 필요할 수도 있다. 어떤 경우든 5일 이내 처리할 수 있는 체계를 갖춰야 혹시 실수로 늦게 삭제하더라도 처벌의 수준을 낮출 수 있다.[09]

'전자상거래 등에서의 소비자 보호에 관한 법률(전자상거래법)'에서는 소비자를 보호하기 위해서 전자상거래 사업자나 통신판매업자가 거래 기록을 3년 또는 5년 동안 보존할 것을 요구하고 있는데, 이런 사업을 하는 개인정보처리자는 고객이 탈퇴하더라도 전자상거래법에 따라 개인정보를 유지해야 할 수도 있다. 개인정보처리자가 부정 이용 방지 등의 목적으로 고객이 탈퇴한 뒤에도 아이디 같은 개인정보의 일부를 일정 기간 유지하기도 하는데, 이럴 때는 해당 목적에 필요한 최소한의 개인정보만 남기고, 그 사실을 개인정보 처리방침에 명시하여 고객이 이를 인지할 수 있도록 해야 한다.

---

09 탈퇴 처리 기능을 구현하는 것은 서비스 기획자와 개발자의 몫이다. 하지만 개인정보보호법 위반에 따른 법적 책임은 CPO와 개인정보보호 조직에게 묻고 있다. 정보보호책임자나 담당자가 개발팀에 개인정보 파기 기능을 제안할 때는 회의록 같은 증빙 문서를 남겨둘 것을 권한다. 일을 잘 추진하기 위해서도 필요하지만, 담당 부서의 비협조로 진행되지 않으면 선한 관리자로서 책임을 다했다는 증거가 있어야 본인의 피해를 최소화할 수 있다.

개인정보보호의 주목적은 '정보주체의 권리'를 보장하는 것이다. 정보주체는 개인정보처리자에게 자신의 개인정보를 열람, 정정·삭제, 처리 정지 요구를 할 수 있으며 개인정보처리자는 그에 필요한 조치를 취하지 않은 채 개인정보를 이용해서는 안 된다. 특히 개인정보에 대한 '처리 정지 요구'가 있을 때는 거절할 수 있는 사유가 있지 않다면 해당 개인정보를 파기해야 한다. 정보주체의 '처리 정지 요구'는 회원 탈퇴와 같이 개인정보처리자의 '처리 목적 달성' 요인의 하나로 파기 의무 위반 시 형사처벌 될 수 있다는 점에 유의한다.

Security Insight

개인정보 유출과 개인정보보호책임자(CPO)의 형사처벌[10]

개인정보 유출 사고가 발생하면 사업자에게 책임을 물어 형사처벌 하는 규정이 처음 법에 들어온 것은 2008년 6월이다. 2008년 1월 한 온라인 쇼핑몰에서 대규모 개인정보 유출 사고가 터진 뒤 사회적 비난이 거세지자 같은 해 6월 국회에서 정보통신망법(제28조 제1항)이 개정되어 개인정보 보호조치가 지금의 내용으로 상세하게 규정되었고, 그 조치를 "하지 아니하여" 개인정보가 유출되었을 때 처벌 규정(제73조 제1호)이 신설되었다. 이 규정은 2011년 제정된 개인정보보호법에도 포함되었다.

개인정보보호법 제73조 제1호에는 다음에 해당하는 자에게 2년 이하 징역 2천만 원 이하 벌금에 처할 수 있다고 되어 있다.

"안전성 확보에 필요한 조치를 하지 아니하여 개인정보를 분실·도난·유출·위조·변조·훼손당한 자"

하지만 사업자에게 형사처벌을 부과함으로써 개인정보 유출 사고를 줄이겠다는 법의 취지가 실현되는 것 같지는 않다. 대다수 개인정보보호책임자(CPO)는 이 규정이 합리적이지도 실효적이지도 않고, 심지어 취지에 반하는 효과도 있다고 본다. 그 이유를 다음 몇 가지로 설명하여 이 조문에 대해 문제를 제기한다.

첫째, CPO 업무와 권한의 범위에 맞지 않게 책임의 범위와 무게를 과도하게 부과하고 있다. 개인정보보호법 제29조에서 규정한 개인정보 안전조치는 법적으로는 CPO의 책임 범위에 들어가지만 기업 현장에서 이 중 상당 부분은 CIO나 CISO의 업무로서 CPO의 업무 범위와 전문 역량을 훌쩍 넘어선다. 또한 CPO를 임명하고, 권한을 부여하며 관련 예산을 승인하고 담당 조직을 꾸리는 권한은

---

10 "개인정보 유출과 개인정보보호책임자(CPO)의 형사처벌"(CIO-KR, 강은성의 보안 아키텍트, 2018.11.7.)을 보완하여 작성하였다.

모두 CEO에게 있다. 하지만 CEO가 이런 환경을 마련해 주지 않으면서 사고가 났을 때 "나는 개인 정보보호에 관한 사항은 CPO에게 전결권을 줬고 보고받지 않아서 모른다."고 주장하면 CEO를 처벌하기 어렵다. 실제로 N사에서 개인정보 유출 사고가 발생했을 때 CEO가 검찰에 송치된 이후 많은 회사에서 취하는 방법이다.

둘째, 경험 있는 개인정보보호 인력을 확보·유지하는 데 장애가 된다. 실력 있는 인력이 오랫동안 경험을 쌓아서 개인정보보호 업무를 해야 개인정보가 잘 보호될 텐데 이 형사처벌 규정 때문에 오히려 기존 담당자조차 업무를 오래 하고 싶어 하지 않는다. 실제로 유출 사고가 발생하여 형사처벌의 잠재적 대상으로 수사를 받아본 인력은 그 자리에 남아 있지 않은 게 현실이다. 현직 담당자뿐만 아니라 이 분야를 전공하여 자신의 직업으로 삼고자 하는 학생들까지 부정적인 영향을 미친다.

셋째, 개인정보 유출 사고의 범인을 잡는 데 방해가 된다. 강력범죄가 발생하면 사건의 실상을 파악하고 범인을 잡기 위해 수사기관은 맨 먼저 현장에서 증거를 확보하고 탐문수사를 진행한다. 이와 마찬가지로 개인정보 유출 사고가 발생하면 수사기관에서는 가장 먼저 범행 현장인 기업의 보안, IT 시스템과 담당 인력을 조사한다. 하지만 조사대상인 보안 담당이나 IT 인력은 자신에게 문제가 발견된다면 피의자가 될 수도 있다는 생각에 수사에 적극적으로 협조할지 망설이게 된다.

넷째, CPO가 개인정보의 실질적인 보호보다 관련 법규를 지키는 데 치중하게 만든다. 형사처벌을 면하기 위해서는 기업은 개인정보의 안전조치에 관한 법령과 고시, 더 나아가서 해설서와 각종 가이드라인을 살펴서 이에 관한 증거를 확보해야 한다. 법규를 지킨다는 것은 증거가 있다는 것을 의미하기 때문이다. 유출 사고가 나지 않으면 가장 좋은데, 기업의 개인정보를 노리는 적은 오랜 기간 임직원과 시스템의 빈틈을 조사하고 준비하지만 정작 기업에서는 그 적의 존재조차 알지 못한다. 충분한 자원과 권한을 확보하지 못한 CPO가 개인정보 사고가 날 때를 대비해 법규 준수에 집중하는 것은 합리적인 판단이라 할 수 있다. 요즘 법규 중심의 개인정보보호가 이뤄지는 이유다. 그러나 개인정보를 보호하는 일과 관련 법규를 준수하는 일이 일치하지 않을 때가 종종 있을 뿐만 아니라 지속적으로 바뀌는 법규를 조사하고 그에 맞춰 시스템을 구축하고 증거를 확보하는 것은 대기업에서도 적지 않은 일이다.

다섯째, 조문에서 규정한 CPO에 대한 처벌이 다른 보호책임자와 비교해 볼 때 적정하다고 보기 어렵다. 최근 국민의 금융자산을 책임지는 은행에서 현금을 강탈당했다는 뉴스가 보도됐다. 하지만 은행의 '현금보호책임자'가 해당 범죄에 연루되어 있지 않은 한 형사처벌을 받는 경우는 없을 것이다. 하지만 은행에서 개인정보가 유출되면 은행의 CPO는 형사처벌을 받을 수도 있다. 세계적으로 기업의 개인정보 유출 책임에 대해 국가의 형벌권이 개입하고 CPO를 형사처벌하는 나라가 있는지 의문이다.

여섯째, 수사기관 입장에서도 적용하기 힘든 규정이다. 조문이 생긴 뒤로 개인정보 유출 사고가 발생하면 수사기관은 범인을 잡기 위한 수사를 한 뒤에 개인정보 보호조치에 대한 기업의 위법행위를 수사했지만 이 조문으로 처벌받은 CPO는 거의 없다. 범인을 잡는 데에 집중해도 부족한 수사인력을 적용하기도 힘든 조문을 위해 사용하고, CPO와 담당 인력은 행여나 이 조문에 의해 처벌받을까 우려하고 행동하는 것이 사회적으로 적절한지 따져볼 필요가 있다. 최근 45억 원이나 부과할 정도로 대폭 늘어난 과징금이나 강화된 손해배상 규정을 통해서도 기업의 책임을 충분히 묻고 경종을 울릴 수 있지 않을까 싶다.

일곱째, 법률전문가가 아닌 사람으로서 조심스럽긴 하지만 이 규정은 고의범을 처벌하는 우리나라 형사법 체계에 적절하지 않다. 실제 이 조문은 "조치를 하지 아니하여"(제73조 제1호)라고 기술하여 고의성을 강조하는 외양을 취하고 있지만, 실제로 유출 사고의 범인이나 공범이 아니면서 고의로 개인정보 보호조치를 하지 않을 CPO가 (거의) 없기 때문에 결국 이 조문은 미필적 고의나 과실에 적용될 가능성이 높다. 그러한 법리적 해석이 가능하다고 보고 이 처벌 규정을 만들었는지, 그러한 해석이 법리적으로 적절한지 의문이다. 과실에도 적용하려는 취지라면 다른 법률처럼 과실범 처벌을 적시해야 법 해석의 혼란을 줄일 수 있을 것으로 보인다.

2014년 1월 카드사 개인정보 유출 사고에서 탈퇴 회원의 개인정보가 다수 파기되지 않은 것이 드러나면서 목적 달성, 보유기간 경과 등 파기의 요건을 충족한 개인정보를 지체 없이 파기하지 않은 경우에도 2년 이하 징역 또는 2천만 원 이하 벌금(개인정보보호법 제73조 제1호의2) 부과가 가능하도록 처벌 규정이 추가되었다. 개인정보 유출 사고 책임에 대한 처벌을 넘어서 이제는 그것의 선행 요인에 대해서도 동일한 처벌을 부과하는 것을 보면서 개인정보 유출에 관한 처벌이 과도한 수준을 지나 '형사처벌 만능주의'로 흐르는 것이 아닌지 우려된다.

그럼 대안은 무엇인가? 핵심은 기업의 이사회 또는 최고경영진이 개인정보 유출 위험을 기업 차원의 위험으로 인식하도록 하는 것이다. 가장 효과적인 방법은 기업에게 금전적 책임을 묻는 것이다. 2018년 5월에 발효된 유럽연합 개인정보보호법(GDPR)이 세계적으로 주목받는 가장 큰 이유는 천문학적인 과징금을 부과할 수 있기 때문이다. 관련 법률에서 행정처분 상한이 크게 늘어났고 민사소송에서 손해배상 규모 역시 대폭 높아지는 등 이를 위한 국내 법규 체계는 갖춰진 상태다. 오히려 국내 법규와 규제가 너무 상세하여 이 중 일부를 위반했다고 해서 법에서 정한 강력한 행정처분이나 손해배상에 법원이 손을 들어줄 수 있을지가 관건으로 보일 정도다. 어떤 경우든 기업이 개인정보 유출 위험을 현실적인 기업 위험으로 인식한다면 실질적인 개인정보 보호에 관심을 갖고 인력과 조직, 관련 투자, 전사적인 개인정보보호 협업 등 이에 대응하는 방법을 스스로 찾을 것이다.

개인정보보호법 위반에 따른 행정처분 ──

행정처분이 기업에 미치는 영향이 상당히 커져서 정보보호책임자가 관심을 갖고 세부적인 내용까지 파악할 필요가 있다. 개인정보보호법 위반에 따른 행정처분에는 CEO 및 CPO 징계, 과징금, 과태료, 시정조치 명령 등이 있다.

1. CEO 및 CPO 징계

표 5-9 CEO 및 CPO 징계 권고

징계 권고	위반 행위
대표자 및 책임 있는 임원에 대한 징계 권고 (제65조)	보호위원회는 이 법 등 개인정보 보호와 관련된 법규의 위반 행위가 있다고 인정될 만한 상당한 이유가 있을 때는 책임이 있는 자(대표자 및 책임 있는 임원을 포함한다.)를 징계할 것을 해당 개인정보처리자에게 권고할 수 있다. 이 경우 권고를 받은 사람은 이를 존중하여야 하며 그 결과를 보호위원회에 통보하여야 한다.(제65조 제2항)

CEO 및 책임 있는 임원(CPO)에 대한 규제기관의 징계 권고권은 2013년 8월 개인정보보호법에 들어왔다(2014년 8월 시행). 2016년 3월 옛 정보통신망법에도 비슷한 규정이 도입되었는데, 방송통신위원회가 이를 근거로 개인정보 유출 사고가 난 W사에 2017년 3월 처음으로 CEO와 책임 있는 임원(CPO)에 대해 징계를 권고했다. 이어 같은 해 10월, 행정안전부가 개인정보보호법의 이 규정을 근거로 개인정보 유출 사고가 난 H사에 CEO와 CPO의 징계를 권고하였다. 정부의 영향력이 강한 우리나라에서 CEO와 회사에 상당한 경영 위험이 될 수 있다.

강력한 규제 산업이라 할 수 있는 금융부문 임원에 대한 금융감독 당국의 징계권이나, 세금이 많이 들어가고 공공적 성격이 강한 사립학교법인 임원에 대한 관할 교육청의 징계권을 연상시키는 징계 권고권을, 개인정보 규제당국이 일반 민간기업에 대해 행사할 수 있도록 한 것은 과도해 보인다. 특히 개인정보보호

법에 있는 규정인데도 징계 기준을 개인정보보호법 외에 "관련된 법규"로 지나치게 넓히고, 징계 권고 기준도 "위반 행위가 있을 때"가 아니라 "있다고 인정될 만한 상당한 이유가 있을 때"라고 하여 규제기관의 주관적 판단을 폭넓게 인정하고 있어서 문제의 소지가 있다.[11]

또한 '금융기관검사 및 제재에 관한 규정(금융위원회 고시)'을 통해 금융감독원장에게 강력한 제재 권한을 부여한 금융부문에서는, 금융감독원장의 자문기구로 민간위원을 포함한 제재심의위원회를 구성하고 시행세칙에 명시된 양정기준에 따라 징계 수준을 결정하게 되어 있으나 개인정보보호법에서는 징계 수준에 대한 규정이 없다. 개인정보보호법에서도 제재의 투명성과 객관성을 확보해야 할 필요가 있다. 어쨌든 정보보호책임자는 CEO와 관련 임원에게 이러한 위험이 생겼다는 점을 보고하는 게 좋다. 이는 공공부문에도 적용된다.

2. 과징금

이제 개인정보보호법 위반에 따른 주요 과징금 부과 사유에 관해 알아보자.

표 5-10 개인정보보호법의 주요 과징금 부과 사유

과징금	위반 행위
전체 매출액의 3% 이하(제28조의6)	특정 개인을 알아보기 위한 목적으로 가명정보를 처리한 경우(제28조의5 제1항). 다만, 매출액이 없거나 산정이 곤란하면, 4억 원 또는 자본금의 3% 중 큰 금액 이하의 과징금 부과
5억 원 이하 과징금 (제34조의2)	안전성 확보 조치를 하지 아니하여 주민등록번호가 분실·도난·유출·변조·훼손된 경우(제24조 제3항)

---

11 "개인정보보호법 2차 개정에서 개정할 것들(2)", CIO-KR, 강은성의 보안 아키텍트, 2021.11.11.

위반 행위 관련 매출액의 3% 이하[12] (제39조의15)	다음 위반 행위를 한 정보통신서비스 제공자 등에게 부과 – 이용자의 동의 없이 개인정보 수집(제39조의3 제1항) – 이용자의 동의 없이 민감정보 수집(제23조 제1항 제1호) – 법정대리인의 동의 없이 만 14세 미만 아동의 개인정보 수집(제22조 제6항) – 이용자의 동의 없이 개인정보 제3자 제공(제17조 제1항, 제2항) – 이용자의 동의 없이 개인정보 국외 제공(제39조의12 제2항) – 동의·제공 받은 목적 외 이용 및 제공(제18조 제1항, 제2항, 제19조) – 관리·감독을 소홀히 하여 수탁자가 이 법의 규정을 위반(제26조 제4항) – 이용자의 개인정보를 분실·도난·유출·위조·변조·훼손한 경우에 제29조의 　안전조치(내부관리계획 수립 제외)를 하지 않은 경우 – 매출액이 없거나 산정이 곤란하면, 4억 원 이하 과징금 부과

일반 개인정보처리자에 과징금을 부과하는 사유는 두 가지다. 하나는 특정 개인을 알아보기 위해 가명정보를 처리하는 행위이다. 이것은 가명처리를 통해 추가 정보 없이는 특정 개인을 알아보지 못하도록 한 가명정보를 보호하기 위한 조치이다. 다른 하나는 안전성 확보조치를 하지 않아서 주민등록번호 유출이나 변조 같은 사고가 발생했을 때다. 참고로 주민등록번호가 유출되었을 때 부과될 수 있는 최대 과징금 5억 원을 정보통신서비스 제공자에게 최대로 부과될 수 있는 위반 행위 관련 매출액 3%로 환산한 매출액은 약 167억 원이 된다. 사고가 났다 하더라도 안전성 확보조치를 하였으면 과징금이 부과되지 않는다. 과징금 부과 사유는 주로 정보통신서비스 제공자 등에게 집중되어 있다.

법에서 정한 대로 이용자나 법정 대리인의 동의를 받지 않고 개인정보·민감정보·만 14세 미만 아동의 개인정보를 수집한 경우, 이용자의 동의 없이 개인정보를 제3자 제공 또는 국외 제공한 경우, 개인정보 수집 또는 제공받을 때 이용자의 동의를 받은 목적과 달리 개인정보를 이용하거나 제3자 제공하는 경우는

---

12 2021년 9월 국회에 제출된 개인정보보호법 개정안에 따르면, 이 규정의 과징금 부과 대상이 정보통신서비스 제공자 등에서 모든 개인정보처리자로 확대되고, 금액이 "전체 매출액의 3% 이하"로 대폭 상향된다. 특히 정보통신 서비스 부문 매출이 적은 유통업이나 제조업에 상당한 영향을 미칠 것을 예상한다.

일상적인 개인정보 수집·이용·제공 단계에서 발생할 수 있는 사안이다. 개인정보를 활용하는 서비스의 기획과 개발과도 연관된다.

수탁자에 대한 관리·감독 의무 위반도 과징금 부과 사유이다. 개인정보 처리를 위탁받은 기업이 개인정보보호법 위반 행위가 드러났는데 그것이 위탁 업무에 포함되고, 그에 대한 관리·감독을 소홀히 한 점이 밝혀지면 위탁자에게 과징금을 부과할 수 있다는 의미이다. 그 근거 규정은 다음과 같다.

> 위탁자는 업무 위탁으로 인하여 정보주체의 개인정보가 분실·도난·유출·위조·변조·훼손되지 아니하도록 수탁자를 교육하고, 처리 현황 점검 등 대통령령으로 정하는 바에 따라 수탁자가 개인정보를 안전하게 처리하는지를 감독하여야 한다.
>
> (개인정보보호법 제25조(업무위탁에 따른 개인정보의 처리 제한) 제4항)

우리 회사가 아닌 이상 개인정보보호법령과 고시 등 많은 조문을 다 준수하는지 감시, 통제할 수 없으므로, 결국 위탁자가 관리·감독·교육을 충실히 하고 그에 대한 증적을 확보하는 것이 중요하다. 특히 작은 규모이거나 법적·기술적 역량이 부족한 개인정보처리자가 규모가 크고, 역량이 더 좋은 수탁자에게 개인정보를 처리 위탁하였다면 최소한 '선한 관리자의 의무'를 다했다는 증적을 확보해야 한다.

> 수탁자가 위탁 받은 업무와 관련하여 개인정보를 처리하는 과정에서 이 법을 위반하여 발생한 손해배상책임에 대하여는 수탁자를 개인정보처리자의 소속 직원으로 본다.
>
> (개인정보보호법 제25조(업무위탁에 따른 개인정보의 처리 제한) 제6항)

수탁자가 개인정보 사고가 나서 이용자에게 손해를 끼쳤을 때 위탁자에 손해배상 책임이 있다는 말이다. 위탁자는 수탁자와의 관계에서 이용자에 대한 손해배상 책임과 함께 관리·감독 소홀에 따른 금전적 손실이 있을 수 있다는 점을 기억해야 한다.

정보보호책임자가 회사의 개인정보 처리 업무 위탁 위험을 최소화하기 위한 방안으로는 ▲개인정보보호 역량이 있는 수탁자 선정 ▲수탁자에게 개인정보보호 인증 취득 요구 ▲계약서에 필요 사항 명시 ▲수탁자 개인정보취급자 교육 지원 ▲수탁자 정보보호 솔루션 제공 ▲관리·감독 활동과 그에 관한 증적 확보 등이 있다.

또한, 개인정보 유출 사고 발생 시 과징금 부과 사유도 있다. 이것은 [표 5-7]에 기술한 형사처벌 규정과 비슷한데, ▲정보통신서비스 제공자만 해당한다는 점 ▲안전성 확보 조치 미흡과 개인정보 사고의 인과성이 없다는 점에 차이가 있다. 즉 개인정보 사고가 발생했을 때 하위 고시를 포함해 제29조(안전조치 의무)를 위반한 점이 발견되면 그것이 사고 원인이 아니라도 과징금을 부과할 수 있다는 것이다. 실제 행정처분에서는 대부분 안전조치 미흡과 사고의 인과관계를 핵심 기준으로 하여 과징금 처분을 하지만, 법의 규정은 언제든지 적용될 가능성을 배제할 수는 없다.

정보통신서비스 제공자 등에 대한 과징금 최대 금액은 "위반 행위와 관련된 정보통신서비스의 직전 3개 사업연도의 연평균 매출액"의 3%이다(시행령 제48조의11(과징금의 산정기준 등에 관한 특례)). 이 시행령 조문에는 세부적인 산정 기준도 나와 있다(시행령 제48조의11(과징금의 산정기준 등에 관한 특례) 제4항 별표 1의5).[13]

---

13 과징금 세부 산정 기준 중 가명정보에 관한 건은 시행령 제29조의6(가명정보 처리에 대한 과징금의 부과기준 등), 주민등록번호 유출 등에 관한 건은 시행령 제40조의2(과징금의 부과기준 등)를 참조한다.

표 5-11 정보통신서비스 제공자 관련 개인정보보호 법령 위반에 대한 과징금 기준 금액 산정

위반 행위의 중대성	부과 기준율	기준 금액[14]
매우 중대한 위반 행위	2.7%	3억 6,000만 원
중대한 위반 행위	2.1%	2억 8,000만 원
일반 위반 행위	1.5%	2억 원

과징금 액수에 영향을 미치는 가장 중요한 요소는 위반 행위의 '중대성' 판단이다. 고액 또는 높은 비율의 과징금이 부과된 사건은 모두 '매우 중대한' 위반 행위로 판정받았다. '개인정보보호 법규 위반에 대한 과징금 부과기준(개인정보보호위원회 고시)'에서는 '중대성' 판단에 고의·중과실 여부, 영리 목적의 유무, 안전성 확보조치 이행 여부 등을 고려하면서 다음과 같은 세부 기준을 제시한다.

- 고의·중과실이 있으면 '매우 중대', 없으면 '보통'
- 다음 사항 중 1~2개 해당하면 '중대', 모두 해당하면 '보통'
  - 위반 행위로 인해 직접적으로 이득을 취득하지 않은 경우
  - 위반 행위로 인한 개인정보의 피해 규모가 위반 정보통신서비스 제공자 등이 보유하고 있는 개인정보의 100분의 5 이내인 경우
  - 이용자의 개인정보가 공중에 노출되지 않은 경우

그 밖에도 가중과 감경, 위반 기간의 산정 등이 과징금 산정에 영향을 미친다.

3. 과태료

이제 개인정보보호법 위반에 따른 주요 과태료 부과 사유에 관해 알아보자.

---

14 영업 실적이 없거나 객관적 매출액 산정이 어려운 경우에 사용하는 과징금 기준 금액

표 5-12 개인정보보호법의 주요 과태료 부과 사유[15]

(단위: 만 원)

과태료	위반 행위	위반 횟수별 과태료 금액		
		1회	2회	3회 이상
5천만 원 이하 (제75조 제1항)	– 동의 없이 개인정보 수집(제15조 제1항) – 법정 대리인의 동의 없이 14세 미만 아동의 개인정보 처리 (제22조 제6항) – 개인의 사생활을 침해할 수 있는 장소에 영상정보처리기기를 설치·운영(제25조 제2항)	1,000	2,000	4,000
3천만 원 이하 (제75조 제2항)	– 개인정보의 수집 동의·제3자 제공 동의·목적 외 이용이나 제공 동의 획득 시, 또는 홍보·판매 권유 업무 위탁 시 정보주체에 고지 의무 위반(제15조 제2항, 제17조 제2항, 제18조 제3항, 제26조 제3항) – 필수 아닌 개인정보 수집 미동의를 이유로 재화 또는 서비스 제공 거부(제16조 제3항, 제22조 제5항) – 간접 수집 개인정보의 출처 고지 의무 위반(제20조 제1항· 제2항) – 보유기간 경과·처리 목적 달성 뒤에도 개인정보 파기 등 필요 조치 하지 않음(제21조 제1항, 제39조의6) – 법규에서 허용하지 않은 주민등록번호 처리(제24조의2 제1항) – 주민등록번호 처리 시 암호화하지 않음(제24조의2 제2항) – 주민등록번호 처리 시 대체수단 미제공(제24조의 제3항) – 개인정보 안전성 확보조치 미흡(제23조 제2항, 제24조 제3항, 제25조 제6항, 제28조의4 제1항, 제29조) – 공개된 장소에 영상정보처리기기 설치·운영 제한 위반 (제25조 제1항) – 가명정보 처리 시 개인을 알아볼 수 있는 정보가 생성되었음에도 이용을 중지하지 않거나 이를 회수·파기하지 않음 (제28조의5 제2항) – 개인정보보호 인증을 받지 아니하였음에도 거짓으로 인증의 내용을 표시하거나 홍보(제32조의2 제6항) – 개인정보 유출 시 정보주체에게 각 호의 사실을 알리지 않음 (제34조 제1항)	600	1,200	2,400

---

15 개인정보보호법 시행령 제63조(과태료의 부과 기준) 별표2

- 1천 명 이상의 개인정보 유출 시 조치 결과를 신고하지 않음
  (제34조 제3항)
- 정보주체의 열람, 정정·삭제, 처리 정지 요구에 필요한 조치
  하지 않음(제35조 3항, 제36조 2항, 제37조 4항)
- 개인정보보호위원회의 시정명령에 따르지 않음(제64조 제1항)

〈이하 정보통신서비스 제공자 등에게만 해당〉
- 필수 아닌 개인정보의 미제공을 이유로 서비스 제공 거부
  (제39조의3 제3항)
- 개인정보 유출 시 통지·신고하지 않거나 24시간 경과 후
  통지·신고(제39조의4 제1항)
- 개인정보 유출 시 24시간 넘어 통지·신고에 따른 소명을
  하지 않거나 거짓으로 함(제39조의4 제3항)
- 개인정보의 동의 철회·열람·정정 방법을 제공하지 않음
  (제39조의7 제2항)
- 동의 철회 시 개인정보 파기 등 필요한 조치를 하지 않음
  (제39조의7 제3항)
- 개인정보 이용내역 통지 의무 위반(제39조의8 제1항 본문)
- 개인정보 국외 이전 시 보호조치 위반(제39조의12 제4항,
  시행령 제48조의10)

2천만 원 이하 (제75조 제3항)	- 손해배상 책임을 위한 보험 또는 공제 가입, 준비금 적립 등 필요한 조치를 하지 않은 정보통신서비스 제공자 등 (제39조의9 제1항) - 개인정보 국외 이전 시 관련 정보 공개 또는 개별 고지 의무를 위반한 정보통신서비스 제공자 등(제39조의12 제2항 단서)	400	800	1,600
	국내대리인을 지정하지 않은 정보통신서비스 제공자 등 (제39조의11 제1항)	2,000	2,000	2,000
1천만 원 이하 (제75조 제4항)	- 파기 대상 개인정보의 보존 시 별도 저장·관리하지 않음 (제21조 3항) - 법에서 정한 규정을 위반하여 동의 받음(제22조 제1항~제4항) - 공개된 장소에 영상정보처리기기 설치 시 안내판 설치 의무 위반(제25조 제4항) - 개인정보 처리 위탁 시 적법한 문서에 의하지 않거나, 위탁 업무와 수탁자 미공개(제26조 1항·2항) - 영업의 양·수도시 정보주체에게 개인정보 이전 사실을 통지 하지 않음(제27조 1항·2항) - 가명정보 처리 시 관련 기록 작성·보관 의무 위반(제28조의4 제2항)	200	400	800

- 개인정보 처리방침을 정하지 않거나 미공개 (제30조 1항·2항)
- 정보주체의 열람, 정정·삭제, 처리 정지 요구에 대한 조치 결과 통보 의무 위반 (제35조 3항·4항, 제36조 2항·4항, 제37조 제3항)
- 적법한 개인정보보호위원회 요구에 따른 자료를 거짓 제출 (제63조 제1항)
- 법 위반 사실의 조사를 위한 공무원의 출입·검사를 거부· 방해·기피 (제63조 제2항)

적법한 개인정보보호위원회 요구에 따른 자료를 미제출(제63조 제1항)	100	200	400
개인정보 보호책임자 미지정(제31조 제1항)	500	500	500

법률에서 규정한 과태료는 위반 행위에 대해 최대 금액이고, 실제 부과되는 금액은 [표 5-12]에 기술한 위반 횟수별 금액이다.

과태료를 부과하는 법 위반 행위 중 정보보호책임자가 관심을 기울여야 할 주요 사항은 다음과 같다.

- 앞에서 설명했듯이 개인정보의 수집·보관·이용·제공·파기 등 개인정보의 생명주기에 관해서는 위반 시 형사처벌 규정이 많은데, 비슷한 조문에 개인정보처리자에 대한 과태료 부과 사유 또한 많다. 정보주체의 동의 없이 개인정보를 수집하거나 법적 대리인의 동의 없이 14세 미만 아동의 개인정보를 처리하지 말아야 한다(위반 시 5천만 원 이하 과태료). 사용자가 동의 내용을 잘 인지할 수 있도록 개인정보 필수 항목과 선택 항목, 동의가 필요한 항목과 필요 없는 항목을 잘 구분해 줘야 하고(위반 시 1천만 원 이하 과태료), 필수 항목이 아닌 개인정보에 대해 동의하지 않더라도 서비스를 제공하여야 한다(위반 시 3천만 원 이하 과태료). 회원 탈퇴와 같이 개인정보의 보유 목적을 달성하거나 보유 기간이 경과하면 '지체없이' 파기해야 한다(위반 시 3천

만 원 이하 과태료). 이때 '지체없이'는 정당한 사유가 없는 한 5일 이내를 말한다(표준지침 제11조(법령에 따른 개인정보의 보존)).

- '안전성 확보 조치'가 미흡하여 개인정보 관련 사고가 나면 위반 행위자가 2년 이하 징역 또는 2천만 원 이하 벌금형에 처해질 수 있고, 사고 난 개인정보가 주민등록번호이면 5억 원 이하 과징금이 부과될 수 있다. 사고가 나지 않았는데, 개인정보 안전성 확보 조치에 미흡한 사항이 적발되면 3천만 원 이하 과태료가 부과될 수 있다. 어떤 일이 발생할지 모르니 법령과 고시에 규정된 안전성 확보 조치는 무조건 준수하는 것이 좋다. 상세한 사항은 "정보보호책임자가 알아야 할 '개인정보의 안전성 확보 조치 기준'"에서 다룬다.

- 법령에 의해 구체적으로 주민등록번호의 처리를 요구하거나 허용하지 않으면 주민등록번호를 처리할 수 없다(위반 시 3천만 원 이하 과태료). 고유식별정보 중 운전면허번호, 여권번호, 외국인등록번호는 일반 개인정보 처리 동의와는 별도로 동의절차를 거치면 이용할 수 있다. 개인정보보호법은 임직원 정보에도 적용된다. 예를 들어 입사지원서 양식에 주민등록번호를 사용할 수 없으므로 필요하면 생년월일을 별도로 받아야 한다. 근로기준법 시행령에서 임금대장 작성 시 주민등록번호를 쓸 것을 명시하고 있어서(시행령 제27조(임금대장의 기재사항)) 입사한 뒤에는 주민등록번호를 수집할 수 있다.

- 개인정보 처리방침 공개, 개인정보 처리위탁 사실 공개, 영업 양수·도 시 개인정보 이전 사실 통지, 개인정보 유출 시 통지·신고, 열람·삭제 정보주체의 요구에 대한 대응은 조금만 관심을 기울이면 준수할 수 있으므로, 정보보호책임자가 잘 알아둘 필요가 있다.

- 이용자가 1년 동안 로그인하지 않는 등 개인정보를 이용하지 않으면 정보

통신서비스 제공자 등은 해당 개인정보를 파기하거나 별도 보관하고, 기간 만료 30일 전 통지해야 한다(위반 시 3천만 원 이하 과태료). '개인정보 유효기간제'라고 부르는 이 제도는 비활성 사용자의 비밀번호가 관리되지 않아 아이디가 도용되어도 제때 알지 못하여 피해가 커지는 것을 막겠다는 취지로 만들어졌다. 이를 구현하려면 고객의 로그인 기록을 유효기간 동안 유지해야 한다. 정보보호책임자로서는 유효기간이 지난 개인정보를 파기함으로써 관리 대상을 줄이는 것이 바람직하지만, 개인이 쌓은 데이터를 유지·활용하는 것이 경쟁력인 SNS나 커뮤니티 서비스에서는 별로 달가워하지 않을 조문이다. 이를 위해 이용자의 요청에 따라 유효기간을 달리 정할 수 있도록 하였다. 이 조문에 대한 위반은 개인정보 파기 의무 위반이긴 하지만 형사처벌 대상은 아니다.

- '개인정보 이용내역 통지제'는 일정 규모 이상의 정보통신서비스 제공자 등에게 해당하는 의무이다(위반 시 3천만 원 이하 과태료).[16] 이용자에게는 오랜 전에 가입하여 기억하지 못하는 사이트를 알게 해 준다는 점에서는 나름 의미가 있다. 이용자의 개인정보가 이용된 개별 서비스 이름을 확인할 수 있도록 해 주는 사업자가 있는 한편 서비스 이용약관에 있는 서비스 목록 전체를 보여 주는 회사도 있다. 개인정보 유효기간제나 개인정보 이용내역 통지제는 법적 의무이므로, 사용자가 공식적 불만을 제기하지 않음을 고려해 고객과의 커뮤니케이션 수단으로 활용하는 것을 검토해볼 만하다.

- 전년도 매출액이 5천만 원 이상이거나 전년도 말 기준 직전 3개월간 일평균 3천 명 이상의 개인정보를 저장·관리하는 정보통신서비스 제공자는 손

---

16 전년도 마지막 3달 동안 개인정보가 저장·관리되고 있는 이용자 수가 하루 평균 100만 명 이상이거나 정보통신서비스 부문 전년도 매출액이 100억 원 이상인 사업자에게만 적용된다.

해배상 책임을 위해 보험이나 공제 가입, 또는 준비금 적립을 해야 한다(위반 시 2천만 원 이하 과태료). 보통 보험은 납부해야 하는 보험금이 적은 대신 보상 범위 내의 사고가 나지 않으면 돌려 받을 수 없고, 준비금은 회사 내부에 적립하므로 외부에 지출되지는 않지만, 금액이 많다는 차이가 있다는 점을 고려하여 회사 사정에 맞게 선택하면 된다. 이를 위한 최저 가입금액(최소 적립금액)은 시행령 제48조의7(손해배상책임의 이행을 위한 보험 등 가입 대상자의 범위 및 기준 등) 제2항 별표1의4에 명시되어 있다.

Security Insight

대형 수탁자의 관리·감독 의무는 위탁자의 의무에서 제외해야 한다

개인정보를 이용해 사업을 하는 회사 중 개인정보 처리를 위탁하지 않고 모두 자신이 처리하는 개인정보처리자는 많지 않다. 사용자 인증, 콜센터, 물품 배송, 이벤트 대행, 결제 대행(PG), IT 개발 및 운영, 개인정보 수집 등 개인정보 처리 위탁자와 수탁자가 협업을 통해 고객에게 서비스를 제공한다. 소비자가 편리하게 사용하는 서비스를 제공하는 기업은 자신의 핵심 역량에 집중하고 다른 부분은 수탁 기업과 협력하여 원-윈 관계를 맺고 서로 성장한다.

개인정보 처리 위탁자가 처리 위탁 시 수탁자에 갖고 있는 법적 의무는 다음과 같다.

- 수탁자 선정 시 의무
- 수탁자 관리·감독·교육 의무(제26조 제4항)
- 손해배상 의무(제26조 제6항)

먼저 위탁자가 수탁자를 선정할 때 "수탁자의 개인정보 보호 역량을 종합적으로 검토하여 개인정보 위험을 최소화 할 수 있는 자를 선정"하는 것이 바람직하다.[17] 비용만 고려하지 말라는 말이다. 이것은 법적 의무로 명시되어 있지 않지만, 수탁자에 개인정보 사고나 관련 법규 위반 사건이 발생할 가능성을 줄이고, 이후 관리감독의 부하를 줄이는 데에 매우 중요한 사안이다. 예를 들어 수탁자 선정 시 정보보호 인증의 보유 여부를 고려하는 것이다. 선정 과정 역시 증적으로 남겨 놓아야 나중에 활용

---

17 개인정보보호위원회, 한국인터넷진흥원, 「개인정보 처리 위·수탁 안내서」, 2020.12.

할 수 있다. 수탁자에 대한 관리·감독·교육 의무는 상대방이 있기 때문에 선정 때와는 또다른 어려움이 있다.

수탁자에는 크게 3가지 종류가 있다. 첫째, 본인인증기관, 결제대행(PG)사, 택배사 등 인터넷 서비스를 한다면 업종과 관계없이 대부분 위탁하면서 규모가 큰 수탁자들이다. 둘째, IT 서비스 개발·운영 사업자 같이 개인정보를 대량으로 갖고 있는 중소규모 회사이다. 규모가 그리 크지 않고 업종별로 특화된 경우가 많다. 예를 들어 소규모 인터넷 쇼핑몰, 자영업자, 병의원, 약국 등의 IT 업무를 위탁받아 개발·운영하는 업체이다. 셋째, 소규모 서비스 사업자이다. 인터넷 쇼핑몰 판매자(seller)가 대표적인데, 이들은 규모가 천차만별이고 심지어 시골에서 쇼핑몰 계정 하나 열어서 제공하는 곳도 있다.

중소 규모의 위탁자가 첫 번째 종류의 수탁자를 관리·감독·교육하는 것은 현실적이지 않다. 이러한 대형 수탁자가 웬만한 위탁자보다 개인정보를 보호할 역량이 되고, 수탁자 입장에서 위탁자가 너무 많아서 점검에 대응하는 데 인력과 시간이 상당히 들기 때문에 점검을 모두 수용하기도 어렵다.

특히 수탁자 중에 본인확인기관이나 통신과금서비스 제공자(정보통신망법), PG사(전자금융거래법) 등 적용 법령에 따라 관리를 받는 기업은 어떠한 위탁자보다 법령에 따라 보안 분야를 포함해 강력한 관리·감독을 받는다. 또한 KISA나 금융보안원을 통해 ISMS-P 인증을 받은 기업은 매년 한두 번 인증기관의 사후 심사나 갱신 심사를 받는다. 웬만큼 역량과 예산을 갖춘 위탁자라 하더라도 규제기관이나 인증기관보다 관리·감독을 더 잘하기 어렵다. 따라서 보안 및 개인정보보호 인증을 받았거나 관련 법령에 의해 관리·감독을 받는 수탁자는 위탁자의 관리·감독·교육 의무를 제외하는 게 이론적으로나 현실적으로 타당하다. 이렇게 하면 위탁자가 수탁자를 선정할 때도 정보보호 관련 인증을 받았는지 고려하여 전반적인 보안 인증 취지와 보안성 향상에도 도움이 될 수 있다.

정보보호책임자가 알아야 할 '개인정보의 안전성 확보 조치 기준' ──

'개인정보의 안전성 확보조치 기준(이하 안전조치 기준)' 고시는 개인정보보호법 제29조(안전조치 의무)와 같은 법 시행령 제30조(개인정보의 안전성 확보조치)를 구체화한 개인정보보호위원회의 고시로 개인정보처리자가 개인정보를 안전하게 관리하기 위해 준수해야 하는 기본 고시이다. 정보통신서비스 제공자 등은 개인정보보호법 제29조(안전조치 의무)와 같은 법 시행령 제48조의2(개인정보의 안전성 확보 조치에 관한 특례)를 구체화한 개인정보보호위원회 고시인 '개인정보의 기술적·관리적 보호조치 기준(이하 보호조치 기준)'의 적용을 받는다. 여기에서는 정보보호책임자 관점에서 특히 중요하거나 설명이 필요한 조문을 '안전조치 기준'을 중심으로 '보호조치 기준'의 다른 부분을 추가해서 설명하고자 한다.[18]

2011년 9월 개인정보보호법의 시행과 함께 제정된 '안전조치 기준' 고시는 2016년 9월 전부 개정하면서 오늘의 모양새를 갖췄다. '보호조치 기준'과 가장 큰 차이는 개인정보처리자를 세 그룹으로 나누고 각 그룹에 서로 다른 보호 기준을 적용한다는 점이다. '안전조치 기준'에서는 개인정보처리자를 사업자의 종류와 규모, 개인정보 보유량에 따라 유형1(완화), 유형2(표준), 유형3(강화)으로 나눠 유형3은 모든 '안전조치 기준' 조문을, 유형1은 가장 적은 조문을 준수하도록 하였다.

구분	1만 명 미만	1만 명~10만 명 미만	10만 명~100만 명 미만	100만 명 이상
공공기관	유형2(표준)	유형2(표준)	유형3(강화)	유형3(강화)
대기업	유형2(표준)	유형2(표준)	유형3(강화)	유형3(강화)
중견기업	유형2(표준)	유형2(표준)	유형3(강화)	유형3(강화)
중소기업	유형2(표준)	유형2(표준)	유형2(표준)	유형3(강화)
소상공인	유형1(완화)	유형2(표준)	유형2(표준)	유형2(표준)
개인	유형1(완화)	유형2(표준)	유형2(표준)	유형2(표준)
단체	유형1(완화)	유형2(표준)	유형2(표준)	유형3(강화)

그림 5-5 개인정보처리자 유형 및 개인정보 보유량에 따른 안전조치 적용 유형[19]

---

18 두 고시의 차이가 많지 않음에도 별도로 존재해서 사업자가 준수하는 데 어려움이 있어서 통합해야 한다는 요구가 꾸준히 있어 왔다. 2021년 9월 국회에 제출된 개인정보보호법이 통과되면, 이 두 고시의 통합 작업이 다시 본격적으로 추진될 것으로 보인다.

19 행정안전부, 한국인터넷진흥원, 「개인정보의 안전성 확보조치 기준 해설서」, 2019.6.

유형1에는 1만 명 미만의 정보주체에 관한 개인정보를 보유한 소상공인, 단체, 개인이 포함되고, 유형3에는 10만 명 이상의 개인정보를 보유한 대기업, 중견기업, 공공기관과 100만 명 이상의 개인정보를 보유한 중소기업, 단체가 포함된다. 그 외의 요건은 유형2에 포함된다.

'안전조치 기준'은 모두 13개 조로 이뤄졌는데, 제1조(목적), 제2조(정의), 제3조(안전조치 기준 적용)를 제외하면 실제로 수행해야 할 조문은 10개다.

제4조 (내부관리계획의 수립·시행)

'안전조치 기준'과 '보호조치 기준(제3조(내부관리계획의 수립·시행))' 모두 개인정보 처리자가 개인정보 내부관리계획을 수립해야 한다고 명시한다. 내부관리계획은 개인정보 처리방침과 함께 개인정보처리자가 갖춰야 할 필수 문서라 할 수 있다. 그 내용은 '안전조치 기준'과 '보호조치 기준'이 내용이 조금 다르긴 하나 핵심은 개인정보를 안전하게 처리하기 위해 개인정보취급자 등 전사 관련 조직과 임직원이 준수해야 할 사항을 작성한 문서라는 점이다. '안전조치 기준'에서 내부관리계획에 포함될 내용이 '안전조치 기준'의 목차와 사실상 같아서 고시의 주요 내용을 '복붙'해서 넣은 회사도 적지 않지만, 그렇게 해서는 '내부관리' 계획이 되기 어렵다. 관련 부서가 내부관리계획을 보고 자신이 해야 할 일을 알수 있도록 법규를 준수하고 각 회사의 정책과 조직에 알맞게 작성해야 한다. 작성 시 개인정보보호 부서뿐만 아니라 각 기술적·관리적·물리적 보호조치 등 실제 업무를 담당하는 부서와 협의하여 작성해야 시행하는 데에도 힘을 받을 수 있다.

또한 '보호조치 기준'에서는 개인정보보호 교육을 좀 더 강조하는 것처럼 보이는데, '안전조치 기준'에서도 연간 개인정보보호 교육 계획의 수립, 교육 시행과 관련 증적 수집, 교육 평가와 다음 해 계획에 반영 등을 주요 내용으로 작성한다.

「개인정보의 안전성 확보조치 기준 해설서」(행정안전부, 한국인터넷진흥원, 2019.6.)와 「개인정보의 기술적·관리적 보호조치 기준 해설서」(개인정보보호위원회, 한국인터넷진흥원, 2020.12.)에는 내부관리계획의 목차와 상세 내용을 예시를 들어 설명하고 있다.

제5조(접근 권한의 관리)

개인정보취급자를 최소로 선정하고, 퇴사나 부서 이동이 발생하여 개인정보처리시스템에 대한 접근 권한이 변경되면 이를 반영해야 한다. 개인정보취급자의 사용자 계정은 1인 1계정이어야 한다. 정보보안 측면에서는 개인정보취급자뿐만 아니라 모든 사용자 계정은 1인 1계정으로 해야 비밀번호 변경이 쉬워지고 (여러 명이 함께 쓰는 계정은 비밀번호가 거의 변경되지 않는다.) 이상 행위 또는 사고가 발생했을 때 신속한 추적이 가능하다. 추적이 가능하면 임직원이 조심하므로 예방효과도 생긴다. 서비스·애플리케이션용 계정 등 사람이 사용하지 않는 계정은 해당 기능을 수행할 수 있는 만큼만 권한을 부여하고 사람이 사용하는 것을 엄격히 제한해야 한다.

'보호조치 기준'의 제4조(접근 통제)에는 영문, 숫자, 특수문자 중 2종 이상을 종합하여 10자리 이상 또는 3종류 이상을 조합하여 8자리 이상으로 하라는 비밀번호 작성 규칙을 규정한다(제8항). 법규로 되어 있으니 준수해야 하지만, 기술적으로 보면 특수문자가 들어간다고 보안 수준이 별로 높아지지 않는다. 비밀번호 자릿수를 늘리는 것이 훨씬 보안성 향상에 도움이 된다. 게다가 특수문자 종류가 30가지 정도 되지만, 이용자 대부분이 맨 뒤에 !, @, # 정도의 매우 한

정된 것만 사용하고, 사이트마다 지원하는 특수문자 종류가 달라서 사용성도 떨어진다. 따라서 사용성과 보안성이 높은 방법은 특수문자를 사용하지 않는 대신 영문 대소문자를 구별하고 숫자를 함께 사용하며 이 중 3종류를 조합하여 10자리 이상을 만드는 것이다.

또한 보호조치 기준 같은 조에서 비밀번호를 반기별로 한 번씩 변경하도록 규정한다. 분기별로 한 번씩 내부 사용자의 비밀번호를 바꾸라고 규정한 전자금융감독규정보다는 낮지만 자주 비밀번호를 바꾸고 심지어 직전 비밀번호 2개와 같은 것을 사용하지 못하게 하면, '포스트잇'에 비밀번호를 써서 키보드 밑에 숨겨 놓을지도 모른다. 보안 수준을 높이기 위해 채택한 방법이 오히려 보안 수준을 떨어뜨릴 수 있다.

제6조(접근 통제)

개인정보처리시스템에 대한 접속 권한을 IP로 제한하는 수단(제1항)은 침입차단시스템으로 네트워크 방화벽뿐 아니라 라우터나 L3 스위치의 접근 제어목록ACL, Access Control List 기능, 호스트 기반 방화벽, 웹방화벽, 침입방지시스템IPS, Intrusion Prevention System 등이 있고, 대부분의 클라우드 서비스에서도 AWS의 Security Group과 같이 방화벽 기능을 제공한다.

개인정보 유출 시도를 탐지하기 위한 솔루션으로는 침입탐지시스템IDS, Intrusion Detection System이나 내부정보 유출방지DLP, Data Loss Prevention 시스템이 있다. IDS에서 개인정보 유출을 탐지하려면 IDS 보안관제에 아웃바운드 트래픽 모니터링을 포함해야 한다.

개인정보취급자가 외부에서 개인정보처리시스템에 접속할 때는 가상사설망(VPN)이나 전용회선 같은 안전한 접속 수단을 적용하거나 일회용 비밀번호

(OTP) 등 안전한 인증 수단을 적용하여야 한다(제2항). 사실 개인정보처리시스템뿐만 아니라 내부 시스템의 관리자 페이지 등 중요한 시스템은 사설 IP를 사용하여 외부에서의 공격을 차단하고, VPN을 통해 접속하는 것이 바람직하다. 공인 IP를 사용하여 외부에 IP가 드러나면 수많은 IP 스캐닝과 다양한 공격이 들어온다.

'보호조치 기준'에도 비슷한 조문이 있는데 "개인정보취급자가 정보통신망을 통해 외부에서 개인정보처리시스템에 접속이 필요한 경우에는 안전한 인증 수단을 적용"(제4조(접근통제) 제4항)하라고 되어 있어 약간 차이가 있다. 즉 '안전조치 기준'에서는 안전한 접속 수단 또는 안전한 인증 수단이, '보호조치 기준'에서는 '안전한 인증 수단'만 적시되어 있다. 보안 측면에서 보면 '안전한 접속 수단'보다 '안전한 인증 수단'이 더 중요하다. 안전한 인증 수단 없이 VPN만 사용하면, 공격자에게 회사 내부로 들어가는 직통 경로를 열어주는 꼴이 된다. 이로 인한 사고 사례가 적지 않다.

따라서 중요 시스템을 VPN으로 접속할 때는 2단계 인증Two-Factor Authentication과 같은 '안전한 인증 수단'을 사용하는 것이 바람직하다. 2단계 인증은 매우 '가성비'가 높은 인증 수단이다. 구글 Authenticator나 문자메시지, 생체 인증 등 다양한 2단계 인증 방법이 있으니 회사에 적합한 서비스를 선택하면 된다. 특히 VPN을 사용하지 않는 회사에서는 반드시 2단계 인증을 사용하여야 한다. '보호조치 기준' 기준으로도 그렇고 기술적으로도 그렇다.

개인정보가 웹 사이트, 컴퓨터의 공유 폴더, P2PPeer to Peer 프로그램, 공개된 무선망 등을 통해 개인정보가 유출되지 않도록 조치해야 한다(제3항). 세부적인 접근 권한 관리가 어려우면 기본적으로 공유 폴더는 금지하고, P2P 프로그램을 금지, 차단하는 것이 좋다. 예외는 반드시 필요한 경우에만 적절한 절차를 거쳐 제한적이고 한시적으로 허용한다. 고유식별정보를 처리하는 개인정보처리자는 연 1회 이상 관련 서비스 사이트에 대한 모의해킹 등의 보안 취약점 점검을 해야 한다(제4항)는 별도 규정이 규정이 있으므로, 개인정보를 처리하는 웹 사이트가 있다면 모의해킹 등의 적절한 보안 취약점 점검을 하는 것이 좋다.

제5항은 최대 접속시간 제한 규정이다. 개인정보취급자가 개인정보처리시스템에 접속한 뒤 아무 일을 하고 있지 않으면 일정 시간이 지난 뒤에 접속을 차단하라는 것이다. 아무리 망 분리 등의 보안 조치를 해 놓았다 하더라도 DB 관리자 등 합법적 접속 권한을 가진 인력이 접속한 경로를 따라 개인정보 유출 사고가 발생하기 때문이다. 이 문제로 개인정보 유출 사고가 발생했을 때 규제기관에서 "중대한 위반 행위"로 판단한 사례가 있으니 정보보호책임자가 반드시 챙겨야 할 사항이다.

'보호조치 기준' 제4조(접근 통제)는 '안전조치 기준'의 제5조(접근 권한의 관리)와 제6조(접근 통제)에 대응된다.

제7조(개인정보의 암호화)

이름, 전화번호, 메일 주소, 주거지 주소 등 개인정보를 넓게 해석하는 흐름이 대세이고, 사회적으로는 모든 개인정보를 암호화해야 한다는 주장도 있지만, 개인정보보호법상 암호화 대상은 개인정보 중 고유식별정보와 비밀번호, '개인을 식별할 수 있는' 바이오정보에 한정된다. 개인정보의 암호화 규정이 '안전조치 기준'과 '보호조치 기준'의 암호화 대상이 달라서 자세하게 보지 않으면 헷갈리기 쉽다.

각 고시에서 기술한 개인(신용)정보 암호화 관련 내용을 정리하면 다음과 같다.

표 5-13 개인정보 보호 관련 법규의 암호화 규정 비교

수범자		개인정보처리자		정보통신서비스 제공자 등	신용정보회사 등
적용 법규		개인정보보호법 제29조, 시행령 제30조, 개인정보의 안전성 확보조치 기준 제7조		개인정보보호법 제29조, 시행령 제48조의2, 개인정보의 기술적·관리적 보호조치 기준 제6조	신용정보법 제19조, 시행령 제16조, 신용정보업 감독규정 세20조 별표3
암호화 대상	정보통신망을 통한 전송 시	고유식별정보, 비밀번호, 바이오정보		개인정보, 인증정보	개인신용정보, 인증정보, 개인식별정보
	보조저장매체 저장·전달 시	고유식별정보, 비밀번호, 바이오정보		개인정보	개인식별정보, 본인인증정보 (비밀번호, 생체인식정보 등)
	개인(신용)정보처리시스템 저장 시	비밀번호, 바이오정보, 주민등록번호		비밀번호, 고유식별정보 (주민등록번호, 여권번호, 운전면허번호, 외국인등록번호), 신용카드번호, 계좌번호, 바이오정보	본인인증정보, 주민등록번호
		여권번호, 외국인등록번호, 운전면허번호	인터넷구간, DMZ 저장 시 암호화 / 내부망 저장 시 암호화 또는 위험도 분석/영향평가		개인식별정보 (주민등록번호 제외) · 인터넷구간, DMZ 저장 시 암호화 / 내부망 저장 시 암호화 또는 위험도 분석/영향평가
	업무용 컴퓨터/모바일 기기 저장 시	고유식별정보, 비밀번호, 바이오정보		개인정보	본인인증정보, 개인신용정보, 개인식별정보
일방향 암호화 대상		비밀번호		비밀번호	비밀번호
위반 시 제재		과태료 3천만 원		과태료 3천만 원	과태료 5천만 원
참고 문서		– 암호 알고리즘 및 키 길이 이용 안내서 – 개인정보의 암호화 조치 안내서 – 암호정책 수립 기준 안내서			금융부문 암호기술 활용 가이드

우선 개인정보보호법을 살펴보면, 암호화 대상 개인정보를 정보통신망을 통해 송수신하거나 보조저장매체를 통해 전달할 때는 반드시 암호화해야 한다(제1

항). 웹 서비스에서는 http가 아니라 https를 써야 하고, USB 메모리 등 이동 저장매체로 보낼 때 별도의 암호화 도구가 없다면 엑셀이나 아래한글 등 상용 소프트웨어의 암호화 기능을 사용하여 암호화한다.

비밀번호와 바이오정보는 암호화해서 저장하고, 이 중에서도 비밀번호는 복호화가 불가능한 일방향 암호화[Hash]를 해야 한다(제2항). 다른 암호화 대상은 복호화가 가능한 양방향 암호화를 한다. '안전조치 기준' 모든 규정의 주어는 '개인정보처리자'이므로, 개인정보처리자가 비밀번호를 처리할 때 일방향 암호화해야 한다는 것으로 해석된다. 브라우저에서 비밀번호를 저장하거나 비밀번호 관리자 유틸리티에서 비밀번호를 양방향 암호화하여 저장하는 것은 개인의 PC에서 이뤄지므로 결이 다른 문제이다. 예전에 가끔 이용하던 사이트에서 비밀번호 찾기를 했더니 실제 비밀번호를 보내준 적이 있다. 비밀번호를 일방향 암호화하지 않았다는 증거다. 법적으로도 보안상으로도 문제가 있다. 사이트 담당자에게 메일을 보냈더니 고맙다는 답장이 왔다. 각 회사 사이트는 어떤지 점검하기 바란다.

고유식별정보를 인터넷 구간이나 DMZ 구간에 저장할 때는 암호화해야 한다(제3항). DMZ는 서비스용 서버가 있는 곳이라서 인터넷에서 상당히 자유롭게 접근할 수 있는 구간이기 때문이다. 주민등록번호를 제외한 다른 고유식별정보는 내부망에 저장할 때 '개인정보 영향평가'나 '위험도 분석'에 따라 암호화하지 않아도 된다. 공공기관을 염두에 둔 규정이다. 하지만 사회적 규제 관점에서 보면 고유식별정보를 비롯한 민감한 개인정보는 어디에 저장하든 반드시 암호화하는 것이 좋다. 암호화하지 않은 민감한 개인정보가 유출되면 법적으로 문제가 되지 않더라도 회사가 치러야 할 사회적 비용이 매우 크다. '보호조치 기준'을 적용받는 정보통신서비스 제공자 등은 주민등록번호 등 7가지 개인정보는 반드시 암호화해야 한다.

개인정보를 암호화할 때 안전한 알고리즘으로 암호화하여야 한다(제5항). 다만 PC나 모바일 기기에 저장할 때는 오피스 프로그램 등 상용 소프트웨어에서 제공하는 암호화 기능을 이용하여 암호화하는 것도 허용된다(제7항). 임직원의 PC나 모바일 기기에 업무를 목적으로 수집한 고유식별정보, 비밀번호, 바이오정보(개인정보처리자), 개인정보(정보통신서비스 제공자 등), 본인인증정보, 개인신용정보, 개인식별정보(신용정보제공자 등)를 평문으로 저장하는 것은 위법 행위이다. PC에 평문으로 저장된 주민등록번호를 찾아 암호화 하는 '개인정보 탐지 및 암호화 솔루션'을 도입하는 것은 회사의 위험도 줄이지만 이것을 유출했을 때 발생할 수 있는 임직원의 법적 위험도 줄여주는 조치이기도 하다.

신용정보법의 암호화 대상이나 방법은 개인정보보호법과 비슷하다. 2020년 2월 데이터 3법 개정 시 신용정보법이 대폭 개정되었는데, 신용정보나 개인신용정보, 신용정보주체, 개인신용정보 유출 같은 사고 발생 시 대응 등 상당히 많은 부분에서 개인정보보호법의 구조와 정의, 규정을 인용하여 암호화 관련 규정도 개인정보보호법과 비슷하다. 암호화 대상이 개인신용정보, 개인식별정보 등 개인정보보호법과 비슷하면서도 조금 다른데, 구체적인 사항은 '정보보호책임자가 알아야 할 신용정보법'에서 다룬다.

제8조(접속기록의 보관 및 점검)

접속기록은 개인정보취급자 등이 개인정보처리시스템에 접속하여 수행한 업무 내역에 대하여 개인정보취급자 등의 계정, 접속일시, 접속지 정보(IP 주소), 처리한 정보주체 정보, 수행업무(입력, 수정, 삭제, 다운로드 등) 등을 전자적으로 기록한 것을 말한다. 개인정보처리자는 접속기록을 1년 이상 보관해야 하고, 5

만 명 이상의 개인정보를 처리하거나 고유식별정보 또는 민감정보를 처리하면 2년 이상 보관해야 한다. 또한 접속기록을 월 1회 이상 점검하여 개인정보 유출이나 변조 등 개인정보 사고에 대응해야 한다. 접속기록은 사고 발생 시 사고 분석과 추적의 단서가 되므로 위조·변조·삭제되지 않도록 백업, 분산 저장, WORM^{Write Once Read Many} 스토리지 저장 등을 통해 안전하게 관리해야 한다.

접속기록의 기본 목적은 개인정보 유출 등 사고가 발생했을 때 사고를 분석하기 위한 것인데, 2012년 K사 개인정보 유출 사고에 대한 1심 재판(2014년)에서 접속기록을 점검해 유출 사고를 사전에 탐지하지 못한 점을 기업의 과실이라고 판결한 뒤 개인정보 사고 대응을 목적으로 하는 것으로 고시가 개정되었다. 어떤 목적이든 정보보호책임자는 접속기록을 월 1회 이상 점검했다는 증적을 남겨야 한다.

제9조(악성 프로그램 등 방지)

이 조문은 PC와 서버에 안티바이러스 프로그램을 설치하고, 운영체제 등 각종 이용 소프트웨어에 보안 업데이트가 있을 때 '즉시' 업데이트함으로써 악성코드에 대응하기 위한 목적을 갖고 있다. 기술적으로 보면 PC는 적용하는 데 별 무리가 없지만, 24시간 365일 작동해야 하는 고객 서비스용 서버는 '즉시' 적용하기 어려울 수 있다. 서버 운영체제나 DBMS의 보안 패치가 나왔을 때 IT 운영 부서와 협의하여 가장 가까운 주말 등 적용 가능한 일정을 잡아서 적용하는 것이 보통이지만, 해당 보안 취약점의 심각도가 예를 들어 CVSS^{Common Vulnerability Scoring System} 점수가 'critical(9.0~10.0)' 또는 'high(7.0~8.9)'이거나 한국인터넷진흥원에서 긴급하게 패치를 권고한다면 경우에 따라서 가장 사용자가 적은 시간에 일시적으로 서비스를 중단하면서까지도 보안 패치를 적용할 수 있다. 어떤 경우든 사전 테스트 등 서비스 가용성에 문제가 생기지 않도록 유의해야 한다.

이제 맥^{Mac} 운영체제가 적용된 컴퓨터를 사용하는 기업이 꽤 많다. 국내에도 맥OS를 지원하는 안티바이러스 제품이 있고, 해외 제품도 많다. 맥OS가 몇 대 없다면 무료 제품을 찾기도 하는데, 개인용은 무료이지만 기업용은 무료가 아닌 경우가 대부분이어서 라이선스를 확인할 필요가 있다. 정보보호책임자는 무료 안티바이러스를 가장한 악성코드가 많다는 점을 항상 염두에 둬야 한다. 사업이 중요한 만큼 이를 보호하기 위한 보안 제품은 유료 제품을 사는 것이 바람직하다.

제10조(관리용 단말기의 안전조치)

IT 운영자나 보안 담당자, 일부 개발자가 PC에서 개인정보처리시스템에 텔넷이나 SSH로 직접 접속하여 해당 컴퓨터를 조작할 필요가 있는데, 이러한 PC가 관리용 단말기이다. 2011년에 발생한 N사 전산망 마비사태가 바로 악성코드에 감염된 외주 직원의 노트북이 관리용 단말기로 서버에 명령어 인터페이스로 접속한 것이 원인이었다고 수사기관에서 발표한 바 있다. 따라서 이러한 특수 권한을 가진 인력과 계정은 최소화하여 관리하고, 해당 단말기는 이 목적으로만 사용해야 한다. 어쩔 수 없이 외주 인력의 접속이 필요하다면 회사에서 제공하는 단말기를 통해서, 제한된 권한을 부여한 계정을 이용하도록 해야 한다. 관리용 단말기는 외부 반출을 금지하고 인터넷이나 그룹웨어 접속을 차단하고 인증을 강화하며 USB 사용을 금지하는 등 강력한 보안 정책을 적용해야 한다.

제11조(물리적 안전조치)

정보보안 또는 개인정보보호를 하기 위해서는 그와 연관된 물리적 보안 역시 가볍게 볼 수 없다. USB 메모리 안에 들어 있는 중요 정보는 정보보안의 영역이고, USB 메모리를 훔쳐 가지 못하게 잘 관리하는 것은 물리적 보안의 영역인데, 중요 정보 보호를 하기 위해서는 이 둘을 통합적으로 봐야 하기 때문이다. '안전조치 기준'의 제11조나 '보호조치 기준'의 제8조(물리적 접근 방지)는 개인정보가 보관되어 있는 전산실, 자료보관실, 데이터센터(IDC), 별도의 물리적 보관 장소에 비인가자가 출입하지 못하도록 출입통제 절차를 운영할 것, 개인정보가 포함된 서류, 보조저장매체는 잠금장치가 있는 캐비닛이나 서랍장 등 안전한 장소에 보관할 것, 개인정보가 포함된 보조저장매체는 반출입을 통제할 것 등을 적시하고 있다. 증적 확보 측면에서는 출입통제 절차로 수기 대장이나 비밀번호 기반 출입통제장치를 사용해도 가능하나 추적이 되지 않기 때문에 실효성은 떨어진다. CCTV 설치와 함께 추적이 가능한 지문 인식이나 스마트카드 기반의 출입통제장치를 사용하는 것이 바람직하다.

제12조(재해·재난 대비 안전조치)

이 조문은 '보호조치 기준'에는 없지만 정보통신서비스 제공자도 간과하지 말아야 할 내용이다. 이것은 기본적으로 화재, 홍수, 단전 등의 물리적 재해·재난을 대비하여 개인정보처리시스템의 보호를 위한 위기 대응 계획을 수립하는 것이다. 이것은 '업무 연속성 계획(BCP)'의 수립과 운영이라는 측면에서 정보보호책임자보다는 CIO나 CFO가 할 일이 많다. 하지만 랜섬웨어, 디도스 공격 같은 보안 위협으로 서비스나 생산 등 업무와 사업이 중단될 수 있는 '재난'이 발생할 가능성도 있다. 정보보호책임자가 관리·기술·물리적 보호대책으로 이를 예방하는 것도 중요하지만, 업무 연속성 확보를 위한 계획과 준비, 모의훈련을 할 필요가 있다. 이에 관해서는 이 책의 4장 '위기관리'를 참고하기 바란다.

제13조(개인정보의 파기)

개인정보보호법에서는 개인정보를 파기할 때 "복구·재생하지 못하는 방법"으로 파기할 것을 규정한다. 이를 구체화한 것이 바로 제13조이다. 이 규정은 '보호조치 기준' 등 개이(신용)정보, 개인위치정보 등 파기가 필요한 모든 사업자가 참조할 수 있는 내용이다. 이 규정에서 서술한 개인정보 파기 방법을 정리하면 다음과 같다.

표 5-14 개인정보 파기 방법

개인정보 보관 형태	완전 파기	부분 파기
전자적 파일 형태	– 소각, 파쇄 – 전용 소자 장비를 통한 삭제 – 초기화 또는 덮어쓰기	개인정보를 삭제한 후 복구 및 재생되지 않도록 관리 및 감독
비전자적 파일 형태(기록물, 인쇄물, 서면 등)	소각, 파쇄	해당 부분을 마스킹, 천공 등으로 삭제

전자적 파일 형태의 완전 파기 방법은 하드웨어 방식과 소프트웨어 방식으로 나뉜다. 하드웨어 방식은 해당 저장매체를 재사용할 수 없고 속도가 빠르지만 고가의 장비가 필요하다는 단점이 있다. 소프트웨어 방식은 보통 3회 이상 덮어쓰기를 하거나 SSD 메모리 같은 경우 제조 업체에서 제공하는 초기화 유틸리티를 사용하여 저장매체를 재사용할 수 있다. 덮어쓰기 방식은 시간이 오래 걸리는 단점이 있다. 이러한 파기 방법은 저장 기술의 발전에 따라 바뀔 수 있으므로 '현재 기술' 수준에서 완전히 파기하는 것을 말한다.

전자적 파일의 부분 파기는 문장으로는 이해되지 않지만, 사업자의 현실을 반영한 사항이다. 100만 개의 레코드가 저장된 개인정보 테이블에서 5명이 탈퇴했다면 완전 파기는 현실적으로 불가능하다. 따라서 해당 레코드를 난수나 NULL 값으로 덮어쓰기를 한 뒤 삭제하는 것을 말한다. 실제 데이터가 저장된 스토리지는 해당 레코드가 기록된 영역에 다른 데이터가 쓰여지기 전까지는 남아있지만, 현실적으로 가능한 방법이다. 그래서 "복구 및 재생되지 않도록 관리 및 감독"하라는 단서가 붙어 있다. 「개인정보의 안전성 확보조치 기준 해설서」(개인정보보호위원회, 한국인터넷진흥원, 2020.12.)에서는 이 행위의 예시를 다음과 같이 들고 있다.

> 복구 관련 기록·활동에 대해 모니터링하거나 주기적 점검을 통해 비인가된 복구에 대해 조치[20]

이것도 어떤 행위를 하라는 것인지 명확하지는 않다. 시간이 지나면 덮어써질 것이므로 그사이에 사고가 나지 않도록 개인정보 DB를 잘 보호하는 것이 최선이다.

개인영상정보의 파기 방법은 표준지침에서 다음과 같이 규정한다.

> 1. 개인영상정보가 기록된 출력물(사진 등) 등은 파쇄 또는 소각
> 2. 전자기적 파일 형태의 개인영상정보는 복원이 불가능한 기술적 방법으로 영구 삭제
> (표준 개인정보보호 지침 제41조(보관 및 파기) 제3항)

여기에서 말하는 '전자기적 파일'의 파기 방법은 [표 5-14]의 방식을 활용하면 된다.

비전자적 파일 형태로 보관된 개인정보의 부분 파기의 예를 들면, 종이에서 해당 개인정보 부분만 오려내어 완전 파기하고 나머지는 사용하면 된다. 마스킹을 해도 된다고 되어 있으나 실제로 해당 개인정보가 보이지 않도록 하는 방법을 선택하는 것이 좋다.

---

20 행정안전부, 한국인터넷진흥원, 「개인정보의 안전성 확보조치 기준 해설서」, 2019.6.

개인정보 파기 방법은 기술의 발전에 따라 저장매체별로 달라질 수 있으므로 적용하려는 저장매체에 따라 적절한 방법을 검토하여 전사적으로 표준화하여 사용하는 것이 좋다.

다음 [표 5-15]는 '개인정보의 안전성 확보조치 기준'과 '개인정보의 기술적·관리적 보호조치 기준', 신용정보업감독규정의 '기술적·물리적·관리적 보안대책'을 비교해서 요약한 표다. 필자가 관련 고시를 많이 보다 보니 이 세 고시를 비교할 필요가 종종 있어서 독자와 함께 볼 겸해서 만들었다.

표 5-15 개인정보 보호조치 관련 고시 비교

개인정보의 안전성 확보조치 기준(개인정보보호법)	개인정보의 기술적·관리적 보호조치 기준(개인정보보호법 정보통신서비스 제공자 특례)	신용정보업감독규정 제20조(기술적·물리적·관리적 보안대책) 별표[21](신용정보법)
제1조(목적) 개인정보처리자가 지켜야 할 기술적·관리적 및 물리적 안전조치에 관한 최소한의 기준 수립	제1조(목적) 정보통신서비스 제공자와 그로부터 개인정보를 제공받은 자가 지켜야 할 기술적·관리적 보호조치의 최소한의 기준 수립	I. 목적 신용정보의 기술적·물리적·관리적 보안대책의 구체적인 기준을 정함
제2조(정의)	제2조(정의)	해당 없음
제3조(안전조치 기준 적용) 개인정보처리자 유형에 따른 안전조치 기준 적용	해당 없음	해당 없음

---

21 별표3 '기술적·물리적·관리적 보안대책 마련 기준'은 기술적·물리적 보안대책과 관리적 보안대책을 나눠서 기술하고 있다. 관리적 보안대책은 신용정보관리·보호인의 업무, 개인신용정보의 조회권한 구분, 개인신용정보의 이용제한 등으로 구성되어 있는데, 이 표에서는 다루지 않는다.

제4조(내부관리계획의 수립·시행)

① 개인정보 유출 등 사고를 방지하기 위해 각 호의 사항을 포함하는 내부관리계획을 수립·시행(제1호~제15호의 세부 내용)

② 유형1은 내부관리계획 수립제외, 유형2는 제12호~제14호 제외

③ 제1항 각 호의 중요한 변경 시 내부관리계획을 수정

제3조(내부관리계획의 수립·시행)

① 다음 각 호의 사항을 정하여 개인정보 보호 조직을 구성·운영(제1호~제7호)

② 개인정보보호책임자 및 개인정보취급자에 필요한 교육을 정기적으로 실시

③ 제1항·제2항에 대한 세부 계획, 제4조~제8조의 보호조치 이행을 위한 추진방안을 포함한 내부관리계획을 수립·시행

III. 관리적 보안대책

1. 신용정보관리·보호인

① 신용정보관리·보호인의 신용정보 관리·보호 관련 업무 – 내부관리규정의 제·개정 등

② 신용정보관리·보호인은 제1항의 업무처리에 따른 기록을 3년간 보존하며, 점검결과를 경영진에 보고해야 한다.

제5조(접근 권한의 관리)

① 개인정보처리시스템에 대한 접근 권한은 최소 범위에서 차등 부여

② 퇴직 등 인사이동 시 접근 권한에 반영

③ 권한 부여·변경·말소 기록을 3년 이상 보관

④ 사용자 계정은 공유되지 않도록 1인 1계정을 발급

⑤ 개인정보취급자나 정보주체에게 안전한 비밀번호 작성규칙 수립, 적용

⑥ 일정 횟수 이상 비밀번호 실패 시 개인정보처리시스템 접근 제한

제4조(접근통제)

① 개인정보처리시스템에 대한 접근 권한을 필요한 사람에게만 부여

② 퇴직 등 인사이동 시 접근 권한에 반영

③ 권한 부여·변경·말소 기록을 5년 이상 보관

⑦ 이용자용 안전한 비밀번호 작성규칙 수립, 적용

⑧ 개인정보취급자용 안전한 비밀번호 작성 규칙 적용, 운용

1. 영문, 숫자, 특수문자 중 2종류 이상 조합하여 10자리 이상 또는 3종류 이상 조합하여 8자리 이상으로 구성

2. 연속적인 숫자, 생일, 전화번호 등 추측하기 쉬운 개인정보 및 아이디와 비슷한 비밀번호는 사용하지 말 것을 권고

3. 반기별 1회 이상 변경

II. 기술적·물리적 보안대책

1. 접근통제

① 개인신용정보처리시스템에 대한 접근 권한을 최소 인원에게 부여

② 퇴직 등 인사이동 시 접근 권한에 반영

③ 권한 부여·변경·말소 내역을 3년 이상 보관

⑧ 업무 목적을 위하여 불가피한 경우에만 외부 사용자에게 개인신용정보처리시스템에 대한 최소한의 접근 권한 부여 및 권한 부여 기록 3년 이상 보관

⑤ 개인신용정보주체 및 개인신용정보취급자를 위한 안전한 비밀번호 작성규칙 수립, 이행

제6조 (접근통제)

① 불법적인 접근 및 침해사고 방지를 위한 조치 시행

1. 개인정보처리시스템에 대한 접속 권한을 IP 주소 등으로 제한

2. 개인정보처리시스템에 접속한 IP 주소 등을 분석하여 불법적인 개인정보 유출 시도를 탐지 및 대응

② 개인정보취급자가 외부에서 개인정보처리시스템에 접속하려는 경우에는 VPN 등 안전한 접속 수단 또는 안전한 인증 수단 적용

③ 개인정보가 인터넷 홈페이지, P2P, 공유설정, 공개된 무선망 이용 등을 통하여 권한 없는 자에게 공개·유출되지 않도록 개인정보처리시스템, 업무용 컴퓨터, 모바일 기기 및 관리용 단말기 등에 접근 통제 등 조치

④ 고유식별정보를 처리하는 개인정보처리자는 홈페이지를 통해 고유식별정보가 유출·변조·훼손되지 않도록 연 1회 이상 취약점 점검

⑤ 개인정보취급자가 일정 시간 업무 처리를 하지 않으면 자동으로 시스템 접속이 차단

⑥ 별도의 개인정보처리시스템 없이 업무용 컴퓨터 또는 모바일 기기를 이용하여 개인정보를 처리하면 제1항 대신에 업무용 컴퓨터 또는 모바일 기기의 운영체제나 보안프로그램 등에서 제공하는 접근 통제 기능 이용

제4조 (접근통제)

④ 개인정보취급자가 정보통신망을 통해 외부에서 개인정보처리시스템에 접속할 경우에는 안전한 인증 수단을 적용

⑤ 불법적인 접근 및 침해사고 방지를 위한 시스템 설치·운영

1. 개인정보처리시스템에 대한 접속 권한을 IP 주소 등으로 제한

2. 개인정보처리시스템에 접속한 IP 주소 등을 분석하여 불법적인 개인정보 유출 시도 탐지

⑨ 개인정보가 인터넷 홈페이지, P2P, 공유설정 등을 통하여 권한 없는 자에게 공개·유출되지 않도록 개인정보처리시스템, 업무용 컴퓨터, 모바일 기기에 조치

⑥ 저장·관리되고 있는 이용자 수가 일평균 100만 명 또는 정보통신서비스 부문 매출액 100억 원 이상이면, 개인정보를 다운로드 또는 파기, 접근 권한을 설정할 수 있는 개인정보취급자의 컴퓨터를 망 분리

⑩ 개인정보처리시스템에 대한 개인정보취급자의 접속이 필요한 시간 동안만 최대 접속 시간 제한 등 조치

Ⅱ. 기술적·물리적 보안대책

1. 접근통제

④ 개인신용정보처리시스템을 침입차단시스템과 침입탐지시스템을 설치하여 보호

⑥ 개인신용정보가 인터넷 홈페이지, P2P, 공유 설정 등을 통해 권한 없는 자에게 공개되지 않도록 개인신용정보처리시스템과 개인신용정보취급자의 PC를 설정

⑦ 제휴, 위탁 또는 외부주문에 의한 개인신용정보처리시스템, 신용평가모형 또는 위험관리모형 개발업무에 사용되는 업무장소 및 전산설비는 내부 업무용과 분리하여 설치·운영

⑦ 업무용 모바일 기기 분실 시 개인정보가 유출되지 않도록 모바일 기기에 비밀번호 설정 등 보호조치 적용

⑧ 유형1은 제2항, 제4항, 제5항 제외

제7조(개인정보의 암호화)

① 고유식별정보, 비밀번호, 바이오정보를 정보통신망을 통하여 송신하거나 보조저장매체를 통하여 전달할 때 암호화

② 비밀번호 및 바이오정보는 (항상) 암호화하여 저장. 비밀번호는 일방향 암호화하여 저장

③ DMZ에 고유식별정보 저장 시 암호화

④ 내부망에 고유식별정보 저장 시 개인정보 영향평가나 위험도 분석 결과에 따라 암호화 적용 여부 및 적용 범위 결정

⑤ 제1항~제4항에 따라 암호화할 때 안전한 알고리즘 사용

⑥ 안전한 암호 키 생성, 이용, 보관, 배포 및 파기 등에 관한 절차를 수립·시행

⑦ PC에 고유식별정보를 저장하는 경우 상용 소프트웨어 또는 안전한 암호화 알고리즘으로 암호화

⑧ 유형1과 유형2는 제6항 제외

제6조(개인정보의 암호화)

① 비밀번호는 일방향 암호화하여 저장

② 안전한 알고리즘으로 암호화 저장 대상: 주민등록번호, 여권번호, 운전면허번호, 외국인등록번호(이상 고유식별정보), 신용카드번호, 계좌번호, 바이오정보

③ 정보통신망을 통해 이용자의 개인정보 및 인증정보를 송·수신 시 암호화

④ 이용자의 개인정보를 PC, 모바일기기, 보조저장매체에 저장 시 암호화

Ⅱ. 기술적·물리적 보안대책

3. 개인신용정보의 암호화

① 본인인증정보(비밀번호, 생체인식정보 등)는 암호화하여 저장. 조회 불가. 조회가 필요할 때는 조회 사유·내용 등을 기록·관리

② 정보통신망을 통해 개인신용정보 및 인증정보 송·수신 시 암호화

③ 개인신용정보를 PC에 저장 시 암호화

④ 다음 각 호 따라 개인식별정보 암호화 조치

1. 정보통신망을 통하여 송수신 또는 보조저장매체를 통하여 전달 시 암호화

2. 인터넷 구간 및 DMZ에 저장 시 암호화

3. 내부망에 주민등록번호 저장 시 암호화. 주민등록번호 이외의 개인식별정보 저장 시 개인정보 영향평가나 위험도 분석 결과에 따라 암호화 적용 여부 및 적용 범위 결정

4. 업무용 컴퓨터나 모바일 기기에 저장 시 상용 암호화 소프트웨어 또는 안전한 알고리즘을 사용하여 암호화

제8조(접속기록의 보관 및 점검)	제5조(접속기록의 위·변조방지)	II. 기술적·물리적 보안대책
① 개인정보취급자가 개인정보처리시스템에 접속한 기록을 1년 이상 보관. 5만 명 이상의 개인정보 처리 또는 고유식별정보·민감정보 처리하면 2년 이상 보관	① 개인정보취급자가 개인정보처리시스템에 접속한 기록을 월 1회 이상 정기적으로 확인·감독, 1년 이상 보존	2. 접속기록의 위·변조방지
② 개인정보 오·남용, 분실·도난·유출·위조·변조·훼손에 대응하기 위하여 접속기록을 월 1회 이상 점검. 개인정보를 다운로드한 것이 발견되면 내부관리계획에 따라 사유 확인	② 기간통신사업자는 2년 이상 보존	① 개인신용정보취급자가 개인신용정보처리시스템에 접속하여 개인신용정보를 처리한 접속기록을 저장하고 월 1회 이상 정기적으로 확인·감독
③ 접속기록이 위·변조, 도난·분실되지 않도록 안전하게 보관	③ 접속기록이 위·변조되지 않도록 별도의 물리적인 저장 장치에 보관, 정기적인 백업 시행	② 접속기록을 1년 이상 저장하고 위·변조되지 않도록 별도 저장장치에 백업 보관

제9조(악성 프로그램 등 방지)	제7조(악성 프로그램 방지)	II. 기술적·물리적 보안대책
백신 소프트웨어 등 보안 프로그램 설치·운영	백신 소프트웨어 등 보안 프로그램 설치·운영	4. 컴퓨터바이러스 방지
1. 자동 업데이트 기능 사용 또는 일 1회 이상 업데이트를 실시	1. 자동 업데이트 기능 사용 또는 일 1회 이상 업데이트를 실시	① 개인신용정보처리시스템 및 개인신용정보취급자의 개인신용정보 처리용 기기에 백신 소프트웨어 설치
2. 악성 프로그램 관련 경보 발령 또는 OS, 응용 프로그램의 보안 업데이트 공지가 있으면 즉시 업데이트	2. 악성 프로그램 관련 경보 발령 또는 OS, 응용 프로그램의 보안 업데이트 공지가 있으면 즉시 업데이트	② 백신 소프트웨어는 월 1회 이상 갱신·점검. 바이러스 경보 또는 백신 업데이트 공지 시 즉시 최신 소프트웨어로 갱신·점검
3. 발견된 악성 프로그램 등에 대해 삭제 등 대응 조치		

제10조(관리용 단말기의 안전조치)	해당 없음	해당 없음
개인정보 침해사고 방지를 위하여 관리용 단말기에 대해 안전조치 시행		
1. 인가 받지 않은 사람이 관리용 단말기에 접근하여 임의로 조작하지 못하도록 조치		
2. 본래 목적 외로 사용되지 않도록 조치		
3. 악성 프로그램 감염 방지 등을 위한 보안조치 적용		

제11조(물리적 안전조치)	제8조(물리적 접근 방지)	해당 없음
① 전산실, 자료보관실 등 물리적 개인정보 보관 장소에 출입통제 절차 수립·운영	① 전산실, 자료보관실 등 물리적 개인정보 보관 장소에 출입통제 절차 수립·운영	
② 개인정보가 포함된 서류, 보조 저장매체 등을 잠금장치가 있는 안전한 장소에 보관	② 개인정보가 포함된 서류, 보조 저장매체 등을 잠금장치가 있는 안전한 장소에 보관	
③ 개인정보가 포함된 보조저장 매체의 반출·입 통제를 위한 보안대책 마련. 별도 개인정보 처리시스템 없이 업무용 컴퓨터, 모바일 기기로 개인정보를 처리하면 제외	③ 개인정보가 포함된 보조저장 매체의 반출·입 통제를 위한 보안대책 마련	

제12조(재해·재난 대비 안전조치)	해당 없음	해당 없음
① 화재, 홍수 등 재해·재난 발생 시 개인정보처리시스템 보호를 위한 위기대응 매뉴얼 등 대응절차를 마련, 정기 점검		
② 재해·재난 발생 시 개인정보처리시스템 백업 및 복구를 위한 계획 마련		
④ 유형1, 유형2는 제외		

제13조(개인정보의 파기)	해당 없음	해당 없음
① 개인정보를 파기 시 조치		
1. 완전파괴(소각·파쇄 등)		
2. 전용 소자장비를 이용하여 삭제		
3. 데이터가 복원되지 않도록 초기화 또는 덮어쓰기 수행		
② 개인정보 일부 파기 시 제1항이 어려울 때 조치		
1. 전자적 파일 형태: 개인정보삭제 후 복구 및 재생되지 않도록 관리 및 감독		
2. 제1호 외의 기록물, 인쇄물, 서면, 그 밖의 기록매체: 해당 부분을 마스킹, 천공 등으로 삭제		

해당 없음	제9조 (출력·복사 시 보호조치)	II. 기술적·물리적 보안대책
	① 개인정보처리시스템에서 개인정보 출력 시(인쇄, 화면표시, 파일생성 등) 용도 특정, 용도에 따라 출력 항목 최소화	5. 출력·복사 시 보호조치
	② 개인정보가 포함된 종이 인쇄물, 외부 저장매체 등 개인정보의 출력·복사물 관리를 위한 출력·복사 기록 조치	① 개인신용정보처리시스템에서 개인신용정보의 출력 시(인쇄, 화변표시, 파일생성 등) 용도 특정, 용도에 따라 출력 항목 최소화
		② 개인신용정보를 조회(활용)하는 경우 조회자의 신원 등 기록 관리. 저장 매체에 저장하거나 이메일 등으로 외부에 전송하는 경우 관리책임자의 사전 승인 획득
		③ 제1항·제2항 준수에 필요한 내부 시스템 구축. 사전 승인 시 승인신청자에게 관련 법령 준수 의무를 고지
해당 없음	제10조 (개인정보 표시 제한 보호조치)	해당 없음
	개인정보 조회, 출력 시 개인정보를 마스킹하여 표시제한 조치 가능	

Security Insight

비밀번호를 없애자![22]

보안은 원래 보수적이다. 새로운 악성코드가 나왔다고 해서 10년 전 악성코드를 탐지, 제거하지 못하는 안티바이러스 제품이 있다면 시장에서 살아남을 수 없다. 보안정책을 개정할 때도 기존 보안 위험을 빠뜨리지 않는지 꼼꼼히 살펴본다. 개인적으로도 나이가 들어서인지 점점 더 보수적으로 되는 것 같다.

그런데 문득 은행 거래를 하면서 비밀번호Password를 쓰지 않은 지 몇 년이 지났다는 걸 깨달았다. '공인(공동) 인증서'와 일회용 비밀번호(OTP) 단말기를 사용했기 때문이다. 심지어 은행 거래 안전성의 상징인 OTP 단말도 사용하지 않은 지 꽤 됐다. 은행 모바일 앱에서 지문 인증을 사용하면서부터다. 우리 사회 '보수성'의 상징인 은행이 혁명적 변화의 최첨단에 서 있는 셈이다.

---

22 "비밀번호를 없애자!", CIO-KR, 강은성의 보안 아키텍트, 2021.9.17.

사실 비밀번호는 사용자 인증Authentication의 오래된 수단이다. ID가 비대면 환경에서 사람을 구별 Identification하기 위한 수단이라면, 비밀번호는 현재 로그인하는 사람이 바로 '나'임을 증명하는 사용자 인증의 수단이다. 다들 알다시피 비밀번호 인증은 '지식 기반(What you know)' 인증인데, 사실은 '기억 기반(What you remember)' 인증이라는 말이 더 적합하다. 하지만 사람의 기억력은 한계가 있고, 요즘처럼 복잡하고 변화가 많은 환경에서 뭔가를 기억하기는 더 어려우며, 나이가 든 사람에게 기억하기는 정말 '고난도 기술'이다.

사람의 기억력을 대신하는 다른 인증 방법이 있다. 스마트폰의 소유 여부를 확인하는 문자메시지나 구글 Authenticator 같은 OTP가 있고, 비밀번호 재설정에서는 등록된 계정으로 메일을 보내기도 한다. 출입 시 많이 쓰는 스마트카드 인증도 있다. 모두 해당 수단을 소유(What you have)하고 있는지 인증하는 것이다.

스마트폰에서는 지문 인증을 비롯한 생체 인증, 즉 '존재 기반(What you are)' 인증이 많이 쓰인다. 생체인식 정보와 공개키 기반구조(PKI) 기술을 이용한 FIDO Fast IDentity Online가 국제표준(ITU-T)으로 채택되고, 스마트폰에 장착된 하드웨어 보안 기술과 함께 대중화되었다. 지금 스마트폰 앱에서 금융 거래를 할 때 사용하는 안전하고 편리한 인증 기술이다.

하지만 여전히 법규에는 비밀번호에 관해 다음과 같이 강력한 규제가 있다.

> 가. 비밀번호는 이용자 식별 부호(아이디), 생년월일, 주민등록번호, 전화번호를 포함하지 않은
> 숫자와 영문자 및 특수문자 등을 혼합하여 8자리 이상으로 설정하고 분기별 1회 이상 변경
> (전자금융감독규정 제32조(내부 사용자 비밀번호 관리) 제2호)
>
> 1. 영문, 숫자, 특수문자 중 2종류 이상을 조합하여 최소 10자리 이상 또는 3종류 이상을 조합
> 하여 최소 8자리 이상의 길이로 구성
> 2. 연속적인 숫자나 생일, 전화번호 등 추측하기 쉬운 개인정보 및 아이디와 비슷한 비밀번호
> 는 사용하지 않는 것을 권고
> 3. 비밀번호에 유효기간을 설정하여 반기별 1회 이상 변경
> (개인정보의 기술적·관리적 보호조치 기준 제4조(접근통제) 제8항)

비밀번호를 주기적으로 계속 바꿔야 되면 바꾼 비밀번호를 외우지 못하는 사용자는 수첩에 기록해 놓거나 메모장 또는 엑셀에 작성하여 PC에 저장한다. 엑셀의 암호화 기능을 사용했다가 비밀번호를 잊어버려 낭패를 본 사람들은 웬만하면 그 기능을 사용하지 않는다. 평문으로 저장하지 말라고 아무리 권고해도 PC에 저장된 아이디, 비밀번호를 악용한 개인정보 탈취 범죄가 계속 발생하는 이유다. 반드시 바꿔야 할 규제다.

어떤 사용자들은 '크롬' 브라우저에 방문한 사이트의 ID와 비밀번호를 저장한다. 아마 구글에 대한 신뢰가 큰 게 아닐까 싶다. 크롬은 해당 정보를 암호화하여 저장해 놓았다가 크롬이 기동할 때 복호화하여 메모리에 올려놓는다. PC에 악성코드가 설치되면 크롬이 메모리에 평문으로 올려놓은

URL-ID-비밀번호를 가져갈 수 있다. 이 보안 수준은 PC의 보안 수준(PC가 악성코드에 감염되지 않을 수준)과 그리 다르지 않다. 사용성은 좋지만 보안성은 별로 좋지 않은 방법이다. ID와 비밀번호를 확보한 범죄 집단은 사람을 특정하든 특정하지 않은 여러 사이트에 적용하여 자신의 목적을 달성한다. 전통적인 Credential Stuffing 공격이다. 중요한 사이트의 비밀번호는 '결코' 크롬에 저장하지 말아야 하고, 최소한 크롬에 저장하는 비밀번호는 크롬에서 자동 생성한 비밀번호를 사용해야 PC에 악성코드가 설치되어 비밀번호 유출 피해가 발생하더라도 비밀번호가 크롬에 저장된 사이트에 한정될 수 있다.

그렇다고 비밀번호가 완전히 무용지물인 것은 아니다. 아직 '안전한 비밀번호'의 구성 요건조차 갖추지 못하거나 (예를 들어) 5회 이상 실패해도 아무런 제재 없이 계속 비밀번호를 입력할 수 있는 사이트도 적지 않다. 다만 그러한 사이트에 여전히 비밀번호 규제가 필요하다면 최소한 사용성, 보안성모두 떨어지는 특수문자를 사용하는 대신 영문 소문자, 대문자와 같이 사용성과 보안성이 더 나은 방법으로 규제를 바꾸는 것이 바람직하다.

또한 기억 기반 인증 방법 대신 소유 기반 인증, 존재 기반 인증 등 더 높은 보안 수준을 제공하는 서비스는 비밀번호를 제공하지 않도록 법규를 개정할 필요가 있다. 실제 사용하지도 않고 보안성을 떨어뜨리지만 오로지 법규 때문에 비밀번호를 유지하는 서비스가 꽤 있을 것이다. 개인적으로는 오랫동안 사용하지 않는 은행 비밀번호가 어떻게 처리되고 있는지 궁금하다. 최소한 금융거래에서 사용자 인증용 비밀번호는 없애도 되지 않나 싶다.

정보보호책임자가 알아야 할 암호화 ——

암호 분야는 상당히 전문 지식을 필요로 하는 분야여서 정보보호책임자로서 어떤 정책을 정해야 할지 알기 어려운 점이 있다. [표 5-13]에서 기술한 대로 개인정보보호 법규에서는 개인(신용)정보의 암호화를 다양한 요건에 따라 규정했다.

대부분의 정보보호책임자가 암호 알고리즘을 세부적으로 분석하여 선택하는 일은 거의 없다. 개발 부서도 암호화가 필요하다면 개발 도구나 암·복호화 솔루션에서 제공하는 암호 라이브러리를 호출하여 사용한다. 따라서 회사의 암호화 정책을 수립하는 데에는 법에서 말하는 '안전한 알고리즘'의 종류와 키 길이를

알면 된다. 「암호 알고리즘 및 키 길이 이용 안내서」(과학기술정보통신부, 한국인터넷
진흥원, 2018.12.)에서 권고하는 안전한 알고리즘은 다음과 같다.

표 5-16 안전한 암호 알고리즘

구분	대칭키 알고리즘	해시 알고리즘	공개키 알고리즘	보안강도
용도	양방향 암호화	일방향 암호화	전자서명, 키 교환	–
2030년까지 안전	AES-128/192/256, ARIA-128/192/256 SEED	SHA-224/256/384/512	RSA-2048, ECC-224	112비트
2030년 이후 안전	AES-128/192/256, ARIA-128/192/256, SEED	SHA-256/384/512	RSA-3072/7680/15360, ECC-256/384/512	128비트 이상

"'보안강도'는 암호 알고리즘이나 암호 키 또는 해시함수의 취약성을 찾아내는
데 소요되는 작업량을 수치화한 것으로 128비트의 보안강도란 2의 128제곱
의 계산을 해야 암호 키 또는 암호 알고리즘의 취약성을 알아낼 수 있음"을 의
미한다. 암호 알고리즘에 보안 취약점이 없다면 무차별 대입을 통해 암호 키를
찾아낼 수 있는 연산 수와 관련된다. 하지만 이론적인 보안강도는 실제 컴퓨팅
능력이 발달하여 같은 연산 수를 더 빨리 실행한다면 같은 보안강도라도 안전
한 연도가 더 앞당겨질 수도 있다. 예를 들어 양자컴퓨터는 계산 속도가 현재의
컴퓨터보다 훨씬 빨라서 일반 암호 알고리즘의 보안강도는 더 이상 의미가 없
게 될 수 있다. 따라서 매년 안전한 암호 알고리즘에 어떤 변화가 있는지 안내
서를 확인할 필요가 있다.

안내서에는 단순해시·전자서명용 해시 알고리즘과 메시지 인증용·키 유도용·난
수 생성용 해시 알고리즘을 구분하여 후자에는 좀 더 낮은 '보안강도'의 알고리

즘을 사용할 수 있도록 하고 있다. 하지만 해시 알고리즘은 계산 속도가 빠르고 데이터량의 차이도 많지 않아 정보보호책임자 입장에서는 좀 더 오래 사용할 수 있는 높은 보안강도의 알고리즘을 선택하는 것이 유리하여 전자에 해당하는 보안강도를 중심으로 다뤘다.

성능에 별 문제가 없다면 [표 5-16]에서 '2030년 이후 안전'에 해당하는 알고리즘을 사용하는 것이 바람직하다. 국내 알고리즘을 써야 하면 데이터 암호화 시 대칭키 알고리즘으로 SEED나 ARIA-128을 쓰면 된다.

'안내서'에는 더 많은 알고리즘이 소개되어 있으므로 다른 알고리즘이 필요하면 찾아보기 바란다. 금융보안원에서 발간한 「금융부문 암호기술 활용 가이드」 (금융보안원. 2019.1.)도 참조하기 바란다. 암호 정책과 기술을 포함해 금융부문의 암호화 관련 필요 사항을 종합적으로 담았다.

암호화 알고리즘의 안전성은 암호 알고리즘의 안전성과 함께 암호화할 때 사용한 암호 키를 얼마나 안전하게 관리하는지에 달려 있다. 안내서에 권고하는 알고리즘은 안전성이 입증되었으므로 암호화의 안전성은 결국 암호 키 관리에 달려 있다. 암호 키 관리를 잘 모르는 개발자는 대칭키 알고리즘으로 중요 데이터를 암호화한 뒤 암호 키를 개발 소스에 저장한다. 아무리 컴파일을 해서 실행파일을 만들어도 암호 키를 어렵지 않게 찾을 수 있고 이로 인해 대규모 개인정보 유출 사고가 발생한 사례도 있다. 개인정보를 암호화해도 암호 키 관리가 허술하면 법원에서도 개인정보보호 관련 고시를 준수한 것으로 판단하지 않는다.

따라서 암호화할 때 반드시 암호 키를 어떻게 관리하는지 암호 키 관리 정책을 수립해야 한다. 암호 키는 암호화 데이터나 개발 소스, 실행 파일과 분리하여 안전한 저장소에 보관하고 매우 제한된 인력만 접근할 수 있도록 관리하는 것이 기본이다. 예를 들어 금융권과 같이 자체 하드웨어보안모듈HSM, Hardware Security Module을 사용하거나, 클라우드 서비스에서 제공하는 HSM 서비스를 사용할 수 있다. 중요 데이터 암호화에 사용한 대칭키 알고리즘의 비밀키를 공개키로 암호화하여 저장하고, 그에 대응하는 복호화용 개인키를 HSM에 저장하거나 암호화하여 별도 저장매체에 보관하는 방법도 있다. 대칭키 알고리즘의 비밀키는 데이터를 복호화할 때 메모리에 올라올 수 있는데, 그 정도는 암호 키 관리에서 문제 삼지 않는다. 어떤 경우에도 서비스 서버나 개인 PC에 암호 키를 저장하지 말아야 한다.

또한 암호 키가 유출되었을 때 키를 누가 어떻게 변경하고, 바뀐 키를 어떤 데이터에 적용할 것인지 등의 방법을 사전에 점검해야 한다. 도상훈련을 하거나 일부 데이터를 가지고 모의훈련을 하면 실제 키 관리에 큰 도움이 된다. DB 암호화 솔루션을 도입할 때도 솔루션에서 암호 키가 안전하게 관리되는지 살펴볼 필요가 있다.

또한 암호 키의 사용 유효기간을 관리해야 한다. '안내서'에서 권고하는 기간은 다음과 같다.

표 5-17 용도별 암호 키 유효기간[23]

암호 키 종류		암호 키 사용 기간	
		송신자 사용 기간	수신자 사용 기간
대칭키 암호 알고리즘	암·복호화 키	최대 2년	최대 5년
공개키 암호 알고리즘	암호화용 공개키	최대 2년	최대 2년
	복호화용 개인키	최대 2년	최대 2년
	검증용 공개키	수 년(키 길이에 따라)	수 년(키 길이에 따라)
	서명용 개인키	1~3년	–

[표 5-17]의 유효기간은 암호화한 데이터가 온라인 송수신을 통해 외부에 노출되는 경우에 한정된다. 파일을 암호화한 뒤 온라인으로 주고받지 않고 계속 저장만 한다면 적용되지 않는다는 뜻이다. 보안 서버에서 주로 사용하는 공개키 암호 알고리즘의 암호 키는 대부분 인증서 발급을 통해 관리되므로 인증서의 교체 기간이 1~2년으로 되어 있다면 암호 키 유효기간이 잘 지켜진다. 자체 발급한 인증서를 이용하여 인터넷을 통한 온라인 통신을 한다면 이 유효기간을 감안하여 인증서를 재발급해야 한다.

암호 정책을 구비할 필요가 있으면, 「암호정책 수립 기준 안내서」(미래창조과학부, 한국인터넷진흥원, 2013.12.)가 도움 된다. 특히 별첨의 '암호정책 수립 예'에서 이동저장매체, 데이터베이스, 네트워크 통신 등 암호화할 대상과 적용기술, 암호화 키 길이, 비밀번호 구성 등 암호 정책에서 갖춰야 할 주요 내용을 예제로 설명하고 있어서 암호정책에 들어갈 요소를 이해하는 데 도움 된다.

---

23 안내서의 이 권고사항은 미국 국립표준기술연구소(NIST, National Institute of Standards and Technology)의 권고를 인용한 것인데, NIST의 권고사항을 잘 요약해 놓은 사이트가 있어서 소개한다. http://www.keylength.com/en/4/ 이 사이트에는 NIST 이외에도 키 길이에 관한 유명 연구기관의 권고사항을 잘 정리해 놓았다.

「암호 이용 안내서」(미래창조과학부, 한국인터넷흥원, 2013.12.)는 데이터의 저장·관리 단계와 송·수신 단계에서 암호화하는 방법의 종류와 장단점, 비밀번호와 암호 키 생성과 이용 등 암호 키 생명주기에 따른 관리방안을 구체적으로 설명한다. 암호화 관련 용어를 설명해 놓은 것도 이 안내서의 미덕이다.

암호화를 다룰 때 정보보호책임자가 반드시 기억해야 할 게 있다. 암호기술은 하드웨어와 소프트웨어의 발전, 해킹 기술의 발전에 따라 안전성이 변화한다는 점이다. 따라서 암호 관련 정책을 정할 때 가장 최근에 발간된 문서를 참고해야 한다.

정보보호책임자가 알아야 할 정보통신망법

2020년 2월 데이터 3법 개정을 통해 정보통신망법에서 제4장 '개인정보의 보호'가 통째로 삭제되면서 정보보호책임자가 정보통신망법을 볼 일이 많이 줄었고, CISO의 지정과 업무, 침해사고 신고 등 정보보호책임자가 알아야 할 정보통신망법의 주요 내용은 이미 앞에서 다뤘다. 여기에서는 그밖에 알아둘 필요가 있는 '제6장 정보통신망의 안정성 확보 등'의 몇 가지 규정을 알아보고자 한다.

정보통신서비스 제공자는 "정보통신망의 안정성 및 정보의 신뢰성"을 확보하기 위한 보호조치를 해야 한다(제45조(정보통신망의 안정성 확보 등)). 이것을 구체화한 것이 '정보보호조치에 관한 지침(과학기술정보통신 고시) 제3조 별표1(보호조치의 구체적인 내용)'이다. 전체적으로 1. 관리적 보호조치, 2. 기술적 보호조치, 3. 물리적 보호조치로 구성되어 있고 각기 세부적인 내용을 담고 있어서 정보보호책임자가 업무를 수행하는 데 참고할 수 있다. 다만 이 고시는 과학기술정보통신부 장관이 "권고할 수 있다."(제45조 제2항)고 되어 있어서 아직 사업자가 준수해야 할 의무사항은 아니다.[24]

4장에서 다룬 침해사고 발생 시 신고 외에도 정보통신서비스 제공자는 침해 사고에 관하여 다음 활동을 해야 한다.

- 침해사고 발생 시 원인 분석[25]: 어느 정도 기술 인력이 있는 회사라면 침해사고의 징후를 탐지했을 때 이를 점검하거나 발생한 침해사고의 피해 범위를 확인하기 위해 사고 분석을 하기 마련이다. 보안관제 업체의 도움을 받을 수도 있다. 어떤 경우든 법에서 규정하고 있다고 해서 사업자가 특별히 할 일이 있는 것은 아니다.
- 침해사고 관련 정보 제공[26]: 이것은 한국인터넷진흥원이 침해사고의 유형별 통계, 해당 정보통신망의 소통량 통계 및 접속경로별 이용 통계 등 침해사고 관련 정보를 요구할 때 제공하면 된다. 정보통신서비스 제공자와 집적정보통신시설 사업자에 적용된다.

정보통신망법 위반에 따른 형사처벌 ——

정보통신망법에 있던 형사처벌 조문은 주로 개인정보보호 관련 조문 위반에 관

---

24 정보보호지침 고시를 의무사항으로 하려면 불필요하게 범법자를 양산하지 않도록 내용을 최소화하여 정교하게 다듬고, 많은 정보통신서비스 제공자가 준수해야 하는 개인정보보호 관련 법규와의 관련성도 정리해 사업자에게 이중 규제가 되지 않도록 해야 할 것으로 보인다.

25 정보통신서비스 제공자 등 정보통신망을 운영하는 자는 침해사고가 발생하면 침해사고의 원인을 분석하고 피해의 확산을 방지하여야 한다(정보통신망법 제48조의4(침해사고의 원인 분석 등) 제1항).

26 (정보통신서비스 제공자 또는 집적정보통신시설 사업자 등은) 침해사고의 유형별 통계, 해당 정보통신망의 소통량 통계 및 접속경로별 이용 통계 등 침해사고 관련 정보를 과학기술정보통신부 장관이나 한국인터넷진흥원에 제공하여야 한다.

한 것이어서 데이터 3법 개정에 따라 많이 삭제됐고, 다음 몇 개가 남았다. 회사 업무 수행에 따른 형사처벌 규정은 아니다.

정보통신망법은 정보통신망 침해 행위를 중대한 범죄로 보고 있다. 제48조(침해행위 등의 금지)에서는 해킹(제1항), 악성 프로그램의 전달 또는 유포(제2항), 디도스 공격(제3항)을 중대한 범죄로 규정하고, 이에 대해 다음과 같은 형사처벌을 규정한다.

표 5-18 정보통신망 침해 행위에 대한 형사처벌

벌칙	위반 행위
7년 이하 징역 또는 7천만 원 이하 벌금 (제70조의2)	악성 프로그램을 전달 또는 유포하는 자(제48조 제2항) * 악성 프로그램: 정보통신시스템, 데이터 또는 프로그램 등을 훼손·멸실·변경·위조하거나 그 운용을 방해할 수 있는 프로그램
5년 이하 징역 또는 5천만 원 이하 벌금 (제71조 제1항)	– 정당한 접근 권한 없이 또는 허용된 접근 권한을 넘어 정보통신망에 침입한 자 (제48조 제1항) – 정보통신망의 안정적 운영을 방해할 목적으로 대량의 신호 또는 데이터를 보내거나 부정한 명령을 처리하도록 하는 등의 방법으로 정보통신망에 장애가 발생하게 한 자(제48조 제3항) – 정보통신망에 의하여 처리·보관 또는 전송되는 타인의 정보를 훼손하거나 타인의 비밀을 침해·도용 또는 누설한 자(제49조)
제71조 제2항	정보통신망 침입에 대한 미수범 처벌(제48조 제1항)

[표 5-18]의 형사처벌 규정은 회사 네트워크나 시스템, 애플리케이션 등 회사 IT 자원에 대한 공격이 있을 때 기술 방어와 함께 법적 대응도 고려할 수 있는 법적 근거가 된다.

악성 프로그램의 전달 또는 유포에 대한 형사처벌은 무려 7년 이하 징역 또는 7천만 원 이하 벌금에 처해질 수 있다. 악성 프로그램을 사용하지 않는 사이버 공격이 거의 없고, 악성 프로그램의 피해가 워낙 크기 때문이다. 법적으로 악성 프로그램의 범위는 상당히 넓다는 점도 주목해야 한다. 복제, 네트워크 스캐닝,

정보 유출, 트로이목마, 스파이 기능 등 일반적으로 '악성' 행위로 불리지 않더라도 "정보통신시스템, 데이터 또는 프로그램 등을 훼손·멸실·변경·위조하거나 그 운용을 방해"하려는 목적으로 만들어졌다면 법적으로 악성 프로그램이다. 회사에서 많이 사용하는 원격 제어 프로그램과 원격 제어 악성코드는 적법한 사용자 승인을 거치는지 여부의 차이가 있을 뿐이다. 개발을 좀 안다고 공개 소스 등을 이용해 함부로 만들어서 활용했다가 범법자가 될 수 있다.

정보통신망 침입에서 '정당한'이 중요한 키워드다. 웹 서비스에 대한 해킹 공격뿐만 아니라 남의 비밀번호를 훔쳐 로그인한 것도 해킹에 해당한다. '모의해킹'은 시스템 또는 사이트의 소유자에게 허락을 받은 범위 내에서 해킹을 하는 것이다. 허락을 받지 않았거나 허락 받은 범위를 벗어난 해킹은 아무리 선한 의지로 했어도 법 위반 행위가 될 수 있으므로 유의해야 한다. 정보통신망 침입은 미수범도 처벌한다.

정보보호책임자 입장에서는 이러한 공격으로 피해가 발생하면 수사기관에 신고하여 범인 검거를 시도할 필요가 있다. 요즘은 경찰서마다 사이버범죄수사팀이 있어서 범인 검거를 위한 수사를 진행한다. 물론 큰 범죄 사건이 발생하면 지방경찰청 등에 신고하는 것이 좋다.

정보통신망법 위반에 따른 행정처분 ——

옛 정보통신망법에 있던 행정처분 중 'CEO 및 CPO 징계'와 과징금 조문은 개인정보보호 관련 조문 위반에 관한 것이어서 데이터 3법 개정에 따라 삭제되었고, 과태료 규정만 남았다. 이제 정보통신망법 위반에 따른 주요 과태료 부과 사유에 관해 알아보자.

표 5-19 정보통신망법의 주요 과태료 부과 사유

과태료	위반 행위
3천만 원 이하 과태료 (제76조 제1항)	필수 아닌 접근 권한 설정 미동의를 이유로 서비스의 제공을 거부(제22조의2 제2항)
	접근 권한에 대한 이용자의 동의 및 철회 방법을 마련하지 않음(제22조의2 제3항)
	요건에 해당하지 않았는데도 주민등록번호를 수집·이용하거나 요건에 해당하지만 주민등록번호 대체수단을 제공하지 않음(제23조의2 제1항·제2항)
	요건에 맞는 임직원을 CISO 지정하지 않거나 CISO 지정을 신고하지 않음(제45조의3 제1항)
	겸직 제한 대상 회사의 CISO로 하여금 겸직 가능 업무 이외의 다른 업무를 겸직하게 함(제45조의3 제3항)
	인증 의무 대상자이면서 정보보호 관리체계 인증을 받지 않음(제47조 제2항)
	제50조 제1항부터 제3항을 위반하여 영리 목적의 광고성 정보를 전송
1천만 원 이하 과태료 (제76조 제2항)	침해사고 신고를 하지 않음(제48조의3 제1항)
	관리적 조치 또는 기술적 조치를 하지 않은 통신과금서비스 제공자(제57조 제2항)

모바일 앱은 카메라, 문자메시지, 전화 등 스마트폰의 다양한 자원과 데이터에 접근하여 이용자에게 서비스를 제공한다. 모바일 앱 개발사는 이용자에게 (무엇을) 충분히 고지하고 해당 자원에 대한 접근 권한을 요청해야 한다. 모바일 앱 서비스를 제공하는 데 필수적이지 않은 접근 권한 설정에 동의하지 않는다 하더라도 해당 서비스를 제공해야 한다(제22조의2(접근 권한에 대한 동의) 제2항, 위반 시 3천만 원 이하 과태료). 또한 접근 권한에 대한 동의 방법과 철회 방법을 이용자에게 제공해야 한다(제3항, 위반 시 3천만 원 이하 과태료). 요건에 맞지 않는 CISO를 지정하거나 CISO 지정을 신고하지 않은 것(제45조의3(정보보호최고책임자의 지정 등)), ISMS 의무 인증 요건에 해당하면서 ISMS 인증을 받지 않은 것(제47조(정보보호 관리체계의 인증))도 3천만 원 이하의 과태료가 부과될 수 있다.

정보통신망법의 주요 주제 중 하나는 '광고성 정보 전송(스팸)'이다. 사업자 입장에서는 '광고성 정보'이고, 이용자 입장에서는 '스팸'이라고 볼 수 있는 '영리 목적의 광고성 정보'를 적법하게 보낼 수 있는 동의 방법과 절차, 동의 없이 전송할 수 있는 범위 등을 상세히 규정한다. 별도 동의 없이 마케팅 정보 전송과 같이 판단이 명백한 것도 있지만 그렇지 않은 것도 많고, 비영리단체가 보내는 메일도 '영리 목적'으로 간주할 수 있는 요건이 꽤 있다. 관련 있는 정보보호책임자는 「불법 스팸 방지를 위한 정보통신망법 안내서」(방송통신위원회, 한국인터넷진흥원, 2017.11.)를 참고하여 구체적인 사례를 놓고, 세부 기준을 검토하는 것이 좋다.

4장 '위기관리'에서 침해사고가 발생했을 때 정보통신서비스 제공자가 규제기관에 신고해야 할 의무가 있다고 설명했다(제48조의3(침해사고의 신고 등) 제1항, 위반 시 1천만 원 이하 과태료). 범인을 잡기 위해 자발적으로 하는 수사기관에 신고하는 것과는 다른 개념이다. 정보보호책임자의 판단이 중요하다.

통신과금서비스 제공자에는 전자결제대행업체(PG사)와 이동통신사가 포함되는데, 이들은 "거래의 안전성과 신뢰성을 확보하기 위해" 관리적·기술적 조치를 해야 한다(제57조(통신과금서비스의 안전성 확보 등) 제2항, 위반 시 1천만 원 이하 과태료). 구체적인 조치 내용은 시행령 제66조의6(통신과금서비스의 안정성·신뢰성 확보를 위한 필요 조치) 별표 7에 나와 있다.

정보보호책임자가 알아야 할 위치정보법

'위치정보의 보호 및 이용 등에 관한 법률(위치정보법)'은 2005년에 제정되었다. 법은 항상 후행의 성격이 있으므로 위치기반서비스LBS, Location Based Service는 그보다 더 오래됐다. 하지만 위치정보법이 개인과 사업자에게 의미 있게 다가온 것은 GPSGlobal Positioning System를 장착한 스마트폰이 대중화된 이후다. 지도, 음식점, 사진, 날씨, 광고 등 개인의 위치 정보에 기반한 각종 서비스가 나타나면서 개인은 서비스의 편리성과 함께 자신의 위치가 드러나는 것에 우려하게 되었다.

사업자를 규율하고 서비스 이용자를 보호하기 위해 위치정보법은 개인정보보호법 못지않은 엄격한 규제를 담고 있다. 법률 이해가 부족한 스타트업 중에서 이 법의 존재조차 모르면서 개인의 위치정보를 활용하는 서비스를 개발하는 곳도 있는데, 사업을 계속하기 위해서도 반드시 위치정보법에 관심을 가져야 한다. 위치정보법은 구조와 용어가 개인정보보호법과 닮아서 개인정보보호법을 어느 정도 이해하고 있는 독자라면 위치정보법을 읽는 것이 그리 부담스럽지 않을 것이다.

위치정보법의 주요 내용 ——

표 5-20 위치정보법 관련 법규 및 문서

적용 대상	법령	고시	기타
위치정보사업자, 위치기반서비스사업자	위치정보법, 같은 법 시행령	해당 없음	위치정보법 해설서 위치정보의 관리적·기술적 보호조치 권고 해설서

위치정보법은 개인정보보호법과 달리 위치정보보호에 관한 고시가 없는 대신 '위치정보의 관리적·기술적 보호조치 권고'와 그에 관한 해설서가 있는데, '해

설서' 안에 '권고'가 포함돼 있다. 이름뿐만 아니라 내용도 '개인정보의 기술적·관리적 보호조치 기준'과 비슷하다. 다만 이것의 법적 위치가 고시가 아닌 '권고'라는 게 특이한데, 문서에는 이렇게 기술되어 있다.

"이 권고는 위치정보법 제16조 및 같은 법 시행령 제20조의 관리적·기술적 보호조치 의무를 토대로 제정되었으나 직접적인 법적 구속력이나 강제력이 있는 것은 아니"라고 하면서도 "이 권고는 위치정보법에서 요구하고 있는 관리적·기술적 보호조치에 대한 구체적인 기준을 제시"하는 "행정지도의 성격을 갖고" 있고, "권고의 규정에 위반할 경우에는 법률에 근거한 형사처벌이 부과될 수도 있다는 예고(豫告)적 성격을 가진다."(2. 권고의 법적 성격)라고 명시했다. 제목을 '권고'라고 써 놓고, 형사처벌을 운운하는 것은 적절해 보이지는 않지만 규제 대상 기업 입장에서는 그냥 법이라고 생각하고 지키는 것이 좋다.

먼저 몇 가지 용어를 살펴본다.

표 5-21 위치정보법의 주요 용어

용어	설명
위치정보	이동성이 있는 물건 또는 개인이 특정한 시간에 존재하거나 존재하였던 장소에 관한 정보로서 「전기통신사업법」 제2조 제2호 및 제3호에 따른 전기통신설비 및 전기통신회선설비를 이용하여 수집된 것
개인위치정보	특정 개인의 위치정보(위치정보만으로는 특정 개인의 위치를 알 수 없는 경우에도 다른 정보와 용이하게 결합하여 특정 개인의 위치를 알 수 있는 것을 포함)
개인위치정보주체	개인위치정보에 의하여 식별되는 자
위치정보사업	위치정보를 수집하여 위치기반서비스사업을 하는 자에게 제공하는 것을 사업으로 영위하는 것. 개인위치정보를 대상으로 하는 '개인위치정보사업'과 그것을 대상으로 하지 않는 '사물위치정보사업'이 있음
위치기반서비스사업	위치정보를 이용한 서비스(이하 "위치기반서비스"라 한다.)를 제공하는 것을 사업으로 영위하는 것
위치정보사업자 등	위치정보사업자와 위치기반서비스사업자

위치정보 수집 사실 확인 자료	위치정보의 수집 요청인, 수집 일시, 수집 방법에 관한 자료(위치정보는 제외)
위치정보 이용·제공 사실 확인 자료	위치정보를 제공받는 자, 취득 경로, 이용·제공 일시 및 이용·제공 방법에 관한 자료(위치정보는 제외)
위치정보관리책임자	위치정보사업자 등이 사업장 내에서 위치정보 관련 업무를 총괄하거나 업무처리를 최종 결정하는 임직원
위치정보시스템	위치정보사업 및 위치기반서비스사업을 위하여 정보통신망을 통하여 위치정보를 수집·저장·분석·이용·제공할 수 있도록 서로 유기적으로 연계된 컴퓨터의 하드웨어, 소프트웨어, 데이터베이스 및 인적 자원의 결합체

개인위치정보, 개인위치정보주체 등 개인정보보호법과 유사한 용어가 눈에 띈다. 스마트폰의 위치정보는 사물의 위치정보이지만, 개인이 휴대했다면 휴대한 시간 동안 개인의 위치정보로 볼 수 있다. 자동차에 3명이 타고 있고, 다른 정보를 이용하여 자동차 안에 타고 있는 사람 중 한 사람을 특정할 수 있다면 자동차의 위치는 그 개인의 위치정보로 볼 수 있다.

위치정보는 GPS나 기지국의 위치, 무선인터넷(Wi-Fi), 유선 IP 주소, 비콘[Beacon]과 블루투스의 통신 등 다양한 방식으로 수집할 수 있다. 위치정보사업자는 이러한 정보통신기술을 이용하여 (1) 위치정보를 수집하여 (2) 위치기반서비스사업자에게 제공하는 것을 (3) 사업으로 영위하는 사업자이다. 이 중에서 개인위치정보사업은 방송통신위원회의 허가를 받고, 사물위치정보사업은 신고만 하면 된다. 수집한 개인위치정보를 내부 관리용으로만 사용하면 위치정보사업자가 아니지만, 수집한 정보를 이용하여 자신이 직접 위치기반서비스사업을 한다면 위치정보사업자이다.

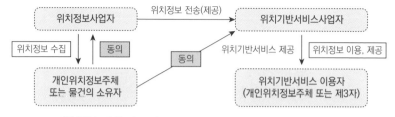

그림 5-6 위치정보사업자와 위치기반서비스사업자의 구분[27]

위치기반서비스사업자는 이러한 위치정보를 이용하여 서비스를 제공하는 사업자이다. 따라서 모바일 앱에서 개인위치정보를 이용한 서비스를 제공하면 위치기반서비스사업자로서 방송통신위원회에 신고 대상이다. 사물위치기반서비스사업은 신고 대상이 아니다. 위치정보사업자와 위치기반서비스사업자를 통칭하여 '위치정보사업자 등'이라고 부른다.[28] 위치정보보호법의 각 조문에서 '위치정보사업자'와 '위치정보사업자 등'을 구분해서 사용하므로 읽을 때 유의해야 한다. 개인위치정보사업자 등록 등 사업에 관한 상세한 사항은 방송통신위원회가 운영하는 '위치정보지원센터'를 참조하기 바란다.

'위치정보 수집 사실 확인 자료'는 위치정보법에 특수한 자료다. 위치정보사업자가 특정 시점에 이동성이 있는 물건 또는 개인이 존재하는 장소에 관한 정보를 수집한 사실에 대한 자료로서 위치정보의 수집 요청인, 수집 일시, 수집 방법에 관한 자료를 포함한다. 다음은 '위치정보 수집 사실 확인서'의 예시다.

---

27 방송통신위원회, 한국인터넷진흥원, 「위치정보의 보호 및 이용 등에 관한 법률 해설서」, 2010.1.

28 방송통신위원회 통계에 따르면, 2021년 8월 9일 기준, 위치정보사업자는 293개, 위치기반서비스사업자는 1,858개로, 총 2,151개이다("위치정보사업자 및 위치기반서비스사업자 현황", 방송통신위원회 홈페이지, 2021.8.9.).

표 5-22 위치정보 수집 사실 확인 자료의 예[29]

수집자	요청 서비스	요청자	수집 방법	수집 요청시간	수집 종료시간
A사업자	친구 찾기	B사업자	Cell-ID	2021.9.20. 14:30	2021.9.20. 14:30

A사업자가 B사업자(위치기반서비스사업자)의 요청으로 2021년 9월 20일 오후 2시 30분에 기지국을 통해 개인의 위치정보를 수집한 사실을 확인하는 '위치정보 수집 사실 확인 자료'이다.

표 5-23 위지정보 이용·제공 사실 확인 자료의 예[30]

취득 경로	제공 서비스	제공받는 자	이용 일시	제공 방법
A사업자	친구 찾기	C이용자	2021.9.20. 14:30	SMS/email

'위치정보 이용·제공 사실 확인 자료'에는 위치정보의 취득 경로(위치정보사업자), 제공 서비스, 해당 서비스를 제공받는 자, 이용 일시, 제공 방법이 포함된다. 이용자 C가 친구 찾기 서비스를 통해 개인위치정보주체의 개인위치정보가 수집되어 [표 5-23]에 기록된 이용자 C의 이용 일시와 [표 5-22]의 수집 요청시간이 동일하다. 개인위치정보주체가 위치정보 수집·이용·제공 사실 확인 자료에 대해 열람·고지·정정 요구를 하면 해당 사업자는 언제든지 응해야 하므로, 이를 위한 기술적 준비가 되어 있어야 한다.

위치정보관리책임자는 위치정보사업자나 위치기반서비스사업자에서 위치정보 업무를 총괄하는 임직원이다.

위치정보법에서 위치정보의 중요성을 직접적으로 드러내는 것이 바로 임원과 종업원의 결격 사유에 관한 규정이다.

29, 30 방송통신위원회, 한국인터넷진흥원, 「위치정보의 관리적·기술적 보호조치 권고 해설서」, 2015.11.

다음 각 호의 어느 하나에 해당하는 사람은 위치정보사업자의 임원이 될 수 없고, 다음 각 호의 어느 하나에 해당하는 종업원은 제16조(위치정보의 보호조치 등) 제1항에 따른 위치정보 접근 권한자로 지정될 수 없다.

(위치정보법 제6조(임원 또는 종업원의 결격사유) 제1항)

"다음 각 호"에는 정보통신망법, 전기통신기본법, 전기통신사업법, 전파법을 위반하여 ▲금고 이상의 실형을 선고받고 집행이 종료된 지 3년이 지나지 않은 사람 ▲금고 이상의 형의 유예를 받고 그 유예 기간 중에 있는 사람 ▲벌금형을 선고받고 3년이 지나지 않은 사람이 포함된다. 그 실효성을 떠나서 매우 강력한 규정임이 틀림없다.

정보보호책임자에게 중요한 조문은 '제3장 위치정보의 보호'이다. 위치정보법은 생소한 정보보호책임자가 많을 것 같아 각 조문의 제목과 주요 내용, 위반 시 제재를 핵심 사항을 중심으로 설명한다.

표 5-24 위치정보법 제3장 제1절 통칙과 위반 시 제재의 주요 내용

조	법령의 주요 내용	위반 시 제재
제15조(위치정보의 수집 등의 금지)	① 법령에서 허용하지 않는다면, 개인위치정보주체의 동의 없이 개인위치정보를 수집·이용·제공하지 말아야 함	3년 이하 징역 또는 3천만 원 이하 벌금
	② 타인의 정보통신기기를 복제, 도용 등의 방법으로 사업자를 속여 개인위치정보를 받지 말아야 함	3년 이하 징역 또는 3천만 원 이하 벌금
제16조(위치정보의 보호조치 등)	시행령 제20조(위치정보의 관리적·기술적 보호조치)	1년 이하 징역 또는 2천만 원 이하 벌금
	② 위치정보사업자 등은 위치정보 수집·이용·제공 사실 확인 자료를 위치정보시스템에 자동으로 기록되고 보존되도록 하여야 함	1년 이하 징역 또는 2천만 원 이하 벌금
제17조(위치정보의 누설 등의 금지)	위치정보사업자 등과 그 종업원이거나 종업원이었던 사람은 직무상 알게 된 위치정보를 누설·변조·훼손·공개하지 말아야 함	5년 이하 징역 또는 5천만 원 이하 벌금

제1절에는 개인위치정보 보호에 두루 적용되는 기본 원칙과 같은 규정이 있다.

제15조(위치정보의 수집 등의 금지) 제1항은 개인위치정보를 수집·이용·제공하려면 정보주체의 동의를 얻어야 한다는 뜻이다. 법령을 근거로 동의 없이 수집, 제공할 수 있다. 개인정보보호법과 같은 개념이다. 다른 사람의 스마트폰을 복제, 도용하여 마치 다른 사람인 것처럼 속여서 그 사람의 개인위치정보를 받으면 3년 이하의 징역 또는 3천만 원 이하의 벌금형을 부과받을 수 있다.

제16조(위치정보의 보호조치 등) 제1항은 개인정보보호법 제29조(안전조치 의무)와 유사하다. '위치정보의 관리적·기술적 보호조치 권고'에서 설명한다. '위치정보 수집 사실 확인 자료'는 위치정보 수집을 요청한 사람, 수집 일시, 수집 방법에 관한 자료인데, 위치정보사업자 등은 위치정보 수집·이용·제공 사실 확인 자료를 위치정보시스템에 자동으로 기록되고 보존되도록 하여야 한다(제16조 제2항, 위반 시 1년 이하 징역 또는 2천만 원 이하 벌금). 서비스 개발 시 반드시 포함하여야 할 기능이다.

전·현직 종업원은 직무상 알게 된 위치정보를 누설·변조·훼손·공개하지 말아야 한다(제17조(위치정보의 누설 등의 금지). 위반 시 5년 이하 징역 또는 5천만 원 이하 벌금). 개인정보보호법에서 개인정보취급자에게 부과한 의무와 유사한 규정이다.

표 5-25 위치정보법 제3장 제2절 개인위치정보의 보호와 위반 시 제재의 주요 내용

조	법령의 주요 내용	위반 시 제재
제18조 (개인위치 정보의 수집)	① 위치정보사업자가 개인위치정보 수집 시 다음 각 호의 내용을 이용약관에 명시하여 개인위치정보주체의 동의를 얻어야 함	5년 이하 징역 또는 5천만 원 이하 벌금
	1. 위치정보사업자의 상호, 주소, 진화번호, 그 밖의 연락처	1천만 원 이하 과태료
	2. 개인위치정보주체 및 법정대리인(해당하는 경우)의 권리와 그 행사방법	(이용약관 명시 의무 위반)
	3. 위치정보사업자가 위치기반서비스사업자에게 제공하고자 하는 서비스의 내용	
	4. 위치정보 수집 사실 확인 자료의 보유 근거 및 보유기간	
	5. 개인위치정보의 수집 방법	
	③ 위치정보사업자가 개인위치정보를 수집할 때 수집 목적 달성을 위한 최소한의 정보만 수집	1천만 원 이하 과태료
제19조 (개인위치 정보의 이용 또는 제공)	① 위치기반서비스사업자가 개인위치정보를 이용하여 서비스를 제공하려면 다음 각 호의 내용을 이용약관에 명시하여 개인위치정보주체의 동의를 얻어야 함	5년 이하 징역 또는 5천만 원 이하 벌금
	1. 위치기반서비스사업자의 상호, 주소, 전화번호, 그 밖의 연락처	1천만 원 이하 과태료
	2. 개인위치정보주체 및 법정대리인(해당하는 경우)의 권리와 그 행사방법	(이용약관 명시 의무 위반)
	3. 위치기반서비스사업자가 제공하고자 하는 위치기반서비스의 내용	
	4. 위치정보 이용·제공 사실 확인 자료의 보유 근거 및 보유기간	
	5. 위치기반서비스사업자가 개인위치정보를 개인위치정보주체가 지정하는 제3자에게 제공하는 경우 제공받는 자, 제공 일시, 제공 목적	

	② 위치기반서비스사업자가 개인위치정보를 제3자 제공하려면 제1항 각 호의 내용을 이용약관에 명시하여 고지하고 동의를 얻어야 함	5년 이하 징역 또는 5천만 원 이하 벌금 1천만 원 이하 과태료 (고지 의무 위반)
	③~④ 위치기반서비스사업자가 개인위치정보를 제3자에게 제공하는 경우 매회 개인위치정보주체에게 제공받는 자, 제공 일시, 제공 목적을 즉시 통보해야 함. 다만 동의를 받으면 30일 이내에 모아서 통보할 수 있음	1천만 원 이하 과태료 (통지 의무 위반)
제20조(위치정보사업자의 개인위치정보 제공 등)	① 제19조에 따라 개인위치정보주체의 동의를 얻은 위치기반서비스사업자는 해당 위치정보사업자에게 해당 개인위치정보의 제공을 요청할 수 있고, 위치정보사업자는 정당한 사유 없이 제공을 거절하지 말아야 함	2천만 원 이하 과태료
제21조(개인위치정보 등의 이용·제공의 제한 등)	위치정보사업자 등은 개인위치정보주체의 동의가 있거나 다음 각 호의 어느 하나에 해당하는 경우를 제외하고는 개인위치정보 또는 위치정보 수집·이용·제공 사실 확인 자료를 이용약관에 명시한 범위를 넘어 이용하거나 제3자에게 제공하지 말아야 함 　1. 요금정산을 위하여 위치정보 수집·이용·제공 사실 확인 자료가 필요한 경우 　2. 통계작성, 학술연구, 시장조사를 위하여 특정 개인을 알아볼 수 없는 형태로 가공하여 제공하는 경우	5년 이하 징역 또는 5천만 원 이하 벌금
제22조 (사업의 양도 등의 통지)	위치정보사업자 등에게 사업을 양도받은 자는 30일 이내에 다음 각 호의 사항을 인터넷 홈페이지에 30일 이상 게시하고 서면, 전자우편 등으로 개인위치정보주체에게 개별 통지하여야 함 　1. 사업의 전부 또는 일부의 양도 등의 사실 　2. 양도받은 자의 성명, 주소, 전화번호 그 밖의 연락처 　3. 개인위치정보주체의 권리 및 의무에 관한 사항 　4. 개인위치정보의 보호를 위한 관리적·기술적 조치에 관한 사항	1천만 원 이하 과태료 (통지 의무 위반)
제23조 (개인위치정보의 파기 등)	위치정보사업자 등은 개인위치정보의 수집, 이용, 제공 목적을 달성한 때는 기록·보존하여야 하는 위치정보 수집·이용·제공 사실 확인 자료 외의 개인위치정보는 즉시 파기	

제2절은 개인위치정보의 이용, 제공, 파기 등 각 처리 단계에서 개인위치정보를 보호하기 위한 규정이다.

위치정보사업자가 정보주체에게 개인위치정보를 수집하려면 사전에 사업자의 상호, 주소, 전화번호, 그 밖의 연락처 등 법령에서 규정한 5가지를 이용약관에 명시하여 동의를 받아야 한다(제18조(개인위치정보의 수집) 제1항, 위반 시 5년 이하 징역 또는 5천만 원 이하 벌금). 또한 개인위치정보 수집 시 수집 목적 달성에 필요한 최소한의 정보만 수집하여야 한다(제2항, 위반 시 1천만 원 이하 과태료).

위치기반서비스사업자가 개인위치정보를 이용하여 서비스를 제공하기 위해서는 사업자의 상호, 주소, 전화번호, 그 밖의 연락처 등 5가지를 명시하여 개인위치정보주체의 동의 받아야 한다(제19조(개인위치정보의 이용 또는 제공) 제1항, 위반 시 5년 이하 징역 또는 5천만 원 이하 벌금).

위치정보사업자와 위치기반서비스사업자 이용약관 법령에 규정한 5가지 사항을 명시하지 않으면 1천만 원 이하의 과태료를 부과받을 수 있다. 또한 14세 미만 아동의 개인위치정보를 수집하려면 이용약관에 법정대리인의 권리와 그 행사 방법이 포함되어야 한다.

위치기반서비스사업자가 개인위치정보를 제3자에게 제공하려면 제19조 제1항의 5가지 항목을 개인위치정보주체에게 고지하고 동의를 받아야 하고(위반 시 5년 이하 징역 또는 5천만 원 이하 벌금), 매회 제공받는 자, 제공 일시, 제공 목적을 정보주체에게 즉시 통보해야 한다. 정보주체의 동의를 받으면 30일 이내에 모아서 통보할 수 있다. 제3자 제공 시 사전 동의만 있고 사후 통보가 없는 개인정보보호법의 제3자 제공과 다른 부분이다.

위치정보사업자 등이 개인위치정보를 파기해야 하는 경우는 다음 4가지가 있다.

(1) 수집·이용·제공 목적 달성 시(제23조) – 제재 규정 없음
- 개인위치정보사업자는 개인위치정보 즉시 파기

(2) 개인위치정보주체의 동의 철회(제24조 제4항) – 제재 규정 없음
- 개인위치정보사업자는 수집된 개인위치정보 및 위치정보 수집·이용·제공 사실 확인 자료를 지체 없이 파기

(3) 위치정보사업자의 휴업 또는 폐업(제8조) – 위반 시 1년 이하 징역 또는 2천만 원 이하 벌금
- 개인위치정보사업자 휴업 시: 휴업하는 사업의 개인위치정보 파기
- 개인위치정보사업자 폐업 시: 폐업하는 사업의 개인위치정보 및 위치정보 수집 사실 확인 자료 파기
- 사물위치정보사업자 폐업 시: 위치정보 수집 사실 확인 자료 파기

(4) 위치기반서비스사업자의 휴업 또는 폐업(제11조) – 위반 시 1년 이하 징역 또는 2천만 원 이하 벌금
- 위치기반서비스사업자 휴업 시: 휴업하는 사업의 개인위치정보 파기
- 위치기반서비스사업자 폐업 시: 폐업하는 사업의 개인위치정보 및 위치정보 이용·제공 사실 확인 자료

해당 요건 충족 시 개인정보를 파기하지 않을 때 제재가 있는 개인정보보호법과 달리 목적 달성, 동의 철회 시 개인위치정보를 파기하지 않더라도 제재가 없는 것이 눈에 띈다. 다만 휴·폐업 시 요건에 따라 개인위치정보나 위치정보 수집·이용·제공 사실 확인 자료를 파기하지 않으면 형사처벌이 부과될 수 있다. 이러한 정보를 파기할 때는 개인정보를 파기할 때와 마찬가지로 "복구·재생할 수 없는 방법"으로 파기하여야 한다.[31]

---

31 방송통신위원회, 한국인터넷진흥원, 「개인위치정보 취급 자가진단 해설서」, 2014.11.

표 5-26 위치정보법 제3장 제3절 개인위치정보주체 등의 권리와 위반 시 제재의 주요 내용

조	법령의 주요 내용	위반 시 제재
제24조 (개인위치정보주체의 권리 등)	④ 개인위치정보주체가 동의의 전부 또는 일부 철회 가능 ⑤ 동의 철회 시 지체 없이 수집된 개인위치정보 및 위치정보 수집·이용·제공 사실 확인 자료를 파기하여야 함	–
	② 위치정보사업자 등은 개인위치정보주체의 개인위치정보 수집·이용·제공의 일시적인 중지 요구에 응해야 하고, 이를 위한 기술적 수단을 갖춰야 함	2천만 원 이하 과태료
	③ 개인위치정보주체는 다음 어느 하나에 해당하는 자료 등의 열람·고지·정정을 요구할 수 있고, 위치정보사업자 등은 정당한 사유 없이 요구를 거절하지 말아야 함 1. 본인에 대한 위치정보 수집·이용·제공 사실 확인 자료 2. 본인의 개인위치정보가 이 법 또는 다른 법률의 규정에 의하여 제3자에게 제공된 이유 및 내용	1천만 원 이하 과태료
제25조 (법정대리인의 권리)	① 위치정보사업자 등이 14세 미만의 아동으로부터 개인위치정보를 수집·이용·제공하려면 법정대리인의 동의를 얻어야 하고, 시행령 제26조의2(법정대리인 동의의 확인방법)에 따라 법정대리인이 동의하였는지 확인하여야 함	1천만 원 이하 과태료
제26조 (8세 이하의 아동 등의 보호를 위한 위치정보 이용)	① 다음 각 호의 어느 하나에 해당하는 사람(이하 "8세 이하의 아동 등"이라 한다.)의 생명 또는 신체의 보호를 위하여 보호의무자가 이들의 개인위치정보의 수집·이용 또는 제공에 동의하는 경우에는 본인의 동의가 있는 것으로 봄 1. 8세 이하의 아동 2. 피성년후견인 3. 정신적 장애를 가진 사람으로서 장애인고용법 제2조 제2호에 따른 중증장애인에 해당하는 사람(장애인복지법 제32조에 따라 장애인 등록을 한 사람만 해당)	–
제27조 (손해배상)	개인위치정보주체는 위치정보사업자 등의 제15조부터 제26조까지의 규정을 위반한 행위로 손해를 입으면 손해배상을 청구할 수 있음. 위치정보사업자 등은 고의 또는 과실이 없음을 입증하지 아니하면 책임을 면할 수 없음	–
제28조 (분쟁의 조정 등)	① 위치정보사업자 등은 위치정보와 관련된 분쟁에 대하여 당사자간 협의가 이루어지지 않으면 방송통신위원회에 재정 신청할 수 있음	–
	⑥ 위치정보사업자 등과 이용자는 위치정보와 관련된 분쟁에 대하여 당사자 간 협의가 이루어지지 않으면 개인정보분쟁조정위원회에 조정을 신청할 수 있음	–

제3절은 개인위치정보주체의 권리 보장에 관한 규정이다.

개인위치정보주체는 위치정보사업자 등에게 언제든지 자신의 개인위치정보의 처리(수집·이용·제공) 중지를 요구할 수 있고, 사업자는 이를 처리할 수 있는 기술적 수단을 갖추고 수용해야 한다(제24조(개인위치정보주체의 권리 등) 제2항, 위반 시 2천만 원 이하 과태료). 일시적인 중지 요구를 거절하는 것과 기술적 수단을 갖추지 않는 것 모두 과태료 부과 대상이다. 또한 개인위치정보주체는 동의를 언제든지 철회할 수 있고(제1항), 동의 철회를 요청을 받은 위치정보사업자와 위치기반서비스사업자는 해당 개인위치정보와 그에 대한 사실 확인 자료를 파기하여야 한다(제4항). 이를 위해서도 기술적인 준비가 필요함은 물론이다. 자신의 개인위치정보의 수집·이용·제공 사실 확인 자료에 대한 개인위치정보주체의 열람·고지·정정 요구도 처리하여야 한다.

14세 미만 아동에 대한 개인위치정보를 수집·이용·제공하려면 법정대리인의 동의를 받아야 한다. 8세 이하의 아동에 대한 별도 규정(제26조)이 있으므로 이 규정은 9세~14세 나이의 어린이에게 적용된다고 볼 수 있다. 또한 시행령 제26조의2(법정대리인 동의의 확인방법)에서 제시하는 방법에 따라 법정대리인의 동의를 확인해야 하는데, 해당 시행령에서는 문자메시지, 카드정보, 휴대전화 본인인증, 우편이나 팩스, 전화 등의 방법을 제시한다. 적절한 방법을 선택하면 된다.

8세 이하의 어린이, 피성년후견인, 중증 정신지체장애인 등 보호가 필요한 사람은 '보호자'의 동의를 본인의 동의로 간주한다(제26조(8세 이하의 아동 등의 보호를 위한 위치정보 이용)). 보호자가 개인위치정보주체 본인을 대신하여 결정하고 정보주체의 개인위치정보를 파악할 수 있는 중대한 권한을 가질 수 있으므로 위치정보사업자 등은 반드시 서면동의서를 통해 이를 확인하여야 한다(시행령 제27조(8세 이하의 아동등의 보호를 위한 위치정보 이용동의의 요건)).

제27조(손해배상)는 개인정보보호법에도 있는 일반적인 손해배상 규정이다. 위치정보사업자 등은 언제나 법규를 준수하고, 준수했다는 증적으로 수집해 놓아야 법적 책임을 면할 수 있다.

'위치정보의 관리적·기술적 보호조치' 주요 내용 ——

이제 위치정보법에서 정한 위치정보보호에 관한 규정을 살펴보자.

> 위치정보사업자 등은 위치정보의 누출, 변조, 훼손 등을 방지하기 위하여 위치정보의 취급·관리 지침을 제정하거나 접근 권한자를 지정하는 등의 관리적 조치와 방화벽의 설치나 암호화 소프트웨어의 활용 등의 기술적 조치를 하여야 한다. 이 경우 관리적 조치와 기술적 조치의 구체적 내용은 대통령령으로 정한다.
>
> (위치정보법 제16조(위치정보의 보호조치 등) 제1항)

이 규정을 구체화한 시행령과 그에 대한 '위치정보의 관리적·기술적 보호조치 권고'는 다음과 같다.

표 5-27 위치정보법의 위치정보의 관리적·기술적 보호조치(시행령 제20조)

위치정보법 시행령 제20조 (위치정보의 관리적·기술적 보호조치)		위치정보의 관리적·기술적 보호조치 권고
① 관리적 조치	1. 위치정보관리책임자의 지정	제2조(위치정보관리책임자의 지정)
	2. 위치정보의 수집·이용·제공·파기 등 각 단계별 접근 권한자 지정 및 권한의 제한	제3조(위치정보의 수집·이용·제공·파기 등 각 단계별 접근 권한자 지정 및 권한 제한)
	3. 위치정보 취급자의 의무와 책임을 규정한 취급·관리 절차 및 지침 마련	제4조(위치정보취급자의 의무와 책임을 규정한 취급·관리 절차 및 지침 마련)
	4. 위치정보 제공 사실 등을 기록한 취급대장의 운영·관리	제5조(위치정보 제공 사실 등을 기록한 취급대장의 운영·관리)
	5. 위치정보 보호조치에 대한 정기적인 자체 검사의 실시	제6조(위치정보 보호조치에 대한 정기적인 자체 감사의 실시)

② 기술적 조치	제7조(위치정보 및 위치정보시스템의 접근 권한을 확인할 수 있는 식별·인증 실시)	제7조(위치정보 및 위치정보시스템의 접근 권한을 확인할 수 있는 식별·인증 실시)
	1. 위치정보시스템에의 권한 없는 접근을 차단하기 위한 암호화·방화벽 설치 등의 조치	제8조(위치정보시스템에의 권한없는 접근을 차단하기 위한 암호화·방화벽 설치 등의 조치)
	3. 위치정보시스템에 대한 접근사실의 전자적 자동 기록·보존장치의 운영	제9조(위치정보시스템에 대한 접근사실의 전자적 자동 기록·보존 장치의 운영)
	4. 위치정보시스템의 침해사고 방지를 위한 보안프로그램 설치 및 운영	제10조(위치정보시스템의 침해사고 방지를 위한 보안프로그램 설치 및 운영)

「위치정보의 관리적·기술적 보호조치 권고 해설서」(방송통신위원회, 한국인터넷진흥원, 2015.11.)에서는 시행령의 각 조문에 연계해 위치정보사업자 등에 대한 '권고'와 그에 관한 '해설'을 붙여 놓았다. '권고'의 주요 사항을 살펴보자.

제2조(위치정보관리책임자의 지정)

제2조에서는 위치정보관리책임자를 지정할 것과 그 직책의 업무를 규정한다. 위치정보사업자 등은 임원 또는 개인위치정보 고충처리 부서장, 위치정보 관리 또는 서비스 부서장으로 위치정보관리책임자를 지정해야 한다. 이 책임자는 위치정보 처리 업무의 총괄, 내·외부 침해행위의 점검, 정보주체가 제기하는 불만에 대한 처리 및 감독 등의 업무를 맡는다. 업무로 보면 개인정보보호책임자(CPO)와 비슷하지만, 회사에 임원이 있다면 반드시 임원이어야 하는 CPO와는 달리 위치정보관리책임자는 임원이 아니어도 된다.

제3조(위치정보의 수집·이용·제공·파기 등 각 단계별 접근 권한자 지정 및 권한 제한)

위치정보사업자 등은 위치정보시스템에 대한 접근 권한을 필요한 최소한의 인원에게만 부여하고, 퇴직 등 인사이동이 있으면 지체 없이 접근 권한에 반영한다. 권한 부여·변경·말소 기록은 5년 이상 보관한다.

제4조(위치정보취급자의 의무와 책임을 규정한 취급·관리 절차 및 지침 마련)

위치정보사업자 등은 위치정보취급자를 최소한으로 지정하고, '위치정보 취급·관리 지침'을 만들어서 위치정보취급자가 이를 숙지하고 준수할 수 있도록 한다. '지침'에는 개인위치정보주체의 요구 대응 방법, 위치정보보호 조직의 구성·운영, 위치정보취급자의 정기적인 교육, 이 '권고'에 관한 세부 사항, 기타 '위치정보의 안전한 취급과 관리를 위해 필요한 사항'이 포함된다. 개인정보보호법의 '내부관리계획'과 비슷하다. 별도로 만들어도 되고, 내부관리지침에 이런 내용을 포함해도 된다.

제5조(위치정보 제공 사실 등을 기록한 취급대장의 운영·관리)

'위치정보 취급대장'은 '위치정보 관련 수집·이용·제공 사실 확인 자료'와 그에 대한 '열람·고지 확인 자료'로 이뤄진다. 위치정보사업자 등은 위치정보 관련 수집·이용·제공 사실 확인 자료를 자동으로 기록하고 보존하여야 하고(제16조 제2항), 개인위치정보주체는 본인에 대한 수집·이용·제공 사실 확인 자료의 열람·고지를 요구할 수 있으므로(제24조 제3항), 이 둘에 대한 기록으로 취급대장을 운영한다. 사업자는 이 대장을 6개월 이상 보관하여야 한다.

'위치정보 수집 사실 확인 자료'와 '위치정보 이용·제공 사실 확인 자료'는 각각 [표 5-22]와 [표 5-23]에 예시하였고, '열람·고지 확인 자료'의 예는 다음과 같다.

표 5-28 위치정보 수집·이용·제공 사실 열람·고지 확인 자료의 예[32]

위치정보주체 홍길동이 본인의 2008년 6월분 위치정보 수집사실 확인자료를 본인의 휴대폰을 통하여 열람하였을 경우

대상	확인자료의 범위	요청자	위치정보 취급자	열람 일시	열람 방법
123456789	2006.6.1. ~2006.6.30.	홍길동	김철수	2006.7.7. 14:20~25	WAP(휴대폰)

제6조 (위치정보 보호조치에 대한 정기적인 자체 감사의 실시)

위치정보사업자 등은 시행령 제20조나 이 '권고', 또는 사업자가 자체 마련한 '위치정보 취급·관리 지침'을 준수하는지 연 1회 이상의 자체 감사를 통해 점검하여 개선하여야 한다.

제7조 (위치정보 및 위치정보시스템의 접근 권한을 확인할 수 있는 식별·인증 실시)

위치정보사업자 등은 위치정보시스템 접근에 대한 적절한 인증 수단을 확보하여야 한다. 비밀번호를 이용할 경우, 안전한 비밀번호의 구성, 유효기간 설정, 일정 횟수 이상 로그인 실패 시 아이디 정지 등의 조치를 강구하여야 한다. 또한 위치정보취급자가 사용할 수 있는 단말기를 제한하고, 단말기의 IP 주소나 MAC 주소 인증을 시행하여야 한다. 이 '권고'에서 명시하지는 않았지만, '개인정보의 기술적·관리적 보호조치 기준'의 규정처럼 OTP 등 다양한 2단계 인증 방법을 사용하는 것이 바람직하다. 이에 관한 세부 기술적인 내용은 '정보보호 책임자가 알아야 할 개인정보 안전성 확보조치 기준'을 참고하기 바란다.

제8조 (위치정보시스템에의 권한 없는 접근을 차단하기 위한 암호화·방화벽 설치 등의 조치)

위치정보사업자 등은 네트워크 방화벽, 침입방지시스템, 웹 방화벽 등 접근통

---

32 방송통신위원회, 한국인터넷진흥원, 「위치정보의 관리적·기술적 보호조치 권고 해설서」, 2015.11.

제장치를 사용하여 외부에서의 비인가접근을 차단하고, 내부에서 외부로 유출되는 것을 탐지하기 위한 침입탐지시스템 등을 설치, 운영하여야 한다. 또한 위치정보를 저장 또는 외부로 전송할 때는 암호화하여야 한다. 비밀번호는 일방향 암호화하여야 한다.

제9조 (위치정보시스템에 대한 접근 사실의 전자적 자동 기록·보존 장치의 운영)

위치정보사업자 등은 위치 정보의 수집·이용·제공 사실과 위치정보시스템에 대한 접근 사실이 별도의 조작 없이 위치정보시스템에 실시간 기록되도록 해야 한다. 접근사실 기록은 위치정보시스템에서의 입력·출력·수정, 파일별·담당자별 데이터 접근 내역 등을 기록한 별도의 로그 파일을 생성하도록 한다. 또한 위치정보취급자가 위치정보시스템에 접속하여 위치정보를 처리하면 처리 일시, 처리 내역을 포함한 접속기록을 생성하여 6개월 이상 보존한다.

제10조 (위치정보시스템의 침해사고 방지를 위한 보안프로그램 설치 및 운영)

위치정보사업자 등은 위치정보시스템의 침해사고 방지를 위해 운영체제와 응용 프로그램 등의 최신 보안 패치를 설치하여야 한다. 또한 안티바이러스 프로그램을 설치하고 악성 프로그램의 침투를 수시로 점검, 제거하여야 한다.

제3조와 제7조~제10조에 대한 세부 기술 내용은 '정보보호책임자가 알아야 할 개인정보 안전성 확보조치 기준'과 '정보보호책임자가 알아야 할 암호화'를 참고하기 바란다. 이 '권고'와 '해설'은 2015년에 방송통신위원회가 만들어서 당시 정보통신서비스 제공자를 위한 '개인정보의 기술적·관리적 보호조치 기준(방송통신위원회 고시)'과 비슷한 부분이 많다.

정보보호책임자가 알아야 할 기타 법규

정보보호책임자가 알아야 할 정보통신기반보호법 ——

정보통신기반보호법은 각 행정부처에서 관리하는 '정보통신기반시설'을 안전하게 관리하기 위한 법이다. 주요 정보통신기반시설에는 도로, 철도, 공항 등 주요 교통시설과 전력, 가스, 석유 등 에너지 시설, 첨단방위산업 관련 연구시설 등 공공부문의 시설뿐만 아니라 금융과 통신 등 민간부문에도 해당하는 시설이 있다. 「2021 국가정보보호백서」(국가정보원 등, 2021)에 따르면, 주요 정보통신기반시설은 모두 422개(공공 274, 민간 148)이다.

표 5-29 정보통신기반보호법 관련 법규 및 문서

법	고시	기타
정보통신기반보호법, 같은 법 시행령, 시행규칙	– 주요정보통신기반시설 지정 고시 (부처별) – 주요정보통신기반시설 취약점 분석·평가 기준	– 주요정보통신기반시설 취약점 분석·평가 기준 상세 가이드 – 민간분야 주요정보통신기반시설 클라우드 이용 가이드라인 – 주요정보통신기반시설 보호지침 (부처별)

정보통신기반보호법 관련 문서 중 가장 많이 쓰이는 것은 역시 '주요정보통신기반시설 취약점 분석평가 기준(과학기술정보통신부 고시)'과 「주요정보통신기반시설 취약점 분석·평가 기준 상세가이드」(과학기술정보통신부, 한국인터넷진흥원, 2021.3.)이다.

정보통신기반보호법상 정보통신기반시설은 매년 취약점 분석을 해야 하는데(제9조(취약점의 분석·평가)), 취약점 분석의 세부 항목과 평가 기준을 명시한 것이 바로 '주요정보통신기반시설 취약점 분석평가 기준'이다. KISA나 정보공유·

분석센터(ISAC, Information Sharing and Analysis Center)가 담당하지 않는 주요 정보통신기반시설에 대한 취약점 분석을 위해 정부가 '정보보호 전문 서비스 기업'을 지정하면서 정보보호컨설팅 산업이 생겨났다. 이 고시에서는 서버(유닉스, 윈도), 네트워크, PC, 보안장비, 웹, 제어시스템 등 분야별로 점검해야 할 취약점과 그것의 위험등급을 정하고 있어서 대부분의 정보보호컨설팅 업체가 주요 정보통신기반시설이 아닌 곳에 대해서도 활용한다.

「민간분야 주요정보통신기반시설 클라우드 이용 가이드라인」(과학기술정보통신부, 2021.4.)은 민간분야의 주요 정보통신기반시설이 클라우드 서비스를 이용할 때 방법과 절차, 이용 시 주의사항 등을 작성한 '가이드라인'이다.

정보통신기반보호법에서는 정보보호 업무 관련해 형사처벌을 당할 만한 조문은 없다. 과징금 규정은 아예 없고, 과태료 규정은 다음과 같다. 조금만 신경 쓰면 위반할 만한 사안은 아니다.

표 5-30 정보통신기반보호법의 주요 과태료 부과 사유

과태료	위반 행위
1천만 원 이하 과태료 (제30조 1항)	주요 정보통신기반시설 보호조치 명령 미이행(제11조)

법원 판결로 살펴보는 주요 개인정보보호 이슈

법정손해배상제가 현실로 들어왔다 - P사에 대한 민사소송 1심·2심 판결 ——

법정손해배상제는 2014년 5월 정보통신망법 개정(2014년 11월 시행)을 통해서 처음 개인정보보호 법규로 들어왔지만, 실제 이를 적용한 의미 있는 판결은

2018년 12월에 나왔다. 2015년에 해킹으로 인해 발생한 P사의 개인정보 유출 사고에 대해 정보통신망법 제32조의2(법정손해배상의 청구)를 근거로 제기된 민사소송에서 1심(2018년)과 2심 재판부(2019년)는 모두 원고의 손을 들어줬다. 2심 판결문의 주요 내용을 살펴보자.

> 정보통신망법 제32조의2에 따른 손해배상책임은 정보통신서비스 제공자의 정보통신망법상 개인정보보호 의무 위반 사실과 개인정보 유출 사실만 있으면 성립하는 법정손해배상책임으로서, 이용자가 별도로 손해를 증명할 필요가 없다.
>
> 피고는 위 규정이 손해액에 대한 증명 책임을 완화할 것일 뿐 손해 발생에 대한 증명 책임까지 면제한 것은 아니므로 여전히 현실적인 손해가 발생하였다는 증명이 있어야 한다고 주장하나, 그렇게 볼 수 없음은 법문상 명백하다.
>
> 나아가 살펴보더라도, 뒤에서 보는 바와 같이 원고가 이 사건·사고로 정신적 고통을 겪었다는 점을 충분히 인정할 수 있으므로, 피고의 주장은 받아들이지 않는다. (중략)
>
> 방송통신위원회도 피고에게 고의·중과실이 있다고 보아 피고의 개인정보 보호조치 위반이 '매우 중대한 위반행위'에 해당한다고 평가하고 이를 기준으로 과징금 부과처분 등을 하였으며, 위 처분은 앞서 본 행정소송을 거쳐 확정되었다. 이처럼 이 사건·사고 발생에 관한 피고인의 책임이 적지 않다.
>
> 이 사건·사고로 원고의 개인정보인 아이디, 암호화된 비밀번호, 생년월일…(등이) 유출됨으로써 원고로서는…(동일한 아이디, 비밀번호를 사용한 다른 사이트의) 아이디 등을 바꾸어야 하는 불편을 겪게 되었다. 이로 말미암아 원고가 정신적 고통을 받았으리라는 점은 경험칙상 충분히 인정할 수 있다.
>
> 다만 개인정보가 신원확인에 직접 관련된 민감한 정보라고 보기는 어렵고, 명의도용 등 추가적인 법익침해가 발생한 것으로 보이지는 않는다.
>
> (서울중앙지방법원 항소심 판결문(2018나84531), 2019.5.15.)

정보보호책임자 관점에서 이 판결문은 크게 네 가지 의미가 있다.

첫째, 재판부는 제32조의2 제1항에 규정된 대로 개인정보가 유출되고, 정보통신서비스 제공자가 고의나 과실로 정보통신망법 제4장의 개인정보보호 규정을 위반했으면, 즉 두 사건의 인과 관계가 없더라도 피해자가 법정손해배상을 청구할 수 있다는 점을 인정했다. 정보통신망법에서 행정처분인 과징금 부과 요건에서 법규 위반과 개인정보 사고 발생의 인과 관계가 없어진 것과 마찬가지다.

둘째, 재판부는 법정손해배상제에 근거해 민사소송을 제기하면 원고(이용자)가 개인정보 사고로 손해를 입었음을 입증할 필요가 없음을 분명히 하였다. 제32조(손해배상)에서 규정한 '손해배상제(제1항)'와 '징벌적 손해배상제(제2항)'가 모두 원고가 손해를 입었음을 입증해야 하는 것과는 크게 다르다.

셋째, 재판부는 개인정보가 유출되어 아이디, 비밀번호 등을 바꿔야 하는 것을 이용자가 당한 정신적 피해라고 인정하여 개인정보가 유출된 대다수 이용자의 정신적 피해를 인정하였다. 다만 유출된 개인정보가 민감하지 않고, 추가의 법익 침해가 발생하지 않았다는 이유로 20만 원의 손해배상금을 책정하였다.

넷째, 재판부는 이 사고에서 피고인의 책임이 적지 않다고 판단하는 데 방송통신위원회의 행정처분을 인용하였다. 행정처분이 민사소송에 인용됨으로써 규제기관의 조사와 그에 기반한 행정처분이 더욱 중요해졌다. 사고 발생 시 규제기관 대응이 중요한 이유다.

이후 I사 개인정보 유출 사고에 대해서도 이 조문을 근거로 민사소송이 이뤄져서 앞으로 민사소송에서 법정손해배상제가 더 활발하게 이용될 가능성이 많은 것 같다.

정보통신망법의 법정손해배상제는 2020년 2월 정보통신망법의 개인정보보호 조문이 개인정보보호법에 통합되면서 없어져서 정보통신서비스 제공자도 기존 개인정보보호법 제39조의2(법정손해배상의 청구)를 적용 받게 되었다.

개인정보보호법에는 2015년 7월(2016년 7월 시행)에 다음과 같이 법정손해배상제가 도입되었다.

① 제39조(손해배상책임) 제1항에도 불구하고 정보주체는 개인정보처리자의 고의 또는
   과실로 인하여 개인정보가 분실·도난·유출·위조·변조 또는 훼손된 경우에는 300만 원
   이하의 범위에서 상당한 금액을 손해액으로 하여 배상을 청구할 수 있다. 이 경우 해당
   개인정보처리자는 고의 또는 과실이 없음을 입증하지 아니하면 책임을 면할 수 없다.
② 법원은 제1항에 따른 청구가 있는 경우에 변론 전체의 취지와 증거조사의 결과를 고려
   하여 제1항의 범위에서 상당한 손해액을 인정할 수 있다.

(개인정보보호법 제39조의2(법정손해배상의 청구))

개인정보보호법의 법정손해배상제는 두 가지 점에서 옛 정보통신망법의 그것
과 다르다. 첫째, 법규에 대한 언급 없이 "개인정보처리자의 고의나 과실"이 기
준이라는 점이다. 정보통신망법에서는 개인정보보호 법규 위반이라는 기준이
명확했는데, 개인정보보호법에서는 '고의나 과실'이라고 기술되어 있어서 재판
부의 판단 근거가 더 넓어질 가능성도 있다. 둘째, 손해배상 기준이 개인정보처
리자의 고의나 과실로 인해 발생한 개인정보 사고라고 인과관계를 명시하여 법
정손해배상제의 범위를 명확히 했다는 점이다. 손해배상액 최고액이 300만 원
인 점(제1항), 판결 시 재판부의 재량을 많이 허용하여 정보주체의 손해액 증명
책임을 완화한 점(제2항)은 옛 정보통신망법의 법정손해배상제와 비슷하다. 개
인정보보호법상의 법정손해배상제를 근거로 한 민사소송 판결이 쌓여야 이 조
문에 대한 해석이 명확해 질 것으로 보인다.

개인정보의 무한 확장 - 증권정보 모바일 앱 '증권통' 판결 ──

2010년 E사에서 서비스한 '증권통'은 증권 시세를 보여주는 모바일 앱으로 서
버를 접속한 스마트폰의 단말기고유식별번호IMEI, International Mobile Equipment Identity
와 범용사용자식별모듈USIM, Universal Subscriber Identify Module 일련번호를 수집, 저장
하여 별도의 로그인 없이 사용자가 등록해 놓은 관심 종목을 보여줬다. 이 기능
은 이용자의 동의 없이 개인정보를 수집한 것으로 형사재판에 넘겨져서 2011

년 2월 회사와 서비스에 책임 있는 임직원이 벌금형을 받았다. 판결문의 주요 내용을 살펴보자.

> 여기서 '쉽게 결합하여 알아볼 수 있다.'는 것은 쉽게 다른 정보를 구한다는 의미이기보다는 구하기 쉬운지 어려운지와 상관없이 해당 정보와 다른 정보가 특별한 어려움 없이 쉽게 결합하여 특정 개인을 알아볼 수 있게 되는 것을 말한다 할 것이다. (중략)
> ▲IMEI는 각 휴대폰에 부여된 기기 고유번호로서, 그 사용이 가능한 IMEI의 목록은 통신사에서 관리하고, IMEI 값 자체만으로는 사용자정보를 확인하는 것은 불가능하나, 권한 있는 자가 정보를 조합하여 사용자 정보를 확인할 수는 있는 점, ▲USIM 일련 번호는 사용자 개인식별 정보 등이 들어 있는 USIM 카드의 일련번호로서, 이 번호만으로는 사용자정보를 확인하는 것은 불가능하나, 권한 있는 자가 여러 가지 정보를 조합하여 개인정보를 확인하는 것은 가능한 점…▲통신사별로 그 접근에 엄격한 통제를 가하고 있기는 하나, 제3자에 의하여 획득될 가능성이 없는 것으로 보이지는 아니한 점 (중략)
> 피고인들이 수집한 정보가 인터넷 접속정보파일인지에 대하여 살피건대, 피고인들이 수집한 IMEI나 USIM 일련번호, 개인 휴대 전화번호는 인터넷 접속정보파일이 아니라 앞서 본 바와 같이 개인정보에 해당할 뿐이므로 피고인들의 주장은 받아들이지 아니한다.
>
> (서울중앙지방법원 1심 판결문(2010고단5343), 2011.2.23.)

이 형사사건에서 재판부는 옛 정보통신망법의 개인정보 정의(제2조)에서 "해당 정보만으로는 특정 개인을 알아볼 수 없어도 다른 정보와 쉽게 결합하여 알아볼 수 있는 경우에는 그 정보를 포함"한다는 조문을 해당 정보의 '입수 가능성'의 많고 적음과는 관계 없다고 해석했다. 구체적으로 IMEI나 USIM 일련번호가 개인을 알아볼 수 없는 정보라는 점, 정보로 개인을 식별할 수 있는 통신사는 정보에 엄격한 통제를 가하고 있다는 점을 인정하면서도 어떤 식으로든 제3자가 입수할 가능성이 있어서 다른 정보와 결합하여 개인을 식별할 수 있다면 개인정보라고 판결하였다.

또한 IMEI나 USIM 정보는 제27조의2(개인정보 처리방침의 공개)에서 공개할 것을 규정한 "인터넷 접속정보파일 등 개인정보를 자동으로 수집하는 장치의 설치·운영 및 그 거부에 관한 사항"(제2항 제6호)에서 명시한 '인터넷 접속정보파일'에 포함되므로 공개만 하면 되지 동의는 받을 필요가 없다는 피고의 주장도 받아들이지 않았다.

이 판결은 개인정보의 범위를 설명할 때 가장 많이 인용되는 판결이다. 개인정보에 관한 많은 설명 자료가 이 판결을 토대로 개인정보의 범위를 무한 확장한다. 이 판결에 따르면 결합하여 개인을 알아볼 수 있는 모든 정보는 그것을 다루는 사업자가 아무리 철저하게 관리한다 하더라도 그것을 접근할 수 있는 사람의 고의 또는 과실 등 특정하지는 못하지만 상상할 수 있는 방법으로 '유출될 가능성'을 배제할 수 없으므로 개인정보라고 할 수 있게 된다.

2020년 데이터 3법 개정 시 개인정보보호법의 개인정보 정의 규정이 다음과 같이 변경되었다.

> 1. "개인정보"란 살아 있는 개인에 관한 정보로서 다음 각 목의 어느 하나에 해당하는 정보를 말한다.
>   가. 성명, 주민등록번호 및 영상 등을 통하여 개인을 알아볼 수 있는 정보
>   나. 해당 정보만으로는 특정 개인을 알아볼 수 없더라도 다른 정보와 쉽게 결합하여 알아볼 수 있는 정보. 이 경우 쉽게 결합할 수 있는지 여부는 다른 정보의 입수 가능성 등 개인을 알아보는 데 소요되는 시간, 비용, 기술 등을 합리적으로 고려하여야 한다.
>
> (개인정보보호법 제2조(정의) 제1항)

즉, 제1호 나목의 '결합 가능성'에서 '입수 가능성' 등 "소요되는 시간, 비용, 기술 등을 합리적으로 고려하여야 한다."는 단서를 붙였다. 「개인정보 보호 법령 및 지침·고시 해설서」(개인정보보호위원회, 2020.12.)에서는 이 조문에서 '입수 가능성'에 관해서는 결합에 필요한 다른 정보를 해킹 등 불법적 방법이 아니라 합법적으로 접근하여 확보할 수 있어야 하고, '결합 가능성'에 관해서는 현재 기술 수준이나 충분히 예견될 수 있는 기술 발전으로 시간, 비용, 기술 등 비합리적으로 과다하게 수반되지 말아야 한다고 해설하였다.

입수 가능성 또한 위법 행위자의 입장인지 개인정보처리자의 입장인지에 따라 달라질 수 있지만, 입수 가능성 요소를 무시하다시피 한 '증권통' 판결과는 결이 많이 달라진 것은 분명해 보인다. 이 개정을 통해 개인정보의 범위가 무한 확장되는 것을 제한하고, 합리적으로 조정될 수 있는 계기가 되면 좋겠다. 앞으로 이에 관한 법원 판결을 지켜볼 필요가 있다.

'인터넷 접속정보파일'도 상당한 변화가 있다. 2010년대만 해도 IP 주소나 모바일 기기 정보를 수집하는 것은 매우 민감한 일이었지만, 지금은 주요 플랫폼 기업 개인정보 처리방침을 보면 이러한 정보를 수집하고 있음을 명시한다.

한 플랫폼 사업자의 개인정보 처리방침에는 다음과 같이 나와 있다.

> "서비스 이용 과정에서 이용자로부터 수집하는 개인정보는 아래와 같습니다.[33] PC웹, 모바일 웹/앱 이용 과정에서 단말기정보(OS, 화면 사이즈, 디바이스 아이디, 폰기종, 단말기 모델명), IP 주소, 쿠키, 방문 일시, 부정이용기록, 서비스 이용 기록 등의 정보가 자동으로 생성되어 수집될 수 있습니다."

이러한 개인정보 처리방침은 다른 인터넷 서비스기업에서도 찾아볼 수 있다. 이용자가 입력하지 않아도 서비스를 이용할 때 '자동으로 수집되는 개인정보'를 서비스 품질 향상이나 부정 이용 방지, 서비스 보호 목적으로 사용한다면 동의를 받지 않는 것이 일정한 흐름을 형성하고 있다. '증권통' 판결의 잣대를 들이대면 문제 될 소지는 있어 보인다. 다만 쿠키를 통해 수집한 개인정보를 홍보나 마케팅에 사용하려면 동의를 받아야 한다(「개인정보 수집 최소화 가이드라인」(개인정보보호위원회, 2020.12.)). 다른 '자동으로 수집되는 개인정보'에도 동일하게 적용되는 것으로 보는 것이 타당하다.

---

33 카카오 개인정보 처리방침, 2021.9.25.

정보보호책임자가 개인정보 정의에 관하여 법규와 판결, 현장 활용 등에서 나타나는 변화를 전반적으로 살펴볼 필요가 있다.

규제 대응

규제 대응의 핵심은 역시 법규 준수Compliance다. 법, 시행령, 시행규칙, 고시에서 명시적으로 정한 바를 회사가 모두 준수하는 것이다. 그런데 여기서 법규 준수는 개인이 법을 잘 지킨다는 것과는 근본적 차이가 있다는 점을 이해해야 한다.

기업에서 법규 준수는 법규를 준수했다는 '증적'이 있거나 '증적'을 생산할 수 있는 체제가 갖춰 있는 것을 의미한다. 예를 들어 개인정보 사고가 났을 때 개인정보보호법상 개인정보의 안전 조치를 준수했는지 입증하려면 사고 시점에 법, 시행령, 시행규칙, 고시에 나온 해당 조문을 지켰다는 증적이 있거나 바로 이를 생산해 낼 수 있어야 한다는 말이다. 침입차단시스템(방화벽)과 같이 법규에서 정한 정보보호 시스템이 해당 시점에 작동하고 있다는 증적이나 대상이 되는 시스템에 남은 접근 로그, 수기 또는 수동으로 작성한 관리 대장 등이 해당한다. 필자가 이 책 곳곳에서 증적을 강조한 까닭이 여기에 있다.

규제 대응을 위해 정보보호책임자가 해야 할 일을 정리하면, ▲회사에 적용되는 법을 선별 ▲해당 법 체계 내의 고시와 해설서를 포함한 법규의 총체적 파악 ▲회사의 법규 준수 현황 점검을 통한 문제점 파악과 단·중·장기 대책의 수립 ▲CEO의 의사결정과 관련 부서와의 협업을 통해 이를 지속적으로 이행하는 것 등이다.

한발 더 나아가 ▲회사 적용 대상이 아닌 법규 중 실질적인 정보보호 강화에 도움되는 사항의 대응 ▲향후 법규의 변화 방향 및 진행 상황 추적 ▲법규 제·개정 과정에서 정보보호책임자의 의견 반영을 통한 사전 규제 대응 활동을 한다면 더욱 바람직하다. 물론 이러한 일은 혼자 수행하기 어려운 일이다. 정보보호책임자의 대외 활동이 필요한 대목이다.

적용법의 선별 ──

무엇보다도 우리 회사가 어떤 법에 적용될지 미리 점검해야 한다. 이에 따라 대응해야 할 내용이 달라지기 때문이다. 전자금융거래법이나 신용정보법, 정보통신기반보호법은 적용 대상이 명확하다. 정보통신망법은 통신사 등 전기통신사업자나 IDC와 같은 집적정보통신시설 사업자, 결제대행(PG)사와 같은 통신과 금사업자의 경우는 적용 대상이 비교적 명확한데, 정보통신서비스 제공자는 범위를 넓게 해석하고 있어서 사업자가 이를 명확히 해 둬야 할 필요가 있다. 정보통신망법에서는 정보통신서비스 제공자를 "영리를 목적으로 전기통신사업자의 전기통신역무를 이용하여 정보를 제공하거나 정보를 매개하는 자"(정보통신망법 제2조(정의) 제1항 제3호)로 정의하는데, 영리 목적을 상당히 넓게 해석하고 있어서 공공부문이나 비영리법인이라 하더라도 정보통신서비스 제공자에 해당할 수 있으니 깊이 있게 검토할 필요가 있다. 정보통신서비스 제공자가 되면 정보통신망법의 정보통신서비스 제공자에 대한 규제를 준수할 의무가 생기고, 개인정보보호법과 그 시행령에서는 '정보통신서비스 제공자 등의 개인정보 처리 등 특례' 규정을 우선 적용받으며, 개인정보 안전 조치 관련 고시는 '개인정보의 기술적·관리적 보호조치 기준'을 적용받는다.

인터넷 홈페이지 등 인터넷을 이용하지만 고객의 개인정보를 수집·이용하지 않는다면 개인정보보호법에는 해당하지 않지만, 정보통신망법 제6장(정보통신망 안정성 확보 등) 등은 적용 대상이다. 일부 개인정보는 오프라인에서 수집하고, 일부 개인정보는 온라인에서 모집한다면 이론적으로 전자는 일반 개인정보처리자의 활동이고 후자는 정보통신서비스 제공자 등의 활동이다. 온·오프라인 고객정보를 한 DB에서 관리하여 분리할 수 없다면 DB를 이용하는 활동은 정보통신서비스 제공자로서 규율된다.

규제 준수 점검 ——

한동안 많은 회사가 회사의 규제 준수 수준과 대응 방안을 위해 법무법인이나 컨설팅 업체를 통해 '컴플라이언스 컨설팅'을 받았다. 컨설팅을 받든 내부 역량으로 처리하든 간에 정보보호 인력이 법을 세밀하게 공부하고 전체적으로 대응할 수 있어야 일을 효과적으로 해낼 수 있다. 법규에 익숙하지 않은 기술 출신이라면, 관련 법규를 찾아 밑줄 쫙쫙 그어가며 읽기 바란다. 회사를 위해서도 필요하지만 본인의 앞날을 위하는 일이기도 하다.

법 체계를 이해한 뒤에 준수해야 할 '법-시행령-시행규칙-고시'를 '조-항-호-목'까지 점검목록으로 만든다. 개인정보보호 법규 준수가 주 목적인 정보통신서비스 제공자라면 개인정보보호법의 '제6장 정보통신서비스 제공자 등의 개인정보 처리 등 특례' 조문과 관련 시행령, 개인정보의 기술적·관리적 보호조치 기준을 점검목록으로 정리한다. 일반 개인정보처리자라면 '개인정보의 안전성 확보조치 기준'을 이용한다. 이 두 고시는 내용이 많이 다르지 않아서 규제기관이나 수사기관의 조사를 받을 경우가 아니라면 두 고시를 통합하여 점검목록으로 만들고 좀 더 강력한 규정을 기준으로 회사 내부의 개인정보 및 보안 점검을 하는 것이 보통이다.

좀 더 강력하고 선제 대응을 한다면 'ISMS-P 인증 기준'을 활용한다. ISMS-P 인증 기준은 ▲관리체계 수립 및 운영 16개 ▲보호대책 요구사항 64개 ▲개인정보 처리단계별 요구사항 22개 등 총 102개의 인증 기준으로 구성되어 있다. 「정보보호 및 개인정보보호 관리체계 인증제도 안내서-인증기준편」(과학기술정보통신부 등, 2019.1.)에는 각 인증 기준을 증적 예시와 결함 사례를 포함해 상세하게 기술하고 있어서 이를 활용하면 좋다.

개인정보보호위원회가 운영하는 '개인정보보호 포털'에는 위원회에서 제공하는 '개인정보보호 자가진단'이 있으니 이를 활용할 수도 있다. 목적에 맞게 선택하여 각 회사의 법규 준수 수준을 점검하기 바란다.

기업 현장에서 규제 준수 여부를 점검하다 보면 법과 현실 사이에서 고민할 때가 생긴다. 예를 들어 6달 뒤 종료하기로 결정한 서비스에서 법규 위반이 발견된다면 어떻게 할 것인가? 법을 지키기 위해 프로그램 소스를 변경하거나 보안 솔루션을 도입할 것인가? 법적 위험을 최소화하기 위해 종료 시기를 앞당길 것인가? 종료 시점이 된 서비스라서 개발 인력이 배정되지 않거나 담당 외주 업체의 지원이 안 되면 어떻게 할 것인가? 일시적으로 법규를 위반하더라도 큰 문제가 발생하지 않도록 대책을 세워야 할 것이다. 필자가 컴플라이언스라는 말 대신 굳이 규제 대응이라고 쓰는 이유다.

새로운 사업을 시작할 때도 마찬가지다. 여러 이유로 규제를 지키기 위한 보안 투자를 하지 못한 채 사업을 시작해야 한다면 어떻게 할 것인가? 이때 준법 관리 부서, 법무 부서, 정보보호 부서의 답변은 다를 수 있다. 정보보호 부서는 법규 위반이 일시적이고 제한적이면 보안 취약점의 심각도를 평가하여 그것을 최소화하는 방향에서 사업이 진행되도록 지원할 수 있다. 물론 법 위반 상태는 최소화하도록 노력해야 한다. 잘못하면 법에서 정한 제재를 받아서 법적 위험이 현실화될 수 있다.

규제 준수 점검은 사후적이지만 이를 서비스 기획이나 개발, 운영에 미리 적용하면 이후 규제 준수가 더 수월해질 수 있다. 예를 들어 개인정보 관련 서비스를 기획한다면 개인정보 생명 주기 안에서 다음 몇 가지 관리 원칙을 갖는다면 법률에 저촉되지 않고 개발할 수 있다.

표 5-31 개인정보 생명주기에 따른 개인정보 관리 원칙

개인정보 관리 원칙	해당 사항
최소 수집	- 서비스에 반드시 필요한 개인정보만 수집 - 주민번호 수집 금지. 타 법에서 허용 시 필요 시점에 수집
고객 동의	- 개인정보 수집 시, 민감정보 수집 시, 제3자 제공 시, 개인정보 국외 이전 시 동의 - 14세 미만 아동의 개인정보 수집 시 법정대리인의 동의
목적 내 이용	- 동의 받은 목적 내 이용 - 제공받은 목적 내 이용
개인정보 처리 위탁	- 개인정보 처리방침에 수탁사 공개 - 수탁사에 대한 관리·감독
안전한 관리	- 개인정보 안전조치 - 개인정보 보호책임자 지정 - 개인정보 유효기간제 준수 - 개인정보 처리방침 공개 - 영업 양·수도시 통지
통지·신고	- 개인정보 유출 시 이용자 통지 및 당국에 신고 - 개인정보 이용내역 통지
정보주체의 권리 보장	개인정보 열람·정정·삭제·처리 정지·동의 철회 요구 처리
개인정보 파기	- 회원 탈퇴, 계약 해지, 이벤트 종료 등 목적 달성이나 보유 기간 종료 시 복구할 수 없는 방법으로 즉시 파기 - 일정 기간(1년) 동안 로그인하지 않은 사용자의 개인정보 파기 또는 별도 보관

법 조문이 이해하기 어렵거나 복잡하여 현업에서 이해하지 못할 때가 있다. 이 럴 때는 법규를 반영한 정보보호 정책과 지침, 서비스용 개인정보 관리정책을 만들어 사업 부서, 개발 부서, IT 부서, 스태프 부서가 이를 기반으로 업무를 추 진할 수 있게 한다. 예를 들어 개인정보보호법에 의해 주민등록번호를 사용하 지 못하는 회사라면, 정보보안 부서(또는 개인정보보호 부서)는 이것을 개인정보 관 리정책에 반영하여 향후 모든 회원 서비스 페이지와 오프라인 회원가입 문서 양식, 인사 부서의 채용 사이트 등에서 주민등록번호를 제외해야 한다. 이벤트 를 한다면 소득세 원천징수가 필요한 상황에서 필요한 시점에 주민등록번호를 수집하고, 적절한 시점에 이를 파기하도록 한다.

정보보호 인증의 활용 ——

어느 정도 규모가 있는 회사의 정보보호책임자라면 정보보호 관련 인증을 받 을지 한 번쯤 검토해 봤을 것이다. 법적으로 인증 의무 대상이거나 가까운 미래 에 대상이 될 기업이 아니더라도 법에 나온 정보보호 인증을 획득하면 보안 사 고가 발생했을 때 도움이 될 수 있기 때문이다. 국내 인증으로는 정부에서 부여 하는 ISMS-P 인증의 정보보호 관리체계(ISMS) 인증과 ISMS 인증에 개인정보 처리단계별 요구사항을 추가한 ISMS-P 인증이 있다. 대표적인 국제 인증으로 는 정보보안 경영시스템(ISO 27001) 인증과 이에 기반해 개인정보보호 요구사 항을 추가한 개인정보보호 경영시스템(ISO 27701) 인증이 있다.

정보통신망법에서는 일정 요건에 해당하는 사업자는 ISMS 인증을 받는 것을 의무화하였다.

표 5-32 ISMS 인증 의무 대상자

분류	의무 대상자 기준
기본 요건	전기통신사업자와 전기통신사업자의 전기통신역무를 이용하여 정보를 제공하거나 정보의 제공을 매개하는 자로서 다음 중 하나에 해당하는 자
기간통신사업자 (ISP)	기간통신사업자 중 서울특별시 및 모든 광역시에서 정보통신망서비스를 제공하는 자
집적정보통신시설 사업자	IDC, 호스팅, 코로케이션 서비스 등 사업자(정보통신망법 제46조)
다음 중 하나에 해당하는 자	연간 매출액 또는 세입이 1,500억 원 이상인 자로서 다음 중 하나에 해당하는 자 – 상급종합병원(의료법 제3조의4) – 직전연도 12월 31일 기준으로 재학생 수가 1만 명 이상인 고등교육법 제2조 (학교의 종류)에 따른 학교
	정보통신서비스부문 전년도 매출액이 100억 원 이상인 자(금융회사 제외)
	전년도 말 기준 직전 3개월간의 일평균 이용자 수가 100만 명 이상인 자(금융회사 제외)

[표 5-32]의 기본 요건에는 정보통신서비스 제공자의 정의와 비슷하지만 "영리를 목적으로"가 빠져 있어서 대학교, 전문대학 등 학교를 포함할 수 있게 했다. 금융회사는 금융부문 별도로 ISMS를 주는 것으로 하여 정보통신망법에서 제외하였다. 개인정보보호법에서 규정한 ISMS-P 인증은 의무사항은 아니며, ISMS 인증을 미리 받거나 ISMS 인증과 함께 개인정보 처리단계별 요구사항에 대한 인증을 받아야 취득할 수 있다.

정보보호 인증을 받기 위해서는 정보보호 부서뿐 아니라 IT 부서, 개발 부서 등 사내 여러 부서가 참여해야 한다. 즉, CEO의 의사결정이 있어야 추진할 수 있다. CEO의 승인을 받으려면 인증 획득의 목적을 잘 설명해야 하는데, 크게 다음 세 가지 목적을 정할 수 있다.

(1) 규제 대응(법규 준수)

(2) 정보보호 이미지 제고(정보보호 소홀 이미지 방지)

(3) 회사 정보보호 수준의 객관적 평가와 실질적인 향상

ISMS 인증 의무 대상이거나 법에서 정한 혜택을 기대하는 기업이라면 (1)이 일차적 목적이 된다. (2)는 인증을 획득함으로써 얻어지는 효과인데, 의무 대상이 아닌 기업이나 업계 최초로 받는 업체는 이런 효과를 누릴 수 있다. 의무 대상인 기업은 정보보호를 소홀히 한다는 이미지를 방지하는 효과가 있다. (3)의 목적 중 회사 보안 수준의 객관적 평가는 인증 추진 과정에서 어느 정도 얻을 수 있어서 이를 알고 싶어 하는 경영진이 있다면 그에 부응할 수 있다. 하지만 가장 바람직한 것은 인증 획득 과정을 통해 회사의 실질적인 정보보호 수준이 높아지는 것이다.

인증을 추진하다 보면 (3)을 위해 시작했다 하더라도 어느 순간 (1)이 목적이 되는 상황이 되곤 한다. 어쨌든 인증은 따야 하니 말이다. (3)을 위해서는 근본적인 정보보호 대책을 세워 구현해야 하는데, (어렵더라도) CEO의 의사결정을 받아 진행하면 즉시 시행할 수 있는 대책도 있지만, 기존 IT 시스템, 개발 프로세스(관행)의 변화와 연계되고, 정보보호 시스템을 구축하는 등 단기간에 하기 어려운 일도 생긴다. 단기적으로는 증적 확보로 처리해도 "떡 본 김에 제사 지낸다."고 인증을 받기 위해 전사가 움직이는 시기에 그동안 쌓였던 보안 문제를 샅샅이 찾아내고 근본적으로 해결하는 계기로 삼으면 좋다. 이는 정보보호책임자가 끝까지 챙겨야 가능하다.

처음 인증을 취득할 때는 인력이나 경험 부족으로 인증 컨설팅을 받는 기업이 많다. 인증 컨설팅은 대체로 ▲관련 문서 취합·작성(조직, 정책, 정보 자산목록, 네트

워크 구성 등) ▲취약성 분석 및 정보보호 대책 수립 ▲정보보호 대책 구현 ▲증적 확보 ▲모의 심사로 진행된다. 이 과정에서 정보보호책임자에게 가장 도움이 되는 것은 컨설턴트가 IT 부서나 개발자 등 현업 인력과의 인터뷰와 실사를 통해 정보보호 현황과 취약점을 분석하는 단계다. IT 인프라의 구성, 인력의 변화, 개발 프로세스, 정보보호 시스템의 취약점 등 정보보호책임자가 미처 파악하지 못한 것을 찾아내기 때문이다. 큰 사고는 있는지도 모르는 취약점을 통해 발생하는 경우가 많다. '가시성'을 확보하면 어떤 식으로든 '관리'할 수 있다.

정보보호 관련 인증의 가장 큰 문제로 지적되는 것은 처음 인증을 취득할 때만 '반짝' 했다가 흐지부지되는 경우가 많다는 것이다. 인력과 조직 등 역량을 갖추지 못한 상태에서 인증을 받기 위해 보안컨설팅 업체를 통해 인증을 통과할 만큼의 증적 확보만 한 회사에서 생기기 쉽다. 인증을 이렇게 받으면 사후 심사와 갱신 심사를 진행할 때 정보보호책임자도 힘들어진다. 시작할 때부터 필요한 인력의 확보 계획을 승인받고, 관련 부서와 지속적인 협업 구조를 만들어야 한다. 보안 역량을 갖춘 회사라도 첫 인증 획득 시기가 지나면 CEO의 관심이 줄어들어 힘을 덜 받고, 회사에서 받는 외부 인증이 늘어나면서 거의 매달 인증에 대응해야 하는 부서도 생긴다. 인증 기준은 조금씩 다르지만 내부에서 준비해야 할 증적은 비슷한 것이 꽤 있다. 공통으로 대응할 수 있는 효율적이고 자동화된 체계로 만들어서 업무를 최소화하는 방안을 찾을 필요가 있다. 회사가 성장할수록 인증은 늘어난다. 법·사회적 규제에 대한 대응으로 생각하고 적극적으로 처리하는 것이 바람직하다.

말술을 자랑하는 사람도 이직하거나 늦둥이를 갖게 되면 건강에 신경을 쓰게 된다. 이때 건강검진을 받기 전에 음식을 조절하고 운동도 열심히 하고, 건강검진 결과를 세밀하게 들춰 본다. 정보보호 인증은 그런 '중요한 건강검진'과 비숫하다. 건강검진 결과가 그 사람이 암에 걸리지 않는다는 것을 보증하지 못한다. 게다가 보안은 호시탐탐 회사의 중요 자산을 노리는 범죄자와의 전투다. 건강검진의 가장 큰 효과는 지금 나의 건강 상태를 알 수 있고, 식사조절이나 운동 등 건강을 위해 뭔가 결심하고 실천하는 게 아닐까 싶다. 정보보호 인증 역시 회사의 정보보호 수준을 알고, 이를 실질적으로 높이는 계기로 삼아 실행하는 것을 핵심 목적으로 삼는 것이 바람직하다.

Security Insight

그래도 인증은 필요하다 – 정보보호 인증의 의미와 한계

2017년 국정감사에서 한 의원이 "ISMS 인증을 받고 침해사고를 겪는 곳이 많다."고 하면서 "ISMS 인증을 받으면 사고가 발생해도 인증이 취소되지 않는다.", "이런 기업이 아무런 제재 없이 또 인증이 나온다."면서 ISMS 인증 실효성을 비판했다는 기사가 나왔다.[34]

개인정보 유출 사고가 나면 정보보호 인증을 받은 회사인데 왜 사고가 났느냐, 부실하게 인증을 준 건 아니냐는 등의 비판이 수그러들지 않는다. 정보보호 인증에 관한 오해가 있어서다.

세계적으로 보안 사고가 발생하지 않는 것을 보증하는 정보보호 인증은 없다. 인증은 제품이나 서비스가 인증의 목적과 목표에 따라 수립된 인증 기준에 적합한지 심사하는 것이다. 정보보호 인증 기준에 '보안 사고가 나지 않음'이 들어갈 수 없다. 게다가 보안은 적대자가 끊임없이 보안 취약점을 찾아 공격하는 분야다. 제품 출시 시점에는 나타나지 않았던 보안 취약점이 기술의 발전으로 취약점이 되는 경우도 있다. 이런 인증 기준을 만든다는 것은 불가능하다.

대표적인 국제 표준인 ISO 27001 인증이나 이와 유사한 우리나라 ISMS-P 인증은 '관리체계 인증'이다. 보안 취약점을 없애는 역할도 하지만, 인증 신청기관이 체계적·종합적·지속적으로 정보보안을 해 나갈 수 있는지 인증 범위 내에서 세부 인증 기준을 잣대로 살펴보는 것이다. 정보보안은 결국 기업 스스로 해 나가야 할 문제이다. 더욱이 두 인증 기준에는 정보보호 사고 관리 항목이 있다. 보안 사고가 발생할 수 있다는 것을 가정하고 그럴 때 어떻게 신속하고 정확하게 대응할 수 있는 체계를 갖췄는지 심사하는 것이다. 인증의 의미와 효과를 과소 평가해서도 안 되지만, 그것을 과대 평가하지도 말아야 한다.

---

34 "'나이스', 해킹 공격에 무방비", 전자신문, 2017.10.17.

실제 심사는 엄격하게 이뤄진다. 인증심사팀이 심사한 결과를 전문가로 구성된 인증위원회에서 심의를 거쳐 인증을 부여하므로 인증심사팀이 심사를 소홀히 할 수 없다. 필자 역시 한국인터넷진흥원(KISA) 소속의 책임연구원을 팀장으로 하는 인증심사팀에 ISMS 인증심사를 받은 경험이 있다. 정보보호 분야의 실력과 자부심을 가진 인증심사팀의 꼼꼼하고 예리한 심사가 인상적이었다.

2014년 4월에 열렸던 Privacy Global Edge(PGE) 패널 토론에서 인증심사팀의 책임 문제에 대한 질문이 있었다. 인증을 받은 업체에서 보안 사고가 날 경우에 인증을 부여해 준 심사원에게 책임이 있는 게 아니냐는 것이었다. 그때 패널로 참석했던 정부 인사가 인증대상에 취약점이 있는 것을 알고도 의도적으로 무시했거나 심사 의무를 과도하게 소홀히 한 경우가 아니라면 심사원에게 책임을 묻는 것은 적절하지 않다고 답했다. 그 답변에 전적으로 공감한다.

정보보호 인증을 부여한 기업에 보안 사고가 났다고 해서 이해관계자가 인증기관을 거세게 비판하면 인증기관에서는 이미 사고가 난 기업의 정보보호 인증 신청을 받아 주지 않으려고 할 것이다. 이들도 부담스럽기 때문이다. 인증의 취지로 본다면 보안 사고가 난 기업이야말로 인증을 빨리 받게 해서 사고 난 원인과 문제점을 파악하고 관리 체계도 점검해야 하는데 말이다. 인증기관의 이해관계자가 이를 고려하길 바란다.

정보보호 인증을 취득한 뒤 개인정보 사고가 발생한 회사가 적절하게 대응한다면 사고는 터졌지만 어느 정도 보안관리 체계는 갖춘 회사라고 인식하면 좋겠다. 그래야 수립한 정보보호 관리체계를 기반으로 실질적인 정보보호 수준을 높이기 위해 해야 할 과제를 더욱 추진할 수 있다.

6장

노력하는 자가
이긴다

핵심 역량과 생활의 지혜

정보보호책임자의 핵심 역량
정보보호책임자의 생활의 지혜

하기 싫은 일을 마지못하여 함을 가리키는 우리나라 속담으로 "울며 겨자 먹기"라는 말이 있다. 냉면을 먹다가 제대로 풀어지지 않은 겨자를 실수로 먹은 적이 있다면 이 속담이 마음에 탁 와닿을 것이다. 조금은 약하지만 "남의 술에 삼십 리 간다."는 말도 있다. 스스로 하고 싶지 않은 일을 남의 권유에 따라 한다는 의미다. 비슷한 뜻이라 하더라도 싫은 정도는 좀 약해 보인다.

정보보호 관련 법규의 강화로 정보보호책임자가 많이 늘었는데, 이 자리가 담당해야 할 법적 책임 역시 강화되어 자리 맡는 것을 별로 달가워하지 않는다는 말이 나온다. "울며 겨자 먹기" 정도는 아니겠지만, 맛집 음식을 먹는 일에 비유되지 않는 것은 분명해 보인다.

하지만 필자는 정보보호책임자는 매우 보람 있는 자리라고 말하고 싶다. 무엇보다도 조직과 사업의 보안 위험을 최소화함으로써 경영목표를 달성하는 데 기여하는 비즈니스 리더이자 함께 일하는 임직원의 성과를 지키고, 위험으로부터 보호하는 역할을 하기 때문이다. 거시적으로 보면 우리 사회의 정보보호 수준을 높이기 위해서는 기업의 정보보호 수준이 높아야 하는데, 정보보호책임자는 여기에 중추적인 역할을 하는 사람이기도 하다.

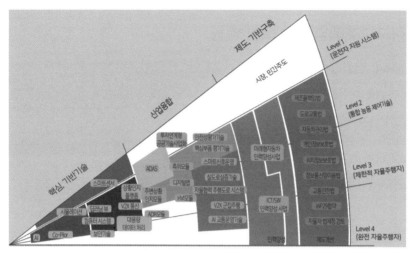

그림 6-1 자율주행차의 핵심·기반 기술인 보안 기술
(출처: 관계부처합동, 4차 산업혁명위원회, "패키지형 R&D 투자플랫폼 예시: 자율주행차", 「4차 산업혁명 대응계획」, 2017.11.)

대통령 직속 '4차 산업혁명위원회'에서 펴낸 「4차 산업혁명 대응계획」(2017. 11.)에서는 4차 산업혁명의 꽃이라고 부를만한 자율주행차 분야 투자 예시에서 핵심·기반 기술의 하나로 보안 기술을 꼽았다. 유무선 통신, 병원, 쇼핑몰, 호텔, 엔터테인먼트, 자동차, 비행기, 전자정부, 국방 등 이미 우리 사회의 기반이 된 IT 기술뿐 아니라 인공지능, 사물인터넷, 클라우드, 빅데이터, 블록체인 등 4차 산업혁명의 주요 기술 분야에서도 보안이 제대로 이뤄지지 못하면 공들여 쌓아 올린 탑이 무너질 수 있다. 사이버 보안이 준비되지 않는다면 오히려 '지능화되고 자동화된 세계', '연결된 세계'는 재앙이 될 수 있어서 날로 보안의 중요성은 더욱 높아지고 있다.

먼저 정보보호책임자가 갖춰야 할 핵심 역량에 관해 알아보자.

정보보호책임자의 핵심 역량

글로벌 컨설팅 업체인 딜로이트컨설팅이 2013년 3분기에 북미와 유럽의 CISO를 대상으로 CISO가 갖춰야 할 역량에 대해서 조사했는데, 흥미로운 결과가 나왔다.

표 6-1 CISO가 갖춰야 할 역량(출처: 딜로이트컨설팅) [01]

순위	CISO가 갖춰야 할 역량	순위	CISO가 갖춰야 할 역량
1	리더십	5	의사소통 실력
2	전략적 사고	6	관계 관리
3	비즈니스 지식	7	보안 전문성
4	리스크 관리	8	기술 전문성

순위를 젖혀 두고 CISO의 역량으로 열거된 내용을 훑어보면 다 필요한 것들이다. 이런 설문은 설문조사 주최 측에서 CISO의 역량으로 적합할 만한 것들을 열거하고 그중에서 CISO가 골랐을 것이기 때문에 얼토당토않은 게 나왔을 리는 없다. 물론 이 밖에도 더 필요한 걸 여럿 찾을 수 있을 것이다. 설문 결과를 자세히 보면 리더십, 전략, 비즈니스, 의사소통, 관계 관리 등 기업의 리더가 갖춰야 할 일반적인 역량과 위험 관리, 보안 전문성, 기술 전문성 등 정보보호 분야의 리더가 갖춰야 할 전문성이 적절히 나와 있음을 알 수 있다. 특이한 점은 정보보호가 과거에 컴퓨터 보안이나 IT 보안이라고 불렸듯이 기술적 측면이 훨씬 강조되었거나 중요하다고 생각되는 것과는 달리 북미와 유럽의 CISO는 리더의 일반적인 역량이 더 중요하다고 판단했다는 점이다. 세계적으로 정보보호

---

01 "CISO 조직, 내부 감사·리스크관리 조직으로 확대해야", 전자신문, 2014.2.21.

책임자에게 요구되는 역할이 IT 보안 리더에서 비즈니스 리더로 변화하는 추세를 반영하는 것으로 보인다. 또한, 정보보호책임자가 기술을 크게 신경쓰지 않아도 될 만큼 정보보호 조직이 구성되어서 그럴 수 있지 않을까 하는 생각도 든다. 보안 조직이 튼튼하지 않아서 정보보호책임자가 직접 챙겨야 할 IT 보안 사안이 많은 게 우리나라와는 좀 다를 수도 있다.

표 6-2 CISO의 네 가지 역할[02]

역할	설명	현재 (Current)	바람직한 수준 (Desired)
보호자(Guardian)	비즈니스 자산의 보호	41%	22%
기술자(Technologist)	조직을 위한 보안 기술의 평가와 구현	33%	12%
전략가(Strategist)	비즈니스에 연계된 보안 전략 추진	15%	32%
조언자(Advisor)	사이버 위험 식별과 대응 역량을 향상할 수 있도록 비즈니스 지원	12%	35%

이후 딜로이트컨설팅은 2016년에 낸 보고서에서 CISO의 역할을 ▲보호자 ▲기술자 ▲전략가 ▲조언자로 정의하고, 현재는 보호자(41%)와 기술자(33%)의 역할이 74%로 절대적인 비중을 차지하고 있지만, 향후 CISO의 역할이 전략가(32%)와 조언자(35%)의 비중이 훨씬 더 늘어나야 한다는 의견을 제시하였다. 즉 CISO가 보안 위험에 대한 보안 전략을 담당하는 비즈니스 리더가 되어야 한다는 의견을 갖고 있다.

역량은 말 그대로 어떤 일을 해 낼 수 있는 힘[03]이므로 정보보호책임자의 핵심

---

02 Taryn Aguas, et al., "The new CISO, Leading the strategic security organization", Deloitte Review, Issue, 19, 2016.

03 네이버 국어사전, 국립국어원

역량이 무엇이냐는 질문에 답하기 위해서는 정보보호책임자가 담당해야 할 핵심 과제가 무엇인지 먼저 제시하는 것이 순서가 될 것이다. 필자는 1장에서 정보보호책임자의 임무를 "회사의 경영목표 달성을 위한 전사 정보보호 위험의 관리"라고 정의했고, 이 임무를 달성하기 위해 핵심 업무 영역으로 (1) 거버넌스 (2) 관리 체계 (3) 중요 자산 보호 (4) 위기관리 (5) 규제 대응을 들었다.

이러한 과제를 수행하기 위해 정보보호책임자가 갖춰야 할 역량을 살펴보자.

커뮤니케이션 역량 ——

커뮤니케이션 역량은 기업의 리더들이 갖춰야 할 중요한 역량의 하나다. 이는 회사에서 직급이 높아질수록 중요해진다. 특히, 정보보호 업무는 정보보호 부서뿐 아니라 IT 운영 부서, IT 개발 부서, HR 부서, 경영지원 부서, 개인정보보호 부서 등 전사의 거의 모든 부서에 산재해 있다. 회사의 각 부서가 업무를 수행하면서 보안 프로세스를 따르고, 구성원이 보안수칙을 지켜야만 회사의 중요 자산을 보호할 수 있다. 따라서 정보보호책임자가 자신의 관할 부서를 잘 챙기는 것 못지않게 경영진과의 소통, 타 부서장과의 협업이 중요하다.

1. 경영진과의 소통법 – 비즈니스 커뮤니케이션

아이가 청소년기였을 때 일이다. 집에 일이 생겨 아이와 대화를 나누다 보니 생각보다 단절이 컸다. 필자는 아이와 친하다고 생각했는데 아이는 그렇게 생각하지 않았던 모양이다. 6개월간의 일방적인 애정공세 끝에 알아낸 것은 아이가 f(x)를 좋아한다는 사실이었다. 이거 무슨 수학 함수가 가수 그룹 이름이라니! 아이에게 브로마이드가 든 CD를 사주고, 콘서트도 함께 가면서 이야기가 조금씩 되기 시작했다.

그때부터 '열공' 모드에 돌입하여 f(x)의 래퍼는 엠버, 가창력은 루나, 큰아이가 좋아하는 가수는 크리스탈인 걸 알았고, 다비치의 이해리, 소녀시대 태연 등 걸 그룹에도 가창력이 좋은 가수들이 있다는 얘기를 나눌 수 있는 수준까지 발전했다. 아이가 좋아하는 아이돌 공연표를 사고 싶다고 해서 아이와 함께 1시간 30분 동안 끈질긴 '클릭질'을 통해 표를 사는 '쾌거'를 이루기도 했다. 아이와 관계가 좋아졌음은 물론이다.

회사를 다니며 숱하게 리더십 교육을 받고, 커뮤니케이션 워크숍을 했지만, 이때처럼 절박하게 소통을 위해 노력한 적이 없었다. 소통의 기반은 상대방의 관심을 아는 것이고 소통의 출발은 상대방의 용어를 쓰는 것이라는 점도 이때 깨달았다. 회사 리더십 교육에서 강조하는 경청과 피드백은 그 위에 쌓일 때만이 의미가 있다.

정보보호책임자가 '정보보호 경영'을 위해 해야 할 제1 과제는 CEO를 비롯한 경영진과의 소통이다.

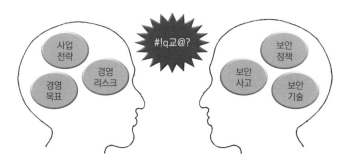

그림 6-2 경영진과의 소통

경영목표와 그것을 달성하기 위한 사업 전략, 핵심 제품과 서비스 그리고 그에 수반하는 위험 관리에 관한 생각이 머리에 꽉 차있는 CEO와 소통하려면 정보보호책임자도 그것들을 쫙 꿰고 있으면서 정보보호 부서의 업무가 이것들과 직·간접적으로 연계되어 있음을 설명하는 것이 필요하다. 바로 '비즈니스 커뮤니케이션'이다. 다른 표현으로 하면 정보보호를 경영 관점에서 경영의 언어로 소통하는 것이다.

정보보호 거버넌스를 구축함으로써 최고경영진이 기업 보안을 위해 주도적으로 나서게 하기 위해서 반드시 필요한 일이다. 그래야 정보보호책임자가 회사와 사업의 보안 위험을 줄임으로써 기업의 경영목표 달성을 위해 기여하는 비즈니스 리더로서 자리 잡을 수 있다.

정보보호 조직의 사업목표가 회사의 경영목표와 직접 연계가 되지 않더라도 회사 경영을 위해 영업 비밀과 IT 인프라를 지키고, 경영에서의 정보보안 위험을 줄이기 위해 정보보호 부서가 일하고 있다는 커뮤니케이션을 늘 유지할 필요가 있다.

특히 기술적 배경을 가진 정보보호책임자는 정보보안 이슈를 보안 취약점, 보안 공격 동향, 정보보호 시스템 도입 등 기술적 보안을 중심으로 설명하는 함정에 빠지기 쉽다. 안 그래도 정보보안 분야가 어렵다고 생각하는 CEO와 경영진들의 생각을 더 강화시키기 십상이다. 연습이 필요하다. 역량은 연습하면 커진다. 역량을 키울 수 있는 좋은 기회라고 생각하는 것이 좋다. 경영진과의 비즈니스 커뮤니케이션을 위한 몇 가지 원칙을 소개하면 다음과 같다.

- 정보보안 이슈를 사업과 고객, 구성원의 관점에서 생각한다. 정보보호의 기술적 문제는 이것이 고객이나 사업에 미치는 영향으로 바꿔 설명한다.

- 스토리를 구성하거나 비유와 사례를 들어서 설명한다. 예를 들어 디도스 공격으로 서비스 장애가 발생한 것은 추석 귀향길에 요금소가 얼마 남지 않은 고속도로에서 차량이 너무 많아서 막힌 도로에 갇혀 있는 가족과 친척들의 차에 비유한다. 사례는 동종업계의 것이 설득력이 있다. 자료는 가능하면 시각화한다.
- 개인정보 또는 정보보호가 사회적 이슈가 되거나 동종업계에서 사고가 터지는 등 경영진이 관심이 있을 시기에 이를 놓치지 않고 관련 사항을 보고한다.
- CEO나 경영진과의 소통 시 정보보호 조직이 막연한 두려움을 조장함으로써 승인을 받아내려고 한다는 생각이 들지 않도록 유의한다. 불신이 싹트기 시작하는 순간이 될 수 있다. 불확실성을 줄여감으로써 위험의 크기를 최대한 정확하게 설명해야 한다.

다음은 경영진과의 비즈니스 커뮤니케이션에 사용할 수 있는 몇 가지 문장의 예다.

- 그 사업을 해 나가는 데에는 A 위험이 있습니다. 그것을 줄이는 보안 대책으로는 B와 C가 있습니다. (신규 또는 기존 사업 검토 시 정보보안 위험 점검)
- A사가 발생한 개인정보 유출 사고로 총 사업 손실이 OOO억 원으로 추정되고, 과징금을 OO억 원 받았습니다. 이러한 문제를 보완하기 위해 이러한 보안 대책이 필요합니다. (정보보안 사고로 인한 타사의 손실 고려)
- 우리 회사에 적용되는 이러한 법적 규제가 있어서 보안 대책을 수립해야 합니다. 그렇지 않을 경우 과징금이 최대 OO억 원, 과태료가 O천만 원이 부과될 수 있습니다. (규제 대응을 위한 정보보호 솔루션 도입)
- 규제기관에서는 이런 방향으로 법(또는 시행령) 개정을 추진하고 있습니다.

1년 안에 전사적으로 이러한 보안 대책을 준비하고 시행해야 합니다. (규제 방향의 사전 검토 및 대응)

- 개인정보 관련 법적 규제에 대응하지 않으면 임직원들이 자신도 모르게 법을 위반하여 처벌을 받을 수 있으므로 있으므로 이러한 개인정보보호 솔루션을 도입해야 합니다. (개인정보보호 규제에 따른 구성원 피해 대응)

- 이 제품(서비스)은 고객이 개인정보보호 기능을 중요하게 여길 것이므로 이 제품(서비스)에 이러한 개인정보보호 기능을 추가하는 게 좋겠습니다. (고객 가치로서의 개인정보보호 기능 검토)

- 최근 회사 서비스에 디도스 공격이 발생했는데, 이에 대처하기 위해 대책을 수립해야 합니다. 디도스가 발생하여 서비스가 1시간 중단되면 회사의 매출이 O천만 원 떨어질 뿐 아니라 회원들이 경쟁사로 이동할 수 있습니다. (정보보안 사고로 인한 기업의 손실 고려)

- 중요 마케팅 자료가 유출되면 경쟁사에 흘러 들어갈 수 있으니 문서를 암호화하고, PC에서 대량 복제가 가능한 경로는 차단하는 정책을 시행해야 합니다. (정보보안 사고로 인한 기업의 손실 고려)

- 회사 서비스에 악성코드가 삽입된 것이 발견되었는데, 방문자 수와 접속 브라우저를 고려할 때 피해 고객 수는 약 OO만 명으로 예측됩니다. 이에 대응하기 위해 A 대책을 수립해야 합니다. (정보보안 사고로 인한 고객의 피해 대응)

- 타사에 사고가 발생했는데, 우리 회사도 그 부분에 취약점이 있습니다. 그에 대해 이러한 보안 대책을 수립하고 시행해야 합니다. (타사 정보보안 사고 발생 시 대응)

이런 설명을 할 때 같은 뜻이라도 CEO가 즐겨 쓰는 용어를 활용하면 커뮤니케이션이 더 잘 된다. CEO는 이해가 잘 되기도 하고 자신이 주장하는 바를 임직원들이 잘 따른다는 느낌도 받는다.

정보보안 위험이 전사적으로 큰 위험이고, CEO에게도 영향을 미칠 수 있음을 설명하고, 커뮤니케이션을 위해 위와 같은 노력을 기울였음에도 불구하고 CEO가 정보보안 문제를 대응하는 데에 소극적이라면, 정보보호책임자 스스로 그 직책을 맡아야 할 이유를 곰곰이 생각해 보기 바란다. 정보보호 정책에 대한 구성원의 불만 대응용이나 법과 당국의 규제 대응용으로 정보보호책임자를 이용하다가 사고가 터지면 내칠 가능성이 있어 보이는 회사다.

2. 타 부서와의 소통법 – 비즈니스 커뮤니케이션

한 보안 기업에 강연을 갔다가 회사 임원들을 만난 적이 있다. CTO 업무를 대행하는 한 임원이 개발자를 다루기 어렵다는 말을 하니 다른 임원들도 완전히 공감하는 눈치였다. 필자가 처음 서비스(사업) 총괄을 맡았을 때가 생각났다. 서비스 기획자들의 말을 들으면 이들이 기획하는 서비스가 모두 '대박'을 터뜨릴 것 같았다. 필자가 하는 질문에 멋진 '스토리'가 담긴 청산유수 같은 답변을 들으면서 도리어 답답했다. 현실은 모든 서비스가 다 '대박'은 아닐 테니 말이다. 그들의 보고를 받고, 질문과 답변, 토론을 거치면서 서비스 기획자는 이제까지 필자가 경험했던 집단과는 또다른 사고체계와 논리를 갖고 있음을 알게 되었다. 그때 회사 생활에서 필자가 겪어온 여러 기능 그룹의 특성을 생각해 보니 개발, IT, 디자인, 영업, 마케팅, 경영스태프 등이 정말 다른 종류의 인간형이라는 걸 깨닫게 되었다.

어쩌면 살아온 배경과 갖고 있는 논리 구조가 다르고, 전공이 다르고, 업무의 성격과 우선순위, 조직의 이해관계, 문화, 심지어는 같은 단어를 서로 다른 뜻으로 쓴다면 소통이 잘되지 않는 것이 어쩌면 자연스러운 일인지도 모른다. 정보보호 조직에서는 당연하게 추진해야 할 정보보호 정책이 타 부서에서는 업무의 효율성을 떨어뜨리는 장애로 받아들여지기도 한다. 자주 있는 일이다. 대화하는 상대방이 나와는 다른 유형의 인간임을 인정하고 상대방의 논리체계와 이해관계를 이해하려고 노력해야 타 부서와 소통을 시작할 수 있다.[04]

경영진과의 커뮤니케이션 때처럼 타 부서장과의 커뮤니케이션 역시 비즈니스 커뮤니케이션이 되어야 한다. 상대 부서의 업무 용어를 익히고 주요 사업목표, 주요 사업계획과 핵심 프로젝트, 고민 등을 알고 있으면 소통하기가 좋다. 정보보호에 가장 관련이 많은 부서는 역시 IT 운영 부서다. PC, 서버, 네트워크, 데이터베이스 등 정보보안 이슈의 반 이상은 IT 인프라와 관련되어 있기 때문이다. IT를 잘 모르는 정보보호책임자는 해당 부서 팀장이나 선임 엔지니어를 불러 업무 설명을 듣는 일부터 시작하면 좋다.

IT 보안 사고가 많은 요즘 웬만한 IT 운영 부서 팀장은 정보보안에 관심이 많다. IT 팀장이 보안을 잘 알면 팀장 자신의 경력 관리를 위해서도 도움이 된다. 이들도 나름 보안 업무를 잘 수행하지 못하는 이유도 있을 것이므로 애로사항도 함께 들어 주면 좋다. 모르는 IT 용어나 프로세스가 나오면 열심히 공부하기 바란다.

IT 운영 부서의 보안 문제를 파고들다 보면 개발 부서와 연결되곤 한다. IT 운영 부서에서 관리하는 IT 인프라를 개발자가 많이 사용하기 때문이다. 개발서버,

---

04 회사 내 다양한 집단 사이에 커뮤니케이션이 잘 되지 않는 원인과 대책에 관해 연구가 어느 정도 되어 있는지 모르겠지만, 재미있는 연구 주제가 되지 않을까 싶다. 기업에도 큰 도움이 될 것이다.

운영서버, 데이터베이스, 계정 관리 등 IT 인프라 보안 곳곳에서 '자유로운 영혼'을 가진 개발자 문제로 고충을 겪는 IT 운영자를 어렵지 않게 만날 수 있다.

이들은 개발자에게 도움을 받을 때도 있어서 강력한 보안 통제를 시행하기도 힘들다. 이 부분을 지원해 주면 IT 운영 부서가 보안 업무를 좀 더 열심히 할 수 있다. 정보보호책임자가 해야 하고 잘할 수 있는 일이다. 특히 IT 운영 부서나 개발 부서 구성원에게는 정보보호 부서와의 협업을 통해 보안 업무를 경험하는 것이 자신들의 경력에도 도움이 되고 결국 자신의 가치를 높일 수 있는 일임을 설명해 주면 좋겠다.

전략적 사고 ──

전략적 사고 역시 기업의 리더가 갖춰야 할 덕목이다. 어쩌면 위로 올라갈수록 가장 중요한 역량이 전략적 사고인지도 모른다. [표 6-2]에서 CISO가 수행해야 할 네 가지 역할 중 '전략가'의 비중이 1/3 정도를 차지하는 것이 바람직하다는 딜로이트컨설팅의 제안은 전사 보안 위험 관리를 해야 할 정보보호책임자가 주목할 필요가 있다.

1. 큰 그림에 대한 이해

전략의 출발은 전쟁이다. 전투에 이기고 전쟁에서 진다는 이야기가 있다. 개별 전투에 매몰되면 소소한 전투에서 이기고도 전쟁의 승패를 가를 전투에 질 수도 있다. 어느 전투가 중요한지 알아야 하고, 그 전투를 반드시 이길 수 있는 전술을 마련해야 한다. 또한, 중요하지 않은 전투는 어느 정도로 대응할지 수준을 정해 놓아야 한다. 보안도 이와 비슷하다. 다만 보안은 대부분 방어가 핵심이다. 공격자가 누구인지 알기 어렵다. 노력하면 공격의 징후를 찾아낼 수 있다.

다른 분야도 비슷하지만 보안은 정말 소소한 일들이 많이 발생하는 분야다. 어떤 정보보호 시스템이든 보안 이벤트를 모니터링 해 보면 끊임없이 올라오는 이벤트 중에 이것은 위험하고, 저것은 지나쳐도 괜찮은지 고민하게 된다. 중요한 이벤트인데 그냥 지나쳤다가는 미국 Target사와 같은 상황이 발생할 수 있다. 그렇다고 모든 걸 다 중요하게 보고 분석하고 추적했다가는 보안 인력이 이벤트를 분석하느라 다른 일을 하지 못한다. 정보보호책임자는 디테일도 소홀히 하지 소홀히 하지 말아야 하지만, 보안 대책의 큰 그림 속에서 해당 시스템의 위치와 의미를 파악하여 최적화하고 후속 조치를 취하는 것이 바람직하다.

경영에서도 마찬가지다. 경영 전략은 결국 인력, 예산, 시간 등 경영 자원의 배분에 관련된다, 사업목표를 명확히 이해해야 가능한 일이다. 사업의 성격과 목표를 보는 눈이 필요하다. 앞에서 말한 큰 그림이다. 사업 환경, 경쟁 상대, 관련 트렌드를 함께 보면 좋다. 정보보호책임자가 회사 사업의 특성과 그에 대한 보안 위험을 이해하고, 그에 맞춰 정보보호 조직의 사업계획을 수립하고, 보안 투자의 우선순위를 조정하여 최고경영진에 요청해야 한다. 회사의 큰 그림뿐 아니라 보안 투자의 큰 그림 역시 갖고 있어야 한다. 언론에 나오는 사고 소식을 들으면 보안은 다 중요하다고 하기 쉬운데, 그 모든 걸 다 할 수 있는 것은 아니다. 특히 보안 실무자는 우선순위에 대한 개념이 없는 경우가 많다. 정보보호책임자가 심각도와 시급성을 따질 수 있도록 지도할 필요가 있다. 투자 우선순위에서 밀리는 보안 이슈들은 다른 방식으로 보완한다. 아주 특별한 회사를 제외하고는 늘 있는 일이다.

비즈니스 커뮤니케이션의 중요성을 전략 관점에서 보면 전략의 수립 과정에서 CEO나 타 부서의 역할과 의견을 반영하고, 전략 실행을 위해 CEO와 타 부서의 협조를 받아내는 것이라 볼 수 있다.

2. 핵심 관리 체계 수립

관리 체계라고 하면 흔히 ISMS-P나 ISO 27001을 떠올리게 되어 핵심 관리 체계라는 표현을 썼다. 직접 일일이 챙기기 어려우니 큰 틀을 갖추고 관리한다는 말이다. 정보보호책임자의 세부 업무는 1장에서 상세하게 다뤘으니 그 업무를 관통하는 체계 정도로 이해하면 된다. 앞에서 설명한 '큰 그림' 관점에서 보면 정보보호 거버넌스, 정보보호 관리 체계 등 기업 보안을 수행할 틀을 잡고, 중요 자산의 보호, 위기관리, 규제 대응 등 수행해야 할 핵심 과제와 그것의 주요 업무를 정리하면 정보보호책임자가 해야 할 일이 한눈에 들어온다.

특히 '정보보호 거버넌스-정보보호 조직 체계-정보보호 협업 체계'를 강조하고 싶다. 정보보호책임자와 정보보호 조직에서 전사 보안 위험 관리를 위해 수행해야 할 업무는 이 틀에서 소화되어야 한다. 단기적으로는 쉽지 않더라도 보안 관련 제도와 보안 문화 형성을 위해 할 일도 차근차근 준비해 놓을 필요가 있다. 이를 종합해 주기적 또는 이슈 발생 시 점검하는 것이 기본이 된다.

핵심 관리 체계 수립 시 빠뜨리기 쉬운 것은 정보보호책임자가 하지 않을 일을 정의하는 일이다. 업무에서의 우선순위는 순위가 높은 일을 고르는 것 못지않게 내가 하지 않을 일, 순위가 낮은 일을 고르는 것 역시 중요하다. 권한 위임에 관한 문제이기도 하다. 권한을 위임하더라도 최종 책임은 위임되지 않는다는 점을 기억해야 한다. '최종 책임Accountability'과 '수행 책임Responsibility'의 차이다.

3. 전략적 사고의 연습

사람을 상대하다 보면 말이 청산유수인 사람도 있고, 말은 많지 않지만 논리 정연한 사람도 있다. 전략적인 사고가 몸에 밴 사람이 있는 한편 전혀 그렇지 않은 사람도 있다. 잘 되는 사람은 하던 대로 하면 되지만 잘 안 되는 사람은 연습이 필요하다. 특히 팀장급으로 실무를 많이 한 사람이 전사의 정보보호 책임을 지게 되었을 때에 더욱 그렇다.

- 평소 경영목표(매출, 영업이익, 핵심 제품, 주요 위험)의 큰 그림을 그려 머리에 넣어 두고, 그것을 위해 정보보호책임자가 지원해야 할 핵심 정보보호 의제를 두세 개로 압축해 놓고 업무를 할 때 이것과의 연관성을 늘 생각한다.
- 정보보호 조직원의 KPI 역시 정보보호 조직의 핵심 정보보호 의제와 연계하여 수립한다. 일상적 보안 운영 업무 역시 이것과의 연관성을 점검한다.
- 회사에 적용하고 있는 정보보호 정책이나 보안 대책 역시 핵심 사항을 서너 개로 정리하고, 그에 따른 세부 사항을 정리한다.
- 한해 핵심적으로 보안 투자를 할 사항과 IT 정책이나 프로세스, 현 정보보호 시스템의 활용, 인력 운영 등으로 버텨야 할 것을 구분한다.
- 보안 제품 도입 시 취지와 목적을 명확히 하고 구축단계와 운영단계에서도 이것이 관철되는지 점검한다.
- 회의를 주재할 때 목적과 처리할 사항을 생각해 놓고 이전 회의가 있었다면 그 회의 결과를 토대로 다음으로 나아갈 수 있도록 한다. 회의 때 책임자급의 말이 바뀌면 업무의 전략적 방향이 바뀌면서 일의 효율성이 크게 떨어진다(참석하는 회의가 많아서 그런지 회의 때마다 자신의 주장이 달라지는 고위 간부가 의외로 많다.).

법·기술·서비스에 관한 이해 ——

커뮤니케이션 역량, 전략적 사고와 함께 정보보호책임자의 역량으로 강조하고 싶은 것이 법, 기술, 서비스(제품)에 관한 이해다.

첫째, 정보보호 법규에 관한 이해가 필요하다. 세세한 규제, 강력한 제재를 특징으로 하는 우리나라 정보보호 법규들은 계속 변화 중이다. 지금까지 나온 법, 시행령, 시행규칙, 고시를 다 챙겨 보는 것도 만만치 않은데 계속 변화하고 있으니 더욱 어렵다. 법적 위험이 계속 커지는 추세이므로 이제 정보보호책임자는 반드시 법에 대한 이해가 필요하다. 반드시 회사에 적용되는 정보보호 법규들을 공부해야 한다.

그리고 그 법이 우리 회사의 어떤 업무에 어떤 영향을 미치고, 그 법규를 준수하기 위해 해야 할 일이 무엇인지도 알아야 한다. 관련 법규는 보안 대책의 중요한 근거가 된다. 회사 법무 조직은 공정거래법과 같이 회사의 사업과 경영진에 직접 영향을 미치는 분야에 주로 관심이 있어서 개인정보보호법이나 위치정보법 등에 관해서는 잘 모르는 경우가 많다. 법을 회사의 보안 업무 측면에서 해석하고, 적용할 때 정보보호책임자의 역할이 필요하다.

둘째, 기술에 대한 이해 역시 중요하다. 정보보호책임자가 법대를 나오고 변호사 자격증이 있는 수준의 법적 전문성이 필요한 것이 아닌 것처럼 정보보호책임자에게 필요한 기술이 보안 솔루션이나 IT 인프라를 직접 운용하거나 관련 이론을 이해하는 전문성이 아니다. IT 시스템, 정보보호 제품 등에 관한 포괄적인 기술적 지식이 있으면 된다. 교육학과를 졸업하고 교사가 된 후배가 학교 컴퓨터교실 담당 교사를 한 것을 본 적이 있다. 컴퓨터공학을 전공하지는 않았지만, 컴퓨터를 많이 이용하면서 쌓은 실력이다. 그 정도면 충분하다. 기술에 관심이 있고 질문하고 답변 듣고 이해하고 토론할 수 있으면 된다. '관심 있는 사용자' 수준이면 된다. 보안에서 거버넌스와 관리 체계의 중요성이 아무리 강조된다 하더라도 정보보호책임자가 기술을 전혀 모르면 기업 보안을 해 나가는 데 어려움이 있다. 그리고 탁월하고 책임감 있는 정보보안 팀장을 두면 된다. 중요 자산의 보호를 위해 반드시 필요한 일이다.

한발 더 나아가면 계속 새로운 기술이 나오는 IT 트렌드에 관심이 있으면 좋다. 정보보호책임자 업무의 반 이상은 IT 보안에 관련된 일이다. 새로운 IT 서비스가 나오면 거기에 보안 취약점이 따라 나온다. 회사에서 클라우드와 같은 새로운 기술 기반의 서비스를 이용하고자 할 때 보안 관점에서 대책을 세워야 하고, 모바일 앱으로 위치기반 서비스를 하려고 한다면 위치정보에 관한 이해가 필요하다. 새로움에 대한 호기심은 정보보호책임자가 가지면 좋을 덕목이다.

셋째, 회사 제품과 서비스에 대한 이해다. 회사가 운영하는 인터넷 쇼핑몰을 이용하지 않으면서 쇼핑몰 보안을 논한다면 다른 부서원과 공감대도 생기지 않는다. 물론 잘하기도 어렵다. 회사 제품에 들어가는 보안기능 역시 마찬가지다. 회사에서 나오는 다양한 제품과 서비스를 즐겨야 거기에 들어가는 보안기능을 고민하고 협의도 할 수 있다. 원래 게임을 하지 않았는데, 게임회사에 입사한 뒤 온라인게임을 시작하여 고위 간부 중에 최고 실력자로 등극했다며 자신도 몰랐던 재능을 발견했다는 정보보호책임자를 만난 적이 있다. 매일 게임사업에 몰두해 있는 CEO, 꿈에서도 디버깅하고 있을 게임 개발자들과 잘 소통하기 위해서다. 그 정도 노력을 기울여야 훌륭한 정보보호책임자가 되지 않을까 싶다. 자사 제품과 서비스에 대한 관심과 열정이 없어서는 어려운 일이다.

좀 더 나아가 경쟁사 서비스를 알면 더 좋다. 비슷해 보이는 모바일 쇼핑몰도 자신만의 경쟁력을 갖기 위한 무언가를 갖춘다. 수박 겉핥기로 봐서는 알아내기 힘들다. 회사의 서비스 기획자나 개발자와 이야기를 나누면서 파악할 수도 있다.

이렇게 법-기술-서비스의 3박자를 잘 갖추면 훌륭한 정보보호책임자가 될 수 있다. 이건 재능이 필요 없다. 관심과 노력만으로 충분히 가능한 일이다.

정보보호책임자의 생활의 지혜

이 절에서는 정보보호책임자가 갖추면 좋을 업무 처리 방식이나 팁을 소개한다. 원칙이나 기준이라고 말할 만한 것은 아니어서 필자는 흔히 '생활의 지혜'라고 표현해 왔다. 정보보호책임자마다 자신만의 업무 처리 노하우를 갖고 있을 테니 다음의 내용도 그중 하나로 참고하기 바란다.

보안 수준이 가장 낮은 곳 찾아내기 ——

한 조직의 보안 수준은 가장 낮은 곳의 보안 수준이라고 했다. 그렇다면 기업 보안을 위해서는 보안 수준이 가장 낮은 조직이나 보안 영역을 찾아 이것의 수준을 높이는 것이 급선무라 할 수 있다. 아예 정보보호 조직에서 알지 못해 관리 자체가 되지 않는 분야는 없는지, 보안 수준이 매우 떨어지는 곳은 없는지, 나름 보안 수준을 유지한다고 생각했는데 중간에 IT 구성이나 정책의 변경 등으로 보안 수준의 변화가 큰 부분이 있지는 않은지 등 전체를 살펴봐야 한다. 당장 대책을 수립하지 못하더라도 그 상황을 알고 있는 것과 모르고 있는 것의 차이는 매우 크다. 즉, '가시성Visibility' 확보가 중요하다.

하지만 정보보호책임자가 알고 있는 보안 취약점이 우리 회사가 가진 취약점의 100%인지 확신할 수는 없다. 하지만 100%를 위해 노력할 수는 있다. 예를 들어, 고객용 서비스를 제공하는 운영 서버, DB, 네트워크, 서비스 및 애플리케이션에 대한 보안 취약점 점검이 기본이다. 내부 IT 인프라에서도 콘텐츠나 중요 서버가 있다면 비인가 접근과 유출이 가능한 보안 취약점이 있는지 살펴봐야 한다. 오프라인으로 가지고 나갈 수 있는지도 점검할 필요가 있다.

회사의 보안 취약점을 찾아낼 수 있는 다양한 방법이 있다. 한번 시도해 보기 바란다.

- 회사에서 그 중요 자산에 대해 권한이 가장 많은 인물 5명을 찾아본다. CEO일 것 같지만 아닌 경우가 많다. 도리어 DB 관리자나 서버 관리자, 개발자일 가능성이 높다. 이들 중에 외주 인력도 있을 것이다.
- 그동안 보안 취약점 이력을 검토하여 단기 대책, 근본적 대책이 시행되고 있는지 점검한다. 혹시 보안 대책을 논의만 하다가 구현하지 않아 공격당할 수 있는 보안 취약점이 있는지 점검한다.
- 보안팀 인력에게 우리 회사에서 가장 큰 보안 취약점 3개를 써보라고 한다. 자신이 내부 정보 유출을 한다면 어떻게 할 건지 생각해 볼 수도 있다. 정보보안팀 내에서 브레인스토밍을 하는 것도 한 방법이다.
- 회사의 IT 보안 취약점을 제일 잘 아는 건 역시 IT 운영 담당자와 개발자이다. 이들에게 보안 취약점을 이야기하도록 한다. IT 운영 담당자는 책임이 자신에 돌아갈까 봐, 개발자는 자신이 편리하게 활용하던 구멍이 막힐까봐 말하지 않을 수도 있다. 이들이 도리어 칭찬받을 수 있도록 해 준다. 물리 보안이나 외주 관리 담당 부서(총무, 인사, 기획, 재무) 등 다른 현업 담당자들에게 물어봐도 좋다.
- 최근 다른 회사에서 발생한 심각한 사고 사례를 시나리오로 만들어 우리 회사의 취약점을 점검한다.

어느 정도 정보보안에 투자하는 회사에서는 기존에 해왔던 방식과는 다른 시각에서 보는 것도 필요하다. 그래야 기존 방식에서 찾지 못한 새로운 취약점을 찾을 가능성이 있다. 예를 들어 회사의 네트워크를 펼쳐 놓고 중요 자산에 접근할 수 있는 경로와 중요 자산에서 유출되는 경로를 살펴보는 것이다. 여러 부서의 협조가 필요하고 시간이 많이 들기도 하지만, 네트워크와 서버, DB, 애플리케이션, 정보보호 시스템을 모두 꿰뚫고 있는 인력이 없어서 잘 하지 않는데, 한 번 해 볼 만하다. 개별적 보안 정책은 지키고 있다 하더라도 전체적으로 취약한 부분이 발견될 수 있다. 또한, 4장 '위기관리'에서 기술했던 정보보안 위기가 발생할 수 있는 여러 시나리오를 작성하고 이것이 발생할 수 있는 보안 위험과 취약점을 점검하는 것 역시 한 가지 방법이 될 수 있다.

보안 위협에 대한 통합적 보안 대책 수립 ——

기업에서는 특정 보안 위협에 관해 특정 보안 솔루션을 도입하는 것이 보통이다. 악성코드에 대해서는 안티바이러스, 지능형 표적 공격APT, Advanced Persistent Threat에 대해서는 APT 대응 솔루션, 디도스DDoS 공격에 대해서는 디도스 대응 솔루션이나 사이버 대피소 서비스, 내부정보유출 위협에 대해서는 내부정보 유출방지(DLP) 솔루션을 도입하는 식이다. 경영진에게 보안 솔루션에 대한 도입 승인을 받을 때도 그렇게 설명하는 것이 편하다. 하지만 보안 공격의 방법과 경로가 다양하기 때문에 보안 솔루션 하나를 도입하는 것이 보안 위협에 대한 실질적인 보안 대책이 되지 못하는 경우가 많다.

예를 들어 APT 공격의 한 형태를 살펴보자.

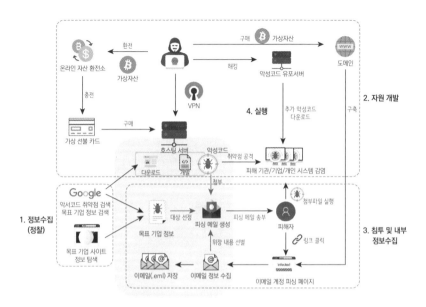

그림 6-3 지능형 표적 공격 절차 개념도
(출처: 「TTPs #4 피싱타깃 정찰과 공격 자원 분석」, 한국인터넷진흥원, 2020.12.)

한국인터넷진흥원에서 분석한 사례에서 APT 공격은 (1) 정보 수집(또는 정찰) (2) 자원 개발 (3) 최초 침투 (4) 실행 (5) 지속성 유지 (6) 자격 증명 확보 (7) 방어 회피 (8) 내부 이동 (9) 내부 정보 수집 (10) 유출의 단계로 이뤄진다.[05]

따라서 APT 공격을 예방하려면 정찰 단계(1)에서 아이디나 비밀번호와 같은 중요 정보가 노출되지 않아야 하고, 공격 준비에 관한 정보를 사전에 입수할 수 있다면, 미리 공격에 대비할 수 있다. 자원 개발 단계(2)는 주로 회사 밖에서 이

---

05 이것은 미국 연방정부가 예산을 지원하는 비영리 연구개발단체 마이터(MITRE)의 어택(ATT&CK: Adversarial Tactics, Techniques, and Common Knowledge) 프레임워크를 기준으로 작성된 것이다. 마이터 어택은 공격을 14가지 전술(Tactics)로 분류하고, 각 전술이 이용하는 총 185개 기술(Techniques)과 절차(Procedures)를 서술한 프레임워크이다. 이러한 기술과 절차를 적절한 방법으로 차단하면 공격을 방어할 수 있다는 점에서 보안 기업과 기업 보안 담당자들이 많이 활용한다.

뤄진다. 회사 입장에서 중요한 것은 최초 침투(3) 단계다. 여기에서는 표적 피싱 등을 통해 악성코드를 설치하는 방법이 많이 쓰인다. 이를 차단하기 위해서는 APT 대응 솔루션, 이메일 보안 솔루션, 안티바이러스 등 보안 솔루션의 운용뿐 아니라 각종 소프트웨어의 최신 보안 패치, 피싱 공격에 대한 대응 훈련, 이상 행위 발견 시 정보보안팀의 신속한 대응 등이 종합적으로 이뤄져야 한다.

실행 단계(4)에서는 회사 내부에 설치된 악성코드가 실행되면서 원격에 있는 명령·제어 서버에 접속해 범죄 집단의 명령에 따라 원격제어 악성코드 등 범행에 필요한 도구를 추가 설치하는 등 악성 행위를 수행한다. 이후 PC가 부팅할 때마다 악성코드가 실행되도록 레지스트리에 등록하는 지속성 유지 단계(5), 키로깅Key logging, 비밀번호가 저장된 파일 확보 등을 통해 계정 정보를 탈취하는 자격 증명 확보 단계(6), 자체 암호화 도구로 악성코드를 암호화하는 등의 방법을 통해 보안 솔루션의 탐지를 피하는 방어 회피 단계(7), 내부에서 수집한 정보나 사전에 수집한 직원 정보를 이용해 목표를 향해 이동하는 내부 이동 단계(8), 추가 계정 정보, 공격 대상 정보 등을 확보하는 내부 정보 수집 단계(9)를 완료하면, 범죄 집단은 트래픽 노출을 최소화하는 방식으로 해당 정보를 유출(10)한다. 방어 관점에서 본다면, 실행 단계(4)에서 APT 대응 솔루션이나 트래픽 분석 솔루션 등을 통해 악성코드의 역접속을 찾아낼 수 있고, 지속성 유지 단계(5)에서 안티바이러스나 EDREndpoint Detection and Response을 통해 PC에서 활동하는 악성코드를 차단할 수 있다.

이와 같이 APT 공격의 전 과정을 살펴보면, APT 대응 솔루션의 기능은 제한적이다. 따라서 APT 공격에 대응하기 위해서는 공격의 각 단계에서 여러 보안 솔루션을 활용한 모니터링·분석·대응을 통해 악성 행위를 탐지·차단하는 종합적인 대책을 갖춰야 한다.

리뷰 회의 ──

정보보호 업무의 특징 중 하나는 반 이상이 '운영' 업무라는 점이다. 많은 조직에서 70%를 넘을 수도 있다. 정보보호 정책 수립, 교육, 정보보호 시스템 운영, 로그 점검, 취약점 점검, 보안 감사, 정보보호 이슈 대응 등 매년, 매분기 성격이 비슷한 운영성 업무들이 반복된다. 정보보호 시스템 구축과 같은 프로젝트성 업무는 가끔 있을 뿐이다.

업무량은 많지만 재미없고, 창의력을 발휘할 일도 별로 없는 일이 매일 반복된다. 그렇다고 해서 이런 업무에 구멍이 나면 큰 사고가 날 수 있으니 중요도는 결코 떨어지지 않는다. 특히 DB 보안이나 내부정보 유출방지와 같은 내부 통제 성격의 업무는 단순하지만, 대상 정보가 중요한 것이 많아서 외주 인력에게 업무를 배정하기에도 찜찜하다. 이러한 운영 업무를 처리하면서 정보보호 인력의 적극성을 끌어내어 회사의 정보보호 수준을 높이고, 인력이 성장하고 정보보호책임자 역시 지식과 경험을 키울 수 있는 방법은 없을까?

필자는 '리뷰(검토) 회의[06]를 통해 이러한 목적을 상당히 달성했다. 브레인스토밍과 같은 모임을 제외한다면 회의는 크게 ▲(일방적인) 지시나 공유 ▲보고와 의사결정 ▲리뷰(검토)의 3가지 유형으로 나눌 수 있다. 보고 회의가 지시 받은 사항이나 의사결정을 받을 사항을 실무자가 심도 있게 검토한 보고서를 기반으로 진행된다고 하면, 리뷰는 간단한 발제와 집중적인 토론을 중심으로 진행된다. 자료 없이 칠판에 쓰면서 설명해도 좋다. 다양한 대안을 준비하지 않아도 된다. 발제자의 기본적인 생각과 그것에 관해 토론할 수 있는 관련 분야의 실력 있는

---

06 리뷰(review)는 소프트웨어공학에서 소프트웨어의 분석과 설계, 코딩의 결과물을 문제점이나 개선 사항을 검토하는 방법으로서 소프트웨어 개발자들의 자유롭고 치열한 토론을 전제하고 있어서 비슷한 환경을 마련할 수 있으면 다른 분야에 적용해도 좋은 성과를 얻을 수 있다.

실무자들이 참석하면 된다. 참석자 사이에 질문과 대답, 의견 개진, 토론이 활발하게 이뤄지도록 하는 게 성공 요인이다. 발제자와 정반대의 의견을 내도 좋다.

한 기업이 가진 보안 문제를 가장 많이 알고 있는 사람은 보안 실무자다. 문제에 대한 대책 역시 이들이 가장 잘 알고 있다. 리뷰 회의를 통해 보안 실무자들이 의견을 많이 낼 수 있도록 하면 많은 부분을 보완할 수 있고, 정보보호책임자는 전사적인 상황, 해당 부서의 업무 환경, 업무 우선순위 등을 보완해서 필요한 의사결정을 할 수 있다.

정보보호책임자는 회의를 주관하지만 결론을 내리지 않아도 된다. 다만, 서로 충분히 의견을 낼 수 있는 분위기를 조성하고 본인도 한 사람의 참석자로서 여러 관점에서 질문을 하면 좋다. 특히 보안 분야의 전문성이 충분하지 못한 정보보호책임자는 리뷰 회의를 통해 정보보호실무자들의 지식과 경험을 얻을 수 있는 좋은 기회이기도 하다.

회사의 분위기에 따라서는 회의에 참석한 최상위 직급자가 한마디 하면 그에 반대되는 의견이 거의 안 나오는 곳도 있다. 리뷰 회의를 통해 뭔가를 얻으려면 반드시 극복해야 할 장애물이다. 정보보호책임자의 리더십에 따라 의도가 그렇지 않더라도 본인의 말을 참석자가 추궁이나 질책, 이미 내려진 결론으로 받아들일 수도 있으니 유의해야 한다.

전사 또는 특정 부서에 관련된 정보보호 정책을 수립할 때 리뷰 회의를 하면 효과가 있다. 개발 프로세스에 관한 보안 정책이나 지침이 있을 때 개발 부서와 리뷰 회의 정책을 더욱 정교하게 만들 수 있다. 정보보호 시스템을 구축할 때도 IT 운영자나 개발자와의 리뷰 회의를 통해 정보보호 부서가 잘 알기 어려운 구축 시 고려사항이나 공급 업체에 대한 요구사항을 보완할 수 있다. 개발 부서의 도움을 얻으면 간단한 개발로 비싼 정보보호 시스템을 도입하는 것과 같은 효과를 얻을 수도 있다.

수동으로 처리하는 운영 업무를 자동화하는 등 효율성을 높이기 위한 방안을 수립하거나 보안관제의 효과를 극대화하는 방안, 각 보안솔루션의 로그 분석을 통해 보안 위협을 탐지하는 방안 등 리뷰 회의를 통해 개선할 수 있는 운영성 업무는 매우 많다.

물론 리뷰 회의의 용도가 운영성 업무의 개선에만 한정되는 것은 아니다. 필자가 정보보호책임자로 일하던 시절, 한 회의에서 이미 내부에 들어와 있는 범행자의 존재를 어떻게 찾아내어 차단할 수 있을까 하는 화두를 던진 적이 있다. 필자 스스로 그림을 그려가며 많이 고민했고, 정보보안 팀장, 팀원들과도 여러 번 발제와 토론을 했는데, 한 팀원이 매우 좋은 제안을 해서 상당히 많은 부분을 해결할 수 있었다. 간단한 개발만으로 구현할 수 있었고, 전체 PC와 서버에 적용하는 데 시간이 좀 걸리긴 했지만, 비용은 거의 들지 않았다. 이 직원의 역량도 중요했지만 직원이 정보보호 조직에 와서 자유롭게 자신의 의견을 내고 그것을 팀 내에서 토론하여 다듬을 수 있는 조직의 분위기와 동료의 역할도 매우 컸다고 생각한다.

정보보호 업무는 다른 분야보다 실무자의 역할과 역량이 훨씬 더 중요하다는 특성이 있다. 평상시 지시받은 업무만 하는 사람보다는 자신의 자발성과 적극성이 있는 사람이 성과를 내기에 적합한 업무이기도 하다. 리뷰 회의를 시도해 봄으로써 성과를 내 보면 어떨까 한다.

정보 취득과 학습 ──

정보보호책임자가 되면 정보에 목마르게 된다. 규제가 어떻게 변화하는지, 다른 회사에서 사고가 났을 때 사고의 원인은 무엇인지, 남들은 정보보안을 위해 어떤 일을 하는지, 본인은 제대로 하고 있는 건지 걱정도 되고 궁금하기도 하다.

필자 역시 그런 점에 관심이 많아서 다양한 경로로 정보를 취득했고, 필요하면 직접 알아보기도 했다. 필자가 했던 방식이 전부도 아니고 특별한 것이 아닐 수도 있지만, 정보보호책임자에게 도움이 되기를 바라며 몇 가지 방안을 공유한다.

가장 손쉬운 방법은 언론을 통한 정보 취득이다. 언론에서는 보안 관련 사고 소식, 사고 원인에 대한 나름의 분석, 규제 변화 등에 대해 끊임없이 기사가 나온다. 그 기사만 읽어도 상당히 도움이 된다. 하지만 언론에는 오보도 있고, 기자의 관점이 강하게 들어간 기사도 있다. 언론의 입장에 따라 일부만을 강조하기도 한다. 객관적으로 전체를 파악하기 위해서는 뉴스를 생성한 기관의 보도자료를 찾아보는 것이 좋다.

정보보호책임자가 정보보안 사건·사고 관련해서 상세한 정보를 얻을 수 있는 자료 중 하나는 수사기관의 보도자료다. 2021년 6월에 출장 수리를 하러 간 업체가 랜섬웨어를 고객 PC에 몰래 설치하여 돈을 뜯어냈다는 기사가 났다.[07] PC 유지보수를 외부 인력에 맡기는 회사에서는 전모를 파악할 필요가 있는 기사다. 여러 언론의 기사를 찾아보면 세부 내용이 별로 없다. 이 기사의 출처는 각 기사에서 밝힌 서울경찰청 사이버수사과에서 배포한 수사결과 보도자료다.[08] 서울경찰청 홈페이지에 가면 보도자료를 찾을 수 있다. 수사결과 보도자

---

07 '"랜섬웨어 걸렸네요"···수억 원 가로챈 PC수리업체 일당 검거', KBS, 2021.6.16.

08 "랜섬웨어 제작·유포 일당 9명 검거", 서울경찰청 보도자료, 2021.6.14.

료는 그림과 함께 상세한 설명이 있어 정보보호책임자가 사건을 이해하고 활용하는 데 도움이 많이 된다. 경찰청(본청) 산하 국가수사본부 사이버안전국과 각 지방경찰청 사이버수사과에서 정보보안 관련 수사를 하고 주요 결과를 각 홈페이지에 보도자료로 배포한다.

2014년에 지속적으로 개인정보 유출 사건이 발생했는데, 같은 해 7월 말에 정부에서 '개인정보보호 정상화 대책'을 냈고 많은 언론이 이를 보도했다. 하지만 기사를 쭉 읽어 본 결과 대부분 부분적인 요약이었다. 국무조정실 홈페이지에 가보니 보도자료가 올라가 있었다. 55쪽이나 되는 매우 상세한 내용이었다. 경영진에 정확한 보고도 할 수 있고, 회사의 정보보호 대책을 수립하는 데에도 큰 도움이 되었다.

개인정보유출 사고나 개인정보보호법 위반에 관한 과징금 등 행정처분도 마찬가지다. 인터넷에서 찾을 수 있는 기사는 대부분 단편적이다. 개인정보보호위원회 홈페이지에 가 보면 행정처분의 내용과 이유가 잘 나와 있다. 간단한 위법 사건에 관해서는 설명 또한 간단하지만, 대형 사고에 관한 내용은 과징금이 많기 때문에 규제기관과 위반 기업의 논쟁도 치열해서 사건과 위법 사실에 대한 설명도 상세할 수밖에 없다. 정보보호책임자 입장에서는 이런 자료가 도움이 많이 된다. 신용정보법 위반에 관한 행정처분 내역은 법령 소관부처인 금융위원회 홈페이지에서 찾아볼 수 있다.

법규에 관한 정보는 법제처의 '국가법령정보센터'와 '국민참여입법센터', 국회 '의안정보시스템', 각 법령 소관부처의 홈페이지에서 찾을 수 있다. 정보보안에 관하여 가장 많은 정보를 제공하는 사이트는 역시 한국인터넷진흥원 사이트이다. 보안, 개인정보, 유럽연합 개인정보보호법(GDPR) 등 국내외 규제뿐 아니라 보안 기술에 관해서도 풍부한 최신 정보를 제공한다. 금융보안원에서는 금융보안 관련 규제 정보를 주로 제공한다. 개인정보보호 관련해서는 '개인정보보호 포털'이 유용하다.

정보보호 관련 협회나 포럼에 참여했다면 거의 매달 이뤄지는 조찬 세미나에서도 고급정보를 취득할 수 있다. 특히 요즘처럼 거의 매년 정보보호 관련 법규가 변화하는 환경에서 특히 유용하다. 다른 정보보호책임자의 경험을 들을 수 있다는 장점도 있다. 이는 4장 '위기관리'에서 상세하게 다뤘으므로 여기에서는 이 정도로 줄인다.

보안 솔루션에 관한 정보를 얻기 위해서는 전시회에 가는 것이 좋다. 전시회는 짧은 시간에 여러 회사의 보안 제품에 관한 심도 있는 정보를 취득할 수 있는 매우 좋은 자리다. 전시회 중에서도 대규모 전시회보다는 특정 분야의 콘퍼런스와 함께 소규모로 열리는 전시회가 좋다. 이러한 전시회에서는 보통 같은 종류의 보안 제품을 전시하기 때문에 보안 제품을 비교해 볼 수 있다. 한 가지 강조하고 싶은 것은 전시회 관람의 핵심은 질문이라는 점이다. 질문한 만큼 정보를 얻을 수 있다. 특히 정보보호책임자가 가서 물어보면 매우 친절하고 깊이 있게 설명해 준다. 실무자가 나와 있는 곳에 가서 제품의 특징, 핵심 경쟁력, 타사 대비 장점, 사용성 등을 물어보고, 옆에 전시관에 가서 같은 기능의 다른 회사 제품에 관해 물어보면, 각 제품의 장단점을 확실하게 파악할 수 있다. 반나절만 투자하면 검토하고자 했던 제품을 다 볼 수 있다. 콘퍼런스 참석보다 더 중요한 것이 함께 열리는 전시회임을 잊지 말자.

해외 흐름을 보기 위해서는 해외 사이트를 찾아볼 필요가 있다. 시만텍 등 주요한 글로벌 보안 업체의 블로그나 해외 보안전문 언론의 기사를 보면 글로벌 이슈를 읽을 수 있다. 그러면 우리나라의 규제나 기술적 보안의 방향성을 가늠해 볼 수 있고, 회사 내부 의사결정 과정에서도 해외 사례를 근거로 설득력 있는 보고를 할 수 있다. 여건이 허락한다면 해외 콘퍼런스나 전시회를 참석하는 것도 좋다. RSA Conference나 Black Hat은 국내 정보보호책임자가 참석하는 데 큰 무리가 없다.

본격적인 학습을 하기 위해서는 개인정보보호위원회, 한국인터넷진흥원, 금융보안원 등에서 운영하는 CPO 교육, CISO 교육을 활용하는 것이 좋다. 이들 기관에서는 관련 교육 자료도 꾸준히 자체 사이트에 올리고 있다.

"천재는 노력하는 사람을 이길 수 없고, 노력하는 사람은 즐기는 자를 이길 수 없다."는 말이 있다. 정보보호책임자 역량과 업무 측면에서 본다면 앞 문장은 동의하지만 뒤 문장은 그리 마음에 와닿지 않는다. 다만 노력 중에 상당 부분을 차지하는 것이 '학습'인데, 학습은 즐겼으면 좋겠다. 오랜 기간 정보보호 업무를 맡은 분들뿐 아니라 회사 사정으로 정보보호책임자 직을 맡게 된 분 역시 업무를 수행하기 위해 역량을 키우고 배울 일이 많다. 이런 때 아니면 언제 배울까 생각하며 외부 세미나도 다니고, 온라인으로 이뤄지는 교육도 들으면서 배움을 즐기면 좋겠다. 나이가 들어서 머리에 잘 들어오지 않아도 괜찮다. 많이 듣다 보면 어느새 내 것이 되어 있을 테니까.